LAW & BUSINESS
法商圖書

CITY DEVELOPMENT LAW FIRM 建纬

CONSTRUCTION

建设工程质量纠纷法律实务

QUALITY DISPUTES

主　编　张庆亮
副主编　王　晶　袁爱华　田珍栋　雷　涛

法律出版社 | LAW PRESS
北京

图书在版编目（CIP）数据

建设工程质量纠纷法律实务 / 张庆亮主编 ; 王晶等副主编. -- 北京 : 法律出版社, 2025. -- ISBN 978 - 7 - 5197 - 9964 - 9

Ⅰ. D922.297

中国国家版本馆 CIP 数据核字第 2025F0B858 号

建设工程质量纠纷法律实务
JIANSHE GONGCHENG ZHILIANG JIUFEN FALÜ SHIWU

张庆亮 主 编
王 晶 袁爱华 田珍栋 雷 涛 副主编

策划编辑 肖 越
责任编辑 肖 越
装帧设计 鲍龙卉

出版发行 法律出版社
编辑统筹 法商出版分社
责任校对 王 丰 郭艳萍
责任印制 胡晓雅
经 销 新华书店

开本 710 毫米 × 1000 毫米 1/16
印张 27 **字数** 396 千
版本 2025 年 3 月第 1 版
印次 2025 年 3 月第 1 次印刷
印刷 固安华明印业有限公司

地址:北京市丰台区莲花池西里 7 号(100073)
网址:www.lawpress.com.cn
投稿邮箱:info@lawpress.com.cn
举报盗版邮箱:jbwq@lawpress.com.cn

销售电话:010 - 83938349
客服电话:010 - 83938350
咨询电话:010 - 63939796

书号:ISBN 978 - 7 - 5197 - 9964 - 9
定价:118.00 元

凡购买本社图书,如有印装错误,我社负责退换。电话:010 - 83938349

主　编：张庆亮

副主编：王　晶　袁爱华　田珍栋　雷　涛

审　核：黄　鹏　贾俊峰　薛学涛　张　勇

编　委：

法　律　组：闫夏育　王卫华　谷慧娟　付钦斌
张书惠　周剑波　陈留霞　上官绪波
李　鹏　宁腾飞　薛书敏　毋亚军
赵　原　帅　军　刘　昊　马靖皓

工程技术组：王亚宁　张　弛　张金飞　李国兴
孟松灿　吴　昊　肖　松　裴金声
杨俊伟　崔朋勃　王艳林　谢晓康
崔帅威　张世杰　张龙飞　王军柯
何禄源　潘奎生　张　力

参编单位：

上海市建纬律师事务所
上海市建纬（北京）律师事务所
上海市建纬（郑州）律师事务所
河南省建筑科学研究院有限公司
河南省建筑工程质量检验测试中心站有限公司
河南名道工程检测技术有限公司
中铁十局集团第一工程有限公司
河南四建集团股份有限公司
中亿丰建设集团股份有限公司
河南省城乡规划设计研究总院股份有限公司
河南省水利第一工程局集团有限公司
河南省水利第二工程局集团有限公司
昊法工程咨询（河南）有限公司

法律思维与工程逻辑的深度融合

中共中央、国务院印发的《质量强国建设纲要》明确要求:“强化工程质量保障。”“推广先进建造设备和智能建造方式,提升建设工程的质量和安全性能。”这一纲领性文件为工程建设领域指明了方向,也对工程质量提出了更高的要求。在这样的大背景下,解决工程质量纠纷的重要性愈发凸显。高质量的建设工程是质量强国建设的关键一环,而有效处理工程质量纠纷则是保障工程质量、推动行业健康发展的重要支撑。

在司法实践领域,工程质量纠纷由于其自身存在专业壁垒高、责任界定链条长、修复成本巨大等显著特点,已然成为一块难啃的“硬骨头”。解决此类纠纷,并非单纯依靠法律条文的简单套用,还需深入理解工程技术的复杂逻辑。如何破解法律与技术之间的交融难题,成为摆在法律界与工程界面前的一道亟待攻克的难关。本书《建设工程质量纠纷法律实务》正是为回应这一时代拷问而生。

在过去的三十余载岁月里,建纬所历经无数实战的磨砺与考验,建纬律师在长期的实践过程中深刻认识到:工程质量纠纷的妥善解决,绝非将法律条文进行机械地堆砌,而是需要实现法律思维与工程逻辑的深度融合与精密咬合。

本书凝聚了建纬律师与工程专家的心血,是“十年磨一剑”的精心之作。书中内容丰富翔实,从工程质量问题的成因到工程质量缺陷的修复,从修复费用与工程款支付的博弈规则到工程质量纠纷诉讼策略的剖析,每一页皆是对实务痛点的“靶向拆解”。书中收录了众多具有代表性的典型案例，这些案例来源广泛，既有最高人民法院的权威裁判要旨，也有地方高院的创新探索实践。通过对这些案例的深入分析，既揭示了工程质量法律风险的潜在形式与后果，也对工程质量纠纷应对措施进行了全面而深入的研判，为处理类似案件提供了宝贵的实践参考。尤为难得的是，建纬律师与工程专家通过紧密协作，成功地将复杂晦涩的规范做法、加固方法转化为法律人易于理解的语言表达，让工程施工领域的专业术语巧妙地融入法律诉讼过程，成为索赔和反索赔的有力支撑。这种打破专业界限、实现“跨界破壁”的创新尝试，正体现了当下工程法律人在专业发展中所必备的知识融合能力与跨领域思维。

如果说工程质量是建设工程的“生命线”，本书便是护航这条生命线的“法律盾牌”。望读者翻开此书时，不仅能找到工程质量纠纷解决的路径，更能感受到建纬律师以墨斗量公正、以匠心筑方圆的初心。

建纬研究院院长

朱树英

2025 年 2 月于上海

序　　言

如果把一件普通的民事纠纷比作一道难题，那么，每一个建工纠纷都可以被称为一张试卷。建设工程施工合同法律关系复杂、审理周期长、专业性强、纠纷化解难度大。特别是工程质量纠纷，涉及质量是否符合法定或约定标准，质量瑕疵或缺陷是否存在，以及质量瑕疵或缺陷发生的原因等众多专业技术性问题，仅凭法律专业知识难以得出令人信服的结论。处理好此类纠纷，"跨界"知识的掌握必不可少，把法律知识和工程质量管理专业知识结合起来，更是目前建工法律人不可或缺的基本技能。

通过研究实践中大量的建设工程施工合同纠纷，整理出实践中常见的质量争议，以及争议所折射出来的法律问题，并对其进行评析、归纳、整理，一方面对质量争议形成的原因抽丝剥茧，另一方面找出解决质量问题的裁判思路；这样不仅能为建筑行业从业人员提前预防工程质量纠纷的发生提供指引，而且对建工法律人在处理相关纠纷时厘清事实、正确适用法律具有启发、引导、规范和参考作用。

本书的特点主要有以下几个方面：

一是问题直接来自司法实务一线。本书归纳整理了常见的工程质量问题，几乎都是作者在从事建工实务以及建工法律实务中留意收集的；这些问题都是建设工程施工活动中、建工法律人在处理建设工程合同纠纷中需要解决的疑难问题，具有很强的现实性和针对性。

二是给出的对策具有很强的实操性。只有真正了解问题，才能给出正确的解决路径。对建设工程质量问题形成的原因、表现以及解决路径了然于心,才能开出有针对性的“法律处方”。本书除了提炼解决质量问题的核心裁判规则之外,还对规则进行了解析,并将之呈现给读者。

三是强化专业质量问题和法律问题的融合。本书并非仅从法律角度入手对建设工程质量问题泛泛而谈,而是立足工程、法律实务,力争在两者之间找到一座桥梁,给工程人以法律启迪,给法律人以工程质量专业知识。

关晓海

2024 年 6 月

建设工程质量之殇

写下这个题目,笔者的内心是沉重的。在建设工程领域从业几十年,对于建设工程质量问题,笔者有着深刻的体验,之所以就工程质量问题着力成书,是想唤起社会对工程质量的更多关注。

土木工程作为人类最古老的工程学科之一,其历史几乎与人类文明一样久远。从最初的构木为巢、掘土为穴,到现在能够建造摩天大楼和跨海长桥,土木工程见证了人类社会的发展历程。而建设工程质量自古以来就是衡量一个建筑工程是否成功的重要标准。从古代的工匠精神到现代化的质量管理体系,工程质量始终是建设工程领域的重中之重。这不仅关系到建筑物的耐久性和使用功能,更直接关系到人民的生命财产安全和社会的发展稳定。

我国建筑行业发展至今,现代化的工程质量管理体系似乎并不能完全保证建设工程质量符合国家规范标准,工程质量问题造成的事故仍时有发生。例如,2022 年 4 月 18 日 10 时 47 分许,郑州五洲大酒店俱乐部有限公司五洲温泉游泳馆坍塌事故,造成 3 人死亡、9 人受伤;2022 年 4 月 29 日 12 时 24 分,湖南省长沙市望城区金山桥街道金坪社区盘树湾组发生居民自建房倒塌事故,造成 54 人死亡、9 人受伤;2023 年 7 月 23 日 14 时 52 分许,黑龙江省齐齐哈尔市龙沙区齐齐哈尔市第三十四中学校体育馆楼顶坍塌造成 11 人死亡,等等。建设工程质量事故,给无辜家庭带来严重灾难的同时,更是造成了恶劣的社会影响。

即便获得我国建筑行业工程质量最高荣誉奖项——“鲁班奖”的工程,

也并不能够完全保证工程质量没有缺陷。在中国古代,鲁班被尊为工匠的祖师,他的技艺和精神成为后世工匠追求的典范。如今,以鲁班命名的中国建设工程鲁班奖,不仅是中国建筑行业工程质量的最高荣誉,更是每一个工程人毕生追求的梦想。笔者曾经获得两次"中州杯"奖项,却无缘"鲁班奖",这是笔者的遗憾。然而,个别获得鲁班奖的工程项目,却因工程质量问题登上了新闻的头条。经工程建设单位、设计单位、勘察单位、施工单位、监理单位五大责任主体共同对工程质量进行竣工验收合格后,仍然难以避免工程质量事故的发生。可见,现代工程质量管理体系之下的五大责任主体竣工验收制度,虽然可以有效地把控工程质量,但因其本身有不能克服的缺陷,并不能完全确保工程质量符合设计和规范要求。

实践中,竣工验收程序流于形式的情形更是屡见不鲜。笔者及团队所代理的工程质量纠纷案件中,有钢结构工程防火涂层未施工、消防工程喷淋及防排烟管道壁厚不满足设计和规范要求、工程主体混凝土强度不足等可能引发严重质量事故的质量问题;也有给排水管道以次充好,造成商品房交付后管道漏水一年维修达49次之多,严重影响正常使用功能的质量问题;还有构造柱缺失造成防震功能不符合规范要求,直接影响建筑物安全使用质量问题,一旦发生地震,造成的后果不堪设想。从工程的地基基础、主体结构直至水电安装、消防管网等工程项目,偷工减料的情形并不鲜见。

建筑工程作为一种特殊的商品,其工程质量缺陷具有隐蔽性和延时性;即便具备相应的专业能力,也难以完全识别。作为发包方,即使有专业的工程监理,也难以对工程质量细节的把控面面俱到;作为施工方,只要竣工验收流程顺利完成,工程质量即可合格交付,工程成本必然是能省则省。在此情况下建成的存在质量问题的房建工程,最终承担质量风险的也是无辜的购房者。

培根曾经说过:"一次不公正的审判,比十次犯罪所造成的危害还要严重,因为犯罪不过弄脏了水流,而不公正的审判则败坏了水的源头。"这句话形象地说明了法在社会运行中的指引、评价、教育、预测作用。为此,笔者及团队律师认为,若在司法实践中一味强调工程经竣工验收合格交付后,工程质量的风险即完全转移，施工方除保修责任外不承担任何工程质量责任，对施工方的施工质量持续采取宽容的态度，则会一定程度上助长偷工减料这一“畸瘤”，无法从根本上保证建设工程质量；而法律也无法实现其应有的秩序、安全、效益、公平和自由等核心价值。

我国建设工程法律法规，从最高人民法院2004年发布的《关于审理建设工程施工合同纠纷案件适用法律问题的解释》、2018年发布的《关于审理建设工程施工合同纠纷案件适用法律问题的解释（二）》、2020年发布的《关于审理建设工程施工合同纠纷案件适用法律问题的解释（一）》，直至《民法典》的施行，近二十年的时间里均偏重保护工程施工中农民工的权益。故司法实践中，对发包人主张的工程质量索赔之诉以及发包人的举证责任，裁判者一般采取了较为严苛的标准。但任何法律、法规均没有工程一经验收合格，施工人对之后出现的任何质量问题均可免责的规定。百年大计，质量第一，建设工程质量关系国计民生。因此，笔者联合工程专家和团队律师，就常见的工程质量问题进行了梳理，分析其成因，说明其规范做法及加固维修方案，阐述了规范的工程质量验收程序；同时结合相关判例和司法实践经验，总结了竣工验收合格与工程质量缺陷的责任承担、司法鉴定程序的启动、专家辅助人制度等建设工程质量纠纷的诉讼策略，并收集整理了部分省、市高级人民法院关于质量纠纷的解决意见以及相关规范性文件。以此成文，实为抛砖引玉，旨在通过法律的指引、评价、教育、预测作用，唤起社会对建设工程质量的更多关注，并促使相关责任方能够依法依规履职，切实保障建设工程质量，促进建筑行业的健康发展，不仅使居者有其屋，而且使居者安其所，广厦千万间，大庇天下平民俱欢颜！

是为自序，与诸君共勉。

张庆亮

2024年5月

目　录 Contents

第一编　法律实务编

第三编 相关司法政策及规范

第一编　法律实务编

❖ 第一章　工程质量缺陷概念

第一节　建设工程质量标准

建设工程质量标准条款是建设工程施工合同示范文本的主要条款，为保障建设工程的质量，国家对建设工程的质量安全标准作出强制性规定。《建筑法》第 52 条第 1 款规定："建筑工程勘察、设计、施工的质量必须符合国家有关建筑工程安全标准的要求，具体管理办法由国务院规定。"由此，建设工程的质量标准可以分为约定标准和法定强制性标准。

约定标准主要是指承发包双方签订的施工合同约定要求，有的还包括工程质量拟达到的奖项（如中州杯、鲁班奖等）。当事人在施工合同中约定的质量标准，不能低于国家强制性质量规范标准。

法定强制性标准是指法律、法规、部门规章、相关标准及技术规范等对工程质量的要求。根据《实施工程建设强制性标准监督规定》第 3 条第 1 款的规定，工程建设强制性标准是指直接涉及工程质量、安全、卫生及环境保护等方面的工程建设标准强制性条文。在这些规定中，有些属于可由当事人自行选择适用的内容，属于推荐性标准，而工程建设强制性标准是双方当事人必须遵守的最低标准。

《民法典》第 799 条第 2 款规定："建设工程竣工经验收合格后，方可交付使用；未经验收或者验收不合格的，不得交付使用。"《建筑法》第 61 条规定："交付竣工验收的建筑工程，必须符合规定的建筑工程质量标准，有完整的工程技术经济资料和经签署的工程保修书，并具备国家规定的其他竣工条件。建筑工程竣工经验收合格后，方可交付使用；未经验收或者验收不合格的，不得交付使用。”《建筑工程施工质量验收统一标准》（GB 50300－2013）第3.0.7条规定：“建筑工程施工质量验收合格应符合下列规定：1 符合工程勘察、设计文件的要求；2 符合本标准和相关专业验收规范的规定。”这里的竣工验收应当达到的质量标准，既包括符合工程勘察、设计文件的要求，也包括符合国家法律规定的验收规范。

第二节　建设工程质量纠纷的主要情形

建设工程质量纠纷主要是工程质量不合格导致不能通过工程质量验收引发的：包括工程验收合格后发现的质量问题引发的纠纷，也包括承包人在未进行竣工验收的情况下向发包人索要工程款，通过司法鉴定确认工程质量是否符合合同要求引发的纠纷。具体有下列几种情形。

一、工程质量不合格

工程质量不合格主要是指施工单位完成的建设工程产品不符合工程勘察、设计文件的要求或者不符合国家建筑工程质量验收标准及相关专业验收规范的规定，不能通过工程质量验收。在工程质量不满足相关规定时，可以进行返修返工处理，但处理后仍然不能通过竣工验收的，属于工程质量不合格。[①]《建筑工程施工质量验收统一标准》（GB 50300－2013）第5.0.6条规定：“当建筑工程施工质量不符合要求时，应按下列规定进行处理：1 经返工或返修的检验批，应重新进行验收；2 经有资质的检测机构检测鉴定能够达到设计要求的检验批，应予以验收；3 经有资质的检测机构检测鉴定达不到设计要求、但经原设计

① 《民法典》第793条规定：“建设工程施工合同无效，但是建设工程经验收合格的，可以参照合同关于工程价款的约定折价补偿承包人。建设工程施工合同无效，且建设工程经验收不合格的，按照以下情形处理：（一）修复后的建设工程经验收合格的，发包人可以请求承包人承担修复费用；（二）修复后的建设工程经验收不合格的，承包人无权请求参照合同关于工程价款的约定折价补偿。发包人对因建设工程不合格造成的损失有过错的，应当承担相应的责任。”此处的“修复后的建设工程经验收合格的”，应指的是符合国家法律规定的验收规范，而非必须符合工程勘察、设计文件的要求。

单位核算认可能够满足安全和使用功能的检验批,可予以验收;4 经返修或加固处理的分项、分部工程,满足安全及使用功能要求时,可按技术处理方案和协商文件的要求予以验收。"第 5.0.8 条规定:"经返修或加固处理仍不能满足安全或重要使用要求的分部工程及单位工程,严禁验收。"(已废止)

二、没有达到约定标准

施工合同约定的标准有时高于国家法律规定的标准,比如双方约定建设工程需要获得一定的奖项,因未达到该标准发生的争议,同工程质量不合格存在区别。最高人民法院《关于审理建设工程施工合同纠纷案件适用法律问题的解释(一)》(法释〔2020〕25 号)第 12 条规定:"因承包人的原因造成建设工程质量不符合约定,承包人拒绝修理、返工或者改建,发包人请求减少支付工程价款的,人民法院应予支持。"工程质量合格即达到发包人付款的条件,即使工程未达到合同约定的较高质量标准,发包人也不能以此为由拒绝支付工程款。至于工程质量没有达到合同约定的较高标准的问题,应由承包人承担施工质量未达到合同约定标准的违约责任或承担修理、返工、改建等责任以达到合同约定的质量标准。

三、对他人造成损害

《民法典》第 802 条规定:"因承包人的原因致使建设工程在合理使用期限内造成人身损害和财产损失的,承包人应当承担赔偿责任。"建设工程质量问题导致的倒塌、脱落、倾斜等情形造成除建设工程本身质量问题以外的其他损失的,应当由责任人承担责任,属于承包人施工责任的,由承包人承担;属于勘察、设计责任的,由勘察人、设计人承担;属于发包人提供的建筑材料等问题引发的,由发包人承担。另外,监理人未尽到监理职责的,也应承担相应责任。保修期届满,承包人不再承担保修责任,即不再就建设工程质量向发包人承担责任。如果当事人对建设工程的合理使用期限有明确约定,可按照其约定认定该条款中的合理使用期限。如果当事人对建设工程使用的合理期限没有约定,可以参照保修期来确定,但建设工程的合理使用期限不应低于《建设工程质量管理条例》第40条规定的建设工程的最低保修期限。另外，建设工程的合理使用期限不同于建设工程所占用土地的土地使用年限。《城镇国有土地使用权出让和转让暂行条例》第12条规定："土地使用权出让最高年限按下列用途确定：（一）居住用地七十年；（二）工业用地五十年；（三）教育、科技、文化、卫生、体育用地五十年；（四）商业、旅游、娱乐用地四十年；（五）综合或者其他用地五十年。"一方面，建设工程不同部分的合理使用年限并不相同；另一方面，即使建设用地使用年限届满还可以续期，建设工程的合理使用期限也可以长于其所占用土地的使用期限。《民法典》第802条规定，承包人对因其原因致使建设工程在合理使用期限内造成人身损害和财产损失的，应当承担赔偿责任，并未限定只对发包人承担赔偿责任。勘察人提交的勘察材料、设计人提交的设计材料或者施工人的施工存在问题，导致建设工程在合理使用期限内造成人身损害和财产损失，既可能是对发包人一方造成损害，也可能是对第三人造成损害。如果是对发包人造成损害，那么承包人自然应当承担赔偿责任；如果是对第三人造成损害，那么发包人基于安全保护义务等原因，也可能会对第三人承担赔偿责任。在这种情况下，受害人既可以请求承包人承担赔偿责任，也可以请求发包人承担赔偿责任。发包人承担责任后，可向承包人追偿。①

第三节　缺陷修复与质量保修

一、缺陷修复

《建设工程质量保证金管理办法》第2条第2款规定："缺陷是指建设工程质量不符合工程建设强制性标准、设计文件，以及承包合同的约定。"因此，缺陷修复是指承包人在施工过程中对不符合工程建设强制性标准、设计文件以及承包合同约定的工程进行的修改弥补工作。但除此之外，现有法律对缺陷修复的定义没有进一步规定。

---

① 参见最高人民法院民法典贯彻实施工作领导小组主编：《中华人民共和国民法典总则编理解与适用》，人民法院出版社2020年版。

关于缺陷修复的期限。《建设工程质量保证金管理办法》第 2 条第 3 款规定："缺陷责任期一般为 1 年，最长不超过 2 年，由发、承包双方在合同中约定。"即住房和城乡建设部、财政部规定缺陷责任期最长不超过 2 年，由承发包双方在合同中自由约定。

关于缺陷修复的起算时间。《建设工程质量保证金管理办法》第 8 条规定，缺陷责任期从工程通过竣工验收之日起计。实践中有时会在合同中约定缺陷责任期从交工之日起计算，但"交工"与"竣工"是两个不同的概念，往往也存在"交工日期"和"竣工日期"两个不同的时间。在法律已有明确规定的情况下，缺陷责任期的起算时间以竣工验收合格之日起计算更为合理。

关于缺陷责任期届满后质保金的返还。《建设工程质量保证金管理办法》第 10 条规定的内容是缺陷责任期存在的最大的意义："缺陷责任期内，承包人认真履行合同约定的责任，到期后，承包人向发包人申请返还保证金"。发包人在支付工程计量款过程中，往往会在前几期付款时按照合同约定扣除一定比例的质保金，当最后一期计量款支付完毕后，仍会有一定比例的质保金在发包人手中。缺陷责任期内，质保金由发包人扣留，如果缺陷项目产生，在合同约定的条件下发包人可以动用质保金完成修复工作；缺陷责任期满后，发包人就应当将剩余的质保金全部支付给承包人，即便未来有保修工作，也应当另行由承包人完成或由发包人完成后向承包人索赔。

二、质量保修

《建筑法》第 62 条规定："建筑工程实行质量保修制度。建筑工程的保修范围应当包括地基基础工程、主体结构工程、屋面防水工程和其他土建工程，以及电气管线、上下水管线的安装工程，供热、供冷系统工程等项目；保修的期限应当按照保证建筑物合理寿命年限内正常使用，维护使用者合法权益的原则确定。具体的保修范围和最低保修期限由国务院规定。"据此，不同工程部位的保修范围和期限不同，承包合同中往往也会对此有具体约定。现行法律规定中并没有将缺陷修复和质量保修二者进行严格区分，因此有赖于承发包双方在招标文件以及合同中进行具体约定。但根据行业惯例，多数施工合同会直接明确在保修期与缺陷责任期重叠的期间内,承包人的保修责任与缺陷责任相同。

关于质量保修的期限。《建设工程质量管理条例》第40条规定:“在正常使用条件下,建设工程的最低保修期限为:(一)基础设施工程、房屋建筑的地基基础工程和主体结构工程,为设计文件规定的该工程的合理使用年限;(二)屋面防水工程、有防水要求的卫生间、房间和外墙面的防渗漏,为5年;(三)供热与供冷系统,为2个采暖期、供冷期;(四)电气管线、给排水管道、设备安装和装修工程,为2年。其他项目的保修期限由发包方与承包方约定。建设工程的保修期,自竣工验收合格之日起计算。”故不同工程部位如主体结构、防水、供暖、电气及排水管道等的保修期限均不相同,根据《住宅专项维修资金管理办法》第2条“商品住宅、售后公有住房住宅专项维修资金的交存、使用、管理和监督,适用本办法。本办法所称住宅专项维修资金,是指专项用于住宅共用部位、共用设施设备保修期满后的维修和更新、改造的资金”的规定,住宅专项维修资金是指用于住宅共用部位、共用设施设备保修期满后的维修和更新、改造的专项资金,即保修期过后,施工单位将不再承担对房屋的质量保修责任,当已过保修期的房屋需要进行翻新、修整时,就需要房屋的所有权人使用自筹资金进行修缮了。

关于质量保修的起算时间。《建设工程质量管理条例》第40条第3款规定:“建设工程的保修期,自竣工验收合格之日起计算。”《建设工程质量保证金管理办法》第8条规定:“缺陷责任期从工程通过竣工验收之日起计。由于承包人原因导致工程无法按规定期限进行竣工验收的,缺陷责任期从实际通过竣工验收之日起计。由于发包人原因导致工程无法按规定期限进行竣工验收的,在承包人提交竣工验收报告90天后,工程自动进入缺陷责任期。”因此,质量保修期限与缺陷责任期均是从竣工验收合格之日起算。

关于保修责任的承担。缺陷责任期到期后,发包人应当向承包人返还质保金。但保修期往往长于缺陷责任期,因此在质保金返还后的保修期内,如果出现保修范围内的问题,就需要发包人通知承包人履行保修义务,但实践中确实存在承包人拒不履行保修义务造成发包人委托第三方修缮后再向承包人索赔。

业主在收房后对房屋质量问题提出疑问时,发包人(建设单位)可以按照以下流程进行处理:

(1)业主提出非业主原因造成的质量问题后(有的直接投诉到建设工程行

业主管部门),立即指派专人上门查看问题、分析原因、提出处理意见;

(2)与业主商定上门维修时间,此时业主可能会拒绝维修,要求“天价”赔偿,建设单位应书面告知业主只能给予免费维修,造成直接损失的由建设单位给予赔偿;

(3)书面通知业主上门维修时间请业主积极配合维修的,应使用邮政特快专递将通知邮寄到业主购房合同上登记的地址,并张贴到业主家门口的公示栏中;

(4)业主在告知的时间内拒绝配合建设单位上门维修,且逾期后仍不同意维修的,可再次书面告知业主相关问题,建设单位将不主动上门进行质量保修,因此造成的衍生问题由业主自行承担,并告知业主如果拒绝维修并要求高额赔偿的,可以依据买卖合同相关约定向法院或仲裁委员会(以下简称“仲裁委”)提起诉讼或仲裁。

第四节　竣工验收合格与承包人修复责任

建设工程虽经五大责任主体竣工验收合格,但并不当然导致承包人修复责任的免除。

1. 竣工验收本身是一种行政监管措施,竣工验收合格以行政备案的方式呈现,但竣工验收备案无法成为承包人免责的理由。

国务院《关于取消第二批行政审批项目和改变一批行政审批项目管理方式的决定》第76项将房屋建筑工程和市政基础设施工程竣工验收核准改为“告知性备案”。《房屋建筑和市政基础设施工程竣工验收备案管理办法》第6条第1款也规定:“备案机关收到建设单位报送的竣工验收备案文件,验证文件齐全后,应当在工程竣工验收备案表上签署文件收讫。”即备案机关仅进行形式审查,无须进行实质审查。由此可见,竣工验收备案仅是一种形式审查后的备案性行政登记,并非工程质量合格的“背书”,更无法成为承包人免责的理由。

2. 在民法理论上,有民事法律行为和事实行为之分,事实行为旨在引起事实上的后果,而法律行为以意思表示为要素,因意思表示发生一定的私法效果。

《民法典》第 129 条也对事实行为和民事法律行为做了区分。

工程竣工“验收”显然不以表示为要件:即使发包人不作任何表示,验收程序也可以完成验收这一动作。“验收”更不以意思为要件:验收这一动作本身,并无确定的表示价值,没有形成、变更或消灭法律关系的目的。所以,验收并非法律行为,而是纯粹的事实行为。事实行为不以意思表示变动法律关系,发生的法律效果均应由法律规定。而现行法律并没有规定“工程经验收后,若出现质量问题,发包人不得向承包人主张责任”。

3. 从竣工验收的操作角度出发,发包人也无法通过竣工验收抽检出所有质量缺陷。

建设工程整个验收过程分为检验批验收、分项工程验收、分部工程验收、单位工程验收。最基础的检验批验收本身又包括 4 个验收过程,即作业班组之间的检验、下一道工序互检、专业之间的检验以及监理工程师的验收。分项工程验收多达数十种,分部工程验收又有 10 个分部,而整个验收程序均建立在检验批抽样验收的基础上,并不是全部验收。而竣工验收又是建立在各过程验收形成的资料基础上,验收过程中,抽样验收合格并不代表工程本身合格,故竣工验收证明无法有效证明涉案工程不存在任何质量问题。

在实践中,为了赶工期、推进工作、尽快办理房产证等目的的达成,即使在建设工程存在质量问题或者质量问题应发现却未发现的情形下,也有可能通过竣工验收。因此,工程竣工验收合格并不意味着建设工程不存在质量问题。

司法实践中,亦有相应判例采纳了上述观点。以下是笔者整理的最高人民法院的指导案例、公报案例。

1. 江苏省高级人民法院(2012)苏民终字第 0238 号民事判决[《最高人民法院公报》2014 年第 8 期(总第 214 期)]

裁判要旨:竣工验收合格证明及任何其他书面证明均不能对客观事实形成有效对抗。

2. 最高人民法院(2017)最高法民终 175 号民事判决(公报案例)

裁判要旨:工程鉴定机构在进行现场勘验时发现实际施工达不到设计要求,且该质量问题并非业主使用造成,而是施工单位在施工过程中未按图纸施工所致，因此应由施工单位承担质量责任。

3. 最高人民法院（2019）最高法民申5769号民事裁定

裁判要旨：工程验收合格不等于工程真正合格，因施工人的原因发生质量事故的，其依法仍应承担民事责任。任何法律、法规均没有工程一经验收合格，施工人对之后出现的任何质量问题均可免责的规定。

4. 最高人民法院（2019）最高法民申3447号民事裁定

裁判要旨：《建筑法》第58条规定："建筑施工企业对工程的施工质量负责。建筑施工企业必须按照工程设计图纸和施工技术标准施工，不得偷工减料。工程设计的修改由原设计单位负责，建筑施工企业不得擅自修改工程设计。"工程承包方应当对工程质量负责，其使用材料的规格、质量等不符合设计要求，应承担相应责任。

据上述司法判例可见，工程竣工验收合格，并不免除承包人施工质量不合格应承担的违约责任。工程存在质量问题，即表明承包人交付的工程质量本身不符合合同约定的标准、设计要求或国家强制性标准，建设单位有权要求施工人承担施工质量责任。工程经竣工验收合格或工程质量保修期已届满，均不当然免除施工人因工程存在质量问题而应承担的责任。竣工验收仅是工程建设的相关主体为配合行政管理完成的形式验收。[①] 而工程质量问题属于客观事实，系实质问题，关系到公共安全，并不能以形式验收而否认工程存在的实际质量问题。工程质量须通过专业化、体系化的综合判定。

---

① 参见《房屋建筑和市政基础设施工程竣工验收规定》（建质〔2013〕171号）第6条："工程竣工验收应当按以下程序进行：（一）工程完工后，施工单位向建设单位提交工程竣工报告，申请工程竣工验收。实行监理的工程，工程竣工报告须经总监理工程师签署意见。（二）建设单位收到工程竣工报告后，对符合竣工验收要求的工程，组织勘察、设计、施工、监理等单位组成验收组，制定验收方案。对于重大工程和技术复杂工程，根据需要可邀请有关专家参加验收组。（三）建设单位应当在工程竣工验收7个工作日前将验收的时间、地点及验收组名单书面通知负责监督该工程的工程质量监督机构。（四）建设单位组织工程竣工验收。1. 建设、勘察、设计、施工、监理单位分别汇报工程合同履约情况和在工程建设各个环节执行法律、法规和工程建设强制性标准的情况；2. 审阅建设、勘察、设计、施工、监理单位的工程档案资料；3. 实地查验工程质量；4. 对工程勘察、设计、施工、设备安装质量和各管理环节等方面作出全面评价，形成经验收组人员签署的工程竣工验收意见。参与工程竣工验收的建设、勘察、设计、施工、监理等各方不能形成一致意见时，应当协商提出解决的方法，待意见一致后，重新组织工程竣工验收。"

《房屋建筑工程质量保修办法》第3条规定："本办法所称房屋建筑工程质量保修，是指对房屋建筑工程竣工验收后在保修期限内出现的质量缺陷，予以修复。本办法所称质量缺陷，是指房屋建筑工程的质量不符合工程建设强制性标准以及合同的约定。"第4条规定："房屋建筑工程在保修范围和保修期限内出现质量缺陷，施工单位应当履行保修义务。"

最高人民法院案例一：(2019)最高法民申5769号，大连市政设施修建有限公司与北方华锦化学工业股份有限公司等建设工程施工合同纠纷。最高人民法院认为：《建筑法》第80条规定"在建筑物的合理使用寿命内，因建筑工程质量不合格受到损害的，有权向责任者要求赔偿"，据此，工程验收合格不等于工程真正合格，因施工人发生质量事故的，其依法仍应承担民事责任。任何法律、法规均没有工程一经验收合格，施工人对之后出现的任何质量问题均可免责的规定。市政公司以案涉工程已经正式通过竣工验收为由主张其不应承担责任，理由不能成立。最高人民法院案例二：(2014)民提字第00015号，长春永信集团汽车贸易有限公司与四川星星建设集团有限公司建设工程施工合同纠纷。最高人民法院认为：工程竣工验收合格并不当然导致施工单位修复责任的免除。该案中，案涉工程虽然已经竣工验收合格，但根据一审法院委托司法鉴定机构作出的鉴定结论，该4项隐蔽工程存在与设计图纸不符的问题，四川星星建设集团有限公司亦未能就此提供经长春永信集团汽车贸易有限公司和监理机构同意或者确认变更的相关证据，故四川星星建设集团有限公司应当对上述4项隐蔽工程承担与设计图纸不符的修复责任，四川星星建设集团有限公司主张其不应承担修复责任的理由不能成立。当事人约定的工程保修期是根据住房和城乡建设主管部门的规定，由施工单位在交付工程时，针对房屋质量向建设单位做出的承诺的约定条款。而其中规定的保修期，是指施工单位在交付工程时对保修范围内的质量无条件实施修复的期限，并非对工程质量存在问题而承担工程质量瑕疵担保责任的期限，并不影响建设单位要求施工单位承担工程质量瑕疵担保责任。

《建筑法》第80条规定："在建筑物的合理使用寿命内，因建筑工程质量不合格受到损害的，有权向责任者要求赔偿。"此处的责任者包括发包人、承包人、勘察单位、设计单位、监理单位、分包单位与挂靠主体、监管单位等，其承担质量责任的责任期间,应当与该部分的合理使用寿命相同。

《建筑结构可靠性设计统一标准》(GB 50068－2018)和《民用建筑设计统一标准》(GB 50352－2019)规定,建设工程的设计合理使用年限分为四类:(1)对于临时性建筑,其设计使用年限为5年;(2)对于易于替换结构构件的建筑,其设计使用年限为25年;(3)对于普通建筑和构筑物,其设计使用年限为50年;(4)对于纪念性建筑和特别重要的建筑结构,其设计使用年限为100年。《民用建筑设计统一标准》(GB 50352－2019)中的合理使用年限主要指建筑主体结构设计使用年限,关于建筑结构以外其他工程的合理使用年限,散见于相关的技术规范。

在实践中,即使是中国建筑行业工程质量的最高荣誉奖鲁班奖的获得者,也并非不会出现质量问题,正如以下案例。

1. 中国体育博物馆号称要屹立百年但还没到10年大楼便通体开裂……该问题还未彻底解决完,又出现地基不均匀下沉,85%以上的地板与墙体已经出现贯通性开裂,承重钢梁断裂,存在重大安全隐患。这项工程获得了1991年国优特别鲁班奖。

2. 北京大学生命科学学院新楼也曾获得鲁班奖。可令人难以置信的是,这座造价高达1.4亿元的建筑刚投入使用一年便出现大面积漏水,多处墙面被浸湿,数间实验室存在积水的情况。

3. 首都机场T3航站楼D区屋顶局部被强风吹开,这座获得鲁班奖的机场航站楼的质量也同样经不起考验。

4. 北京西客站是中国重要的交通枢纽之一,曾经因为其"卓越"的建筑质量获得了鲁班奖。然而,北京西客站在建成不到两年的时间里,就出现了质量问题。

5. 宿迁市第一人民医院也曾获得鲁班奖,但之后出现了坍塌事件。宿迁市第一人民医院(江苏省人民医院宿迁分院)在2016～2017年度被评选为中国建设工程"鲁班奖"(国家优质工程),这是该市首次获得这一荣誉。然而,不幸的是,在2018年2月20日晚,该医院的门诊大厅顶棚突然坍塌,虽未造成人员伤亡,但这一事件对医院的声誉和鲁班奖的权威性造成了一定的影响。

综上,工程验收合格后,如果承包人交付的建设工程不符合合同约定的交付条件及相关工程的验收标准，存在明显质量问题的，承包人仍应承担相应责任。①

第五节 发包人向承包人主张工程质量修复义务的责任承担方式

发包人能否直接向施工人主张工程质量维修费来替代维修义务，主要有两种观点。一种观点认为，发包人必须依照法律规定或合同约定，先行向承包人主张质量维修义务，只有在承包人拒绝维修的情况下，发包人才可要求承包人承担替代的赔偿责任。另一种观点认为，在有些情况下，应支持发包人要求承包人直接承担维修费用的主张。

观点1：不应支持发包人要求承包人直接承担维修费用的主张，对保修期内出现的质量问题，发包人首先应通知承包人进行维修，只有在承包人明确表示不履行维修义务的情况下发包人才有权委托第三方进行维修。

① 杨某诉东台市东盛房地产开发有限公司商品房销售合同纠纷案，《最高人民法院公报》2010年第11期(总第169期)。裁判要旨：建设行政主管部门出具的房屋质量合格文件，不能作为房屋出卖人免除房屋存在裂缝、渗漏等质量缺陷责任的当然证据。人民法院依法独立行使审判权，在审理案件中以事实为根据，以法律为准绳。人民法院据以定案的事实根据，是指经依法审理查明的客观事实。根据《建筑法》第60条第2款、第62条第1款的规定，竣工验收的建筑工程的屋顶、墙面不得有渗漏、开裂等质量缺陷，且建筑工程实行质量保修制度。该法及《建设工程质量管理条例》未对"质量缺陷"作出进一步的解释或规定。《房屋建筑工程质量保修办法》第3条规定："本办法所称房屋建筑工程质量保修，是指对房屋建筑工程竣工验收后在保修期限内出现的质量缺陷，予以修复。本办法所称质量缺陷，是指房屋建筑工程的质量不符合工程建设强制性标准以及合同的约定。"参照该条规定，只要房屋建筑工程质量不符合法定标准以及合同目的，则可以认定存在质量缺陷。根据《建筑法》第52条第1款的规定，建筑工程勘察、设计、施工的质量必须符合国家有关建筑工程安全标准的要求，具体管理办法由国务院规定。根据《建设工程质量管理条例》第3条、第16条的规定，建设单位、勘察单位、设计单位、施工单位、工程监理单位依法对建设工程质量负责，建设单位在收到建设工程竣工报告后，应当组织对建设工程质量负责的有关单位进行竣工验收，由勘察、设计、施工、工程监理等单位分别签署质量合格文件后，方可交付使用。在当事人对房屋建设工程质量提起的诉讼中，建设行政主管部门的审批文件以及建筑工程勘察、设计、施工、工程监理等单位分别签署的质量合格文件，仅属诉讼证据，对人民法院认定事实不具有当然的确定力和拘束力；若存在房屋裂缝、渗漏等客观事实，并且该客观事实确系建筑施工所致，则人民法院应当依法认定房屋存在质量缺陷。除有特别约定外，房屋出卖人应当保证房屋质量符合工程建设强制性标准以及合同的约定；房屋买受人以房屋存在质量缺陷为由向出卖人主张修复等民事责任的，人民法院应当予以支持。

理由为《房屋建筑工程质量保修办法》第9条“房屋建筑工程在保修期限内出现质量缺陷，建设单位或者房屋建筑所有人应当向施工单位发出保修通知。施工单位接到保修通知后，应当到现场核查情况，在保修书约定的时间内予以保修。发生涉及结构安全或者严重影响使用功能的紧急抢修事故，施工单位接到保修通知后，应当立即到达现场抢修”和第12条“施工单位不按工程质量保修书约定保修的，建设单位可以另行委托其他单位保修，由原施工单位承担相应责任”以及《建设工程质量管理条例》第41条“建设工程在保修范围和保修期限内发生质量问题的，施工单位应当履行保修义务，并对造成的损失承担赔偿责任”的规定。

发包人在委托第三方进行维修前，已通知承包人履行维修义务，在承包人拒绝维修的情形下方可另行委托第三方进行维修。一方面，只有发包人对承包人进行了告知，承包人才有知悉并实际履行保修义务的可能；另一方面，如发包人未通知承包人就委托第三方进行维修，导致承包人无法对质量问题进行核查，在后续争议解决过程中无法判断维修的工程量和质量问题出现的原因，法院有可能认定责任主要在于发包人。在实践中，部分工程合同的保修条款会将发包人委托第三方进行维修的前提条件进行细化，如约定在通知后一定期限内承包人仍不履行维修义务或承包人维修数次仍无法解决质量问题的，发包人方有权委托第三方维修。该等约定也会成为法院判断发包人委托第三方维修程序正当性的判断标准。

参考案例　1.1　青岛青建控股有限公司与江苏南通二建集团劳务有限公司建设工程施工合同纠纷

【案例文号】(2015)青民一终字第1000号

【裁判观点】承包人支付维修费用至少需具备两个前提条件：一是发包人已主张质量问题，二是承包人拒绝维修。本案中，涉案工程未经竣工验收即交付使用，现青岛青建控股有限公司主张涉案工程的主体存在质量问题。而其作为涉案工程的总包人，并未提交有效证据证明建设方曾就本案争议的质量问题向其主张权利，其也认可其与建设方的竣工结算报告中并未结算维修费用，且青岛青建控股有限公司亦未提交有效证据证明其就本案争议的质量问题曾要求江苏南通二建集团劳务有限公司进行维修而江苏南通二建集团劳务有限公司拒绝维修，在此情形下，其径行要求江苏南通二建集团劳务有限公司承担维修费用，缺乏事实及法律依据，本院不予支持。原审对此认定错误，本院予以纠正。

【解析规则】未达合同约定条件即委托第三方维修的，承包人不承担第三方维修费用。

参考案例 **1.2 中国十五冶金建设集团有限公司(以下简称“十五冶金建设公司”)、合肥水泥研究设计院有限公司建设工程施工合同纠纷**

【案例文号】(2018)最高法民终92号

【裁判观点】对于第三方维修费用，根据《苏丹柏柏尔工程施工合同》第二部分合同条件(第29条第2款)的约定，在案涉工程需要维修时，合肥水泥研究设计院有限公司应先通知十五冶金建设公司，在十五冶金建设公司拒不维修的情况下，才可自行维修。但合肥水泥研究设计院有限公司未提交证据证实其按照上述约定通知了十五冶金建设公司，故其无权向十五冶金建设公司主张维修费用。

但需要注意的是，发包人务必要在质保期内向承包人主张维修义务，否则可能面临法院不予支持的情况，如普洱磨思高速公路开发经营有限公司(以下简称“磨思公司”)、云南路桥股份有限公司(以下简称“路桥公司”)建设工程施工合同纠纷二审民事判决书[最高人民法院(2019)最高法民终794号]。①

① 最高人民法院在该判例中认为：《公路工程竣(交)工验收办法》第14条规定，“试运营期不得超过3年”。《总包协议》第13条约定缺陷责任期按工程交工验收后2年计。案涉公路于2011年4月开始通车，至今已经通车超过8年时间，早已经过了试运营期及缺陷责任期。在公路已交付使用的情况下，未进行竣工验收并非路桥公司的责任，磨思公司有关质量保修期未开始计算的上诉理由，本院不予支持。案涉工程分别于2011年4月24日和2013年10月29日进行了两次交工验收，并形成公路工程交工验收证书，载明工程质量合格。而云南省磨黑至思茅高速公路2016年桥梁、隧道及路基路面技术状况评定总报告形成于2017年。云南省公路局针对复核检测的批复明确“为有效推进全省公路养护管理科学、规范化进程”，作出该报告的云南公路工程试验检测中心也在一审中当庭陈述该报告的检测技术手段、技术评定标准和检测目的均是从公路运营期间的养护角度出发。故一审认定该报告不足以证明案涉公路建设中存在质量问题，并无不当。在磨思公司未能证明案涉工程地基基础工程和主体结构工程存在问题的情况下，即便案涉公路目前存在如其所述的质量问题，也不能证明其不是磨思公司6年来的养护问题而系路桥公司6年前的施工质量问题。故磨思公司要求路桥公司承担质量方面的修复义务及损失赔偿责任的主张，均缺乏事实依据。磨思公司向本院申请对案涉工程进行工程安全司法鉴定并对工程质量及修复方案、质量缺陷修复造价进行鉴定，本院不予准许。

观点2:在以下特殊情况中,发包人可以突破观点1中的规定直接要求承包人承担维修费用。在发包人未通知承包人的情况下,针对保修期内出现的质量问题,发包人自行修缮后,若其能够证明维修事实客观存在,承包人仍应当承担维修费用,但该费用以工程修复所需的合理费用为限。虽然发包人未通知承包人维修,属于程序性违约,但实体上并不能免除承包人的维修义务。承包人应承担的赔付责任以工程修复所需的合理费用为限。

(一)承包人不具备维修的技术水平和专业能力,发包人有权自行委托第三方修复

严重的工程质量问题与一般的质量瑕疵显然有重大区别。对于质量瑕疵,通常可以由施工单位自行整改修复后交工验收,但对于重大质量问题,则要考虑施工单位的技术能力和修复期限等因素。如发包人对承包人自行修复质量问题的能力产生怀疑,即承包人在施工过程中已产生重大质量问题,表明其技术水平、管理能力等方面存在明显不足,由此发包人拒绝由承包人修复,且为了一次性解决工程质量争议,避免承包人在自行修复中可能产生新的矛盾,防止损失扩大,法院可通过司法鉴定确定修复价格,并判决由承包人直接赔偿修复费用。①

(二)双方因长期存在的争议等原因已不具备合作的信任基础,发包人有权自行委托第三方修复②

虽然承包人在施工完成后存在保修的义务,但承包人的保修范围一般限于非主体结构的维修,而工程的质量整改涉及工程楼面使用载荷等主体结构的修复、加固,涉及施工工期、承包人的停工等问题,需要双方的信任与配合,重新签

① 【参考案例】无锡新大力电机有限公司与江苏溧阳建设集团有限公司建设工程施工合同纠纷案,无锡市中级人民法院(2015)锡民终字第01911号民事判决书;山东天泰建工有限公司与济南市长清区文昌街道东铺社区居民委员会建设工程施工合同纠纷案,济南市中级人民法院(2017)鲁01民终5969号民事判决书。

② 【参考案例】上海金盈压力容器制造有限公司建设工程施工合同纠纷案,上海市第一中级人民法院(2015)沪一中民二(民)再终字第16号民事判决书;银海饰品(上海)有限公司与上海建莹建筑工程有限公司建设工程施工合同纠纷案,上海市第一中级人民法院(2005)沪一中民二(民)终字第846号民事判决书。

订新的施工合同予以规范,这些显然对承发包双方来说是难以达成的。故发包人主张由承包人直接赔偿,更符合实际情况。发包人在取得赔偿款后应当委托第三人对工程质量问题进行整改施工,就该质量问题不得再向承包人主张赔偿。如果发包人未委托第三人施工,由此引发的质量问题由发包人自行负担。

(三)承包人先前已明确拒绝对工程质量问题进行维修,发包人有权自行委托第三方修复

工程质保期间,如承包人对涉案工程存在施工质量问题明确予以否认,且承包人认为该维修并不是其应承担的维修义务,只同意在发包人足额支付工程款的条件下帮助维修,在此情形下,发包人可通过申请法院委托有资质的鉴定机构对工程质量、修复方案及修复费用进行司法鉴定,一旦鉴定意见确定工程质量不符合图纸要求或规范要求,发包人可要求承包人直接赔偿维修费损失。

(四)施工合同解除后产生的已完工程质量问题,为及时定分止争,可支持发包人向承包人主张已完工程质量不合格的赔偿

法院以工程质量司法鉴定报告为基本依据,认为承发包双方终止施工合同、承包人撤场时间已较为久远,后期亦存在维护、保养、自然老化等因素,并对承包人应当承担的施工质量责任进行综合考量,认定承包人应承担修复费用是合理的。

综上,发包方未通知保修的法律后果是"程序性"违约,不产生失权的法律后果,即不产生丧失要求施工方承担修复费用的权利的法律后果,施工方不能以此拒绝承担修复费用,施工方也不能以未通知来否定质量问题的存在。[①] 北

① 【参考案例】中建二局第四建筑工程有限公司、黑龙江省日出康城房地产开发有限公司建设工程施工合同纠纷案,最高人民法院(2018)最高法民终 922 号民事判决书,裁判观点:发包人未尽到保修通知义务,施工方仍要承担修复费用。最高人民法院认为,案涉鉴定意见按照有无监理公司人员签章确认对工程质量修复问题的鉴材进行了分类,其中有监理公司签章确认的部分,可证明中建二局四公司施工工程存在相应质量问题的事实。鉴定机构针对前述质量问题,依据《工程施工合同》标准鉴定的维修费用,符合本案工程发生维修费用的实际情况,无论该工程质量问题由中建二局四公司抑或第三方进行维修,都会发生上述合理费用,且中建二局四公司对其施工工程负有保修义务,不能仅以未通知为由,否定其应承担的保修义务。参照最高人民法院《关于审理建设工程施工合同纠纷案件适用法律若干问题的解释》第 11 条规定的原则,对日出康城公司该项主张抵扣工程款部分予以支持,支持的维修费用为 2, 584, 101. 39 元。

京高院《关于审理建设工程施工合同纠纷案件若干疑难问题的解答》第 30 条第 2 款规定“发包人未通知承包人或无正当理由拒绝由承包人修复，并另行委托他人修复的，承包人承担的修复费用以由其自行修复所需的合理费用为限”，这个观点与最高人民法院在上述案例中的观点是一致的。需要说明的是，四川高院《关于审理建设工程施工合同纠纷案件若干疑难问题的解答》第 31 条明确规定“发包人未通知承包人或无正当理由拒绝由承包人修复而另请他人修复的，所发生的修复费用由发包人自行承担”，该观点与北京高院的观点截然相反，亦与上述最高人民法院的观点矛盾。

❖ 第二章　工程质量缺陷成因

第一节　工程设计质量缺陷产生的法律风险

一、工程设计文件不符合工程建设强制性标准的法律风险

2000年以来,国务院建设行政主管部门相继批准了工程建设标准强制性条文,包括城乡规划、房屋建筑、工业建筑、水利工程、电力工程、信息工程、水运工程、公路工程、铁道工程、石油和化工建设工程、矿山工程、人防工程、广播电影电视工程和民航机场工程,覆盖了工程建设的各主要领域。与此同时,住房和城乡建设部还颁布了《实施工程建设强制性标准监督规定》,确立了强制性条文的法律地位。

《建设工程质量管理条例》第19条规定:"勘察、设计单位必须按照工程建设强制性标准进行勘察、设计,并对其勘察、设计的质量负责。注册建筑师、注册结构工程师等注册执业人员应当在设计文件上签字,对设计文件负责。"《建设工程勘察设计管理条例》第25条规定:"编制建设工程勘察、设计文件,应当以下列规定为依据:(一)项目批准文件;(二)城乡规划;(三)工程建设强制性标准;(四)国家规定的建设工程勘察、设计深度要求。铁路、交通、水利等专业建设工程,还应当以专业规划的要求为依据。"《实施工程建设强制性标准监督规定》第2条规定:"在中华人民共和国境内从事新建、扩建、改建等工程建设活动,必须执行工程建设强制性标准。"第3条规定:"本规定所称工程建设强制性标准是指直接涉及工程质量、安全、卫生及环境保护等方面的工程建设标准强制性条文。国家工程建设标准强制性条文由国务院住房城乡建设主管部门会同国务院有关主管部门确定。"第17条规定:"勘察、设计单位违反工程建设强制性标准进行勘察、设计的,责令改正,并处以10万元以上30万元以下的罚

款。有前款行为，造成工程质量事故的，责令停业整顿，降低资质等级；情节严重的，吊销资质证书；造成损失的，依法承担赔偿责任。”

因此，如果工程设计文件不符合工程建设强制性标准、规范的规定，那么设计单位存在较大的法律风险。需要注意的是，除工程建设标准强制性条文外，工程建设标准领域还包含大量的非强制性标准（推荐性标准），当工程设计文件不符合此类非强制性标准时，设计单位也应谨慎对待。

（一）施工图设计法律责任承担主体分析

1. 设计单位承担责任的情形

《建筑法》第 56 条、第 57 条规定，建筑工程的设计单位必须对其设计的质量负责。设计文件应当符合有关法律、行政法规的规定和建筑工程质量、安全标准、建筑工程勘察设计技术规范以及合同的约定。设计文件选用的建筑材料、建筑构配件和设备，应当注明其规格、型号、性能等技术指标，其质量要求必须符合国家规定的标准。建筑设计单位对设计文件选用的建筑材料、建筑构配件和设备，不得指定生产厂、供应商。

《建设工程质量管理条例》第 63 条规定，设计单位未根据勘察成果文件进行工程设计的，设计单位指定建筑材料、建筑构配件的生产厂、供应商的或设计单位未按照工程建设强制性标准进行设计的，责令改正，处 10 万元以上 30 万元以下的罚款，造成工程质量事故的，责令停业整顿，降低资质等级；情节严重的，吊销资质证书；造成损失的，依法承担赔偿责任。

《建设工程安全生产管理条例》第 56 条也规定，设计单位未按照法律、法规和工程建设强制性标准进行设计的或采用新结构、新材料、新工艺的建设工程和特殊结构的建设工程，设计单位未在设计中提出保障施工作业人员安全和预防生产安全事故的措施建议的，责令限期改正，处 10 万元以上 30 万元以下的罚款；情节严重的，责令停业整顿，降低资质等级，直至吊销资质证书；造成重大安全事故，构成犯罪的，对直接责任人员，依照刑法有关规定追究刑事责任；造成损失的，依法承担赔偿责任。

2. 建设单位承担法律责任的情形

最高人民法院《关于审理建设工程施工合同纠纷案件适用法律问题的解释

(一)》第 13 条规定:"发包人具有下列情形之一,造成建设工程质量缺陷,应当承担过错责任:(一)提供的设计有缺陷;……"据此,建设方应对施工图的设计准确性、完整性负责;出现质量问题,其承担首要责任。

参考案例 2.1 漠河砂宝斯矿业有限公司、中铁十九局集团有限公司建设工程施工合同纠纷

【案例文号】(2018)最高法民申 2048 号

【裁判观点】发包人应向施工单位提供符合要求的建筑工程技术资料,施工单位亦必须按照技术规程、设计图纸、施工图纸及说明书等技术资料进行施工,如果发包人提供的设计有缺陷,那么其应对建设工程质量缺陷承担过错责任,施工单位如果没有过错将不承担责任。

3. 施工单位承担质量责任的情形

施工单位作为工程施工的承包单位,在建设工程实践中,系建设工程质量纠纷中的常见的主要责任主体。《民法典》《建筑法》《建设工程质量管理条例》及相关司法解释对此均有相应的规定。

《民法典》第 801 条规定,因施工人的原因致使建设工程质量不符合约定的,发包人有权请求施工人在合理期限内无偿修理或者返工、改建。经过修理或者返工、改建后,造成逾期交付的,施工人应当承担违约责任。

《建筑法》第 58 条、《建设工程质量管理条例》第 26 条也有规定,施工单位对建设工程的施工质量负责。最高人民法院《关于审理建设工程施工合同纠纷案件适用法律问题的解释(一)》第 12 条亦对承包人原因造成工程质量问题的责任承担作出了相应的规定。

根据《建设工程质量管理条例》第 28 条之规定,"施工单位必须按照工程设计图纸和施工技术标准施工,不得擅自修改工程设计,不得偷工减料。施工单位在施工过程中发现设计文件和图纸有差错的,应当及时提出意见和建议"。按图施工是施工单位的法定义务;但如设计文件和图纸有差错,施工单位仍应提出意见和建议。该专业建议权的履行,既是权利,也是义务。最高人民法院《关于审理建设工程施工合同纠纷案件适用法律问题的解释(一)》第 13 条也有相应的规定:"发包人具有下列情形之一,造成建设工程质量缺陷,应当承担过错责任：（一）提供的设计有缺陷；……承包人有过错的，也应当承担相应的过错责任。”据此，如施工单位未履行上述基于专业的建议权，亦可能构成施工中的过错，承担相应的质量责任。因此，施工单位对于上述专业建议权的履行，亦应给予充分的注意。

4. 多方责任主体叠加因素法律责任

在建设工程发现质量瑕疵时，可能涉及多方责任主体（建设、勘察、设计、施工及监理单位），最主要的是在建设方和施工方之间划分责任。施工单位除了要保证施工质量外，在施工过程中发现设计文件和图纸有差错的，依法应当及时提出意见和建议。即使在竣工验收合格后发现工程质量问题，且该质量缺陷系设计单位和施工单位多重原因所致，施工方也不能完全避免设计存在缺陷从而主张免除工程质量责任。

司法实务中，（2021）川01民终6710号①案件认定，竣工验收本身是一种行政监管措施，竣工验收合格以行政备案的方式呈现，竣工验收备案仅是一种形式审查后的备案性行政登记，并非对工程质量合格的“背书”，更无法成为承包人免责的理由。

（二）设计缺陷措施法律风险防范建议

1. 施工方不能直接修改施工图纸的缺陷，也不能放任不管，应当及时向监理、建设方提出异议。施工方一旦发现施工图纸存在缺陷，就应采取如下措施：（1）及时给设计单位发送联系单，同时抄送建设单位；（2）若建设单位未能积极处理，则应再次发送书面函件，并注意应由建设单位授权代表签收或保存邮寄凭证；（3）由此导致的工期延误或经济损失，施工方应按照合同的约定及时提出索赔要求，并通过签证等方式予以确定工期顺延天数及经济补偿金额；（4）做好证据留存，避免事后无法举证的风险。

---

① 在该案中，A公司将工程设计部分发包给B公司，将工程施工部分发包给C公司，工程竣工验收合格并交付使用。在含屋面防水层验收的建筑屋面分部工程质量验收记录中，设计单位B公司参与并出具了合格意见。后工程出现渗漏，经鉴定，设计不满足规范要求是工程渗水原因之一。A公司提起诉讼，请求法院判令B公司赔偿涉诉工程渗漏部分维修费和因承建房屋渗漏造成的损失。法院认为：工程竣工后虽经验收合格，但工程在竣工前就因设计缺陷遗留了渗水隐患，导致工程交付后即出现严重质量现象，此非发包方的过错，设计方不能因工程已验收合格就对发包方免责。

2. 设计备案，设计人不免责。根据《建设工程勘察设计管理条例》《建设工程质量管理条例》《房屋建筑和市政基础设施工程施工图设计文件审查管理办法》的规定，建筑工程勘察、设计、施工图纸等文件须经审查合格后方可使用。据此，在没有相反证据的情况下，施工图纸通过相关机构审查并备案，可以推定为设计合格。

设计单位应当注重设计文件保存的完整性、合规性，树立实质性审查标准，避免设计备案即免责的侥幸心理，确保设计文件的实质性合格。

3. 监理人责任。标准施工监理合同约定监理公司发现设计文件不符合有关规定或合同约定时，应向委托人报告。施工方按规定将施工设计图送给监理公司先行审查并由其签发，即监理公司负责备案审查，监理公司对施工设计图履行审查和签发的法定义务。

实务中，存在个别监理公司主张其作为施工监理可以免责，认为其职责不包括监督设计质量。监理公司对施工方施工中存在的质量问题，未能严格做到要求其全部认真整改，对存在质量问题的部分工程在计量时予以认证签发，从而未能尽可能防止质量事故的发生，是未能防止事故最终发生的间接、次要的原因，依法应当承担相应的过错责任。

二、工程设计文件不符合发包人要求的法律风险

《建设工程设计合同示范文本（房屋建筑工程）》（GF－2015－0209）和《建设工程设计合同示范文本（专业建设工程）》（GF－2015－0210）的第二部分“通用合同条款”第1.4.3项均规定，发包人对工程的技术标准、功能要求高于或严于现行国家、行业或地方标准的，应当在专用合同条款中予以明确。

实践中，如果发包人对工程项目提出了具体的性能指标、规模标准、节能环保、建筑文化内涵、投资预算等方面的要求，那么设计文件应当符合发包人要求。例如，在房地产项目设计合同中，发包人为了控制工程成本，可能会提出结构含钢量的控制要求；在煤炭行业设计合同中，发包人为了实现预期产能，一般会提出年产量的具体技术指标要求；在市政行业设计合同中，发包人为了达到预期目标，一般会提出日污水处理能力的指标要求等。上述指标、技术要求等

构成了工程设计合同约定的质量标准;因此,如果设计文件不符合发包人要求,那么设计单位存在较大的法律风险。

例如,在(2020)京02民终507号建设工程设计合同纠纷案中,法院认为:按照设计合同的约定,设计人提供的设计图纸应当满足工程投资估算约为450万元的要求,但根据现有设计图纸,工程投资估算为900余万元,该估算金额远远超过了设计合同约定的估算金额;设计人的履行不符合合同约定,无法实现发包人签订设计合同的合同目的。依照《民法典》第563条第1款第4项"当事人一方迟延履行债务或者有其他违约行为致使不能实现合同目的"的规定,守约方可以解除合同。因此,一审法院判令解除双方设计合同,由违约方设计人退还发包人合同款,合法有据,并无不当。

又如,在(2017)陕民终134号建设工程设计合同纠纷案中,法院认为:案件经过司法鉴定,设计人设计的部分施工图纸钢筋含量未达到补充协议约定的优化指标,发包人也已重新委托其他设计公司,双方签订的《建设工程设计合同》在客观上已无继续履行之必要。原审法院判决驳回设计人要求继续履行合同和要求支付违约金的诉讼请求,合法有据,依法予以维持。

建设工程设计具有高度专业性。相对于发包人而言,设计人掌握更多的技术和经验,专业知识储备更丰富;在发包人的要求或其提供设计资料的技术性缺陷的识别方面,具有天然优势。因此,设计人应当有一定程度的合理注意义务。《民法典》第776条规定:"承揽人发现定作人提供的图纸或者技术要求不合理的,应当及时通知定作人。因定作人怠于答复等原因造成承揽人损失的,应当赔偿损失。"该规定便是对上述合理注意义务的体现。例如,在(2020)冀民申2332号建设工程设计合同纠纷案中,法院认为:对本案争议的污水处理工程,鉴定意见明确了根据设计人提供的废水中去除率表格,含铬废水及综合废水中的悬浮物均需在"厂方自建过滤池"中过滤掉90%;而设计人在设计合同中并未明确其是在"厂方自建过滤池"过滤掉悬浮物90%的进水水质基础上进行的设计。设计人作为污水处理设计的专业单位,应当知道该案"厂方自建过滤池"在污水处理过程中的重要性,应当属于设计人设计中考量的范围。发包人提交的设计人出具的工艺施工总说明中的工艺流程图上标有"厂方自建过滤池",但设计人在设计时并未对发包人自建过滤池提出具体要求,导致涉案污水处理系统工程竣工后,在设计人调试下未能达到环保要求。设计人的设计显属不当,原审法院认定合同解除及设计人返还设计费并无不当。

在(2019)浙09民终637号建设工程设计合同纠纷案中,关于日照分析出现问题的责任归属,是双方争议焦点。法院认为:设计人进行日照分析是履行其设计义务过程中的一个环节,正如设计人所言,合同并未对日照分析有具体约定。合同仅约定因设计工作的需要,发包人应向设计人提供若干资料,未明确指出需要提供日照分析基础资料。设计人固然仍可要求发包人配合提供日照分析基础资料;但在此情形下,更需要作为专业机构的设计人针对基础资料,向发包人提出适当要求,以保证其真实准确。设计人理应知道建筑实测图是应优先选用的基础资料,但双方实际共同派员获取的却是存档资料,这就意味着设计人同意基于存档资料进行日照分析。当事实上因基础资料不准确导致日照分析出现问题时,显然不应归责于发包人。

三、工程设计文件不符合相关行业设计文件编制深度规定的法律风险

设计深度,是指设计图纸所要达到的详细程度。为加强对工程设计文件编制工作的管理,保证各阶段设计文件的质量和完整性,住房和城乡建设部颁布了《建筑工程设计文件编制深度规定(2016年版)》《市政公用工程设计文件编制深度规定(2013年版)》,其他行业领域也有类似设计深度的规范性文件,比如石化行业的《化工工厂初步设计内容深度的规定》、电力行业的《串补站初步设计内容深度规定》、机械行业的《机械工业建设工程设计文件深度规定》、铁道行业的《城市轨道交通工程设计文件编制深度规定》等。

按照工程设计的一般规律,设计深度的规定是对工程设计成果的最低要求,也是判断工程设计成果是否存在质量缺陷的基础性标准。因此,如果设计文件不符合相关行业设计文件编制深度的规定,在诉讼中容易被认定为工作量不足,从而引发设计费给付不被支持的法律风险。

例如,在(2017)粤14民终737号建设工程设计合同纠纷案中,法院认为:根据双方举证情况及往来函件的内容记载,可以认定设计人的设计进度已经达到方案设计阶段中的单体方案阶段。根据建筑工程设计深度的有关规定,单体

方案应包含平面图、立面图、剖面图，但从设计人提交并确认为最后交付成果的2013年11月5日方案设计图的内容来看，其完成的内容包括方案阶段的总体概念规划、总图、单体方案的平面图部分，该平面图部分实际占单体方案工作量的1/3左右。最终，法院根据设计深度情况酌定设计人主张的设计费用按照上述比例折减。

四、设计质量缺陷导致设计项目未实现预定功能的法律风险

工程设计行业，尤其是结构设计领域，由于基础理论仍在不断发展完善，结构计算分析的结果往往与基本假定、计算模型密切相关，边界条件或输入参数的改变会导致计算结果大不相同。因此，虽然工程设计行业的政府监管、行业规范相对健全，设计单位内部审核流程也较为严格；但工程设计质量事故仍时有发生，仅“抗浮设计争议”就有多起纠纷案件。例如，浙江高院（2013）浙民提字第133号、山东高院（2020）鲁民终2572号、扬州中院（2016）苏10民终2819号、毕节中院（2020）黔05民终1975号等，这些案件的民事判决书在设计行业引起了巨大争议。不管怎样，如果设计文件存在影响工程安全性的问题，那么设计单位会存在较大的法律风险。实务中，设计文件还有可能出现影响使用性或其他功能性的缺陷，如层高不足、隔声效果欠佳、日照时数不够、屋面“女儿墙”防水未设置压顶、楼板厚度偏薄等。此类缺陷虽不至于影响结构安全性，但会影响房屋耐久性、舒适性等。

实务中，设计质量缺陷导致设计项目未实现预定功能可能有多种原因，除了设计人自身的设计质量问题外，输入介质、环境条件的改变等也会导致设计项目不能实现预定功能。有证据证明设计文件存在质量缺陷的，设计人应当承担相应责任，但在输入介质、环境条件等因素改变导致项目功能性指标不符合要求的情况下，设计人的责任是否能够免除需要当事人举证证明。

例如，在（2021）苏06民终252号建设工程设计合同纠纷案中，法院认为：虽然双方签订的合同中没有明确处理废水的水温，但案涉工程从签订《环境影响评价技术合同书》，到设计人编制建设项目环境影响评价报告表，再到双方签订《污水处理工程合同》，是一个整体的过程，表明案涉工程需要处理的是高温

废水，双方在对工程进行调试时，出水水质无法达到合同约定标准。此后，双方就合同履行、整改问题进行磋商，设计人就案涉合同制定纺织污水处理整改设计方案，并按该方案加装冷却塔等设备，但仍不能达到合同约定出水水质。设计人的设计存在明显缺陷，应当承担整改费用、违约金、鉴定费等费用。由于设计人的设计成果未能达到合同约定，发包人有权拒付工程款，设计人主张违约金不予支持。

参考案例 2.2 北京市工业设计研究院与浙江万羽针织有限公司、浙江经纬勘察工程有限公司等建设工程施工合同纠纷

【案例文号】(2013)浙民提字第133号

【裁判观点】设计单位北京市工业设计研究院以浙江经纬勘察工程有限公司出具的万羽公司岩土工程勘察报告为据，辩称因案涉场地未见地下水，故其无须对案涉工程地下室进行抗浮设计。但浙江省高级人民法院认为，虽然在此情况下尚无强制性规范要求必须进行抗浮设计，但作为专业的设计机构，其应按照合同约定提供合理可使用的设计方案，保证工程按其设计方案施工后能够正常投入使用。该案中，北京市工业设计研究院未全面考虑包括地表水渗入可能引发的水浮力问题导致地下室受损，在设计上存在缺陷和遗漏。

参考案例 2.3 德宏州腾达房地产开发有限公司与保山市科丹建筑设计有限公司(以下简称“科丹公司”)、云南建工第五建设有限公司建设工程合同纠纷

【案例文号】(2016)云民终349号

【裁判观点】设计单位科丹公司主张其设计的施工图，符合国家相关强制性规范，已经有权机构审查合格，故科丹公司不存在违约行为，不应对案涉房屋受损承担赔偿责任。但终审法院认为，根据云南营城工程检测鉴定有限公司出具的10份检测鉴定报告，房屋纵向抗侧刚度变化较大(上刚下柔)，房屋结构体系存在缺陷，对房屋抗震不利。该原因系导致房屋受损的原因之一，系设计单位的原因，科丹公司虽不认可该检测鉴定报告，但无充分证据予以反驳，故科丹公司应承担相应的责任。

综上，虽然施工设计文件通过审查机构的审查，但审查仅确定其是否符

合公共利益、公众安全、工程建设强制性标准的要求，并不对合同约定的其他具体内容和要求做审查，而且通过审查并不意味着可以免除设计单位的任何质量责任。因此，施工图设计文件审查是否通过和设计责任的免除并无直接关系，即使施工图设计文件未经报审、备案或审查不合格，发包人就投入使用，设计单位也不能免除设计责任。

五、施工图设计文件经审查合格后仍出现质量问题，审查机构是否需要承担责任

《房屋建筑和市政基础设施工程施工图设计文件审查管理办法》第 15 条第 2 款规定："审查机构对施工图审查工作负责，承担审查责任。施工图经审查合格后，仍有违反法律、法规和工程建设强制性标准的问题，给建设单位造成损失的，审查机构依法承担相应的赔偿责任。"换言之，施工图设计文件审查合格后，审查机构只有在违反法律法规和工程建设强制性标准并对建设单位造成损失的情况下，才承担民事赔偿责任。具体观点和理由可参考（2013）浙民提字第 133 号案。该案审理法院认为：施工图设计文件审查机构安厦设计咨询公司对北京市工业设计研究院的设计方案审查合格，但该案工程质量事故的发生及浙江省建筑科学设计研究院有限公司的检测报告表明设计方案存在缺陷和遗漏。在此情况下，安厦设计咨询公司作为专业的施工图审查机构在客观上存在失察之处。另外，根据《建筑工程施工图设计文件审查暂行办法》第 21 条第 1 款的规定，施工图审查机构应当对审查的图纸质量负相应的审查责任，但不代替设计单位承担设计质量责任，即设计单位承担了赔偿责任并不必然要求施工图审查机构也要承担赔偿责任。《房屋建筑和市政基础设施工程施工图设计文件审查管理办法》第 15 条第 2 款规定，审查机构对施工图审查工作负责，承担审查责任，施工图经审查合格后，仍有违反法律、法规和工程建设强制性标准的问题，给建设单位造成损失的，审查机构依法承担相应的赔偿责任，即只有在施工图违反法律、法规和工程建设强制性标准并给建设单位造成损失的情况下，审查机构才承担民事赔偿责任。该案中，设计单位的设计存在抗浮措施遗漏，安厦设计咨询公司未能审出，确有不当，但在场地经勘察本身无地下水的情况下，没

有证据证明其违反了法律、法规和工程建设强制性标准，故其对本案工程质量事故损失依法不承担民事赔偿责任。

由此可见，施工图设计文件经审查合格后仍出现质量问题的，审查机构不一定需要承担责任，只有在违反法律、法规和工程建设强制性标准并给建设单位造成损失的情况下，才对自身过错承担相应的民事赔偿责任。因为施工图审查的内容是“涉及公共利益、公众安全、工程建设强制性标准的内容”，对于不符合发包人的设计要求或合同要求的其他内容，虽然也属于设计单位的缺陷或遗漏，但不属于施工图的审查内容，审查机构也难以发现相应的缺陷，因此，不能不当地加重审查机构的审查责任。

第二节　承包人造成的工程质量问题

承包人造成的工程质量问题，主要包括下列情形：

1. 建筑工程承包人不按照工程设计图纸和施工技术规范施工造成的工程质量问题。《建筑法》第 58 条规定：“建筑施工企业对工程的施工质量负责。建筑施工企业必须按照工程设计图纸和施工技术标准施工，不得偷工减料。工程设计的修改由原设计单位负责，建筑施工企业不得擅自修改工程设计。”按照设计图纸和施工技术标准施工是建筑工程质量得以保证的重要前提，也是划分责任的重要依据。

2. 建筑工程承包人未按照工程设计要求、施工技术标准和合同的约定，对建筑材料、建筑构配件和设备进行检验，使用不合格的建筑材料、建筑构配件和设备等造成的质量问题。《建筑法》第 59 条规定：“建筑施工企业必须按照工程设计要求、施工技术标准和合同的约定，对建筑材料、建筑构配件和设备进行检验，不合格的不得使用。”建筑材料、建筑构配件和设备不合格是造成建筑施工质量问题的直接原因之一。

3. 建筑物在合理使用寿命内，地基基础工程和主体结构的质量出现问题；建筑工程竣工时，屋顶、墙面留有渗漏、开裂等问题。《建筑法》第 60 条规定：“建筑物在合理使用寿命内，必须确保地基基础工程和主体结构的质量。建筑工程竣工时，屋顶、墙面不得留有渗漏、开裂等质量缺陷；对已发现的质量缺陷，建筑施工企业应当修复。”

建筑工程承包人造成工程质量不合格或质量瑕疵的，根据《民法典》第801条、《建筑法》第60条及《建设工程质量管理条例》第32条的规定，建筑工程承包人对已发现的工程质量缺陷应当承担无偿修理、返工及改建等责任，以达到约定的质量要求和标准。

第三节　承包人应当承担缺陷修复费用的适用情形

现有法律法规中，并没有对承包人具体如何进行缺陷修复的操作性规定。《建设工程司法鉴定程序规范》(SF/Z JD0500001－2014)(已废止)第7.1.13条规定：“既有建设工程和灾损建设工程的加固修复造价鉴定，根据司法鉴定人现场勘验经各方当事人确认的加固修复范围，按照委托人委托的具有相应资质的设计单位出具的加固修复设计，考虑既有和灾损建设工程加固修复的施工特点，执行既有和灾损建设工程所在地适用的工程造价计价依据，确定既有和灾损建设工程的加固修复造价。”①因此，该问题有赖于在合同中具体约定。通常而言，承包人履行缺陷修复义务大致应当满足以下条件。

(一)缺陷和损坏是承包人施工质量不达标造成

《标准施工招标文件》中约定：“监理人和承包方应共同查清缺陷和(或)损

① 《建设工程司法鉴定程序规范条文说明》(SF/Z JD0500001－2013)(已废止)第7.1.13条规定：既有建设工程和灾损建设工程加固修复造价鉴定，根据司法鉴定人现场勘验经当事人确认的加固修复范围，按照委托人委托具有相应资质设计单位出具的加固修复设计，执行应加固修复建设工程所在地适用的工程造价指导性计价依据(各项费率取中值)，采用加固修复建设工程所在地当期建设工程材料信息价和当地建设市场公允的人工价格，考虑加固修复施工机具、用具和材料移位、覆盖、复位、清理及建筑垃圾清运费用，确定建设工程灾损加固修复造价。鉴定实践中，应该针对实际承担工程保修任务的不同主体，按不同的标准对建设工程保修阶段的造价进行鉴定：由缔结《主合同》的承包人来承担工程保修任务时，按在《主合同》中的约定(包括造价结算中的各种优惠、让利条件)，来确定工程保修阶段的造价，这是承包人应当履行的法定的后合同义务；由第三方施工人来承担工程保修任务时，工程保修造价应按本条的规定确定，工程保修事项责任如归属于缔结《主合同》的承包人，其工程保修价款发包人可向承包人追偿。

坏的原因。经查明属承包方原因造成的,应由承包方承担修复和查验的费用。经查验属发包人原因造成的,发包人应承担修复和查验的费用,并支付承包方合理利润。"该约定很好地划分了不同原因造成的缺陷和损坏,由不同主体承担责任。但如果是发包人在使用过程中使用不当或第三人、设计问题造成的损坏,由承包方承担修复责任显然是不合理的。在各方能对缺陷产生的原因达成一致意见时,上述约定适用的难度不大。但争议往往产生在缺陷原因不易界定的时候,特别是当发包方和承包方无法达成一致意见时,为了避免久拖不决,发包方先委托第三方进行修复后,再通过诉讼或仲裁向承包方索赔。但此时修复工作往往已经过多,想在诉讼或仲裁中准确认定缺陷原因的难度是很大的。

同时考虑实践中交工报告、竣工报告中往往会对工程质量是否合格进行认定,发包人也会在相关报告中盖章确认。因此对于发包人而言,如果承包人事后拒不配合确定缺陷产生的原因,在另行委托第三方修复以前一个关键动作应当是通过合理方式证明缺陷产生的原因是承包人施工质量不达标。因此,可以参考通过发包人与监理单位会商确认、要求承包人签署整改通知单、委托工程质量鉴定机构出具专项意见、委托公证处对质量瑕疵进行证据保全等,采用书面文件、报告、录音、照片、视频等多种形式,将缺陷产生的原因,客观现状,造成的损害结果,发包人与监理单位、鉴定机构等主体形成的会商意见以及发包人向承包人发函记录等文件有效固定下来,在未来仲裁或诉讼过程中,最终形成对认定承包人主观过错、施工质量不达标等请求有效证据链。同时若有必要,可以在诉讼或仲裁程序中申请工程质量鉴定,从而增强审判人员的内心确信。否则,在基础证据不足或缺失情况下,即便提起鉴定也可能因缺乏充分有效证据材料无法启动司法鉴定程序。上述观点,在如下案例中可以得到部分体现。

参考案例 2.4 东保利电业(惠州)有限公司建设工程施工合同纠纷

【案例文号】(2018)最高法民申5152号

【裁判观点】对于鉴定报告中质检部门检测不合格须返修部分造价2,411,468.62元,在一期工程竣工验收合格的情况下,东保利电业(惠州)有限公司未能提交充足证据证明该修复款对应的工程存在严重的质量问题确须返修,也未申请质检部门对相应工程进行质量鉴定,东保利电业(惠州)有限公司应承担举证不能的法律后果。东保利电业(惠州)有限公司关于三兴公司应承担工程质量修复费2,411,468.62元的再审申请理由不能成立。

另外,考虑到缺乏有效证据,单纯依靠诉讼或仲裁中鉴定机构意见时可能会有无法真实、客观还原事实的情况,可在考虑各方利益的情况下按照一定比例分担费用。

参考案例　2.5　中国建筑第六工程局有限公司、哈尔滨凯盛源置业有限责任公司建设工程施工合同纠纷

【案例文号】(2017)最高法民终730号

【裁判观点】在质量鉴定意见无法明确判定进场时阻燃管是否合格的情况下,一审法院直接判决中国建筑第六工程局有限公司承担全部阻燃管修复费用,似有不妥。综合考虑该案的实际情况,本院酌定中国建筑第六工程局有限公司承担阻燃管修复费用的50%。

(二)工程出现地基基础和主体结构质量问题,即便存在发包人擅自使用或竣工验收合格的情形,承包人仍应就该质量问题承担责任

根据最高人民法院《关于审理建设工程施工合同纠纷案件适用法律问题的解释(一)》第14条"建设工程未经竣工验收,发包人擅自使用后,又以使用部分质量不符合约定为由主张权利的,人民法院不予支持;但是承包人应当在建设工程的合理使用寿命内对地基基础工程和主体结构质量承担民事责任"的规定,如果工程未经竣工验收,业主就擅自使用,地基和主体结构以外的其余质量风险将从施工单位转移给发包人。因此,发包人也应当注意竣工验收对缺陷修复责任的影响。

参考案例　2.6　杜班建设有限公司(以下简称"杜班公司")、青海海力舟阳商贸有限公司等建设工程施工合同纠纷

【案例文号】(2021)最高法民终1054号

【裁判要点】承包人与发包人关于"承包人向发包人提交全部工程验收资料后,承包人不再承担保修责任"的约定,不能免除承包人对地基基础工程的保修责任。

【裁判观点】杜班公司就案涉地基基础工程存在的质量问题主张免除其责任。杜班公司主张其责任已经免除的依据是《协议书》第5条,但是该《协议书》第5条约定内容为,乙方承揽范围内的工程已经完工,但尚未竣工验收,乙方协助该工程的竣工验收,自相关五方单位签字盖章通过验收后20日内向甲方提交乙方承建完成的全部工程验收资料,该协议生效后,乙方不再承担保修责任。如乙方不提交项目的竣工资料,甲方有权拒付剩余1000万元工程款并不承担逾期付款的违约责任。依据该条约定,该《协议书》生效后,杜班公司免除的责任为"保修责任"。保修责任是施工单位对建筑工程竣工验收后、保修期内出现的非因使用不当、第三方或者不可抗力造成的质量缺陷,承担无条件按交付时的原貌和质量标准实施修复的责任。保修责任不同于地基基础工程和主体结构的质量保证责任。且《协议书》第6条也约定:"本工程质量以《中华人民共和国建筑法》《建设工程质量管理条例》相关法律、法规的规定及双方签订的《建设工程施工合同》相关条款为依据。"根据《建筑法》第60条第1款"建筑物在合理使用寿命内,必须确保地基基础工程和主体结构的质量"的规定,杜班公司应当对案涉地基基础工程承担保修责任。根据该案查明的事实,案涉工程经鉴定存在混凝土柱箍筋间距不合格、混凝土柱垂直度不合格、混凝土基础防腐做法不符合设计要求及混凝土柱的构件截面尺寸不合格等地基基础工程问题,依照建工解释[①]第13条"建设工程未经竣工验收,发包人擅自使用后,又以使用部分质量不符合约定为由主张权利的,不予支持;但是承包人应当在建设工程的合理使用寿命内对地基基础工程和主体结构质量承担民事责任"之规定,杜班公司应当对案涉地基基础工程存在的质量问题承担整改责任。杜班公司称青海海力舟阳商贸有限公司已经免除杜班公司保修责任的理由,依法不能成立。

(三)质量缺陷项目内容属于合同约定质量保修的范围

在施工合同中,承发包方一般都会以专章或附件的形式,将质量保修的范围、期限、条件等进行约定。承包人履行修复义务也应当以质量保修的范围为限,如果发包人借质量保修名义对设计进行实际更改或要求承包人履行超过施

① 最高人民法院《关于审理建设工程施工合同纠纷案件适用法律问题的解释》。

工合同保修范围以外的其他工作，显然不应得到支持。

（四）发包人应当先向承包人发送其进行缺陷修复工作的通知

《标准施工招标文件》（2007 年版）约定："承包人不能在合理时间内修复缺陷的，发包人可自行修复或委托其他人修复，所需费用和利润的承担，按第 19.2.3 项约定办理。"《建设工程施工合同（示范文本）》（GF－2017－0201）第 15.4.3 条约定得更为明确，即"在保修期内，发包人在使用过程中，发现已接收的工程存在缺陷或损坏的，应书面通知承包人予以修复，但情况紧急必须立即修复缺陷或损坏的，发包人可以口头通知承包人并在口头通知后 48 小时内书面确认，承包人应在专用合同条款约定的合理期限内到达工程现场并修复缺陷或损坏"。从上述约定以及按正向逻辑推论可知，工程竣工后已由发包人使用，出现缺陷项目时，发包人不通知承包人，承包人根本无从知晓该事实，更谈不上进行修复工作。因此只有发包人通知了承包人，而承包人未能在合理时间修复或者直接拒绝修复的，发包人才有权自行修复或委托第三方进行修复。

第四节　建设工程质量存在问题，拆除与修复的必要性如何界定

施工的部分工程存在质量问题，但是否达到发包人所主张的无法修复且应当拆除重建的严重程度，还需根据司法鉴定意见并结合工程施工的有关事实综合判断。发包人虽主张工程质量存在严重问题，需要拆除重建，但若其提供的证据并不足以证明该事实存在的高度可能性，则应承担相应的不利后果，发包人要求拆除重建的主张不能得到支持。

参考案例　2.7　贵州鸭溪酒业有限公司（以下简称"鸭溪公司"）、贵州省冶金建设公司（以下简称"冶金公司"）建设工程施工合同纠纷

【案例文号】（2019）最高法民终 234 号

【裁判观点】关于案涉项目应否拆除重建以及冶金公司应否返还已收工程

款46,689,476元的问题,根据检测中心出具的司法鉴定意见书,由冶金公司施工的部分工程确实存在质量问题。但是否达到鸭溪公司所主张的无法修复而应当拆除重建的严重程度,则需根据司法鉴定意见并结合工程施工的有关事实综合判断。

根据鸭溪公司提出的鉴定申请,一审法院依法委托检测中心就冶金公司已经施工的工程质量进行鉴定。一审法院组织双方当事人及检测中心对质量鉴定事宜进行商谈,检测中心负责人陈述采取的主要方法是抽样,对梁、柱构件分类,按样本总量,根据规范抽样来检测,双方当事人均同意对有争议的问题重点检测。检测中心于2017年1月10日作出司法鉴定意见书,提出了相应的处理建议和意见。从司法鉴定意见书可知,工程质量问题主要存在于桩、柱、屋面板,所检测的部位并非全部不合格或者不符合要求,检测中心也未提出工程需要拆除重建的建议。二审中,应本院要求,检测中心鉴定人员出庭就司法鉴定意见书进行了进一步的说明,认为施工质量鉴定实际上就是检查冶金公司的施工是否满足设计和相关规范要求,质量不合格并不等同于无法修复。

此外,冶金公司于2017年10月23日向一审法院提出申请,请求设计单位四川省食品发酵工业研究设计院(以下简称"设计院")对出现的质量问题出具修复方案。一审法院组织冶金公司、鸭溪公司、设计院对工程质量修复问题进行了沟通。设计院认为施工出现的问题使用相关施工技术是可以处理的,并且从现行的施工技术和设计技术上可以做弥补,但是具体程序需要由各方建设主管部门及监理单位来确定。一审法院询问鸭溪公司是否同意设计院对质量问题提出的修复方案,但是鸭溪公司明确表示反对。

综上,鸭溪公司虽主张工程质量存在严重问题,需要拆除重建,但其提供的证据并不足以证明该事实存在的高度可能性,故其应当承担相应的不利后果。因此,鸭溪公司关于案涉项目应当拆除重建的主张,本院不予支持。

❖ 第三章　工程质量缺陷的修复主体及修复责任的认定

第一节　工程质量缺陷修复责任的承担主体

施工单位承担保修责任与建设工程质量缺陷责任不是同一概念，施工单位负有保修责任并不意味着承担建设工程的质量缺陷责任。对于在建设工程保修期间出现的质量问题，虽由施工单位负责保修，但保修所发生的费用应当由造成质量缺陷的责任方负担。具体可根据以下情形确定：（一）施工单位未按国家有关工程建设规范、标准和设计要求施工，造成质量缺陷的，应当履行保修义务，并对造成的损失承担赔偿责任。（二）属于勘察、设计方面的原因造成的质量缺陷，由施工单位负责返修，费用由建设单位支付，建设单位可向勘察、设计单位追偿。（三）因建筑材料、建筑构配件和设备质量不合格引起的质量缺陷，属于施工单位负责采购的，由施工单位承担民事责任；属于建设单位负责采购的，但施工单位提出异议而建设单位坚持使用的，由建设单位承担民事责任；如果施工单位没有验收或者验收不合格仍然使用的，由建设单位与施工单位共同承担责任。（四）因建设单位或者建筑物所有人使用不当造成的质量缺陷，由建设单位或者建筑物所有人自行负责。（五）因意外事件等不可抗力造成的质量事故，由建筑物的所有人或者使用人承担责任。（六）对发包人提出的违反法律法规和建筑工程质量、安全标准，降低工程质量的要求，承包人不予拒绝而进行施工的，由建设单位与施工单位共同承担责任。

《建设工程质量管理条例》第3条规定建设单位、勘察单位、设计单位、施工单位、工程监理单位依法对建设工程质量负责。《房屋建筑工程质量保修办法》

第4条规定房屋建筑工程在保修范围和保修期限内出现质量缺陷,施工单位应当履行保修义务。

第二节 违法分包、转包等合同无效情形下的缺陷修复责任承担

实践中,因为存在大量工程非法分包、转包、挂靠等情形,名义承包人往往与实际施工人不一致。当产生缺陷修复项目时,发包人往往会向与其具有合同关系的名义承包人发送通知,正常状况下,承包人会要求实际施工人来修复。但当实际施工人是能力较弱的中小型企业或者包工头组成的施工队伍时,实际施工人受限于自身实力难以对工程进行修复,甚至可能已经解散;此时名义承包人就成了发包人和实际施工人的协调方,名义承包人也会以推诿代替主动承担责任。因此,当名义承包人和实际承包人不一致时应由谁承担修复责任?

1. 与发包人具有施工合同关系的名义承包人应当首先承担缺陷修复责任和支付修复费用。根据合同相对性原则,承包人作为中标工程的施工单位,理应按照合同约定保证工程质量,并向发包人负责。因此发包人基于施工合同要求承包人履行修复责任,具有合法性和合理性。同时,参照《建筑法》第55条"建筑工程实行总承包的,工程质量由工程总承包单位负责,总承包单位将建筑工程分包给其他单位的,应当对分包工程的质量与分包单位承担连带责任。分包单位应当接受总承包单位的质量管理"的规定,虽然总承包单位将部分工程分包,但仍对分包工程的质量与分包单位承担连带责任,发包人仍可以基于施工合同直接要求总承包单位承担质量保修责任。同理,在违法分包、转包或挂靠情形下,除发包人与实际施工人已经达成事实合同关系外,当出现缺陷项目时,发包人仍可以直接要求中标的名义承包人先行履行修复义务。

2. 发包人可以以总承包人、分包方和实际施工人为共同被告提起诉讼。缺陷修复往往伴随着质量问题,最高人民法院《关于审理建设工程施工合同纠纷案件适用法律问题的解释(一)》第15条"因建设工程质量发生争议的,发包人可以以总承包人、分包人和实际施工人为共同被告提起诉讼"的规定,即站在作

为承包人的总包方、分包方、实际施工人应当共同对建设工程质量负责的立场，赋予了发包人起诉的权利。但对于发包人仅就其中一个主体或部分主体提起诉讼，其他主体是否当然应被追加至被告或第三人的问题，现有法律暂未规定。

3. 名义承包人承担责任后有权向实际施工人追偿。参照《建设工程质量管理条例》第 41 条“建设工程在保修范围和保修期限内发生质量问题的，施工单位应当履行保修义务，并对造成的损失承担赔偿责任”，此处的施工单位即指具体负责建设工程施工任务的单位。当名义承包人与实际施工人不一致时，因为实际施工人完成了真实的施工任务，工程款也由实际施工人收取，此时的缺陷修复责任和费用理应由实际施工人最终承担。虽然违法分包、转包可能导致合同无效，但缺陷修复条款不因此当然无效。国家出于保护实际施工人的角度规定了合同无效但据实结算的原则，权利与义务相统一，因此实际施工人进行缺陷修复的责任也不应当被免除。因此当名义承包人履行了缺陷修复责任并支付费用以后，基于公平和利益平衡原则，应当根据客观实际情况裁判实际施工人在合理范围内承担缺陷修复的最终费用。

4. 应当提醒名义承包人，出于对自身权利的保护以及考虑到未来追偿的可行性，当发包人向名义承包人发送整改通知以后，名义承包人也应当积极向实际施工人发送相应通知，以保证履行向实际施工人告知的义务，同时应当按照相应的程序和实体条件注意收集相应证据，否则在以后可能出现的诉讼中同样存在可能无法从实际施工人处取得修复费用的风险。

第三节　第三方代为修复情况下工程修复费用承担责任的认定

一、由第三方代为修复问题工程的情形

1. 实践中出现由第三方代为修复问题工程的情形主要源于以下四方面的原因：

(1) 双方约定的结果，即承发包人在合同中约定由第三方代为修复问题工程。

(2) 发包人单方选择的结果，即合同未约定工程修复主体或者合同虽约定

由承包人承担问题工程修复责任，但是发包人已经丧失对承包人的信任，故发包人自行委托第三方修复问题工程。

(3)承包人拒绝修复的结果，即合同未约定工程修复主体或者合同虽约定由承包人承担问题工程修复责任，但承包人拒绝修复问题工程，故发包人委托第三方修复问题工程。

(4)承包人不具备修复资质的结果，工程质量缺陷的修复和工程施工对施工方资质的要求不尽相同。例如，主体工程混凝土强度不足的质量缺陷，需进行工程加固，但施工方可能并不同时具备工程加固的相应资质，在这种情形下，承包人即使愿意履行修复义务，也因其不具备加固资质而无法完成，只能委托具备相应资质的第三方完成工程修复。

2. 修复费用的承担

对于因原因(1)发生的第三方代为修复问题工程的情形，虽然修复问题工程是承包人的法定义务，但不代表承包人只能亲自修复而不能委托他人代为修复。事实上，如果承包人造成的质量问题严重，而承包人本身没有这种修复能力，其委托具备修复能力的第三方进行修复对工程质量的保证是有益无害的。同时由第三方代为修复问题工程已获得合同双方的一致认可，且该约定并不违背法律、行政法规的强制性规定，属于合法约定。不过实践中此种情形较为少见，且此种情形下由于双方多对工程修复费用的承担问题已经进行明确约定，故双方产生争议的可能性较小；且即便有争议，该约定也可作为双方争议解决的依据。

对于因原因(2)发生的第三方代为修复问题工程的情形，发包人并未通知承包人要求其履行修复义务，也未查明承包人是否愿意主动免费修复问题工程，其单方委托第三方对问题工程进行修复所发生的费用是否可作为其损失要求承包人承担，是实践中争论较多的问题。若发包人选择让承包人承担修复费用而不要求承包人履行修复义务，则发包人应承担该修复费用合理和必要的举证责任。具体理由为：《民法典》第 801 条及第 781 条①是对发包人的一种赋权

① 《民法典》第 801 条规定："因施工人的原因致使建设工程质量不符合约定的，发包人有权请求施工人在合理期限内无偿修理或者返工、改建。经过修理或者返工、改建后，造成逾期交付的，施工人应当承担违约责任。"第 781 条规定："承揽人交付的工作成果不符合质量要求的，定作人可以合理选择请求承揽人承担修理、重作、减少报酬、赔偿损失等违约责任。"

性规定，而非为发包人设定义务；同时，鉴于法律规定的违约责任的承担方式有多种，发包人除可要求承包人承担修复义务外，还可以选择要求承包人赔偿损失，而这种损失当然包括发包人为修复工程而支出的费用。因为发包人委托第三方修复前并未取得承包人的同意，所以在问题工程修复后，如果承包人不认可第三方修复费用，那么发包人就要承担修复费用合理和必要的举证责任。

对于因原因(3)及原因(4)发生的第三方代为修复问题工程的情形，承包人拒绝履行修复责任或承包人不具备相应的修复资质，发包人委托第三方修复问题工程并要求承包人赔偿修复费用并无不妥，但此种情形下发包人仍然面临举证证明其主张的修复费用合理且必要以及承包人拒绝履行修复责任。

发包人对其主张的修复费用的合理性和必要性需承担举证责任的法律依据为《最高人民法院关于适用〈中华人民共和国民事诉讼法〉的解释》第 90 条的规定，当事人对自己提出的诉讼请求所依据的事实或者反驳对方诉讼请求所依据的事实应当提供证据加以证明，但法律另有规定的除外。在作出判决前，当事人未能提供证据或者证据不足以证明事实主张的，由负有举证证明责任的当事人承担不利的后果。基于该规定，要求发包人承担修复费用的合理性和必要性的举证责任是合理且公平的。但实践中，发包人这种举证责任往往很难达到预期目的。

参考案例　**3.1　上海三航奔腾建设工程有限公司（以下简称“三航公司”）与舟山阿尔法游艇俱乐部发展有限公司（以下简称“阿尔法公司”）船坞、码头建造合同纠纷案**

【案例文号】(2016)浙民终 149 号

【裁判观点】一、二审法院均支持了阿尔法公司要求三航公司赔偿修复损失的主张，但未完全支持阿尔法公司主张的修复费用。法院未支持的理由为：阿尔法公司对修复费用的合理性未充分说明，也未提交实际支付凭证，双方也未申请评估该毁损断裂合理设计修复费用。

二、发包人应证明维修内容属于承包人的保修范围

参考案例　3.2　北京国投公路建设发展有限公司(以下简称"国投公司")与中铁十七局集团有限公司(以下简称"中铁公司")建设工程合同纠纷

【案例文号】(2018)京01民终8479号

【裁判观点】涉案工程交工验收时经检测和质量状况分析,未发现影响交工验收的问题,具备开放交通进入试运营的条件,并实际通车运营使用。国投公司在交工验收并通车运营使用6年多后,主张涉案工程桥面水泥混凝土铺装层未达到施工设计厚度要求,导致出现质量问题并产生必要的维修费用,国投公司对此应承担举证责任。虽在一审期间司法鉴定结果显示水泥混凝土铺装层的厚度均未达到10cm,但涉案工程已投入使用6年多,在未通知中铁公司且未经双方协商的情况下单方委托第三方对姑娘台2号桥桥面进行维修,维修中的沥青层铣刨不可避免会损坏水泥混凝土铺装层,故依据该鉴定意见不足以证明中铁公司原施工的水泥混凝土铺装层厚度未达到10cm的设计要求。国投公司上诉主张中铁公司施工的水泥混凝土铺装层厚度未达到合同约定的10cm,事实和证据不足,本院不予采信。

三、承包人不能证实质量问题非自身施工造成

承包人对质量保修责任的归责原则应为过错推定:工程在保修期内出现质量问题,推定是由承包人造成,除非承包人能够举证证实质量问题是发包人或者非承包人施工造成。

例如,养殖公司与开发公司签订建设工程施工合同,养殖公司将某渔业发展平台项目承包给开发公司施工,案涉工程施工完毕并且经验收合格。养殖公司后因工程出现质量问题,两次向开发公司下达维修通知,但开发公司均未派员进行维修。养殖公司诉至法院,要求开发公司赔偿其委托第三方修缮支付的维修费用损失。诉讼中,经鉴定,案涉工程修复费用评估值为592,500元。

在该案中,养殖公司已提交证据证实案涉工程在保修期内出现质量问题,

承包人开发公司未能提交证据证实质量问题是养殖公司使用或者其他非归责于自身的原因造成的。因此，开发公司应承担因工程存在质量瑕疵以及未履行保修义务所引发的相关责任。

四、承包人在合理期限内怠于履行修复义务或因自身原因无法履行的

根据《民法典》第 801 条的规定，修复是工程出现质量问题时的首选救济途径，由原建设工程施工合同的承包人进行修复，符合双方以最低成本获取最大利益的经济原则。及时维修对于承包人而言，既是应尽的义务，也是享有的权利。在工程质量保修期内，发包人或使用人发现工程有质量问题的，有权直接要求承包人修理、返工或改建。发包人向承包人发出维修通知，承包人接到通知后或在限定的合理期限内，应到现场核实情况予以维修。在承包人及时维修的情况下，发包人一般不得拒绝而另行委托他人维修。只有在出现下列情况时，发包人才可自行或委托他人进行修复：(1)发包人通知承包人对质量缺陷进行修复，承包人拒绝；(2)非发包人原因在合理期限内不能修复；(3)承包人没有相应资质、丧失资质；(4)承包人自身原因无法履行，如承包人无相应的修复资质；(5)其他不宜由承包人实施维修的情况。依据最高人民法院《关于审理建设工程施工合同纠纷案件适用法律问题的解释(一)》第 18 条①的规定，在发包人自行或委托他人进行修复的情况下，承包人应承担赔偿发包人修复费用的责任，发包人获得修复费用偿还请求权。

五、发包人主张的委托第三方的修复费用应具有合理性

发包人自行修复，是在承包人怠于履行修复义务的情况下，赋予发包人的一项救济权利，但应避免发包人滥用权利获取额外利益。修复费用应以合理性为限，与承包人进行修复所需的合理费用相当。审判实践中，发包人往往会提交与他人签订的维修合同及付款凭证、结算单等，以与第三方约定的价款向承

---

① 最高人民法院《关于审理建设工程施工合同纠纷案件适用法律问题的解释(一)》第 18 条规定："因保修人未及时履行保修义务，导致建筑物毁损或者造成人身损害、财产损失的，保修人应当承担赔偿责任。保修人与建筑物所有人或者发包人对建筑物毁损均有过错的，各自承担相应的责任。"

包人主张赔偿；在法院难以判断发包人诉请的修复费用数额是否合理时，经法院释明，[1]可启动司法鉴定程序对案涉工程所需修复费用作出评估认定。

参考案例 **3.3 福建径坊建造工程有限公司、厦门经济特区房地产开发集团有限公司建设工程施工合同纠纷**

【案例文号】(2014)民抗字第77号

【裁判观点】第三方维修符合合同约定且第三方维修工程已竣工验收合格，但发包人无法证明其主张维修费用合理性的，法院酌定裁判承包人承担的第三方维修费用以扣留的工程质保金为限。对于发包人主张的委托第三方维修的维修费用，最高人民法院认为：(1)对涉案工程需要保修的内容已无法核实的后果，应由发包人承担主要责任，承包人承担次要责任；(2)发包人所提交的委托建行进行保修工程审价的相关证据，只能证明上述工程价款的真实性，不能证明相关维修工作对于工程存在的质量问题的必要性和合理性，故其数额不能当然作为涉案工程维修整改的全部合理损失；(3)涉案工程已经整改完毕，再进行现场核查及维修必要性等方面的鉴定亦无可能，无法判定真实合理的保修内容和发包人支出的合理维修费用数额并进而作为确认双方责任的基础。综上，最高人民法院在涉案工程已经双方验收合格、发包人无法举证证明其合理维修数额的情况下，认定以符合建筑行业惯例(基本能够满足正常工程保修所需)的工程结算款3%的质保金作为施工单位承担的维修费用范围，发包人所主张的其他维修整改费用均由其自行承担。

六、发包人要求承包人承担第三方维修费用应当举证证明其履行了相应的维修通知义务

1. 主张承包人承担第三方维修费用这一诉求，对发包人具有较严格的证明要求，需要发包人在委托第三方进行维修前，已通知承包人履行维修义务，在承

---

① 最高人民法院《关于审理建设工程施工合同纠纷案件适用法律问题的解释(一)》第32条第1款规定："当事人对工程造价、质量、修复费用等专门性问题有争议，人民法院认为需要鉴定的，应当向负有举证责任的当事人释明。当事人经释明未申请鉴定，虽申请鉴定但未支付鉴定费用或者拒不提供相关材料的，应当承担举证不能的法律后果。"

包人拒绝维修的情形下方可另行委托第三方进行维修。一方面，只有发包人对承包人进行告知，承包人才有知悉并实际履行保修义务的可能；另一方面，如发包人未通知承包人就委托第三方进行维修，导致承包人无法对质量问题进行核查，在后续争议解决过程中无法判断维修的工程量和质量问题出现的原因，有可能认定发包人承担主要责任。在实践中，部分工程合同的保修条款会将发包人委托第三方进行维修的前提条件进行细化，如约定经通知后一定期限内承包人仍不履行维修义务或承包人维修数次仍无法解决质量问题的，发包人方有权委托第三方维修。该等约定也会成为法院判断发包人委托第三方维修程序正当性的判断标准。

2. 发包人至少应履行以下通知职责：

(1)发现质量问题，将质量问题汇总(包括图片、视频)，并将情况告知承包人，限期要求承包人前来现场检查确认，并预告第 2 步措施；(2)聘请第三方进场施工，由第三方制定详细修复方案，并将情况告知承包人，限期要求承包人前来现场对修复方案提出意见，并预告第 3 步措施；(3)按照修复方案进行质量维修至修复结束，并将该情况告知承包人，限期要求承包人前来参与验收，并预告第 4 步措施；(4)组织验收，并将验收合格情况告知承包人；(5)制作工程量及工程款结算清单，并将该情况告知承包人，限期要求承包人提出意见(如承包人不配合，视为认可，发包人依据与第三方之间的结算审核清单支付修复工程款)。

发包人尽到以上通知职责的，应将所发函件及附件、快递面单、快递签收记录等留存，在与承包人进行工程款抵扣结算时，能最大限度地维护发包人权益。(快递建议选择邮政 EMS 快递，快递面单上应备注所发送材料的名称及大概内容，收件人可以是承包人公司及其法定代表人，收件地址可以是承包人公司注册地，为稳妥起见也可向其实际经营地同时发送)。这些留存的证据，在发生争执需要进行司法鉴定时，也能最大限度还原事实。

上述处理方式，不仅适用于在竣工验收前初检时发现质量问题的修复、竣工验收合格后保修期内发现质量问题的修复，也适用于施工进行中发现质量问题的修复。

同时，法院对通知形式、通知内容及通知的维修期限均有一定要求：(1)发包人应优先采用最符合双方约定或沟通惯例的通知方式，通过该方式无法送达时应穷尽其他通知形式,如直接告知、电话、邮寄、公告等;如未采用双方约定的通知形式而径行公告送达的,存在被法院认为通知形式不合理的可能性。(2)通知内容应为告知承包人在其保修范围内存在的质量问题,对承包人履行维修义务进行催告。未经催告即直接向承包人发出已委托第三方进行维修的通知,不属于符合要求的通知方式。(3)发包人通知承包人进行维修的期限应具有合理性,如通知中限定的维修期限过短,仍存在不被法院支持的可能性。

3. 发包人所主张的质量问题属于承包人的保修范围。质量问题应属于承包人的施工内容,且应当出现在保修期限内。这通常通过质量鉴定、发包人保存的住户报修记录、维修记录文件、发承包双方就质量问题进行协商的函件等进行证明。发包人拟采用鉴定的方式证明案涉工程存在质量问题,应当及时启动鉴定程序;如在未鉴定的情况下即委托第三方进行维修,将影响质量鉴定的可行性。鉴于质量鉴定费用较高,在委托质量鉴定有困难的情况下,发包人在报修、维修过程中以拍照等方式对现场情况进行记录也是可行的。

4. 为保证自身合法权益得到支持,发包人应当在前期合同签订、质量问题出现、沟通及处理全过程做好相关资料的保存工作,建议按照保修条款的约定做好以下工作并留存相关资料:

(1)施工合同及工程质量保修书中应当明确约定承包人的保修义务、保修工作时限、保修负责人联系方式及送达地址、发包人委托第三方进行质量维修的条件等。

(2)出现质量问题时及时形成并留存书面记录文件。要求物业公司配合保留业主的报修记录、具体报修时间、具体质量问题及报修人的签名,采用现场拍照、录像记录质量问题;如维修阶段存在监理单位,应妥善保留监理记录。在条件允许的情况下可通过鉴定的方式对质量问题进行证据固定。

(3)留存与承包人沟通的过程文件。对保修期内出现的质量问题,及时按照合同约定向承包人发出通知并保留相关记录,保留沟通函件、快递单、签收单、协商会议纪要等。在向承包人告知工程存在质量问题时应完整、准确,应保证通知内容与后续维修的内容一致。

(4)选择第三方维修单位时应当尽量以价格竞争的方式进行选择,以保证维修费用的公允性。保留选择第三方维修单位的招标文件/议标文件、投标文件、合同、支付凭证,要求第三方维修单位在维修过程中以拍照、录像等方式进行详尽记录。

七、发包人未履行通知义务就另行委托第三人,是否可以成为承包人拒绝支付修复费用的理由?

实践中,存在发包人已经口头或书面(书面证据遗失)通知了承包人,但没有形成有效证据的情况,以至于在诉讼或仲裁中,承包人当庭提出发包人没有通知承包人入场而擅自委托第三方修复的抗辩观点。而目前多数法院倾向于将发包人举证证明已经履行通知义务作为认定承包人承担责任的必备条件。

参考案例　3.4　昆明经之典房地产开发有限公司、河北建设集团股份有限公司建设工程施工合同纠纷

【案例文号】(2019)最高法民终1837号

【裁判观点】昆明经之典房地产开发有限公司未提供证据证明其向河北建设集团股份有限公司提出过工程质量异议并要求其进行修复,对自己主张的修复费用同样未提供证据证明。故昆明经之典房地产开发有限公司关于案涉工程存在质量问题的上诉主张不能成立。

参考案例　3.5　安徽和济置业有限公司(以下简称"和济公司")、华丰建设股份有限公司(以下简称"华丰公司")建设工程施工合同纠纷

【案例文号】(2018)皖民终457号

【裁判观点】该案一、二审期间,和济公司均未提供证据证明其已通知华丰公司履行维修义务,华丰公司亦不认可其收到和济公司的维修通知,故和济公司主张其径行委托第三方维修案涉工程所产生的费用1,075,360元由华丰公司承担,依据不足,不予支持。

但就将发包人履行通知义务作为认定承包人承担缺陷责任的必备条件这一观点,存在不同看法。

第一,发包人通知承包人进行缺陷修复工作,仅是程序性义务,即便未通知,程序性的瑕疵也不应当然免除承包人法定和约定的修复责任。不论是在

《建筑法》，还是在《建设工程质量管理条例》《建设工程质量保证金管理办法》中，质量保修和缺陷修复的责任均明确规定由施工单位承担，即进行缺陷修复和质量保修是施工单位的法定义务。同样地，在承发包合同中，往往对此也有明确约定。承包人依据行业标准、合同约定，开展工程建设，保证施工质量，是其最基本的职责。因此当产生缺陷项目时，只要能界定清楚缺陷产生的原因是承包人造成的，最终承担责任的主体就应当是承包人。

《建设工程施工合同（示范文本）》（GF－2017－0201）第15.4.3条虽然约定了发包人应当事先通知，但也没有约定发包人未通知时承包人就当然不承担责任。因此，发包人应当依照合同约定发出通知；但当发包人未完成该程序或者完成得有瑕疵时，不能免除承包人的修复责任。

第二，承包人如果通过程序性瑕疵可以避免承担修复责任，不仅会造成各方利益失衡，也会给行业内的其他施工企业树立不良典范。建设工程项目的核心义务就是发包人支付工程款，承包人履行施工任务并保证施工质量。承包人收取工程款后，在施工质量不符合强制性规定、标准时，对其进行整改、修复是承包人的法定、约定职责，更是各方的利益期待。因此，在司法审判中，若法院肯定或鼓励承包人利用发包人未履行通知义务作为有效抗辩观点，则会变相鼓励施工企业在发生修复项目的第一时间就避免与发包人接触、谈判以及接受书面通知文件，这对解决问题、化解矛盾是不利的。

第三，发包人委托第三方履行修复工作后，向承包人索赔费用，应当以合理成本为限。发包人与第三方公司通谋，将本可以花费较少费用完成的修复工作，私自约定由第三方按照更高费用、标准来完成，最后发包人再按照不合理的较高价格向承包人进行索赔，显然将构成发包人对承包人的欺诈。而且承包人在完成工程后进行缺陷修复，其费用和成本与市场上的第三方公司相比可能更低，因此在不考虑主观过错的情况下，由承包人按照合理费用承担更公平。在发包人委托第三方公司进行修复工作以后，与第三方公司的结算价可以经相关工程造价咨询机构审核，从而尽可能确保价格的合理性。

这一观点实际上与北京高院的观点一致。北京市高级人民法院《关于审理建设工程施工合同纠纷案件若干疑难问题的解答》（京高法发〔2012〕245号）第30条规定：“发包人以工程质量不符合合同约定为由，要求承包人承担修复费用的，如何处理？因承包人原因致使工程质量不符合合同约定，承包人拒绝修复、在合理期限内不能修复或者发包人有正当理由拒绝承包人修复，发包人另行委托他人修复后要求承包人承担合理修复费用的，应予支持。发包人未通知承包人或无正当理由拒绝由承包人修复，并另行委托他人修复的，承包人承担的修复费用以由其自行修复所需的合理费用为限。”

第四节　发包人通过系列司法鉴定向承包人主张质量责任的实践情形和理论探讨

一、关于是否同意发包人以工程修复造价司法鉴定的方式主张工程质量责任的问题

工程质量问题、质量修复方案以及修复费用的确定均属于司法鉴定的范围。[①] 工程质量存在问题并不意味着工程需要进行鉴定。建设工程质量鉴定申请不予支持的情形包括以下几种。

（一）发包人的鉴定申请与当事人的主张不具关联性，不应当启动鉴定

申请工程质量鉴定的理由应与申请人的诉讼请求或答辩理由具有关联性，否则鉴定意见对于当事人所主张的案件事实并不能起到证明的作用，不应当启动鉴定。

在海天建设集团有限公司（以下简称“海天公司”）与陕西铠达投资（集团）

---

① 新疆昆仑工程建设有限责任公司、新疆联合利丰房地产开发有限责任公司（以下简称“联合利丰公司”）建设工程施工合同纠纷案，（2019）最高法民终1863号。裁判要旨：工程质量是否合格、是否需要进行修复以及修复费用的确定均属于司法鉴定的范围。争议焦点：关于二审判决依据司法鉴定意见书确定案涉工程总造价是否正确的问题。法院审判观点：联合利丰公司在一审时提起反诉，请求新疆昆仑工程建设有限责任公司赔偿因施工质量不合格造成的损失800万元（最终以司法鉴定为准），为此联合利丰公司在一审时申请依据施工图纸对已完成工程进行工程质量鉴定并计算已完成工程不合格需返工及加固修复的费用，一审以联合利丰公司未提供工程质量存在缺陷的相关证据未完成基本举证义务为由未准许鉴定申请。工程质量是否合格、是否需要进行修复以及修复费用的确定均属于专业问题。根据2017年《民事诉讼法》第76条第1款的规定，联合利丰公司对此有权向法院申请鉴定，一审未准许工程质量鉴定不仅影响当事人的实体权利，而且影响当事人的程序利益，剥夺了当事人的举证权利。

有限责任公司（以下简称“铠达公司”）建设工程施工合同纠纷一案[①]中，海天公司一审起诉请求铠达公司支付尚欠的工程价款并赔偿损失。铠达公司提起反诉，请求海天公司赔偿因逾期交房产生的损失并移交工程资料、配合办理相关手续等。最高人民法院认为，从铠达公司的反诉请求看，其并无以建设工程质量不符合合同约定或者法律规定为由，请求海天公司赔偿修理、返工、改建的合理费用等损失。铠达公司在一审中申请工程质量鉴定，与其所主张的反诉请求并无必然联系，因此一审法院未准许铠达公司进行工程质量鉴定申请并无不当。

（二）已经过竣工验收且无证据证明存在质量问题，不应当启动鉴定

若争议工程已经竣工验收合格，则发包人已通过实际行动表明了对工程质量的认可，此时再启动工程质量鉴定需要有足够证据证明其必要性。

在银川双兴昇工贸有限公司与长枫建设集团有限公司、长枫建设集团有限公司宁夏分公司建设工程施工合同纠纷一案[②]中，最高人民法院认为，案涉工程经竣工验收合格，在此前提下，进行工程质量鉴定应具有必要性。因银川双兴昇工贸有限公司提交的证据不足以证实长枫建设集团有限公司宁夏分公司存在未按设计图纸施工等违约行为，也不能证明案涉工程存在必须通过鉴定才能予以确认的质量问题，一、二审法院未准许银川双兴昇工贸有限公司对工程质量进行鉴定的申请并无不当。同时，虽然监理单位曾记载工程存在质量问题，但工程验收记录和监理工程师通知回单等能够证实施工过程中存在的质量问题已经整改完毕的情况下，不应启动质量鉴定。

在中国新兴建设开发总公司（以下简称“新兴公司”）与国泰纸业（唐山曹妃甸）有限公司（以下简称“国泰纸业公司”）建设工程施工合同纠纷一案[③]中，河北省高级人民法院一审认为，国泰纸业公司提交的工作联系单和监理通知单等证据，只能证实在施工过程中出现过质量问题，而新兴公司提交的工程分部分项验收记录以及监理工程师通知回复单，能够证实施工过程中存在的质量问题已经整改完毕，且分部分项验收均为合格。国泰纸业公司亦未提供证据证实

---

① 详见最高人民法院（2022）最高法民终359号民事判决书。
② 详见最高人民法院（2020）最高法民申3438号民事裁定书。
③ 详见最高人民法院（2017）最高法民终252号民事判决书。

在分部分项验收之后工程还存在质量问题，故国泰纸业公司提供的证据尚不足以证实涉案工程存在质量问题或者质量隐患，不符合启动工程质量鉴定的条件。

（三）建设工程未经竣工验收，发包人擅自使用且无证据证明存在质量问题的，通常不应当启动鉴定

最高人民法院《关于审理建设工程施工合同纠纷案件适用法律问题的解释（一）》第14条规定，“建设工程未经竣工验收，发包人擅自使用后，又以使用部分质量不符合约定为由主张权利的，人民法院不予支持；但是承包人应当在建设工程的合理使用寿命内对地基基础工程和主体结构质量承担民事责任”。在司法实践中，法院常以该条规定为依据拒绝对未经竣工验收而发包人擅自使用的建设工程进行质量鉴定的申请。但也有判例认为，保修责任既是承包人应承担的合同责任，也是法定责任，发包人擅自使用未经竣工验收的工程并不能排除承包人对该工程的保修责任。

参考案例　3.6　悦康药业集团上海制药有限公司与上海伟恒防水保温工程有限公司建设工程合同纠纷案

【案例文号】（2014）沪一中民二（民）终字第1031号

【裁判要旨】发包人擅自使用未经竣工验收的工程，其占有使用之时即视为工程已竣工验收，发包人提前承担工程经验收之后的法律后果，承包人可请求发包人支付工程款，发包人不得以工程尚未竣工验收为由进行抗辩。承包人仍应在工程合理使用的寿命内对工程地基基础、主体结构承担责任。对于该工程的其他部分的质量问题，自发包方提前使用之日起未超过法定或约定的保修期限，承包人应承担保修责任。

同时有判例认为，未经竣工验收擅自使用只是推定工程质量合格，并不能免除承包人对案涉工程质量的保修义务。

参考案例　3.7　青海临峰房地产开发有限公司与浙江中业建设集团有限公司、金效东建设工程施工合同纠纷

【案例文号】（2019）最高法民再166号

【裁判要旨】最高人民法院认为，施工方对建设工程应承担的质量责任，包

括对工程施工中出现的质量问题及经验收不合格的工程应承担的质量返修责任,以及对经验收合格的工程在使用过程中出现的质量问题应承担的保修责任。青海临峰房地产开发有限公司擅自使用未经竣工验收的工程,只是推定工程质量合格,并不能免除承包人对案涉工程质量的保修义务。故原判决关于在欠付工程款中扣除保证金的认定正确。

建设工程未经竣工验收,发包人擅自使用后,发包方未能提交证据证明工程主体结构存在问题,不能要求承包人支付返修工程款。

参考案例　3.8　陕西省中业交通建筑工程有限公司与胥某秋、陕西省中业交通建筑工程有限公司西藏分公司建设工程合同纠纷

【案例文号】(2019)最高法民再163号

【裁判要旨】最高人民法院《关于审理建设工程施工合同纠纷案件适用法律问题的解释》(已废止)第13条规定:"建设工程未经竣工验收,发包人擅自使用后,又以使用部分质量不符合约定为由主张权利的,不予支持;但是承包人应当在建设工程的合理使用寿命内对地基基础工程和主体结构质量承担民事责任。"最高人民法院认为,案涉工程已经完工并实际交付业主西藏自治区拉萨市水利工程建设管理中心使用。陕西省中业交通建筑工程有限公司未能提交证据证明其主体结构存在问题,其要求胥某秋承担返修工程款缺乏事实依据。

对于未按标准施工导致的工程质量问题,承包人不得仅以发包人已实际使用未经竣工验收的工程为由,拒不承担质保责任。

参考案例　3.9　中科建设开发总公司(以下简称"中科公司")、兰州科天投资控股股份有限公司建设工程施工合同纠纷

【案例文号】(2020)最高法民终485号

【裁判要旨】《建筑法》第75条规定,建筑施工企业违反该法规定,不履行保修义务或者拖延履行保修义务的,对在保修期内因屋顶、墙面渗漏、开裂等质量缺陷造成的损失,承担赔偿责任。根据该条款,建筑施工企业应履行保修义务;不履行或者拖延履行的,应承担相应的责任。该案中双方当事人系于2014年11月25日协商解除合同,约定了维修的义务。兰州科天投资控股股份有限公司发函要求中科公司履行保修义务以及起诉时均在案涉工程质保期内,中科公司迟延履行保

修义务,应对工程质量缺陷承担质保责任。根据甘肃建筑研究院出具的检测报告,案涉工程质量问题系中科公司未按标准施工所致,一审法院据此认定中科公司应就整体工程质量缺陷承担责任,并无不当。中科公司关于兰州科天投资控股股份有限公司已实际使用未经竣工验收的工程,主张依据最高人民法院《关于审理建设工程施工合同纠纷案件适用法律问题的解释(一)》第13条[①]的规定不应就地基基础工程、主体结构之外的部分承担责任的上诉理由依据不足,本院不予支持。

在刘某念与黑龙江诚源置业投资有限公司(以下简称"诚源公司")建设工程施工合同纠纷一案中,最高人民法院认为,根据最高人民法院《关于审理建设工程施工合同纠纷案件适用法律问题的解释(一)》第14条规定,建设工程未经竣工验收,发包人擅自使用后,又以使用部分质量不符合约定为由主张权利的,不予支持。案涉工程虽未经竣工验收,但已交付诚源公司,诚源公司已将房屋出售并交付使用,且未提交证据证明其曾经因案涉工程质量问题向刘某念提出异议,故原审法院未准许诚源公司要求对工程质量进行鉴定的申请,并无不当。

但如果在建设工程的合理使用寿命内对地基基础工程和主体结构质量申请鉴定则可能成为例外。在双鸭山盛泰建筑安装有限公司与宝清县东大房地产开发有限责任公司、宝清县新世纪房地产开发有限责任公司建设工程施工合同纠纷一案[②]中,双鸭山市中级人民法院一审认为,对东大房地产开发有限公司提出的诉争工程存在质量问题的主张,盛泰建筑安装有限公司依法应对其施工工程的地基基础工程和主体结构质量问题承担民事责任,并依法进行了司法鉴定。黑龙江省高级人民法院认为,根据最高人民法院《关于审理建设工程施工合同纠纷案件适用法律问题的解释(一)》第14条的规定,盛泰建筑安装有限公司应当对工程地基基础工程和主体结构施工质量的不合格承担加固、修复的法定义务,故原审法院依此规定判令由盛泰建筑安装有限公司对本案诉争工程的地基及主体结构加固、修复承担民事责任符合法律规定。由此可见,对于发包人未经竣工验收擅自使用的建筑工程,仍可以在合理使用寿命内对地基基础工程和主体结构质量申请鉴定。

---

① 已失效,现为最高人民法院《关于审理建设工程施工合同纠纷案件适用法律问题的解释(一)》第14条。

② 黑龙江省高级人民法院民事判决书,(2013)黑民终字第83号。

（四）监理单位已经记载的施工问题在结算时未被追究责任，不应当启动鉴定

监理单位在施工过程中发现的施工问题在后续施工中已被修复，若无其他证据则不足以启动工程质量鉴定程序。但即使监理在监理工程师通知单等文件中已经记载了施工中存在的问题，在工程进行结算时若发包人未追究承包人的责任，基于结算的终局性，此种情况也可能对工程质量鉴定申请造成一定的影响。

在江西三洲农产品有限公司（以下简称“三洲公司”）与上海域邦建设工程有限公司（以下简称“域邦公司”）建设工程施工合同纠纷一案①中，最高人民法院认为，从三洲公司提供的监理工程师通知单、监理工程师联系单来看，域邦公司在施工中存在与设计不符，以及采用钢材、水泥、钢筋短缺等问题。对此，双方当事人在会议纪要中对工程进行结算时并未确认域邦公司应承担赔偿责任。另外，从原审查明的案件事实来看，域邦公司于2012年11月16日停工后，三洲公司已将工程转包给他人施工，一定程度上导致无法对域邦公司上述施工是否存在工程质量问题进行司法鉴定。据此，一审判决驳回三洲公司关于对工程质量进行司法鉴定的申请并无不当。

（五）施工停止后发包人又转包给第三人，不应当启动鉴定

在三洲公司与域邦公司建设工程施工合同纠纷一案中，最高人民法院同时提及，在域邦公司停工后，三洲公司将工程转包给他人施工，一定程度上导致域邦公司移交现状被破坏，无法认定工程质量责任与域邦公司之间的因果关系，导致三洲公司申请工程质量鉴定被驳回。

（六）存在现场积水、作业面不存在、工程原状态已遭到破坏等客观因素，不应当启动鉴定

即使没有可归责于发包人或承包人的主观因素，现场积水、作业面不存在、工程原状态已遭到破坏等客观因素也可能导致工程质量鉴定无法进行。

---

① 最高人民法院民事判决书，(2014)民一终字第230号。

例如,在江西太平洋宇洪建设有限公司、理县文泰水电开发有限责任公司(以下简称“文泰公司”)建设工程施工合同纠纷一案[①]中,最高人民法院认为,江西太平洋宇洪建设有限公司在一审中已提交了相关施工资料证明其施工工程质量合格,文泰公司主张引水隧洞衬砌工程存在质量问题,应承担相应的举证证明责任。一审中,文泰公司虽申请隧洞工程质量鉴定,但经一审法院委托四川省建筑工程质量检测中心查勘,现场因隧洞积水等不具备鉴定的客观条件,文泰公司未能提交其他证据证明案涉工程存在质量问题或现场具备鉴定条件,故文泰公司应承担举证不能的不利后果。

又如,在北京人文大学与北京双兴建筑工程有限公司建设工程施工合同纠纷一案[②]中,北京市第一中级人民法院认为,因北京双兴建筑工程有限公司移交的工程属于“半拉子工程”,还有部分工程未完成,现该工程已由其他施工单位完工,北京双兴建筑工程有限公司所移交的工程原状已遭到破坏,鉴定的条件已不存在,无法再进行鉴定。故对北京人文大学所提出的鉴定申请,本院无法支持。

(七)工程未进行最终竣工验收,发包人要求对工程质量与修复方案、修复费用进行鉴定,通常不予准许

由于工程未进行最终竣工验收且施工合同并未解除,发包人提交的证据不足以证明工程存在其主张的质量问题,发包人要求鉴定工程质量与修复方案、修复费用的条件亦不成就,通常也不予准许。

参考案例 3.10 上诉人中铁北京工程局集团有限公司(以下简称“中铁公司”)与上诉人迅通(西安)仓储发展有限公司(以下简称“迅通公司”)建设工程施工合同纠纷案

【案例文号】(2018)最高法民终96号

【裁判要旨】最高人民法院认为:关于第二个争议焦点,即一审判决对迅通公司的反诉请求未予涉及,对迅通公司的鉴定申请未予准许是否正确的问题。一审审理中,迅通公司提起反诉,要求中铁公司对涉案项目一期商务办公大厦

① 最高人民法院民事判决书,(2020)最高法民终455号。

② 北京市第一中级人民法院民事判决书,(2013)一中民再终字第10030号。

A、B 座及广场地下车库防水工程、土方回填工程以及砼结构工程等质量问题进行整改、修复、改建直至工程质量合格。由于中铁公司在本案中主张的是工程进度款而非工程全部结算价款，且根据双方当事人在二审庭审过程中的陈述，涉案项目一期商务办公大厦 A、B 座并未完工，亦未进行最终的竣工验收。因此，一审判决未审理迅通公司的反诉请求并无不当。工程未进行最终竣工验收，迅通公司提交的证据不足以证明案涉工程存在着其主张的质量问题，故迅通公司要求鉴定工程质量与修复方案、修复费用的条件亦不成就。一审法院不准许迅通公司的鉴定申请亦无不当。

二、工程质量不合格是否必须修复的问题探讨

(一)关于工程修复的主要法律规定

《民法典》第 793 条规定："建设工程施工合同无效，但是建设工程经验收合格的，可以参照合同关于工程价款的约定折价补偿承包人。建设工程施工合同无效，且建设工程经验收不合格的，按照以下情形处理：(一)修复后的建设工程经验收合格的，发包人可以请求承包人承担修复费用；(二)修复后的建设工程经验收不合格的，承包人无权请求参照合同关于工程价款的约定折价补偿。发包人对因建设工程不合格造成的损失有过错的，应当承担相应的责任。"

《民法典》第 801 条规定："因施工人的原因致使建设工程质量不符合约定的，发包人有权请求施工人在合理期限内无偿修理或者返工、改建。经过修理或者返工、改建后，造成逾期交付的，施工人应当承担违约责任。"

《民法典》第 806 条规定："承包人将建设工程转包、违法分包的，发包人可以解除合同。发包人提供的主要建筑材料、建筑构配件和设备不符合强制性标准或者不履行协助义务，致使承包人无法施工，经催告后在合理期限内仍未履行相应义务的，承包人可以解除合同。合同解除后，已经完成的建设工程质量合格的，发包人应当按照约定支付相应的工程价款；已经完成的建设工程质量不合格的，参照本法第七百九十三条的规定处理。"

最高人民法院《关于审理建设工程施工合同纠纷案件适用法律问题的解释(一)》第 12 条规定，因承包人的原因造成建设工程质量不符合约定，承包人拒

绝修理、返工或者改建，发包人请求减少支付工程价款的，人民法院应予支持。

《建筑工程施工质量验收统一标准》（GB 50300－2013）第5.0.6条规定："当建筑工程施工质量不符合要求时，应按下列规定进行处理：1 经返工或返修的检验批，应重新进行验收；2 经有资质的检测机构检测鉴定能够达到设计要求的检验批，应予以验收；3 经有资质的检测机构检测鉴定达不到设计要求、但经原设计单位核算认可能够满足安全和使用功能的检验批，可予以验收；4 经返修或加固处理的分项、分部工程，满足安全及使用功能要求时，可按技术处理方案和协商文件的要求予以验收。"

综上，对于有效的建设工程施工合同而言，质量不合格的工程，施工单位均负有修复的义务，发包人享有要求修复的权利。对于无效的建设工程施工合同而言，修复后的建设工程经验收合格的，发包人可以请求承包人承担修复费用，修复后的建设工程经验收不合格的，承包人无权请求参照合同关于工程价款的约定折价补偿。对于提前解除的合同，合同解除后，已经完成的建设工程质量合格的，发包人应当按照约定支付相应的工程价款；已经完成的建设工程质量不合格的，参照《民法典》第793条的规定处理。

（二）关于质量不合格的工程修复必要性的考量因素

是否修复质量不合格的工程，应当根据个案具体情况综合判断，具体可从如下方面进行考量：

（1）工程是否具备修复条件。虽然大部分工程均可通过修复达到质量合格的目标，但也确实有一些工程无法修复，强行要求修复，不具有可行性。根据《建筑工程施工质量验收统一标准》（GB 50300－2013）第5.0.6条"当建筑工程施工质量不符合要求时，应按下列规定进行处理……3 经有资质的检测机构检测鉴定达不到设计要求、但经原设计单位核算认可能够满足安全和使用功能的检验批，可予以验收……"以及最高人民法院《关于审理建设工程施工合同纠纷案件适用法律问题的解释（一）》第12条"因承包人的原因造成建设工程质量不符合约定，承包人拒绝修理、返工或者改建，发包人请求减少支付工程价款的，人民法院应予支持"的规定，工程质量不能达到设计要求，但能够满足安全和使用功能的，可予以验收不修复，但发包人有权减少支付相应的工程价款。

(2)工程修复的代价是否过大。对于已经竣工的工程,通常存在一些小的瑕疵,可通过修复达到验收合格的标准;对于未完工的工程,则需根据实际完工情况进行判断,如果是仅仅完成小部分工作,或者虽然完成了大部分工作但绝大部分质量都不合格,那么修复可能相当于重做,甚至比重做的代价还要大,需要拆除重建。施工单位需要付出远高于工程款的代价,修复时间也可能远超出约定的工期,该等情形下,显然没有修复的必要性,必须进行拆除。

(3)建设工程因违反工程规划许可,可能导致被认定为违法建筑的,是否具备修复必要性。如果施工合同无效是因为未取得建设工程规划许可证或虽取得了建设工程规划许可证但并未按照规划许可证要求的规划指标进行施工,如加盖楼层,在此情况下,根据《城乡规划法》第 64 条"未取得建设工程规划许可证或者未按照建设工程规划许可证的规定进行建设的,由县级以上地方人民政府城乡规划主管部门责令停止建设;尚可采取改正措施消除对规划实施的影响的,限期改正,处建设工程造价百分之五以上百分之十以下的罚款;无法采取改正措施消除影响的,限期拆除,不能拆除的,没收实物或者违法收入,可以并处建设工程造价百分之十以下的罚款"的规定,如在诉讼过程中仍无法取得建设工程规划许可证的,不应当启动修复鉴定。

(4)工程修复后是否可达到价值增加的目标。如果工程修复后并不能提升工程的价值,工程仍然无法使用,强行要求修复,一方面会增加施工单位的投入,另一方面也会导致发包人工程款、工期利益的损失,并且会造成资源浪费,不符合绿色可持续发展的理念和节约资源的原则。

参考案例 3.11 浙江建工诉慈吉集团工程质量纠纷案

【案例文号】(2003)甬民一重字第 1 号

【裁判要旨】该案最主要的问题是楼层标高与设计不符,楼层净高比设计要求低了 5cm,宁波中院按慈吉集团要求,委托原设计单位浙江建筑设计研究院(以下简称"浙江设计院")进行质量缺陷整改方案鉴定。浙江设计院出具了"将已投入安全使用的建筑物水平方向解体,再向上顶升"的整改方案,依据该方案修复加固的费用比整个工程造价高出 1396 万元。承包人委托清华大学土木工程学院结构工程检测中心对该整改方案的科学性、必要性、合理性和工程结构的安全性进行专业评估，其评估报告对浙江设计院的鉴定意见予以全面否定。该案的另一个重要事实是虽然楼层标高比设计要求低了5cm，但能够满足国家建设工程验收规范和标准，仅仅是不符合当事人合同约定的设计要求，按照“减少价款”处理即可，但是法院启动司法鉴定程序，鉴定机构对委托鉴定的法院负责，司法鉴定意见一旦形成，通常很难推翻。根据《民事诉讼法》第72条“经过法定程序公证证明的法律事实和文书，人民法院应当作为认定事实的根据，但有相反证据足以推翻公证证明的除外”的规定，如果有比原设计单位更权威的专业机构出具相反的评估意见，就有可能说服法院推翻司法鉴定意见。最终宁波中院否决了浙江设计院的司法鉴定意见，判决本案工程因质量缺陷采取酌情降价100万元，由原被告各半承担。

(5)当事人是否具有修复的意思表示。《民法典》第801条规定的是发包人的权利，即发包人也有权放弃修复请求权，不同意进行修复，在修复代价过大的情形下，施工单位也可能并无修复的积极性。在该等情形下，即使判决修复，双方履行意愿不强烈，也不利于争议的解决。

基于此，对于验收不合格的工程，承包人的修复并非规定动作，应当结合工程的实际情况和当事人的意愿进行价值衡量和综合判断，对于不具备修复条件或当事人无意愿继续建设使用的未完工程，不宜强行要求修复，能够满足安全和使用功能的，可予以验收不修复，但发包人有权减少支付相应的工程价款，如不能满足安全和使用功能的，发包人可以委托第三方进行修复，相关费用从应付承包人工程款中扣除。

第五节　工程款支付与工程修复费用的关系

一、可修复工程，发包人无权以质量不合格为由拒付工程款，但承包人应承担修复费用

《民法典》第793条第2款规定：“建设工程施工合同无效，且建设工程经验收不合格的，按照以下情形处理：(一)修复后的建设工程经验收合格的，发包人可以请求承包人承担修复费用；(二)修复后的建设工程经验收不合格的，承包

人无权请求参照合同关于工程价款的约定折价补偿。”据此,建设工程质量合格包括工程本身质量合格以及经修复的合格,工程质量问题可以修复的情况下,应由承包人承担修复费用。此时,发包人以质量不合格为由主张不予支付工程款或者要求返还工程款的,不予支持。

参考案例 **3.12 江苏省苏中建设集团股份有限公司(以下简称“苏中公司”)、宁夏银古实业有限公司(以下简称“银古公司”)建设工程施工合同纠纷**

【案例文号】(2019)最高法民终1192号

【裁判观点】涉案工程系未完工工程,对于已经完成的工程经验收合格的,发包人应当支付相应的工程价款。经验收合格包括经过修复后验收合格的工程。

从鉴定意见和修复方案来看,苏中公司已完成大部分工程,涉案工程存在主要的工程质量问题有楼层净高等不满足设计或规范要求,可以进行修复且经修复后有利用价值。银古公司已在该案中提起反诉,主张由苏中公司承担修复费用,并在一审时申请对工程修复方案及修复费用进行鉴定,可以此认定银古公司认可工程经修复有使用价值。二审中银古公司又以工程未进行实际修复为由认为支付工程款条件未成就拒绝支付工程款,自相矛盾。根据本案的实际情况,可以参照上述鉴定意见由苏中公司承担修复费用,视为工程验收合格。

二、承包人承担赔偿违约损失及工程修复费用的情况下,发包人应退还履约保证金

2019年《招标投标法实施条例》第58条规定了“招标文件要求中标人提交履约保证金的,中标人应当按照招标文件的要求提交。履约保证金不得超过中标合同金额的10%”。虽然该规定是为规范招标投标活动制定的,但对未经招投标的项目收取履约保证金也同样可以参照适用。履约保证金与违约金在一般情况下不能并用。施工合同中履约保证金的主要作用是督促承包人按施工合同约定全面履行合同,具有督促履约和损失补偿的双重功能。针对同一违约行为,在既约定履约保证金又约定违约金的情况下,一般认为二者功能相同,属

于对同一违约行为的重复约定。允许二者并用,会加重债务人负担,有违公平原则。

【解析规则】承包人承担赔偿违约损失及工程修复费用的情况下,最高人民法院支持发包人退还履约保证金

【案例文号】(2020)最高法民再37号

【再审观点】关于履约保证金的返还问题。《施工合同》第14条约定,保证金在乙方施工完成地上4层盖板后,3个工作日内甲方按乙方所交的履约保证金1/3退付给乙方。在全部主体框架工程完成至八楼框架后,3个工作日内,甲方退还乙方所交保证金的1/3,在全部主体框架工程完成的3个工作日内,甲方将乙方所交的保证金一次性退还完毕,若甲方导致不能全部同时开工,则保证金退还方式按第一栋开工的楼栋开始退还。根据上述内容可知,施工方完成了相应的施工进度,即可要求退还履约保证金。案涉工程已于2014年9月完成主体封顶,虽然出现了一定的质量问题,但在合同已经解除且判决成飞公司承担修复费用并赔偿违约损失的情况下,琦洋销售公司应予退还全部履约保证金。一、二审法院在既判决违约损失的情况下又判决不予退还履约保证金,过分加重了成飞公司的责任,本院予以纠正。

法院既判决违约损失又判决不予退还履约保证金的情况下,过分加重了承包人的责任,考虑到合同已经解除,且判决承包人承担修复费用并赔偿违约损失的情况下,发包人应予退还全部履约保证金。

❖ 第四章 工程质量纠纷中的司法鉴定程序

工程质量纠纷中的司法鉴定程序,通常由当事人提出书面司法鉴定申请,鉴定申请事项包括工程质量、质量不符合合同、设计、规范要求情形下的修复方案以及依据修复方案的修复造价,法院(或仲裁委)决定案件是否启动司法鉴定程序及鉴定事项,确定启动司法鉴定程序后,由法院(或仲裁委)指定鉴定机构或由双方当事人选择鉴定机构,法院(或仲裁委)向鉴定机构(该鉴定机构通常应具备工程或设备质量鉴定、修复方案鉴定、工程造价鉴定资质的一家或多家)出具委托书,鉴定机构接受委托,申请人预交鉴定费用,鉴定机构向双方询问,接收鉴定材料,鉴定机构及当事人进行现场踏勘(含质量踏勘及造价踏勘),鉴定机构先后出具工程质量鉴定意见书、工程修复意见书、工程造价鉴定意见书,如工程质量鉴定符合施工图设计文件、相关标准、技术文件要求,则后续针对修复方案及修复造价的鉴定程序无须启动。针对上述鉴定意见,有的鉴定机构是先出具征求意见稿,当事人在鉴定机构指定期间内(一般是10日)对征求意见稿提出书面质询意见,鉴定机构对当事人书面质询意见进行答复后,结合当事人提出的质询意见,出具鉴定意见书,法院(或仲裁委)组织当事人对鉴定人员进行法庭质询,质询后对司法鉴定意见书发表质证意见,法院(或仲裁委)结合庭审情况及双方质证意见,对司法鉴定意见书能否作为定案依据作出认定。

第一节 工程质量、修复方案、修复费用申请鉴定主体的确定

最高人民法院《关于审理建设工程施工合同纠纷案件适用法律问题的解释

(一)》第32条规定:"当事人对工程造价、质量、修复费用等专门性问题有争议,人民法院认为需要鉴定的,应当向负有举证责任的当事人释明。当事人经释明未申请鉴定,虽申请鉴定但未支付鉴定费用或者拒不提供相关材料的,应当承担举证不能的法律后果。一审诉讼中负有举证责任的当事人未申请鉴定,虽申请鉴定但未支付鉴定费用或者拒不提供相关材料,二审诉讼中申请鉴定,人民法院认为确有必要的,应当依照民事诉讼法第一百七十条第一款第三项的规定处理。"

根据该司法解释规定,鉴定应当由在案件中负有举证责任的当事人申请。司法实践中,在发包人就工程质量问题、修复方案、修复费用向承包人主张权利的诉讼中,通常是发包人向法院申请对工程质量问题、修复方案、修复费用进行鉴定。

对于一方当事人在诉前委托鉴定机构出具咨询意见(工程质量检测报告、工程质量修复方案或工程修复造价)的情形,根据最高人民法院《关于民事诉讼证据的若干规定》第41条"对于一方当事人就专门性问题自行委托有关机构或者人员出具的意见,另一方当事人有证据或者理由足以反驳并申请鉴定的,人民法院应予准许"的规定,原则上应由另一方负责举证反驳并申请鉴定,即申请鉴定的责任主体将发生转换。但是因一方委托鉴定机构出具的咨询意见对另一方没有法律约束力,另一方有权不予认可,此情形下,并不能免除应负举证责任的一方证明工程修复费用的义务。一般情况下由发包人承担相应的鉴定申请义务,否则应当承担相应的不利后果。

第二节　工程质量、修复方案、修复费用鉴定事项和范围的确定

最高人民法院《关于审理建设工程施工合同纠纷案件适用法律问题的解释(一)》第33条规定:"人民法院准许当事人的鉴定申请后,应当根据当事人申请及查明案件事实的需要,确定委托鉴定的事项、范围、鉴定期限等,并组织当事人对争议的鉴定材料进行质证。"最高人民法院《关于民事诉讼证据的若干规定》第32条第3款规定:"人民法院在确定鉴定人后应当出具委托书,委托书中

应当载明鉴定事项、鉴定范围、鉴定目的和鉴定期限。”根据前述规定，鉴定事项及范围最终是由人民法院确定。该规定引发的疑问是，申请鉴定的当事人是否需要在申请鉴定时明确鉴定的事项及范围。人民法院确定鉴定的事项和范围在原则上不应超过当事人申请鉴定的范围，除非是法律规定法院应当依职权委托鉴定的情形。因此，当事人在申请鉴定时应尽可能准确地表述自己的鉴定事项和范围，避免遗漏鉴定事项或者进行无必要的鉴定。法律也规定了相应的预防机制来减少前述情形的发生。对于当事人可能存在对需要鉴定的事项和范围理解不准确的问题，法律规定了法院的释明义务，如最高人民法院《关于民事诉讼证据的若干规定》第 30 条第 1 款规定：“人民法院在审理案件过程中认为待证事实需要通过鉴定意见证明的，应当向当事人释明，并指定提出鉴定申请的期间。”最高人民法院《关于审理建设工程施工合同纠纷案件适用法律问题的解释(一)》第 31 条规定：“当事人对部分案件事实有争议的，仅对有争议的事实进行鉴定，但争议事实范围不能确定，或者双方当事人请求对全部事实鉴定的除外。”第 32 条第 1 款规定：“当事人对工程造价、质量、修复费用等专门性问题有争议，人民法院认为需要鉴定的，应当向负有举证责任的当事人释明。当事人经释明未申请鉴定，虽申请鉴定但未支付鉴定费用或者拒不提供相关材料的，应当承担举证不能的法律后果。”但是，如果当事人双方均请求全部鉴定，法院亦无法干涉。

申请的事项和范围通常表述为：(1)对承包人××公司施工×××工程，是否符合施工图设计文件、相关标准、技术文件要求，申请对工程质量委托司法鉴定；(具体鉴定范围详见清单，该清单根据个案具体分析，可参考本书的建设工程质量编)(2)对承包人××公司施工×××工程，质量鉴定结果为不符合施工图设计文件、相关标准、技术文件要求，申请对质量修复方案委托司法鉴定；(3)对承包人××公司施工×××工程，质量鉴定结果为不符合施工图设计文件、相关标准、技术文件要求，申请对质量修复方案的工程造价委托司法鉴定。

1. 鉴定申请书中如何确定鉴定事项。

当事人就建设工程质量等事实的专门性问题发生争议的，应当向裁判者提交书面申请。鉴定申请是整个鉴定程序的起点，也是最重要的一个节点。申请事项的表述以及法院委托内容的表述，将直接关系到鉴定乃至判决的走向。鉴定申请事项要能支撑诉讼请求。鉴定申请事项来源于诉讼请求,并为诉讼请求服务,鉴定申请中应尽量明确支撑诉讼请求的申请鉴定事项、鉴定范围、鉴定方法、鉴定依据等。

首先,建设工程质量鉴定中要有具体的、详细的需要鉴定的质量问题清单,不能笼统地说所有质量问题或者是否存在质量问题以鉴定结果为准。质量鉴定可以细分为结构、钢筋强度、密度等不同方面的质量鉴定,写明具体哪一项的鉴定,将有利于鉴定机构了解工作内容,所收取的鉴定费用也会相应减少。其次,应当明确鉴定的范围。就鉴定范围来说,应当遵循必要性、关联性、可行性的原则,排除无争议项,只对争议项目进行鉴定,但争议事实范围不能确定或者双方当事人请求对全部事实鉴定的除外。最后,应当明确鉴定的依据。

工程质量鉴定的事项主要包括以下几类:(1)材料、构配件、设备、性能指标、工程实体质量检验;(2)勘察设计成果质量鉴定;(3)建设工程可靠性鉴定;(4)建设工程质量问题成因等专项鉴定。

确定鉴定事项的同时还要确定工程质量鉴定的范围,当事人就建设工程质量等事实的专门性问题发生争议的,应当向裁判者提交书面申请。一份合格的鉴定申请书应当包括鉴定目的、鉴定事项、鉴定依据等基本内容。

2. 鉴定事项须对待证事实有实际意义。

在确定鉴定事项的过程中,若申请鉴定的事项存在以下情形,则法院将不予准许:与争议事实没有关联,或者不涉及案件基本事实的认定,或者对诉争事项的裁量没有意义,缺乏鉴定必要性。因此,当事人申请鉴定的事项必须与案件争议事实具有关联性。结合相关司法裁判中的观点,判断是否具有关联性主要包括目前的工程状态是否具有可鉴定的现实条件、鉴定结论对证明工程质量存在问题是否具有关键作用。若目前的工程状态已不具备可鉴定的现实条件,则一般不会得到法院的准许。

参考案例　4.1　中色十二冶公司与本溪庆永公司建设工程施工合同纠纷案

【案例文号】(2018)最高法民终1313号

【裁判观点】在案涉工程冬休期即将结束之时,本溪庆永公司未与中色十二冶公司对已完工工程进行交接、验收,即强行进场接管案涉工程,并交由他人继续施工至竣工验收,导致中色十二冶公司已完工工程被覆盖而不具备质量鉴定条件,一审法院委托的鉴定机构因而作退鉴处理。因案涉工程质量不具备鉴定条件,本溪庆永公司关于一审法院未另行委托鉴定存在程序违法的上诉理由,与案件事实不符,不能成立。

3. 人民法院委托鉴定的事项并不一定完全等同于申请人的申请事项。因此,不管是作为申请人还是被申请人,都应特别关注法院委托鉴定的事项。

作为申请人,要让法院委托鉴定的事项尽可能地与自己申请的事项一致,如果不一致,要及时提出,特别是应当在缴费前提出。而作为被申请人,要对申请人的申请事项提出足够依据的抗辩,避免法院将鉴定的范围只确定在申请人的申请范围,对全案事实的查明不利。

例如,丽达公司与马某某建设工程施工合同纠纷案[(2016)云34民终170号]。该案质量鉴定的主要争议是,挡土墙应当全部拆除还是部分加固。鉴定机构给出的鉴定结论是"挡土墙施工质量较差,不满足设计与规范要求。建议尽快对已破坏的挡土墙进行拆除,并请具有相关资质的设计和施工单位参照国家相关规范对挡土墙进行重新勘察、设计和施工或者局部加固处理"。而丽达公司认为整个工程的质量都不合格,应当全部拆除重建。法院最后则认定,该鉴定报告并未认为挡土墙需要全部拆除,还存在可加固处理的部分。法院得出的结论和丽达公司提出的质量鉴定申请事项存在很大关系。若丽达公司提出的请求是"请求对系争工程的整体质量鉴定是否合格",则鉴定机构很有可能会给出截然不同的鉴定结论。故发包人在提起质量鉴定时必须慎重考虑质量鉴定的请求事项。

4. 鉴定事项具体表述的规范性。

《江苏省高级人民法院民一庭建设工程施工合同纠纷案件司法鉴定操作规程》(已失效)①第43条规定:"人民法院委托鉴定机构对建设工程质量进行鉴定,在确定鉴定事项时不应要求鉴定人作出质量合格或不合格的鉴定意见,应根据案件审理需要要求鉴定人对质量是否符合施工图设计文件以及相关标准、

① 该文件已失效,但实践中,笔者认为仍具有较大参考价值。

技术文件以及造成质量问题的原因和责任做出鉴定意见。"因此,在确定鉴定事项中不应要求鉴定机构对工程质量直接作出合格与否的判断,而应当要求其对质量是否符合相关文件以及质量问题的原因与责任进行鉴定。

第三节　工程质量、修复方案、修复费用司法鉴定启动条件

发包人申请质量鉴定,一般情况下只要申请方提出初步证据(通常情况下建议发包人诉前委托有资质的第三方对案涉工程出具质量检测报告或监理单位出具质量整改文件并附有相关照片)证明建设工程存在质量问题且双方就建设工程质量存在争议,法院一般会同意启动建设工程质量司法鉴定。

经工程质量司法鉴定确认承包人已完工程含设备(全部或部分)不符合施工图纸及说明书、国家颁发的施工验收规范和质量检验标准等,存在质量问题的,即使承包人向发包人提交了书面修复方案,发包人基于双方已发生的争议也通常不会认可承包人提出的修复方案。鉴于修复方案的专业性较高,若双方无法对已鉴定的质量问题就修复方案达成一致意见,法院通常会同意申请方提出的修复方案鉴定申请。

申请人在提出修复方案鉴定时,一般会同时提出修复费用鉴定。《建设工程司法鉴定程序规范》(SF/Z JD0500001 - 2014)(已废止)第 7.1.13 条规定:"既有建设工程和灾损建设工程的加固修复造价鉴定,根据司法鉴定人现场勘验经各方当事人确认的加固修复范围,按照委托人委托的具有相应资质的设计单位出具的加固修复设计,考虑既有和灾损建设工程加固修复的施工特点,执行既有和灾损建设工程所在地适用的工程造价计价依据,确定既有和灾损建设工程的加固修复造价。"该规范的条文说明第 7.1.13 条规定:既有建设工程和灾损建设工程加固修复造价鉴定,根据司法鉴定人现场勘验经当事人确认的加固修复范围,按照委托人委托具有相应资质设计单位出具的加固修复设计,执行应加固修复建设工程所在地适用的工程造价指导性计价依据(各项费率取中值),采用加固修复建设工程所在地当期建设工程材料信息价和当地建设市场公允的人工价格,考虑加固修复施工机具、用具和材料移位、覆盖、复位、清理及

建筑垃圾清运费用,确定建设工程灾损加固修复造价。鉴定实践中,应该针对实际承担工程保修任务的不同主体,按不同的标准对建设工程保修阶段的造价进行鉴定:由缔结《主合同》的承包人来承担工程保修任务时,按在《主合同》中的约定(包括造价结算中的各种优惠、让利条件),来确定工程保修阶段的造价,这是承包人应当履行的法定的后合同义务;由第三方施工人来承担工程保修任务时,工程保修造价应按本条的规定确定,工程保修事项责任如归属于缔结《主合同》的承包人,其工程保修价款发包人可向承包人追偿。

在启动修复费用司法鉴定前,部分承包人会以其将积极履行质量修复责任为由不同意进行修复费用司法鉴定。当施工单位有条件也有意愿按司法鉴定修复方案进行修复时,主流观点是不同意申请方启动修复费用鉴定,依据《建设工程质量管理条例》第 41 条“建设工程在保修范围和保修期限内发生质量问题的,施工单位应当履行保修义务,并对造成的损失承担赔偿责任”的规定,对质量问题履行保修义务的主体为施工单位。通常情况下施工单位具备实施修复方案对应的资质及相应人员、机械设备,且其对项目现场情况更为熟悉,在其有意愿按修复方案进行修复时,法院不应禁止其履行质量修复义务。

若施工单位明确表示或以其行为表示(如此前收到业主方要求其履行质量问题修复责任的函件后,既不回函也不派员履行质量修复义务等)不履行质量问题修复责任,则法院一般会同意启动修复费用司法鉴定,并且会依修复费用鉴定金额直接从施工单位应收取的工程款中扣减。

对于质量问题已被覆盖的工程,通常的修复方案是要求铲除后续已覆盖之施工内容再处理存在质量问题的部分。故对这些修复方案进行鉴定的修复费用,通常会大大超过存在质量问题部分本身之造价。

第四节　工程质量、修复方案、修复费用鉴定机构的选定

关于工程质量、修复方案及修复费用鉴定机构的选定,最基本的原则是该鉴定机构必须具有工程质量、修复方案及修复费用鉴定的资质,如果没有资质

或者资质不够,当事人均可要求法院对鉴定结论不予采信,同时支付鉴定费一方还可要求退还鉴定费用。

通常法院在委托鉴定机构时会将列入其司法鉴定人名册的社会鉴定机构和鉴定人作为鉴定主体,同时法院还需审查鉴定机构是否具备相应资质。而对于当事人双方自行协商确定鉴定机构的,凡具备工程质量、修复方案及修复费用鉴定资质的机构均可作为鉴定主体,不受地域及法院收录的司法鉴定人名册的限制。

关于鉴定机构的选定,实践中还存在另外两个争论较大的问题。

第一,工程项目原设计单位能否作为工程修复方案的鉴定主体。

承包人通常提出原设计单位与工程质量问题存有利害关系,因此其出具的鉴定意见不能作为证据使用。对此,发包人通常认为:原设计单位了解工程各方面情况,由原设计单位出具修复方案,不仅符合《建设工程监理规范》的相关规定,而且节约成本、提高效率。《建筑工程施工质量验收统一标准》(GB 50300－2013)第5.0.6条关于"当建筑工程施工质量不符合要求时,应按下列规定进行处理……3 经有资质的检测机构检测鉴定达不到设计要求、但经原设计单位核算认可能够满足安全和使用功能的检验批,可予以验收……"的规定,也支持了上述观点。对于工程质量的鉴定,法律上仅有资质的要求,并没有回避的规定,即只要是符合法定资质的鉴定机构,无论其是不是原设计单位,其只要依据法定程序依法出具的鉴定意见就都可作为证据使用,至于其鉴定意见是否能作为定案依据,尚需法院综合案件其他证据材料进行认定。承包人关于原设计单位与案件质量存在利害关系的反驳不足以成为其推翻鉴定意见的充足理由,在承包人尚无其他证据证明鉴定意见存在错误的情形下,对承包人提出的异议依法不应支持。原设计单位对工程的各方面情况均了解,由原设计单位出具修复方案,可节约成本、提高效率,也符合诉讼经济原则的要求。但若承包人有充足理由证明原设计单位出具的修复方案不合理,则其有权请求法院另行委托有资质的设计单位出具修复方案。

第二,如何判断一个鉴定机构是否具有工程质量鉴定资质、工程修复方案鉴定资质及工程修复费用鉴定资质。

实践中确定一个鉴定机构是否具有工程质量鉴定资质、工程修复方案鉴定资质及工程修复费用鉴定资质最基本的依据是该鉴定主体登记的资质范围。若鉴定机构不具有工程质量鉴定、工程修复方案和费用鉴定的资质和资格，则其出具的鉴定结论不能作为定案依据。

参考案例 4.2 黄山市金太阳置业投资集团有限公司（以下简称“金太阳公司”）、黄山市安华联合建筑装饰工程有限公司建设工程施工合同纠纷案

【案例文号】(2015)民申字第44号

【再审观点】关于质量修复方案鉴定机构及鉴定人的资质、资格问题。根据《建设工程勘察设计管理条例》第8条第1款“建设工程勘察、设计单位应当在其资质等级许可的范围内承揽建设工程勘察、设计业务”之规定，建设工程存在质量问题，应当由法院依法委托具有鉴定资质的鉴定机构进行鉴定。该案一审中，针对金太阳公司对案涉工程提出的质量问题，黄山市价格认证中心接受一审法院的委托，根据安徽省建筑工程质量第二监督检测站出具的质量瑕疵鉴定意见，作出工程质量瑕疵修复方案和费用鉴定技术报告并据此出具鉴定结论，核定案涉工程质量瑕疵修复总价为202,457.78元（其中地下室地面修复费用为172,795.21元）。然而，经本院调卷审查发现，黄山市价格认定中心在价格鉴定机构资质证上核准的资质范围仅为价格鉴定，鉴定人员凌某泽、汪某的鉴定资格为价格鉴证师。由此说明，无论是该价格中心还是两鉴定人，均不具有进行瑕疵修复的资质和资格，该中心的鉴定结论不能作为定案依据。……裁定指令安徽省高级人民法院再审该案。

参考案例 4.3 金太阳公司与黄山市安华联合建筑装饰工程有限公司建设工程施工合同纠纷案

【案例文号】(2015)皖民四再终字第00004号

【再审观点】关于工程质量及修复费用问题。承包人有获取工程价款的权利，也有承担工程质量瑕疵担保的义务。双方当事人曾就工程外墙开裂、渗水问题达成一致，安华公司承担25万元维修费用，原判决并无不当，本院予以维持。安徽省建筑工程质量第二监督检测站对金太阳公司提出的工程质量问题

进行了鉴定,认定地下室地面、部分墙与框架梁(柱)等存在施工质量问题,此事实证据确凿。一审法院委托黄山市价格认证中心对质量瑕疵修复造价进行了鉴定,但鉴定机构及人员,均无相应资质和资格,鉴定意见不能作为定案依据。再审期间,本院委托安徽省建筑科学研究设计院进行修复方案设计,并据此又委托安徽中信工程咨询有限责任公司对修复费用进行鉴定并形成鉴定意见。上述设计方案和修复费用鉴定意见,已经双方当事人质证、辩论,设计、鉴定人员和机构具有相应资格和资质且已出庭受询,鉴定过程科学、严谨、合法,鉴定意见客观、真实,应予采纳。因此,黄山市安华联合建筑装饰工程有限公司应支付金太阳公司工程修复费用1,863,070.61元(双方约定的外墙裂缝修复费用250,000元+鉴定的地下室修复费用1,613,070.61元)。

第五节　人民法院对修复方案、修复费用造价鉴定意见的采信及认定

司法实践中,在建设工程存在质量问题时,发承包双方会从节约成本的角度考虑,通过确定可行性的修复方案,保障工程质量。但修复方案可行性的认定因其专业性较强,通常会采用鉴定方式予以确定。

在发包人明确不同意承包人就存在质量问题的工程进行修复施工或承包人明确表示拒绝修复的情形下,法院或仲裁委审理涉及已经查明存在的工程质量的纠纷时,经发承包双方共同确定鉴定机构后,鉴定机构已作出修复处理方案的,法院或仲裁委可委托造价机构依据该修复处理方案作出修复造价鉴定,进而可据此造价进行工程维修款的认定。

发包人不接受承包人对工程进行修复施工的,法院有权依据合法程序确定的修复处理方案进行修复造价鉴定,无其他证据证明修复造价结果存在不合法之处的,依此认定工程维修款。

参考案例　4.4　中科建设开发总公司、懋维龙（天津）投资有限公司建设工程施工合同纠纷案

【案例文号】（2018）最高法民申354号

【裁判要旨】发包人不接受承包人对工程进行修复施工，且发承包双方同意就修复方案进行鉴定，依法取得修复处理方案后，双方对修复处理方案无异议的情况下，法院有权以此作为修复造价的鉴定依据，并依据修复造价鉴定结果认定工程维修款。

第六节　建设工程施工合同中工程质量修复造价取价方法

在工程修复方案确定的情况下，施工合同中工程质量修复造价取价方法一般有三种，即合同约定、定额取价、市场价取价。取价方法不同，得出的质量修复造价也就不同。但在适用不同取价方法时需对不同取价方法是否公正进行价值判断、对不同取价方法合法性进行判断、分析不同取价方法在具体个案中适用的利弊，涉及修复造价鉴定时还应在委托鉴定中明确相应的取价方法。

一、取价方法的选择与取舍首先应结合公平原则考虑过错责任

根据施工合同的约定，属于建设单位应承担的质量责任的，建设单位承担相应的工程质量修复责任后再向相关勘察、设计、监理责任主体追偿。属于施工单位应承担的工程质量修复责任的，施工单位亦有向相关主体追偿的可能，特别是在合同有特别约定的情况下，如转包、违法分包、挂靠施工等，施工单位作为工程的总承包人亦可根据合同约定向各相关转包的承包人、分包的承包人、挂靠单位或个人追偿。在各责任主体对工程质量问题均有过错时，会导致最终修复造价的共同责任的承担和分割。

工程修复造价并非仅是建设工程施工合同发承包双方的责任划分，它可能涉及建设工程施工合同发承包双方的各自上下游单位。即工程质量修复造价涉及建设工程各方主体的责任和最终利益，会因工程质量具体原因的不同而将

最终责任延伸向各方主体。因此,工程质量修复造价并非发承包合同双方之间的责任划分,不能将工程质量修复造价取价方法放在合同双方的视角来作价值分析和利益平衡。在合同约定取价、定额取价、市场价取价上,不同的价值判断视角结合工程质量原因可能会有不同的利益平衡结果。应统观工程参与各方主体进行考量,结合各自过错责任及公平原则,进而作出价值判断。

二、建设工程质量修复造价的取价方法应注意遵守《价格法》的规定

根据《价格法》第 18 条及第 19 条[①]的规定内容可知,建设工程项目一般不在《价格法》规定的实行政府定价或政府指导价的商品和服务范围内。中央定价目录和地方定价目录[②]中虽有建设工程定价,但其定价内容属于垄断性交易市场交易服务收费标准,不属于一般意义上的建设工程定价。也就是说,从《价格法》角度而言,工程建设项目除垄断性交易市场建设工程项目实行政府定价或政府指导价外,一般情况下实行的是市场调节价。因为《价格法》中政府定价与政府指导价相应规范属于强制性规范,必须遵守。故上述政府定价目录中的相应工程项目涉及工程质量修复造价的确定,只能依据政府定价或政府指导价而定,而不能适用本文所讨论的合同约定取价、定额取价、市场取价等方法来确定工程质量修复造价。除此之外的其他工程项目涉及工程质量修复造价的确定,属于市场调节价的范畴,可根据项目的具体情况确定取价方法,进而确定相应的工程质量修复造价。

三、工程质量修复造价的取价应考虑对不同修复主体适用不同取价方法

市场调节价范畴内的建设工程项目,同一建设工程施工合同中工程质量修

① 《价格法》第 18 条规定:"下列商品和服务价格,政府在必要时可以实行政府指导价或者政府定价:(一)与国民经济发展和人民生活关系重大的极少数商品价格;(二)资源稀缺的少数商品价格;(三)自然垄断经营的商品价格;(四)重要的公用事业价格;(五)重要的公益性服务价格。"第 19 条规定:"政府指导价、政府定价的定价权限和具体适用范围,以中央的和地方的定价目录为依据。中央定价目录由国务院价格主管部门制定、修订,报国务院批准后公布。地方定价目录由省、自治区、直辖市人民政府价格主管部门按照中央定价目录规定的定价权限和具体适用范围制定,经本级人民政府审核同意,报国务院价格主管部门审定后公布。省、自治区、直辖市人民政府以下各级地方人民政府不得制定定价目录。"

② 《政府定价的经营服务性收费目录清单》(2024 年版)。

复造价取价方法，并非随意地在合同约定取价方法、定额取价方法、市场价取价方法中择一适用，而应根据修复主体的不同而适用不同的取价方法。

1. 由承包人修复

在特定的建设工程施工合同关系下，如小规模仿古建筑的工程发承包，虽然承包人属无资质施工人但有丰富的施工经验和技艺，但材质导致质量问题且不影响工程安全，发包人就所修复工程的规模、专业程度、维修方法、施工成效等方面考虑，交由承包人施工修复更为高效。承包人也愿意以成本价修复，而不存在其他责任主体的情况，则会突破上述取价方法，采用特定承包人的成本价修复以确定工程质量修复造价，这种情况下不涉及第三方主体的利益，同时也是对双方意思表示的尊重。

一般情况下，在同一建设工程施工合同中就工程质量修复造价取价可能约定在上述三种取价方式中选择适用。但三种取价方式又可能因不同修复主体实施修复，存在不同的选择路径。如由建设工程施工合同中的承包人自己修复，且不存在向第三方主体再追偿的情况下，双方约定的修复造价就比定额价和市场价更具合理性和公正性，当然该修复方案应确定符合设计规范和质量安全规范要求。因为这种情况下的修复造价是双方合议的结果，不影响损害任何第三方的权益。而如果涉及建设工程施工合同以外第三方责任主体的追偿，那么建设工程施工合同纠纷案件中应在定额取价方法和市场价取价方法中作利益平衡，而不能以双方约定修复造价的方法取价。因为此时约定的造价可能会损害第三方责任主体的利益。

2. 第三方替代履行

如在建设工程施工合同中的工程质量修复不是由合同的承包人修复，而是确定由第三人替代修复，此时不适用建设工程施工合同双方约定修复造价方法取价，而应采用市场价取价方法或定额取价方法，不然会造成确定了修复造价却无市场主体愿意承揽修复工程的情况，或造成已确定的工程质量修复造价远不能弥补工程发包人的工程质量修复损失。

四、定额取价、市场价取价的不足

司法实践中，除非合同双方明确约定了相关工程造价的计价方法，一般情况下的裁判以定额及市场行情作为市场价的计价依据，或者根据造价鉴定机构的询价结果作为市场价。而市场询价本身就存在个别主体的个别报价问题，很难有统一的标准。鉴定机构的询价本身就存在偶然性和不确定性，极端情况下还可能存在个案中所询的市场价格是定额价的数倍的情况。

相较市场价取价而言，定额取价方法有相对确定的标准，相对统一的计算方法。但定额取价也有其不足之处，定额的编制因其编制主体及层级、行业不同，在个案中也会出现无法套价的定额及无法套价的定额子目。就工程质量修复来讲，虽各地均有自己的房屋修缮工程定额，但该定额也不能解决所有现实情况中工程修复的量与价的确定问题，对于工程种类都有一定适用范围的限制。

尽管二者各有不足，但定额取价方式更便于鉴定机构就修复工程的造价计价进行鉴定和执行，避免鉴定机构的主观性。正如《江苏省高级人民法院民一庭建设工程施工合同纠纷案件司法鉴定操作规程》（已废止）第44条规定"对于工程存在质量缺陷，经有资质的鉴定机构确定修复方案后，鉴定机构可以根据鉴定时施工当地建设行政主管部门制定的工程计价依据计算修复加固费用。"明确了修复造价鉴定的定额取价方法。

五、工程质量修复费用没有约定或约定不明的，工程质量修复费用如何认定

在考量工程修复费用时，工程质量问题重做费用高于其已完工程造价，符合常理。另外，鉴定已完工程造价之目的在于确定当时的工程价款，鉴定重做费用之目的在于确认当前修复质量不合格的工程所需费用，故以市场价为依据的鉴定意见更为公平。该观点也符合最高人民法院的审判意见。

参考案例　4.5　福建九鼎建设集团有限公司、云南佳鸿宇合实业有限公司（以下简称"佳鸿宇合"）建设工程施工合同纠纷

【案例文号】（2020）最高法民终337号

【裁判要旨】最高人民法院认为：对于防火防腐涂料分项工程重做费用，官审造价分别采用两种标准作出两种鉴定意见，按13定额（《2013年版云南省建

设工程造价计价依据》)得出重做费用为 12,382,358.44 元,按市场价得出重做费用为 10,199,761 元。佳鸿宇合主张鉴定机构依据市场价无证明材料,应采信以 13 定额为依据的鉴定意见。本院认为,佳鸿宇合未举证证明鉴定机构存在背离鉴定资料或者背离工程实际随意主观判断的情形。对于佳鸿宇合的异议,鉴定人员在一审接受质询时已作出合理说明。故对于佳鸿宇合该主张,本院不予支持。福建九鼎建设集团有限公司主张,防火防腐涂料的费用在已完工程造价鉴定、重做费用鉴定中采用的标准不一致,导致修复费用远高于已完工程造价,并且鉴定发生在工程停工 4 年后,导致结论偏差。最高人民法院认为,首先,根据已完工的防火、防腐涂料喷涂施工不合格部分的返工工程造价鉴定意见书,重做费用中包含除重新涂刷防火防腐涂料外的工程项目,故防火防腐涂料分项工程的重做费用高于其已完工程造价,符合常理。其次,已完工程造价鉴定之目的在于确定当时的工程价款,重做费用鉴定之目的在于确认当前修复质量不合格的工程所需费用,福建九鼎建设集团有限公司在一审质证中也自认返工费用按照市场价更为公平。故一审法院采信以市场价为依据的鉴定意见并无不当。

六、关于工程修复造价鉴定的委托应明确造价取价规则

根据《民法典》第 582 条及第 801 条[①]的规定,工程质量修复造价,解决的是工程质量问题引起的违约责任,是供裁判者就违约责任的承担提供专业技术上的支撑。因此,就工程质量修复造价鉴定问题而言,虽然司法裁判或仲裁裁决是委托给有资质的专业鉴定机构来完成,但鉴定机构只是就专门性问题运用科学技术或者专门知识进行鉴别和判断并提供鉴定意见,不能取代司法或仲裁机构作价值判断。根据《建设工程造价鉴定规范》(GB/T 51262－2017)第 5.3.3 条和第 5.3.4 条规定,工程质量修复造价鉴定的方法问题,应由委托人在委托

---

① 《民法典》第 582 条规定:“履行不符合约定的,应当按照当事人的约定承担违约责任。对违约责任没有约定或者约定不明确,依据本法第五百一十条的规定仍不能确定的,受损害方根据标的的性质以及损失的大小,可以合理选择请求对方承担修理、重作、更换、退货、减少价款或者报酬等违约责任。”第 801 条规定:“因施工人的原因致使建设工程质量不符合约定的,发包人有权请求施工人在合理期限内无偿修理或者返工、改建。经过修理或者返工、改建后,造成逾期交付的,施工人应当承担违约责任。”

鉴定时，就相关鉴定取价方法征询双方当事人的意见，综合双方的意见及结合具体案情，进而确定具体的鉴定取价方法，再委托鉴定机构进行鉴定，司法机关或仲裁庭不能在此问题上“弃权”让鉴定机构自行选择鉴定方法做出造价鉴定，以避免鉴定机构、鉴定人“以鉴代审”的悖法后果。如此才具有一定的可操作性，也更具有公正性和合理性。

综上所述，工程质量修复造价的确定首先应根据工程的具体情况进行价值判断以确保公正，其次是取价方法必须遵守《价格法》的规定。而无论修复造价是按合同约定还是按定额价或市场价，都应当由法院或仲裁庭根据双方的意见，确定鉴定取价规则，再委托鉴定机构根据确定的规则进行鉴定。在工程修复费用如何计价各方并无明确约定且事后也无法达成一致意见的情况下，究竟是以定额价，还是市场价作为修复造价鉴定方法，属于实体审理内容，其决定权应当属于鉴定程序中的委托人，不能放任鉴定机构自行决定。

七、修复费用高于已完工程造价是否意味着修复不合理

如果修复费用计价标准和修复方案并无问题，只是计算出的结果高于已完工程造价，那么不应认定修复费用不合理，反之，则应当进行相应的调整。工程修复实践中，可能存在多种修复方案，不同的修复方案对应不同的修复项目，修复方式不同，最终的修复费用也会存在差异。那么如何判断工程修复鉴定意见建议适用的修复项目、方式是否必要？除非反对一方有证据证明不进行该种修复不会影响工程质量，否则不应认定该种修复是多余或无必要的。

八、适用绿色原则对选择性工程造价司法鉴定意见的认定

对司法鉴定机构在同一鉴定事项中出具的多个工程造价司法鉴定意见，在没有相关法律规则指引时，应当适用《民法典》的绿色原则，从司法鉴定意见保障安全和使用功能的客观目的、民事主体参与民事活动的主观目的以及市场经营效率价值等方面予以综合考量，最终从有利于节约和利用资源的角度予以合理认定。

(一)建设工程造价认定适用绿色原则的必要性

根据《民法典》第9条"民事主体从事民事活动,应当有利于节约资源、保护生态环境"的规定,绿色原则作为民事活动的基本原则,《民法典》确立了民事主体从事民事活动,要以节约资源、保护生态环境为重要的考量因素,同时也要求审判活动加强对节约资源、保护生态环境的民事法律行为的保护。在工程本身不存在国家标准载明宜采取拆换措施的情形下,相关国家标准并不必然要求对有质量问题的工程进行全部拆除,如不影响安全和使用功能,若采取全面拆除措施则存在降低整体安全性的可能,无法在保障建筑质量安全、建筑使用功能及人民生命、财产安全之间取得平衡。因此,在建设工程出现质量问题时,应选择损失最小且能够保障涉案工程尽快恢复生产的修复方案。

对于选择性的修复方案工程造价司法鉴定意见,建设工程的实际权利人要求选择赔偿损失更高的拆除式修复的造价方案的,可根据《民法典》第9条中"节约资源"的绿色原则所体现出的法理对此类案件进行认定。

(二)在不具备鉴定条件的情形下,如何认定工程修复费用

1.不具备鉴定条件的认定

法院根据当事人申请委托鉴定机构进行鉴定,但鉴定机构认为当事人申请的鉴定不具备鉴定条件时,是应当重新选定鉴定机构进行鉴定,还是应当终止鉴定?

部分法院在通知当事人摇号选定鉴定机构时,会在摇号选定一家鉴定机构的同时设置一家至两家备选鉴定机构,如果该选定的鉴定机构不具备鉴定特定事项的鉴定能力或无法出具鉴定意见时,可以启用备选鉴定机构。当选定的鉴定机构认为鉴定事项"不具备鉴定条件"时,应判断其作出的该意见是鉴定机构本身的鉴定能力导致,还是鉴定事项本身导致。如认为系鉴定机构本身鉴定能力导致的问题,可交由备选鉴定机构进行鉴定。如认为系鉴定事项本身导致的问题,可向备选鉴定机构发函确认,如备选鉴定机构认为可以鉴定,那么应当交由其鉴定;若备选鉴定机构也认为是鉴定事项本身导致无法鉴定,则应当向鉴定的各方当事人告知鉴定事项无法鉴定,要求各方当事人自行提供有资质且能

够对鉴定事项进行鉴定的单位,若各方当事人均无法在规定期限内提供有资质的鉴定单位,则应当视为该鉴定事项不具备鉴定条件。若各方当事人在规定期限内提供有资质的鉴定单位,则在这些鉴定单位中通过协商或抓阄的方式确定司法鉴定单位。当事人一方在规定期限内提供有资质的鉴定单位仅为一家,而其他各方当事人均无法提供的,则应当以该唯一有资质的单位作为鉴定机构。

另外,是否具备鉴定条件的认定与该鉴定机构是否具备鉴定资质并不对等。最高人民法院《关于民事诉讼证据的若干规定》第 40 条第 1 款规定了当事人申请重新鉴定的 4 种情形,分别为鉴定人不具备相应资格、鉴定程序严重违法、鉴定意见明显依据不足、鉴定意见不能作为证据使用的其他情形。那么,在鉴定机构未对该事项进行鉴定,仅是认为"不具备鉴定条件"的情形下,是否属于该条款规定的可以申请重新鉴定的情形?

第一,当鉴定机构作出的"不具备鉴定条件"的认定属于对某鉴定事项的鉴定意见时,在发包人有充分的证据证明该鉴定事项具备鉴定条件的情形下,可以申请重新鉴定。[①] 其中最直接、最简单的举证就是发包人单方委托了其他鉴定机构对该事项进行鉴定,且该鉴定机构作出了相应的鉴定意见。负有举证责任的当事人,在鉴定机构作出"不具备鉴定条件"的认定后,如果未另行单方委托鉴定机构对修复费用进行鉴定,亦未提供其他证据证实鉴定机构作出"不具备鉴定条件"的认定依据不足,那么其申请重新鉴定的请求将不能获得法院支持。

第二,在发包人没有证据证明鉴定机构作出"不具备鉴定条件"的认定依据

① 已选定的鉴定机构因超出其技术条件和鉴定能力而无法鉴定的,人民法院可另行委托具有相应技术条件和鉴定能力的鉴定机构继续鉴定。深圳市中建某建设集团有限公司宁夏分公司(以下简称"中建某公司")、宁夏亘某房地产开发有限公司建设工程施工合同纠纷案,[(2019)最高法民再 167 号],[裁判要旨]最高人民法院认为:一审法院依据中建某公司申请委托某农林科学院园艺研究所对中建某公司实际完成的工程量和工程造价进行鉴定,后某农林科学院园艺研究所于 2016 年 12 月 23 日以"鉴定标的物中工程施工方较多,鉴定范围无法明确;提供检材中缺乏有力依据支持实际发生工程量和工程造价的评估的进行"为由,依据 2007 年《司法鉴定程序通则》(已于 2016 年 5 月 1 日废止,现为 2016 年版第 29 条第 1 款第 1 项)第 27 条第 1 款第 3 项、第 4 项的规定终止鉴定。在某农林科学院园艺研究所明确表示完成鉴定所需的技术要求超出其技术条件和鉴定能力的情况下,一审法院可再行委托具有相应技术条件和鉴定能力的鉴定机构对本案相关专业性问题进行鉴定。或者在认为不需要再次鉴定的情况下,按照举证责任分配,结合案涉证据,作出事实认定。据此,原判决以无法鉴定为由认定中建某公司承担举证不能的法律责任并判决驳回其诉讼请求,属认定基本事实不清。

不足的情形下，是否就一定不能重新鉴定，对此需要慎重对待，具体问题具体分析。

2. 在不具备鉴定条件的情形下，工程维修费用如何认定

虽然鉴定属于司法实务中常见的、非常重要的认定工程维修费用的方式，但是其并非唯一方式。在不具备鉴定条件、工程维修费用无法通过鉴定的方式认定的情形下，工程维修费用并不必然无法认定。

第一，在部分情形下，即使工程维修费用不具备鉴定条件，发包人主张该费用仍有获得法院支持的可能。例如，发包人后期对工程进行了维修，其提供了证明维修费用发生的事实及证明具体金额的维修合同及费用发票等，这些证据即可作为认定工程维修费用的证明，工程维修费用亦可得以认定。虽然发包人不能就尚未发生但必然会发生的工程维修费用通过鉴定方式确定维修费用具体金额，但是发包人可以就已经实际发生的，承包人施工质量问题导致的工程维修费用向承包人主张损失赔偿。

第二，欠缺造价鉴定的客观条件，可依据现有的证据以及双方认可的证据综合确认工程造价。①

第三，在无法提供完整材料且施工现场已经清理，缺乏进行司法鉴定的条

① 西安市某综合治理开发建设管理委员会未央管理办公室（以下简称“未央办”）、陕西东某实业有限公司建设工程施工合同纠纷案[（2018）最高法民终1275号]，最高人民法院认为：未央办在二审中申请对趸船工程造价继续鉴定。如前所述，一审中未央办已申请鉴定，一审法院予以准许并依法委托评估机构进行了评估鉴定，但因缺少相关测绘数据，鉴定机构要求必须先进行船舶测绘鉴定方能作出评估鉴定。对此，一审法院已决定进行测绘鉴定，但经在全国范围内寻找，因专业资质要求及船舶腐蚀严重、设备缺失等原因，最终未找到能对案涉趸船进行测绘的合适机构，故该案目前不具备对趸船工程造价进行客观准确鉴定的条件。一审法院已将无法测绘的事实告知双方当事人，双方均未提出异议。未央办在二审中要求继续鉴定，但没有提供证据推翻一审无法测绘的事实，也没有提供证据证明一审鉴定程序存在错误。在此情况下，本院认为，该案无法继续鉴定，只能依据现有证据综合考量，对该项工程款作出认定：首先，未央办在其制作的自建报告中明确表述趸船工程总造价为1270万元，应视为未央办对趸船工程价款的自认表示，一审以自建报告所载金额作为工程价款是有依据的。其次，在多份证据记载的3个不同价款金额（1600余万元、1400余万元、1270万元）中，该自建报告记载的1270万元已系最低价，且与工程预算价（1287万元）最为接近。最后，一般而言，工程最终实际造价往往高于预算价，且该案趸船工程存在设计变更增加工程量的事实，而一审认定的1270万元已低于预算价，已充分照顾了未央办的利益。未央办虽然在二审中否认其自认趸船工程的工程价款为1270万元，但并没有提供足以推翻该价款的证据以支撑其抗辩，应承担举证不能的后果。因此，一审依据未央办自建报告认定趸船工程价款为1270万元并无不当，本院予以确认。

件的情形下，人民法院可根据接近的数值确定工程量。①

第四，在工程造价无法鉴定时，可以参照其他类似工程的造价；在工程造价无法通过鉴定加以确定时，为使纠纷得以一次性解决，法院可以责令各方当事人提交类似工程造价的证据、多份类似工程造价证明文件，并参照这些证据、证明文件的关联程度确定工程造价。

参考案例 4.6 甘肃北某电力工程有限公司、青岛华某阳光电力科技有限公司建设工程施工合同纠纷

【案例文号】(2016)最高法民终522号

【裁判观点】最高人民法院认为，在工程无法进行造价鉴定时，应如何确定造价。最高人民法院认为，可以参照周边地区类似项目的工程款约定，来确定系争工程的造价，主要原因有以下两点：第一，在工程造价无法鉴定时，可以参照其他类似工程的造价；在工程造价无法通过鉴定加以确定时，为使纠纷得以一次性解决，法院可以责令各方当事人提交类似工程造价的证据、多份类似工程造价证明文件，并参照这些证据、证明文件的关联程度确定工程造价。第二，邻近区域实际履行的类似工程合同对工程造价的证明力更强。法院应综合分析该造价证明文件是否实际履行、地理距离上的远近、工程的类似程度等情况

---

① 江苏广某建设工程有限公司十堰分公司（以下简称“广某公司十堰分公司”）、河南省江某实业有限公司（以下简称“江某公司”）建设工程施工合同纠纷案[(2017)最高法民终673号]，最高人民法院认为：广某公司十堰分公司主张西采区爆破量为2,523,133.7立方米，但认为准确数据应以海某煤业公司、中铁北京某公司、江某公司每期办理的西采区剥离岩土计算表、工程数量审批单及验工计价表所记载的数额为准。由于上述3个表单并未区分爆破量与非爆破量，故不能作为认定广某公司十堰分公司完成西采区爆破量的计算依据。本案一审重审过程中，广某公司十堰分公司申请对西采区爆破方量进行鉴定，一审法院依法委托青海金某测绘有限公司进行司法鉴定，因广某公司十堰分公司不能提供完整资料且施工现场已经渣山治理，鉴定机构两次作出无法鉴定并终止鉴定的意见，一审法院最终未再继续鉴定并无不妥。在一审审理过程中，江某公司自认广某公司十堰分公司西采区爆破方量为1,339,634.3立方米。经查，从海某煤业公司在中铁矿区的作业流程来看，爆破每立方米需使用的炸药量在0.34千克～0.4千克之间，双方认可广某公司十堰分公司使用的炸药总量为619.148吨，以此计算，爆破总量应在1,821,023.53立方米～1,547,870立方米。鉴于广某公司十堰分公司所举证据不能证明其主张的西采区爆破方量，而江某公司自认广某公司十堰分公司西采区爆破方量为1,339,634.3立方米，该方量与双方无争议的东采区爆破方量500,334.7立方米之和为1,839,969立方米，与广某公司十堰分公司所使用炸药所能完成的总爆破方量接近，表明江某公司所认可的西采区爆破方量数符合客观实际。在此情况下，一审法院依据江某公司自认广某公司十堰分公司西采区爆破方量为1,339,634.3立方米，并无不当。

选定参照的文件。其中实际履行的合同证明力强于投标报价,邻近区域的造价证明力强于其他地区的造价,相同工程的造价证明力强于其他工程的造价。

3. 不具备鉴定条件下,发包人索赔的实务指引

第一,维修费用无法通过鉴定方式确定不等于发包人丧失主张维修费用的权利,法院或仲裁委可判定"发包人待其有充分维修费用证据后可另行主张权利"。因此,在鉴定条件不具备的情形下,发包人不妨考虑待条件具备时或者提供其他佐证材料(例如通过提供已实际发生的维修费用及支付凭证、维修合同等)主张维修费用。

第二,发包人亦可考虑在法院或仲裁委不同意重新鉴定的情形下,自行委托第三方鉴定机构对修复费用进行鉴定。若鉴定出修复费用且该鉴定机构并不存在违法鉴定的情形,则该鉴定意见即可作为要求重新鉴定或者直接主张修复费用的关键性证据。

第三,《建设工程造价鉴定规范》(GB/T 51262－2017)第5.4.1条规定,鉴定项目施工图(或竣工图)缺失,鉴定人应按以下规定进行鉴定:(1)建筑标的物存在的,鉴定人应提请委托人组织现场勘验计算工程量作出鉴定;(2)建筑标的物已经隐蔽的,鉴定人可根据工程性质、是否为其他工程的组成部分等作出专业分析进行鉴定;(3)建筑标的物已经灭失,鉴定人应提请委托人对不利后果的承担主体作出认定,再根据委托人的决定进行鉴定。该规范后附的第5.1.2条规定的条文说明明确:"工程造价确定具有多次性和动态性的特点,其准确度是一个由粗到精逐步实现的过程。在实践中,一些工程造价鉴定由于证据所限(如施工图或竣工图不全等)不能采取施工图预算的方式进行鉴定,但仍可采用设计概算、估算的方法进行鉴定,减少或避免不能鉴定的现象"。

九、工程质量缺陷及成因、修复方案、修复费用三者之间的衔接问题

工程质量缺陷及成因、修复方案、修复费用三者之间如何衔接通常是争议的焦点。除了计算修复费用外,还要考虑建设工程质量、修复方案、修复工程造价连环司法鉴定意见书的效力问题。

1. 工程质量鉴定一般包括以下方面:(1)鉴定工程设计的合理性和科学性,

是否符合相关法律法规和标准要求，是否存在安全隐患；(2)鉴定工程施工是否符合工程设计要求、施工标准和合同约定，是否存在施工质量问题；(3)鉴定工程施工所使用的材料是否符合国家标准、施工图纸和设计要求，是否存在使用假冒伪劣材料的情况；(4)鉴定工程质量监督的有效性和合理性，是否存在监督不力或者监督过程中的疏漏；(5)鉴定工程建设后的实际质量是否符合国家标准和合同约定，是否存在质量问题和安全隐患；(6)鉴定工程事故的原因和责任，是否存在设计、施工、材料、监理等方面的失误和疏漏等。

2. 工程质量修复方案及修复费用的造价鉴定需要进行以下步骤：(1)了解工程问题及修复要求。工程质量修复需要明确问题的性质、范围和程度，并确定修复的具体要求。(2)制定修复方案。根据工程问题的具体情况，制定详细的修复方案，包括修复的步骤、方法、材料和设备等。(3)评估修复费用。对修复所需材料、设备和劳动力等进行调查，评估修复费用。同时，还需考虑工程管理费、税费和风险费等成本。(4)制定造价鉴定方案。根据评估结果，制定造价鉴定方案，将修复费用分项明细，包括劳务费、材料费、设备费等。(5)开展现场勘察。根据修复方案和造价鉴定方案，实地勘察现场，了解实际情况，对方案进行调整和修正。(6)编制鉴定报告。根据调查结果和现场勘察，编制鉴定报告，对修复方案和造价鉴定方案进行修正和完善。(7)提交鉴定报告。将鉴定报告提交给委托方，并提供专业意见和建议。同时，也需要向委托方解释鉴定结果和修复方案。总之，工程质量修复方案及修复费用的造价鉴定需要进行多方面的工作。

3. 发包人提出工程质量反索赔，通常的鉴定事项包括：(1)对承包人施工的×××工程质量委托司法鉴定，[①]但司法鉴定机构不应出具合格或不合格的鉴定意见，而应出具工程质量是否符合施工图设计文件、相关标准、技术文件要求的鉴定意见；(2)如承包人施工的工程质量鉴定结果为不符合施工图设计文

① 参见《建设工程司法鉴定程序规范》(SF/Z JD0500001－2014)第6.1.3条：根据施工图设计文件、设计计算书、施工技术资料、检验报告、现场勘验记录及其他相关资料等，按现行相关标准、规范、规程进行复核验算，从勘察、设计、施工、所选用材料设备、环境条件等方面进行分析、查明质量问题的原因。条文说明第6.1.3条：应该注意，工程技术标准规范中的施工工艺要求不宜作为工程质量的鉴定依据。

件、相关标准、技术文件要求,申请对质量修复方案委托司法鉴定;[①](3)依据质量修复方案的鉴定意见,申请对质量修复方案的工程造价委托司法鉴定,以确定修复费用的具体金额。

① 《建设工程司法鉴定程序规范》(SF/Z JD0500001-2014)第6.1.4条:针对查明的质量问题的原因,必要时可根据相关标准,提出处理方案。

❖ 第五章　建设单位工程质量纠纷诉讼策略

第一节　工程质量纠纷的管辖及其诉请

一、纠纷管辖

因工程质量产生的纠纷，属于不动产纠纷，当事人没有订立仲裁协议或者仲裁协议无效的，由不动产所在地法院专属管辖，当事人应到建筑工程施工所在地的法院起诉。当事人订立仲裁协议且仲裁协议有效的，可以根据仲裁协议向仲裁机构申请仲裁。

二、建设工程质量纠纷案件诉讼主体的确定

1. 因工程质量引起的纠纷，发包人只起诉施工总承包人，在审理中查明施工总承包人有转包、分包的，可追加实际施工人或分包人为共同被告，要求实际施工人、分包人、转承包人与施工总承包人对工程质量承担相应责任。

2. 实际施工人挂靠其他建筑施工企业，并以被挂靠建筑施工企业的名义签订建设工程合同而被起诉的，应将实际施工人和被挂靠建筑施工企业列为共同被告；实际施工人挂靠施工企业承揽工程施工，致使工程不符合质量标准，造成发包人损失的，被挂靠的施工企业和实际施工人应共同就该损失向发包人承担连带责任。

3. 两个以上的承包人联合承包工程，由其中一承包人与发包人签订建设工程合同，因工程质量产生纠纷，发包人诉请该承包人承担质量责任的，其他联合承包工程的承包人应列为共同被告。

三、工程质量纠纷的诉请及相关法律条款

1. 要求采取补救措施(修复)。发包人因建设工程质量不符合约定,提出承包人应在限定期限内修理、返工、改建。法律依据:《民法典》第 577 条、第 583 条、第 801 条;《建设工程质量管理条例》第 41 条。

2. 要求赔偿修复费用或减少价款。发包人因建设工程质量不符合约定,提出承包人应在限定期限内赔偿修理、返工、改建费用或减少价款。法律依据:《民法典》第 577 条、第 581 条;最高人民法院《关于审理建设工程施工合同纠纷案件适用法律问题的解释(一)》第 12 条。

3. 要求赔偿其他损失。发包人因工程质量不符合约定提出承包人赔偿除修复费用外其他损失。法律依据:《民法典》第 583 条、第 802 条。

4. 要求支付违约金。发包人因工程质量不符合约定提出承包人应支付违约金的诉讼请求。法律依据:《民法典》第 179 条、第 582 条、第 585 条第 1 款。

5. 要求解除合同。发包人因工程质量不符合约定主张解除合同,提出确认施工合同已解除或请求法院/仲裁机构解除施工合同的诉讼请求,并诉请承包人返还已支付款项、赔偿损失等。法律依据:《民法典》第 562 条第 2 款、第 563 条第 1 款、第 565 条第 1 款、第 566 条第 1 款。

第二节　工程质量纠纷中的举证责任

一、工程未经验收且未被使用情形下的举证责任分配

由于已完工程质量合格是承包人主张工程款的积极要件,应当由承包人承担工程质量合格的初步举证责任。如果承包人能初步证明工程质量合格,此时关于工程质量是否合格这一要件事实在行为上的举证责任就从承包人处暂时转移到发包人处,发包人主张存在工程质量问题的,对存在质量问题的事实负有举证责任。

二、在工程经验收合格的情形下，发包人主张存在工程质量问题的，对存在质量问题的事实负有举证责任[①]

若发包人能够证明质量问题系竣工验收之前发现的，则承包人需承担工程质量瑕疵担保责任；若质量问题系竣工验收之后发现的，则承包人需承担缺陷修复责任或质量保修责任。无论是哪种责任，承包人均可提出因他人过错减免自己责任的抗辩并对此承担举证责任。

《民法典》第793条、第799条和第806条规定，无论施工合同的效力如何，若承包人已完工程经验收合格，则承包人享有按照合同向发包人主张支付工程价款的权利，或者参照无效合同关于工程价款的约定折价补偿的权利。此时工程质量问题就可能成为双方争议焦点之一。对于举证责任的分配，应当依据“谁主张，谁举证”的举证责任分配原则，如果发包人主张存在工程质量问题的，应当对存在质量问题这一要件事实负有举证责任，并承担举证不能的不利后果。

三、发包人单方委托的质量鉴定报告能否被法院采信的司法实践[②]

1. 法院采信发包人单方委托的质量鉴定报告

(1)发承包双方均单方委托不同的质量检测中心出具鉴定报告，鉴定结论相同，故法院采信。

在(2018)辽民再398号案中，承包人先行委托了工程质量检测中心对工程质量进行检测，结论为存在缺陷。5天后，发包人也单方委托了另一个工程质量

---

① 工程竣工验收合格后，发包方主张案涉大楼存在防火涂料厚度不足等质量不符合要求需要整改的情形，应提交充分有效证据证明其于质保期内向承包方提出了质量保修等请求，或者其已实际采取自行维修或委托第三方维修等措施避免损失发生或扩大，且发包方亦未对工程存在质量问题提出司法鉴定申请，以证明工程存在质量问题，故法院对其工程存在质量问题及相关理由不予采信。根据最高人民法院(2021)最高法民终1241号，中国核工业华兴建设有限公司与上诉人南京欣网视讯文化传播有限公司、马某平、沈某、南京欣网视讯投资咨询有限公司、南京欣网视讯通信服务有限公司、南京欣网视讯通讯设备有限公司、长江精工钢结构(集团)股份有限公司建设工程施工合同纠纷案整理。

② 摘自建纬深圳所：《发包人单方委托的质量鉴定报告能否被法院采信的裁判观点》，载建纬(深圳)律师事务所(建纬大湾区法律服务平台)2021年10月19日，http://jianweishenzhen.com。

检测中心出具了工程存在严重外观质量缺陷等问题的报告。在双方均单方委托了质量检测中心进行工程质量鉴定,且鉴定结论一致,辽宁高院认为工程确实如质量鉴定报告中所述存在质量问题。

该案具有一定的特殊性,即双方均单方委托了质量鉴定,且出具的鉴定报告的结论相同,故法院采信了鉴定报告的结论。

(2)对于当事人单方委托出具的质量鉴定报告,另一方当事人没有提出异议,且无相反证据推翻该鉴定意见,或者另一方当事人虽对鉴定报告提出异议,但未申请司法鉴定,且未能提出证据否定鉴定报告的真实性,故法院采信。

在(2015)苏审二民申字第01847号案中,在工程竣工并交付发包人后,工程存在裂缝、漏水等质量问题,发包人多次通知承包人维修,承包人未依约进行维修。故发包人单方委托了第三方机构对工程的质量问题进行了鉴定。对该鉴定意见,承包人未提出异议,且无相反证据推翻该鉴定意见。故法院采信了鉴定结论。

在(2014)皖民四终字第00141号案中,发包人在涉案工程未经竣工验收的情况下,擅自使用工程后发现质量存在问题,发包人单方委托研究所出具的鉴定结论为“涉案工程的可靠性不符合国家现行标准规范要求,影响正常使用,应采取纠正和加固措施”,故安徽高院认为:“可以认定涉案工程在地基基础和主体结构方面存在质量问题,属于承包人承担民事责任的范围。”承包人虽对鉴定报告提出异议,但未请求法院依法委托司法鉴定,且未提供证据否定鉴定报告的真实性,法院采信发包人单方委托鉴定机构出具的鉴定报告。

在(2020)粤民申11160号案中,对于发包人单方委托的鉴定机构出具的报告书,广东高院认为,承包人不予确认,但并未提供足以反驳的证据或理由,且明确表示不申请工程质量重新鉴定。因此,发包人提供的报告书已尽到初步举证责任。

综合上述案例可以看出,在一方当事人提交单方委托的鉴定报告后,如对方当事人无足以反驳鉴定报告的证据,法院倾向于采信该鉴定报告。尽管上述案例中法院并未详细地对提交的鉴定报告是否合法合规等进行阐述,但如鉴定报告有效力瑕疵,对方当事人极有可能会提出并试图推翻对其不利的鉴定报告的效力。

(3)发包人单方委托的鉴定单位具备资质,且已通知承包人参加鉴定(但承包人拒绝参加)。承包人无证据否定该鉴定结论,从双方之前的沟通可知确有质量问题,故对承包人主张不能采信鉴定报告、应另行委托鉴定的请求不予采纳。

在(2019)粤13民终2842号案中,广东惠州中院认为:“鉴定单位广州兢业公司虽为力王公司单方委托,但该鉴定单位具备鉴定资质,在鉴定时已通知唯度美地公司参加(唯度美地公司拒绝参加),现唯度美地公司亦无法提供证据否定兢业公司的鉴定结论,且从双方之前的沟通看,所施工的自流平确实存在开裂、起壳等情况,故对唯度美地公司主张不能采信兢业公司的鉴定、应另行委托鉴定的请求不予支持。”

在该案中,发包人已通知承包人参加质量鉴定,但承包人拒绝参加。广东惠州中院认为,在发包人已经通知承包人参加质量鉴定的情况下,承包人是否实际参加鉴定不影响质量鉴定报告的效力。但是,如果发包人未履行通知承包人参加质量鉴定的义务,且鉴定报告存在其他问题的,法院有可能对质量鉴定报告不予采信。

2. 法院不采信发包人单方委托的质量鉴定报告

从上述法院采信单方委托鉴定报告的裁判观点中,我们可能无法得到足以让法院采信的单方委托鉴定报告应当具备哪些条件的结论。本书通过探究以下法院不采信单方委托质量鉴定报告的裁判观点,试图找到能够被法院采信的单方委托鉴定报告应该尽可能具备的条件。但在部分裁判理由中,一些理由可能是法院不采信鉴定报告的决定性因素,一些理由可能仅作为一个增加不可采信度的因素。也就是说,在别的案例中,如果出现同样的情况,法院可能会综合考虑案件中的其他因素,再决定是否采信。考虑到不同案件情况可能千差万别,单方委托鉴定报告并非一定要完全具备下述条件才能被采信。

(1)进行鉴定时间与工程竣工验收的时间不宜相隔过久。

在委托质量鉴定时,需关注鉴定时效性问题。在(2019)吉民申3141号案中,吉林高院认为:案涉工程于2013年竣工,现刘某硕于2019年进行质量鉴定,且为刘某硕单方委托,该鉴定结论缺乏时效性及客观性,本院对此不予采纳。

由该判例可知，如果竣工时间点和质量鉴定的时间相隔太久，将会使得鉴定报告的可采信度降低。

（2）如非地基基础和主体结构质量问题，发包人在未经竣工验收使用后，再行委托质量鉴定，该鉴定报告能够被采信的可能性较小。

在（2017）渝民终 54 号案中，重庆高院认为：在委托作出 574 号鉴定报告证明渝万建设公司完成的 11 号楼工作内容存在质量问题前，和生恒力公司已通过委托第三方进场施工的方式擅自使用 11 号楼。根据最高人民法院《关于审理建设工程施工合同纠纷案件适用法律问题的解释》第 13 条的规定，建设工程未经竣工验收，发包人擅自使用后，承包人仅在工程的合理使用寿命内对地基基础和主体结构质量承担责任。而司法鉴定报告的鉴定结论不包含 11 号楼主体结构或地基基础工程质量整改费用。故在上述情况下，渝万建设公司不应承担该部分非主体结构或地基基础工程质量整改费用。在该案中，重庆高院认为，发包人委托第三方进场施工的行为属于擅自使用工程的行为，按照相关规定，发包人擅自使用工程后，承包人仅在工程的合理使用寿命内对地基基础和主体结构质量承担责任。因此，如果工程质量问题非主体结构或地基基础工程质量问题，应尽可能在使用前以及在第三方进场施工前进行质量鉴定。在（2016）浙民申 4162 号案和（2017）粤 01 民终 21082 号案中，法院亦支持了上述观点。

结合上述案例和最高人民法院《关于审理建设工程施工合同纠纷案件适用法律问题的解释（一）》第 14 条的规定可知，在工程未经竣工验收，发包人使用工程后再提出非地基基础工程或主体结构工程的质量不合格问题的情形下，发包人提供的单方委托质量鉴定报告可能难以得到法院的采信。实际上在这种情形下，即使申请司法鉴定，也很难得到法院的准许。

（3）鉴定机构应选择具有专业资质的，并尽可能经双方共同确认。

在（2020）桂 02 民终 2994 号案中，广西柳州中院认为：益新公司主张工程质量存在问题，应提供充分的证据予以证明。益新公司所举证的工程质量检测报告系其单方的委托鉴定，既没有相关的检测资质证明，亦缺少了世泽公司、吴某华、郑某的参与，在世泽公司、吴某华、郑某明确表示不予认可的情况下，该证据的真实性、合法性、关联性均无法确认，无法证明益新公司的主张。可以看出，该案中发包人单方委托的鉴定机构不具有相关的检测资质证明是法院对鉴定报告不予采信的理由之一。

在(2018)最高法民终1131号案中,最高人民法院认为:鑫宏公司在本案一审中举示的相关质量问题的证据,未经二十二冶、监理单位的共同确认或者经有资质的相关专业机构认定,不足以证明工程质量存在问题。鑫宏公司自行单独委托鉴定机构作出的工程质量鉴定报告,其鉴定资料未经二十二冶质证认可,且鉴定结论没有区分案涉工程的质量问题系工程续建单位二十二冶的施工所致,还是工程原施工单位的施工所致。本案中,最高人民法院不采信鉴定报告的理由有以下3点:①鉴定报告未经发包人、承包人和监理单位三方共同确认的或者经有资质的相关专业机构认定;②鉴定报告未经承包人质证认可;③鉴定结论没有区分案涉工程的质量问题系工程续建单位的施工所致,还是工程原施工单位的施工所致。

最高人民法院《关于民事诉讼证据的若干规定》第32条第1款、第2款规定:"人民法院准许鉴定申请的,应当组织双方当事人协商确定具备相应资格的鉴定人。当事人协商不成的,由人民法院指定。人民法院依职权委托鉴定的,可以在询问当事人的意见后,指定具备相应资格的鉴定人。"第36条第2款规定:"鉴定书应当由鉴定人签名或者盖章,并附鉴定人的相应资格证明。委托机构鉴定的,鉴定书应当由鉴定机构盖章,并由从事鉴定的人员签名。"第40条规定:"当事人申请重新鉴定,存在下列情形之一的,人民法院应当准许:(一)鉴定人不具备相应资格的……重新鉴定的,原鉴定意见不得作为认定案件事实的根据。"

由上述规定可知,司法鉴定应当由具有相应资格、资质的鉴定人进行鉴定,如鉴定人不具备相应资格的,当事人可以申请重新鉴定。由此在单方委托鉴定中,要增强单方委托鉴定报告的可信度和权威性,也应尽可能由具备相应资格、资质的鉴定人员进行鉴定。若鉴定报告并非由具备相应资格或资质的鉴定人员做出,则单方委托鉴定报告存在不被采信的可能。

(4)明确鉴定目的,以免鉴定机构最后出具的鉴定报告未能给出明确的结论,导致鉴定目的不能实现。

在(2018)粤民终2219号案中,原审法院认为,华迅公司提出涉案工程存在质量问题,但未提出质量鉴定申请,其单方委托鉴定机构出具的意见不足以证明涉案工程存在质量问题,对华迅公司的抗辩理由不予支持。广东高院维持了上述判决。

在委托鉴定之前，一定要明确进行质量鉴定的目的，在委托鉴定过程中以目的为导向。如在委托鉴定协议中可以考虑约定，就某事项的鉴定结果，要求鉴定机构给出明确的鉴定结论，避免最终出具的是表述模糊不清的、无法证明工程质量是否存在问题的鉴定报告，导致委托人在诉讼过程中失利。

(5)送检材料的来源应当明确。

在(2013)粤高法民申字第1203号案中，广东高院认为：首先，城市之星运输公司主张应当以检验报告作为认定事实的依据。但该检验报告并非一审法院或者二审委托鉴定机构作出，而是城市之星运输公司单方委托广东省建材产品质量检验中心对案涉工程进行鉴定作出的报告，由于该次鉴定是城市之星运输公司单方送检，送检材料来源不明，也没有证据显示广东省建材产品质量检验中心具有工程质量鉴定的相关资质，故基于上述原因，检验报告不能作为认定本案事实的依据。

上述案件中，广东高院认为"送检材料来源不明"是不采信单方委托鉴定报告的理由之一。如拟单方委托鉴定机构对工程材料进行质量鉴定，要谨慎考虑送检材料的选择方式，尽可能使得检验材料的来源明确、抽检方式合理公平。

(6)进行鉴定前通知对方参与鉴定过程。

在(2015)民申字第362号案中，金诚公司认为在双方认可工程存在质量问题前提下，单方可以委托鉴定。最高人民法院认为：涉案工程已经验收并移交，金诚公司单方委托鉴定机构对于涉案工程质量进行鉴定，并未通知华业公司到场，华业公司对该质量鉴定结论不予认可，在此情况下原审判决未采信金诚公司单方就质量问题所委托进行的工程质量鉴定结论，并无不当。

在(2020)桂02民终2994号案中，广西柳州中院认为：益新公司主张工程质量存在问题，应提供充分的证据予以证明。益新公司所举证的工程质量检测报告系其单方委托鉴定，既没有相关的检测资质证明，也缺少了世泽公司、吴某华、郑某的参与，在世泽公司、吴某华、郑某明确表示不予认可的情况下，该证据的真实性、合法性、关联性均无法确认，无法证明益新公司的主张。

上述案件中，法院在不采信单方委托鉴定报告的说理中都提到了发包人未通知承包人参与鉴定过程。尽管这两个案件中，发包人未通知承包人参加鉴定只是导致单方委托鉴定报告不被采信的其中一个因素，但在单方委托鉴定时，最好通知对方参加鉴定过程，并保留书面通知材料，以证实对方实际上知晓单方委托鉴定的事实，鉴定过程并非在单方的操控下进行。

(7)双方在签订合同时，应当明确相关质量技术标准，在履行合同过程中，应保留施工图纸，以备鉴定之需。

在(2018)鄂民申2397号案中，湖北高院认为："因辉煌食品公司在涉案酒厂车间和酒窖的建设中，并未提供施工图纸及相关质量技术标准，不具备质量鉴定和造价评估的基础，一、二审法院对该公司单方委托进行的质量鉴定和造价评估意见均不予采信，亦无不当。"

该案中，由于发包人在涉案工程建设中，并未提供施工图纸以及相关质量技术标准，法院认为不具备质量鉴定的基础，不予采信单方委托的鉴定报告。因此，发包人和承包人在签订合同时，应当对工程的相关质量技术标准予以明确，施工过程中，妥善保管施工图纸，防止后续发生争议时，因工程质量标准不明确导致鉴定基础丧失，由此承担举证不能的责任。

工程质量标准作为质量鉴定的基础，不仅关系到单方委托鉴定报告能否被法院采信，而且在申请司法鉴定时，法院同样会考虑鉴定基础是否存在的问题。如在(2016)黑民申691号案中，黑龙江高院认为：王某君在一审诉讼过程中申请对案涉工程质量进行鉴定，鉴定机构对施工现场勘验完毕后，王某君提出要求按照国家标准进行鉴定，因双方当事人签订的施工协议书中并未约定施工采用国家关于木屋架相关施工规范及验收标准，故王某君要求按国家标准进行鉴定没有事实依据，一审法院驳回其要求按国家标准进行司法鉴定的请求并无不当。

(8)关注委托鉴定时间与鉴定报告出具时间之间的时间差是否合理。

在(2019)豫民终290号案中，河南高院认为："元通公司向一审法院提交的河南省豫鸿建设工程质量鉴定所有限公司出具的建设工程质量鉴定报告系其单方委托，仅涉及国基公司施工的部分工程，国基公司不予认可。经审查，河南省豫鸿建设工程质量鉴定所有限公司于2018年7月26日受理鉴定委托，同年7月29日进行鉴定，8月5日即作出鉴定结论，鉴定时间仓促，所作出的鉴定结论的真实性、客观性难以得到保证，不能准确反映案件真实情况，不能作为认定案件事实的证据,一审法院对该证据的证明效力未予认定符合民事诉讼证据的认证规则。”

该案中,涉案工程造价达2亿元,鉴定机构从受理鉴定委托到作出鉴定结论,所用时间不超过11天。法院认为在鉴定时间仓促的情况下,鉴定结论的真实性、客观性难以保证。笔者认为,从委托鉴定到鉴定报告出具之间的时间差,并没有统一固定的标准,应结合工程实际情况、鉴定工程量的大小来判断,该时间差应尽可能合理。

(9)尽可能通过录像、邀请第三方单位参与鉴定等方式记录鉴定过程,以证实鉴定程序的合法合规性。

在(2014)浙民申字第121号案中,对5份质量检测鉴定报告,欣捷公司认为,该质量鉴定系长征医院单方委托进行,在鉴定单位取样过程中,其公司和相关设计、地勘、监理等单位均未在现场,取样的过程、抽检部位及比例、鉴定方法均未得到确认,故鉴定报告不具有法律效力……浙江高院认为:长征医院提交的5份质量检测鉴定报告系其单方委托进行,鉴定程序是否合法、合规不能确定,欣捷公司亦不予认可,故尚不能作为认定案涉工程存在重大质量问题的依据。

相对于司法鉴定,单方委托质量鉴定的权威性存在先天的不足,因此更应当注重鉴定程序的合法合规性,并且最好可以通过一定的手段体现出来。上述案件中,对方提出“在鉴定单位取样过程中,其公司和相关设计、地勘、监理等单位均未在现场,取样的过程、抽检部位及比例、鉴定方法均未得到确认”,是对鉴定程序是否合法合规进行的质疑,而法院也认可了该质疑的合理性。因此,为避免对方在鉴定程序上提出的异议得到法院的支持,建议通过录像或邀请中立的第三方单位就鉴定过程进行公证,以证实鉴定程序的合法合规性。

(10)如单方委托质量鉴定的意见与司法鉴定意见不同,法院倾向于采用司法鉴定意见。

在(2019)最高法民申4391号案中,最高人民法院认为:司法鉴定报告是具有专业鉴定资质的鉴定机构接受金红叶公司和核西南公司共同委托,经过两次征求意见后出具的。金红叶公司仅举示单方委托检测机构出具的质检报告主张仓库地面及室外路面厚度不符合设计要求,不足以推翻司法鉴定意见。在(2013)东中法民二终字第1026号案中,广东东莞中院也认为司法鉴定报告的证明效力高于单方委托提交的鉴定报告。

司法鉴定是法院在审判过程中依当事人申请或者依职权委托具有相应资质的鉴定机构进行的，相对于单方委托的鉴定，更具有权威性，可信度也更高。因此，在法院已委托鉴定机构出具司法鉴定报告的情况下，欲通过单方委托鉴定报告，推翻司法鉴定报告结论有一定难度。

工程出现质量问题，在发承包人双方对质量问题的存在均予以认可的情况下，建议尽可能由发承包人双方共同委托第三方专业机构进行鉴定，在最大程度上确保该鉴定报告能被双方认可。如承包人不同意或消极对待质量鉴定事宜，需发包人单方委托质量鉴定的，发包人需注意以下事项：

1. 有关第三方专业机构的选择，尽可能在施工合同约定的争议解决机构所在地高院或中院公示的质量检测鉴定机构名录（如有）中选择，且该鉴定机构应具备相应的专业资质。

2. 委托第三方专业机构时，应明确告知其进行鉴定的目的，委托其出具的鉴定结论应当是能够明确质量合格与否或与合同图纸、标准相符与否等的确定性结论。

3. 在第三方机构进行鉴定之前，要进行鉴定的工程部位应尽可能避免使用。发包人需提前书面发函邀请承包人共同参与鉴定，并在函件中告知其进行质量鉴定的第三方机构的名称、质量鉴定的方案以及进行鉴定的时间。

4. 第三方专业机构进行鉴定时，应尽可能通过录像或邀请中立第三方参与等方式记录鉴定过程，以证实鉴定程序的合法合规性。

5. 如第三方专业机构出具鉴定报告的时间与其进行鉴定的时间之间相差时限过短，应咨询第三方机构该时限是否合理，要求第三方机构对出具报告的时间给出合理解释。

第三节　发包人就工程质量问题应反诉还是抗辩

最高人民法院《关于审理建设工程施工合同纠纷案件适用法律问题的解释（一）》第12条规定："因承包人的原因造成建设工程质量不符合约定，承包人拒绝修理、返工或者改建,发包人请求减少支付工程价款的,人民法院应予支持。”

一、工程质量修复费用的主张在诉讼中是以抗辩还是以反诉或另行起诉的方式提出

涉及工程质量修复费用索赔的案件审理中存有争议的一个问题是,一方当事人主张给付工程款,而另一方当事人称工程有质量问题,产生了工程质量修复费用,要求减少工程款数额。那么,主张减少工程款数额的一方应当以抗辩事由提出,还是应当反诉或者另行起诉,司法实践中对此处理的方式并不统一。

观点 1:主张减少工程款数额的一方需要提起反诉或者另行起诉。

参考案例 5.1 辽宁九州华伟农产品物流园有限公司、中国建筑第八工程局有限公司建设工程施工合同纠纷

【案例文号】(2019)最高法民终 164 号

【裁判观点】九州华伟公司以案涉工程存在质量问题为由要求减少工程价款的请求,系基于工程质量缺陷提出的请求,这是相对于本诉(请求支付工程款)的独立的诉讼请求,并非司法解释条款规定的就质量问题要求承包人进行修复的抗辩。法院在该案中认为发包单位若认为存在质量问题要求扣减工程款数额的,应当提起反诉或另行起诉,而非抗辩,故对发包单位申请质量鉴定的请求亦不予准许。

观点 2:主张减少工程款数额属于抗辩,无须再提起反诉或另行起诉。该观点目前来说应该是主流观点,最高人民法院民事审判第一庭在 2021 年出版的《最高人民法院新建设工程施工合同司法解释(一)理解与适用》中也持该观点,其主要理由是:

第一,尊重当事人意思表示。

若双方当事人在订立合同时,对工程质量均有约定,在工程质量未达到合同约定标准时,一方就可在未付工程结算款或质保金中予以扣除,则主张减少工程款数额的一方无须提起反诉或另行起诉。

第二,被告的请求没有形成一个独立的诉。

原告未履行其义务交付质量合格的工程,导致被告提出拒绝履行支付约定

工程款义务的抗辩请求。该请求仅导致被告不支付合同约定的工程款的数额，而未产生新的诉讼法律关系，也没有导致诉的增加。

第三，被告的请求并没有抵消或者吞没原告的诉讼请求，不构成反诉。

被告提出拒绝履行支付全部工程款义务的抗辩请求，是在被告认可尚欠原告工程款的前提下，提出原告交付的建设工程质量有瑕疵，请求在所欠工程款中扣除修复费用后，再支付工程款（如有剩余）。因此，被告这一请求并没有抵消或者吞没原告请求工程款的诉讼请求，不构成反诉。

二、工程质量修复费用的主张到底是以抗辩还是以反诉或另行起诉的方式提出，应当根据发包人主张的内容区分情况对待

（1）双方在合同中明确约定可以直接将工程质量违约金或赔偿金从应付工程款中扣减且发包人提出扣减请求的，因双方已有了明确的约定，所以该请求应视为抗辩，发包人也无须提起反诉。

（2）发包人以质量不符合约定为由请求拒付或减付工程款，但没有提出承包人因质量不符合约定应当承担的违约金或赔偿金的，其请求不具备《民事诉讼法》中"诉"的全部条件，只是对承包人请求的一种对抗理由，根据《民事诉讼法》第122条的规定，这种情形下的诉求视为抗辩权的行使，发包人无须提起反诉，对发包人这一抗辩意见应当审查。发包人抗辩成立的，应当直接支持其意见。

（3）发包人以工程质量存在问题为由要求承包人支付违约金或赔偿金的，其诉求不仅明确而且具体，而且具备《民事诉讼法》中"诉"的全部条件，属于独立的诉。发包人不提出反诉的，原则上不在本诉中审查。

（4）虽然目前的主流裁判观点并不要求发包人必须通过提起反诉或另行起诉的方式主张从工程款中扣减工程质量修复费用，但是在具体审判实践中，法院的做法并不统一，尤其在是否产生质量问题、质量问题责任归属、修复费用金额等问题上当事人存在重大争议，需要引入司法鉴定查明相关事实的情况下，发包人要结合掌握证据的情况充分研判提起反诉或另诉的必要性，否则存在本诉中法院不予准许发包人申请司法鉴定的风险[参考（2019）最高法民终164号民事判决]。在建设工程欠款纠纷中，发包人因建设工程质量瑕疵造成自身人

身损害或者财产损失而向承包人提出赔偿请求的,应当提出反诉。

三、应当根据实际情况确定工程质量修复费用主张的提起方式

1. 工程验收合格或视为验收合格的情形:若工程已经竣工验收合格,或发包方已实际使用工程,则出现的质量问题通常在保修范围内。在这种情况下,发包方如果以质量问题为由要求拒付或减付工程款,通常不会得到支持,除非质量问题涉及工程的地基基础或主体结构。若发包方要求承包方承担保修责任或赔偿修复费用等实际损失,则属于新的独立诉讼请求,应以反诉或另行起诉的方式提出。

2. 工程尚未竣工验收或经竣工验收不合格未使用的情形:在这种情况下,发包方以工程质量不符合约定为由主张减少工程款的,通常应以抗辩的形式提出。这是因为发包方的主张并未形成一个独立的诉,也未超出承包方的诉讼请求范围,不具有新的独立的给付内容。

3. 合同中有明确约定的情形:如果双方合同中明确约定了在工程质量有瑕疵时,发包方有权减少给付工程款或直接扣除修复费用,那么发包方的请求可以被认定为抗辩事由,而不是一个新的诉讼请求。如果没有这样的约定,发包方的请求则可能被认定为一个新的诉,应以反诉或另行起诉的方式提出。

第四节　工程质量司法鉴定的启动

一、司法鉴定启动的一般程序

鉴定程序的启动以当事人申请为原则,以法院依职权委托鉴定为补充。(1)依据当事人的申请启动鉴定程序;(2)人民法院认为待证事实需要通过鉴定意见证明的,应当向当事人释明,并指定提出鉴定申请的期间;(3)可能损害国家利益、社会公共利益的,人民法院依据职权启动鉴定程序。

对需要鉴定的待证事实负有举证责任的当事人,在人民法院指定期间内无正当理由不提出鉴定申请或者不预交鉴定费用,或者拒不提供相关材料,致使

待证事实无法查明的，应当承担举证不能的法律后果。因此，属于专门性问题且应当鉴定的事项，如果没有特别情况要及时在法定期限内申请鉴定，并预交鉴定费用。当然，当事人提出申请不必然导致鉴定程序的启动，人民法院有权审查拟鉴定事项是否属于查明案件事实的专门性问题。鉴定事项属于以下情形的，人民法院有权不予准许：(1)通过生活常识、经验法则可以推定的事实；(2)与待证事实无关联的问题；(3)对证明待证事实无意义的问题；(4)应当由当事人举证的非专门性问题；(5)通过法庭调查、勘验等方法可以查明的事实；(6)对当事人责任划分的认定；(7)法律适用问题；(8)测谎；(9)其他不适宜委托鉴定的情形。

此外，若拟鉴定事项所涉鉴定技术和方法争议较大的，应当先对其鉴定技术和方法的科学可靠性进行审查。所涉鉴定技术和方法缺乏科学可靠性的，人民法院同样有权不予委托鉴定。

若当事人未在法定期限内主动申请鉴定，而人民法院认为属于专门性问题应当进行鉴定的，通常会要求当事人在指定期限内答复是否鉴定，此时律师应注意在法官指定的期限内及时跟当事人确认，并提交书面的鉴定申请。

二、工程质量司法鉴定启动的程序性条件，鉴定申请应当在举证期限内提出

最高人民法院《关于适用〈中华人民共和国民事诉讼法〉的解释》第121条第1款规定：当事人申请鉴定，可以在举证期限届满前提出。申请鉴定的事项与待证事实无关联，或者对证明待证事实无意义的，人民法院不予准许。

在此前提下，从法律属性来看，鉴定结论属于证据材料的形式之一，在诉讼过程中必然受到举证期限的限制。若发承包方在诉讼过程中欲提起质量瑕疵鉴定申请的，也必须在举证期限届满前提出。现有的司法裁判中，存在不少因超过了举证期限而未能获准进行鉴定的案例。

参考案例　5.2　青海锦泰矿业有限公司与连某旺、徐某川建设工程施工合同纠纷案

【案例文号】(2015)民一终字第247号

【裁判观点】最高人民法院《关于适用〈中华人民共和国民事诉讼法〉的解

释》第121条第1款规定,当事人申请鉴定,可以在举证期限届满前提出。申请鉴定的事项与待证事实无关联,或者对证明待证事实无意义的,人民法院不予准许。青海锦泰矿业有限公司未在一审举证期限届满前申请鉴定,且案涉工程交付青海锦泰矿业有限公司已逾二年,鉴定结论对证明工程质量是否合格这一事实已无意义,故本院对青海锦泰矿业有限公司的鉴定申请不予准许。

参考案例　5.3　沈阳清华同方信息港有限公司与辽宁泰丰铝业装饰工程有限公司建设工程施工合同纠纷

【案例文号】(2015)民提字第193号

【裁判观点】沈阳清华同方信息港有限公司在原审中提出的质量鉴定申请之所以未进行,是由于其未能交纳相应的鉴定费用而被鉴定机构退回,故其应当自行承担不利后果。对于沈阳清华同方信息港有限公司提出质量鉴定和修复费用的鉴定申请,经审理,该请求已经超出了一审举证期限,且其已经就此另案提起了诉讼,因此,一审法院未予审理并无不当。

对于申请方而言,一旦进入诉讼程序,就不能忽视举证期限的限定,应提前做好申请准备。但值得注意的是,从上述第二个案例的论述推断可知,若一审期间未在举证期限提出鉴定申请的,仍可单独以质量问题提起新的诉讼重新申请鉴定,不违反法律程序的规定。

三、工程质量司法鉴定启动必要性的实体审查要素

1.是否有初步证据证明工程存在质量问题

鉴定申请人需提供举证充分的证据材料作为鉴定依据。根据"谁主张,谁举证"的诉讼原则,提起鉴定申请的一方需对鉴定事项的范围提供充分的证据材料支撑,鉴定机构将在提供的证据材料范围内对申请的事项进行鉴定。若鉴定申请方不具有充分证明案涉工程存在质量问题的材料,法院在审查时,亦会排除鉴定申请方的申请。

鉴定必需的资料包括:(1)工程设计资料(应包括所有的修改及变更);(2)施工验收资料(检测数据、试验报告、施工日记、分部分项检验资料);(3)地质资料;(4)监理资料;(5)变更指令。

参考案例　5.4　中国新兴建设开发总公司、国泰纸业公司建设工程施工合同纠纷案

【案例文号】(2017)最高法民终252号

【裁判观点】关于涉案工程是否存在质量问题,是否应启动鉴定程序。由于国泰纸业公司提交的工作联系单和监理通知单等证据,只能证实在施工过程中出现过质量问题,而中国新兴建设开发总公司提交的工程分部分项验收记录以及监理工程师通知回复单,能够证实施工过程中存在的质量问题已经整改完毕,且经分部分项验收均为合格。国泰纸业公司亦未提供证据证实在分部分项验收之后工程还存在质量问题,故国泰纸业公司现有证据尚不足以证实涉案工程存在质量问题或者质量隐患,不符合启动工程质量鉴定的条件。

为避免后续产生质量问题争议时无法查明事实,在工程建设过程中,要做好工程资料的管理,妥善留存相关书面文件。该类书面材料将直接决定同意鉴定申请的范围,指引鉴定机构作出真实合理的鉴定结论。

实践中提起质量鉴定申请的多为发包人,提起鉴定申请前,应格外注意是否有充分的证据可以证明承包人施工的工程存在质量问题,现有工程面貌是否具备鉴定条件,在质保期内是否已充分通知承包人履行保修义务,让承包人承担损害赔偿责任。

2. 工程是否已经竣工验收合格,此为司法实践中鉴定程序能否启动的重要考量因素,已在前文详细论述,在此不再赘述。

3. 工程质保期是否届满和对投入使用时间的管控,也是司法实践中鉴定程序能否启动的考量因素。

实践中,以发包方为例,其往往是在承包人向其主张巨额工程款时才重点意识到检查工程质量是否有问题,从而以提起质量鉴定的方式进行抗辩或主张承包人承担工程质量责任。但由于其疏于管理工程建设,常常忽视了工程质保期和投入使用时间的管控。在质保期已届满且投入使用时间已较长的情形下再主张质量问题申请鉴定,具有较大难度。

参考案例 **5.5 黑龙江国通置业发展有限公司(以下简称"国通公司")、鞍山恒煜燃气工程有限公司等建设工程施工合同纠纷**

【案例文号】(2015)民申字第656号

【裁判观点】国通公司以存在质量问题为由,申请工程质量鉴定,并据此提出抗辩及反诉请求。鉴于原合同明确约定保修期为3年,案涉工程已由安通公司实际接收、使用多年,超过合同约定的保修期,国通公司提供的证据不能证明工程存在地基基础工程和主体结构的质量问题,故其申请工程质量鉴定理据不足,一审法院未对退回鉴定的证据予以质证,对国通公司的实体权利以及该案的公正判决并不产生影响。故国通公司提出的一审法院对退回鉴定的证据未经质证,违反法定程序的事由不能成立。

参考案例 **5.6 南昌市东方蓝桥企业管理有限公司(以下简称"东方蓝桥公司")与上海浦东国际工程有限公司(以下简称"浦东国际公司")、万坚建设工程施工合同纠纷**

【案例文号】(2014)民申字第643号

【裁判观点】关于应否对工程质量委托司法鉴定的问题。涉案工程于2011年6月29日经竣工验收合格。至浦东国际公司一审起诉,工程竣工已一年多;至东方蓝桥公司一审反诉,工程使用已近两年。其间,东方蓝桥公司未向浦东国际公司提出过工程质量存在缺陷。在浦东国际公司提起诉讼,请求东方蓝桥公司支付工程欠款后,东方蓝桥公司才反诉主张浦东国际公司赔偿其因工程质量返工维修造成的损失,缺乏事实和法律依据,不应得到支持。因此,对东方蓝桥公司提出的工程质量鉴定申请,二审法院未予准许,并无不当。

因此,在工程质保期内,需要格外注意质保期内工程的质量现状,若出现质量问题,应积极联系承包方保修整改并固定质量瑕疵的现状,留存好相关证据。承包方亦积极履行整改义务,注意质保期的届满时间,工程验收合格、实际投入使用的时间,做好工程记录。

第五节　鉴定申请未被准许，上级法院可发回重审

根据《民事诉讼法》第177条第1款第3项的规定，原判决认定基本事实不清的，裁定撤销原判决，发回原审人民法院重审，或者查清事实后改判。司法实践中，从最高人民法院现有的司法裁判案例来看，存有大量因原审法院未同意当事人的申请鉴定，仅以现有证据作出认定，径行做出裁判，当事人提起上诉后因事实不清被裁定发回重审的情形。

参考案例　5.7　泉州市森林木业发展有限公司、中国核工业二四建设有限公司建设工程施工合同纠纷案

【案例文号】(2018)最高法民再359号

【裁判观点】中国核工业二四建设有限公司辩称：一审法院未准许中国核工业二四建设有限公司关于案涉工程主体结构质量问题与其施工是否具有因果关系的鉴定申请，程序违法。本院再审认为，一审法院未同意当事人提出的鉴定申请，未查明案涉工程主体结构出现质量问题的原因。故裁定发回一审法院重审。

诉讼过程中，对于未被法院准许同意质量瑕疵鉴定的申请，在保证确实具有可鉴定的现实条件下，应及时向法院提出异议，救济权利。

第六节　另案依法作出的质量鉴定报告在本案中的证明效力

司法鉴定意见是指人民法院依照法定程序委托有鉴定资质的鉴定机构就案件所涉专门性问题依法独立、客观、公正地进行鉴别和判断并提供的专业意见，经各方当事人质证，属于有证明力的合法证据。最高人民法院《关于修改〈关于民事诉讼证据的若干规定〉的决定》从加强人民法院对鉴定的管理出发，详细规定了委托鉴定的程序、鉴定人承诺制度和对故意作虚假鉴定的制裁，并

对鉴定人撤销鉴定意见的后果作出规定。对于鉴定意见,人民法院有权行使司法审查权,从鉴定人是否具备相应资质、是否具备解决相关专门性问题应有的理论知识、鉴定人的专业经验及技能、鉴定方法和鉴定程序是否规范、鉴定材料是否符合鉴定条件等方面对鉴定意见进行综合审查。

【解析规则】另案依法作出的质量鉴定报告在无相反证据证明的情况下,在本案中具有证明效力

参考案例 5.8 无锡顺达智能自动化工程股份有限公司与辽宁海龙重工股份有限公司承揽合同纠纷案

【案例文号】(2018)最高法民申4870号

【裁判观点】在该案中,一方当事人以设备质量不合格为由提起诉讼,并在该案中申请了质量鉴定,法院委托司法鉴定中心对诉争设备进行了鉴定并出具了鉴定意见,后由于该案与另一案件基于同一合同、同一事实,当事人撤回了另案起诉。在该案一审过程中,另一案中的鉴定报告已经作为证据经过双方质证,且并无证据证明鉴定结论错误或依据不足,最终法院认定该份鉴定意见能够作为证据使用,具有证明效力。

❖ 第六章　专家辅助人

第一节　专家辅助人制度的形成过程

专家辅助人并非法律上的术语，而是司法实践中对“具有专门知识的人”的一种别称，指以专业知识辅助当事人行使诉讼权利的人。

建设工程案件往往会涉及专业而复杂的工程造价、工期、质量等多方面的争议，与其他民事纠纷案件相比，其特点在于结合了建设工程本身流程的复杂性、工程造价和质量的高度专业性，法官仅依据法律知识体系和自身的裁判经验、生活常识，往往无法作出客观、科学、准确的判断。案件处理中所涉及的专门性、技术性问题，一般需通过司法鉴定程序，由鉴定机构通过法定程序对专业问题作出鉴定意见，法官依据鉴定意见对案涉的专业问题作出认定。因此，鉴定意见对案件的判决会起到至关重要的作用，裁判者会高度参考司法鉴定意见。无论是诉讼案件中的法官、仲裁案件中的仲裁员，还是当事人双方，都不具备相应的专业知识，无法对鉴定意见进行有效的质证，使审理程序中对司法鉴定意见这一证据的质证流于形式。鉴定意见一旦形成，即便存在错漏，也难以被改变或推翻。因此，为便于当事人双方抓住影响最终鉴定意见的重要机会，对鉴定意见发表有针对性的专业意见，对鉴定人进行质询，我国民事法律规定了专家辅助人制度。

2002 年最高人民法院《关于民事诉讼证据的若干规定》第 61 条规定：“当事人可以向人民法院申请由一至二名具有专门知识的人员出庭就案件的专门性问题进行说明。人民法院准许其申请的，有关费用由提出申请的当事人负担。审判人员和当事人可以对出庭的具有专门知识的人员进行询问。经人民法院准许,可以由当事人各自申请的具有专门知识的人员就有关案件中的问题进行对质。具有专门知识的人员可以对鉴定人进行询问。”

2012 年修正的《民事诉讼法》第 79 条规定,“当事人可以申请人民法院通知有专门知识的人出庭,就鉴定人作出的鉴定意见或者专业问题提出意见。”

2015 年最高人民法院《关于适用〈中华人民共和国民事诉讼法〉的解释》第 122 条规定,“当事人可以依照民事诉讼法第七十九条的规定,在举证期限届满前申请一至二名具有专门知识的人出庭,代表当事人对鉴定意见进行质证,或者对案件事实所涉及的专业问题提出意见。具有专门知识的人在法庭上就专业问题提出的意见,视为当事人的陈述。人民法院准许当事人申请的,相关费用由提出申请的当事人负担。”第 123 条规定,“人民法院可以对出庭的具有专门知识的人进行询问。经法庭准许,当事人可以对出庭的具有专门知识的人进行询问,当事人各自申请的具有专门知识的人可以就案件中的有关问题进行对质。具有专门知识的人不得参与专业问题之外的法庭审理活动。”该解释对鉴定意见的申请方式、证据类型、费用负担以及询问方式都作出了具体的规定,且首次提出“具有专门知识的人”在法庭上就专业问题提出的意见视为当事人的陈述,以及“具有专门知识的人”参与民事诉讼程序的活动包括对鉴定意见进行质证、对案件事实涉及的专业问题提出意见,以及就案件中的有关问题进行对质。

2019 年修正的最高人民法院《关于民事诉讼证据的若干规定》第 83 条第 1 款规定,“当事人依照民事诉讼法第七十九条和《最高人民法院关于适用〈中华人民共和国民事诉讼法〉的解释》第一百二十二条的规定,申请有专门知识的人出庭的,申请书中应当载明有专门知识的人的基本情况和申请的目的”。该法进一步规定了,申请有专门知识的人出庭,申请书中应当“载明有专门知识的人的基本情况和申请的目的”。

第二节　专家辅助人在建设工程纠纷中的诉讼地位

专家辅助人的诉讼地位是诉讼辅助人,与当事人及其诉讼代理人在法庭上的位置保持一致。专家辅助人不同于接受法院委托、作为中立第三方出具鉴定意见的鉴定人，也不同于就案件事实进行陈述的证人。

1. 专家辅助人与证人。证人指除当事人以外的了解案件向司法机关陈述亲身感知事实的人，其证言是我国规定的证据类型之一。专家辅助人的陈述并不属于任何一种证据类型，是利用其专门知识，对专门性、技术性问题进行的专业说明。

2. 专家辅助人与鉴定人。鉴定人是由法院委托或指派的，有着严格的资格限制，其参加鉴定活动是以单位名义进行，鉴定费由申请人进行垫付。而专家辅助人是受当事人委托的，法律仅规定其资格为“具有专门知识的人员”，其出具的意见可以个人名义进行，专家辅助人的费用由委托方承担。

3. 专家辅助人与诉讼代理人。虽然都是接受案件当事人的委托参与诉讼，但是诉讼代理人是以当事人名义参加诉讼，而专家辅助人则是以自己名义就专门性问题作出说明。

第三节　专家辅助人意见的法律效力

在建设工程合同纠纷案件的审理过程中，专家辅助人的意见往往具有一定的参考价值和效力。专家辅助人通常是在该领域具有专业知识和丰富经验的人，他们能够就案件中涉及的技术问题提供专业、客观的分析和建议。这些分析和建议对于法官理解复杂的技术问题、作出公正合理的判决具有重要意义。

专家辅助人提出的意见，其效力主要体现在以下几个方面：

1. 技术支持：专家辅助人能够就建设工程合同纠纷中的专业技术问题提供详细的解释和分析，帮助法官更准确地理解案件的技术背景和关键问题。

2. 证据评估：专家辅助人可以对案件中的证据进行专业的评估，包括对工程质量、安全标准、施工方法等方面的评价，从而为法官判断证据的真实性和相关性提供依据。

3. 解决方案建议：在处理建设工程合同纠纷时，专家辅助人可能会提出解决争议的方案或建议，这些建议基于专业知识和实践经验，有助于双方当事人找到合理的问题解决办法。

4. 判决依据:在某些情况下,专家辅助人的意见可能成为法官作出判决的重要依据之一。特别是在涉及复杂技术问题的案件中,专家意见的权威性和专业性对于确保判决的公正性和科学性至关重要。

然而,需要注意的是,专家辅助人的意见并不具有绝对的法律效力。法官在审理案件时,会综合考虑所有相关证据和意见,包括专家辅助人的意见,但最终的判决仍然基于法律规定和事实认定。此外,专家辅助人的意见也应当接受法庭的质询和其他专家的反驳,以确保其客观性和公正性。

总之,在建设工程合同纠纷中,专家辅助人提出的意见是一个重要的参考资源,它有助于提高判决的专业性和准确性,但其效力需要结合案件的具体情况和其他证据综合考量。

第四节　专家辅助人在建设工程纠纷中的作用

当争议事实本身是专门性问题或者对争议事实的认定需要以某专门性问题的解决为基础时,为了公正裁判,法官不得不依赖相关的鉴定意见或者具有专门知识的专家给出的其他专家意见。但该鉴定意见或者其他专家意见是否具有证据资格,具有多大的证明力,不是法官可以自行简单作答的。事实上,法官在认定是否采纳,或者在多大程度上采信指向专门性问题的鉴定意见或其他专家意见时,往往需要具有专门知识的人为其提供专业依据。专家辅助人的出现,使法官可借专家辅助人对相关专门知识的熟谙,来完成其对鉴定意见或其他专家意见的认证。

"认证是法官心证的过程",其心证的形成及巩固,显然不能没有根基。基于法官将要认证的证据(鉴定意见或其他专家意见)的特殊性,法官的心证基础或心证理由无疑也离不开专门性知识,否则,其心证基础或心证理由便不具正当性,其心证便难有说服力。专家辅助人,与鉴定人或其他专家的专业能力、专门知识背景旗鼓相当,甚至更胜一筹,其就鉴定意见或其他专家意见作出质疑,或是赞许,无疑具有权威性,以此为基础的法官认证结果,其心证理由也便自然有了理性裁判的基础和司法权威。因此,有了专家辅助人的帮助,法官能更好

地对鉴定意见或其他专家意见加以认证,进而圆满地完成司法证明过程的最后环节。专家辅助人可以提供以下帮助:

1. 就建设工程纠纷中的工程造价、工程质量等专门性、技术性问题进行专业说明,帮助法庭查明和认定事实;

2. 就存在争议的专业性问题,辅助当事人进行说明,对对方当事人主张的专业性问题进行质疑,指出观点的错误所在,并辅助当事人找到相应的技术规范及依据;

3. 辅助当事人对鉴定意见进行质证,指出鉴定意见中存在的问题或技术性错误,从而使鉴定机构修改鉴定意见或者推动重新鉴定、补充鉴定等;

4. 就鉴定意见的争议项,辅助己方当事人就专门性、技术性问题列明相应的证据、技术规范及规定,向法庭说明理由和依据,以便法官更清晰快捷地了解争议的形成和相关的事实依据,作出客观公正的裁判。

在某医院与某建设集团有限公司建设工程施工合同纠纷案件中,工程造价司法鉴定意见单列了 33 项争议,这些争议涉及具体施工工序、施工工艺和做法、施工面积、造价规范等多个专业性问题,笔者团队二审过程中申请了专家辅助人出庭,在庭前,当事人、律师与专家辅助人就案情进行了充分的沟通,并多次到现场核实勘验,专家辅助人针对每一个争议都进行了翔实的了解,对争议的举证也出具了专业性意见,并在庭审过程中进行了具体的阐述,将复杂的工程问题具象化,争取到二审判决对争议项审减金额达四百多万元,凸显了专家辅助人在工程纠纷诉讼中的重要作用。

第五节 专家辅助人出庭的程序规定

《民事诉讼法》第 82 条,最高人民法院《关于适用〈中华人民共和国民事诉讼法〉的解释》第 122 条、第 123 条,实际上赋予了当事人可以寻求专业辅助的权利,可以更好地维护自己权益,也明确了相关费用由申请人承担的原则,兼顾了程序的公平性和经济性。而最高人民法院《关于适用〈中华人民共和国民事诉讼法〉的解释》第 123 条,又赋予了法院主动询问出庭的具有专门知识的人的权力,经法庭允许,当事人可以进行询问,各自专家辅助人可以就案件中的有关问题进行对质。确保了专家意见的多元性和对抗性,能够提高庭审过程的透明度和案件的公正性。

专家辅助人出庭应满足以下要点:

1. 应在举证期限届满前向法院提出申请。

2. 围绕专门性问题提出意见,不得参与专业问题之外的法庭审理活动。

3. 其在法庭上就专门问题提出的意见,视为当事人陈述,而非证人证言。

4. 专家辅助人的费用由提出申请的当事人负担。

第六节　申请专家辅助人出庭的注意事项

专家辅助人在建设工程合同纠纷案件中发挥的作用越来越重要。在申请专家辅助人出庭时,应留意一系列重要事项,确保庭审过程顺畅且有效,以下是一些核心注意事项。

1. 专家辅助人在其专业领域中具有影响力和权威性

在建设工程纠纷解决中,涉及的专业问题多数为工程造价和工程质量等问题,可以选择注册造价师、高级工程师、规范性文件编写人员、工程造价及质量方面的教授等作为专家辅助人出庭,这些专家应在各自领域中有一定的权威性,以增强其意见的可接受性。

除了应当具备法律及司法解释规定的条件外,还应当具备诉争专业性问题所需的专业知识,虽然专家辅助人为一方当事人聘请,为维护一方当事人权益,但亦应当遵循专业规则、专业理论发表意见。无视专业规则,法官必然会质疑其“专业性”,不仅难以帮助当事人实现诉讼主张,还会影响其意见的整体可信度。

准备详尽的专家报告是专家辅助人参与到案件中的关键。该报告需包含专家的结论、分析过程以及支撑其观点的数据和文献。一个理想的报告应该清晰、准确,以逻辑严谨的方式展开论述。此外,报告应包含对可能的误差或不确定性的讨论,以展示专家对其领域的深刻理解和客观态度。

2. 与专家辅助人庭前沟通的必要性

申请人在庭前应与专家辅助人充分沟通，了解案件争议相关专业性问题，诉讼需要达成的目标，提供相应的证据材料及案件事实。

这包括确保专家了解庭审流程、知晓其在法庭上的角色以及预期的行为准则。此外，模拟庭审的准备也有助于专家在实际出庭时充分展现其专业能力。

庭前沟通还应准备好应对可能出现的挑战。对方律师可能会试图质疑专家的资格、方法或结论。为此，申请人应当事先与专家一起准备应对策略，包括额外的数据支持、反驳可能的质疑等。

3. 专家辅助人应具备良好的表达和沟通能力

专家辅助人的作用最重要的体现是能够用通俗易懂的语言向法官阐述专业性问题，所以，良好的表达和沟通能力是选任专家辅助人必须考量的标准。同时，专家辅助人在交叉审问时需保持镇静和专注，即使在面对质疑或压力时也要保持专业性。

4. 专家辅助人应尽早参与诉讼

专家辅助人参与一次质证活动，不能解决所有问题，在条件允许的情况下，可以将争议问题在鉴定机构出具征求意见稿之前解决，将诉讼风险与不确定性降至最低。

在某商业公司与某城建基础有限公司关于工程质量纠纷案中，某商业公司认为某城建基础有限公司施工的桩基质量不合格，对其进行了质量检测，检测报告认为桩基工程存在质量问题。笔者代理的某城建基础有限公司就桩基质量问题申请了专家辅助人出庭，该专家辅助人系《建筑基桩检测技术规范》的编写人之一，其结合工程现场资料和技术规范，从质量检测报告的检测范围的确定性、检测程序的规范性、检测数据的完整性、检测方法的科学性、桩基质量成因的唯一性等几个方面进行了阐述，笔者将专家辅助人意见与代理意见充分结合，对检测报告进行了有力的质证，最终法庭认为该检测报告不具备客观性、科学性，不能作为定案依据，维护了当事人的合法权益。

◈ 第七章　建设工程纠纷中的刑事责任

工程建设关乎人民群众的生命和财产安全,必须加强建设工程的安全生产工作,防止和减少生产安全事故的发生,促进经济社会持续健康发展。我国市场经济迅速发展,建设规模也在持续扩大,建设工程的新建、扩建、改建和拆除等有关活动日益频繁。然而,在工程建设过程中若施工人存在偷工减料等降低工程质量标准,造成重大安全事故,具有严重的社会危害性的行为,就可能会涉嫌工程重大安全事故罪,面临刑事责任的追究。

第一节　工程重大安全事故罪罪名的解析

《刑法》第 137 条规定:“建设单位、设计单位、施工单位、工程监理单位违反国家规定,降低工程质量标准,造成重大安全事故的,对直接责任人员,处 5 年以下有期徒刑或者拘役,并处罚金;后果特别严重的,处 5 年以上 10 年以下有期徒刑,并处罚金。”

一、追诉标准

(一)立案标准

根据最高人民法院、最高人民检察院《关于办理危害生产安全刑事案件适用法律若干问题的解释》第 6 条第 1 款、第 3 款的规定:“实施刑法第一百三十二条、第一百三十四条第一款、第一百三十五条、第一百三十五条之一、第一百三十六条、第一百三十九条规定的行为,因而发生安全事故,具有下列情形之一的,应当认定为‘造成严重后果’或者‘发生重大伤亡事故或者造成其他严重后果’,对相关责任人员,处三年以下有期徒刑或者拘役:(一)造成死亡一人以上,或者重伤三人以上的;(二)造成直接经济损失一百万元以上的;(三)其他造成严重后果或者重大安全事故的情形。……实施刑法第一百三十七条规定的行为,因而发生安全事故,具有本条第一款规定情形的,应当认定为‘造成重大安全事故’,对直接责任人员,处五年以下有期徒刑或者拘役,并处罚金。”

(二)结果加重量刑标准

根据最高人民法院、最高人民检察院《关于办理危害生产安全刑事案件适用法律若干问题的解释》第 7 条第 1 款、第 3 款的规定:“实施刑法第一百三十二条、第一百三十四条第一款、第一百三十五条、第一百三十五条之一、第一百三十六条、第一百三十九条规定的行为,因而发生安全事故,具有下列情形之一的,对相关责任人员,处三年以上七年以下有期徒刑:(一)造成死亡三人以上或者重伤十人以上,负事故主要责任的;(二)造成直接经济损失五百万元以上,负事故主要责任的;(三)其他造成特别严重后果、情节特别恶劣或者后果特别严重的情形。……实施刑法第一百三十七条规定的行为,因而发生安全事故,具有本条第一款规定情形的,对直接责任人员,处五年以上十年以下有期徒刑,并处罚金。”

(三)追诉时效

根据《刑法》第 89 条第 1 款规定,“追诉期限从犯罪之日起计算;犯罪行为有连续或者继续状态的,从犯罪行为终了之日起计算”。而“犯罪之日”是指犯罪成立之日。工程重大安全事故罪是过失犯罪,是以危害结果为要件的犯罪,所以危害结果的发生之日才是犯罪之日,应以此来计算追诉期限。

二、客体要件

工程重大安全事故罪侵犯的客体是建筑工程质量标准的规定以及社会公众的生命、健康和重大公私财产安全。

三、客观方面要件

在客观方面,行为人表现为违反国家规定,降低工程的质量标准,进而引发重大安全事故。行为人的危害行为与最终产生的严重后果之间存在因果关系,即严重后果是由于前行为(违反国家规定的危害行为)引起的,如果没有因果联系,就不构成该罪。所谓重大安全事故是指因工程质量下降导致建筑工程坍塌,致人重伤、死亡或重大经济损失的情况。

关于"违反国家规定"的理解。根据《刑法》第 96 条的规定:"本法所称违反国家规定,是指违反全国人民代表大会及其常务委员会制定的法律和决定,国务院制定的行政法规、规定的行政措施、发布的决定和命令。"据此,关于工程建筑质量安全方面的法律、行政法规主要有《建筑法》《安全生产法》《建设工程质量管理条例》《建设工程安全生产管理条例》。建设工程质量安全责任的主体涵盖建设单位、勘察单位、设计单位、施工单位和工程监理单位,具体内容包括,建筑许可、建筑工程发包与承包、建筑工程监理、建筑工程质量管理以及建筑安全生产管理等相关规定。

四、主体要件

本罪的主体为特殊主体,是建设单位、设计单位、施工单位以及工程监理单位中对建筑质量安全负有直接责任的人员。

关于本罪是否为单位犯罪,存在争议。有观点认为,工程重大安全事故罪为单位犯罪,犯罪主体是建设单位、设计单位、施工单位以及工程监理单位。根据全国人民代表大会常务委员会《关于〈中华人民共和国刑法〉第三十条的解释》,公司、企业、事业单位、机关、团体等单位实施刑法规定的危害社会的行为,刑法分则和其他法律未规定追究单位的刑事责任的,对组织、策划、实施该危害行为的人依法追究刑事责任。所以工程重大安全事故罪是单位犯罪,采用单罚制,只处罚实施危害行为的人,该观点为主流观点。笔者亦赞同此观点。也有观点认为,根据《全国法院审理金融犯罪案件工作座谈会纪要》,单位犯罪主要从两方面认定,即以单位名义实施犯罪,违法所得归单位所有的,是单位犯罪。

工程重大安全事故罪的产生往往只是由直接负责人员的过失行为产生，既没有经过单位的决策，体现单位的意志，其违法所得也不由单位获得，故该罪不应当认定为单位犯罪，而应当认定为是具备特殊身份的自然人犯罪。

五、主观方面要件

本罪在主观方面表现为过失。这种过失可以是因疏忽大意而未能预见到可能造成的危害结果，也可以是因过于自信而轻信能够避免严重后果的发生。在此情况下，行为人明知自己的行为违反了国家规定，本应预见到可能的严重后果，但因其过失而未能正确判断或采取行动，或者已经预见到可能的严重后果，却因过于自信而轻信能够避免，最终导致了严重后果的发生。

六、生产安全事故调查处理程序

根据国务院发布的《生产安全事故报告和调查处理条例》第 19 条的规定，特别重大事故由国务院或者国务院授权有关部门组织事故调查组进行调查。重大事故、较大事故、一般事故分别由事故发生地省级人民政府、设区的市级人民政府、县级人民政府负责调查。省级人民政府、设区的市级人民政府、县级人民政府可以直接组织事故调查组进行调查，也可以授权或者委托有关部门组织事故调查组进行调查。未造成人员伤亡的一般事故，县级人民政府也可以委托事故发生单位组织事故调查组进行调查。

该条例第 29 条规定：事故调查组应当自事故发生之日起 60 日内提交事故调查报告；特殊情况下，经负责事故调查的人民政府批准，提交事故调查报告的期限可以适当延长，但延长的期限最长不超过 60 日。第 30 条规定：事故调查报告应当包括下列内容：(1)事故发生单位概况；(2)事故发生经过和事故救援情况；(3)事故造成的人员伤亡和直接经济损失；(4)事故发生的原因和事故性质；(5)事故责任的认定以及对事故责任者的处理建议；(6)事故防范和整改措施。事故调查报告应当附具有关证据材料。事故调查组成员应当在事故调查报告上签名。

该条例第 32 条规定：重大事故、较大事故、一般事故，负责事故调查的人民政府应当自收到事故调查报告之日起15日内作出批复;特别重大事故,30日内作出批复,特殊情况下,批复时间可以适当延长,但延长的时间最长不超过30日。有关机关应当按照人民政府的批复,依照法律、行政法规规定的权限和程序,对事故发生单位和有关人员进行行政处罚,对负有事故责任的国家工作人员进行处分。事故发生单位应当按照负责事故调查的人民政府的批复,对本单位负有事故责任的人员进行处理。负有事故责任的人员涉嫌犯罪的,依法追究刑事责任。

第二节　工程重大安全事故罪与其他相关犯罪的区别

一、工程重大安全事故罪与重大责任事故罪

工程重大安全事故罪由重大责任事故罪发展而来,两者在司法实践中往往具有高度的相似性。工程重大安全事故与重大责任事故的相似之处在于:发生的场合存在重合关系,工程重大安全事故可能发生于生产、作业过程中,重大责任事故也可能发生于工程建设领域中。两种事故的后果一般都表现为重大人员伤亡、重大财产损失或者其他严重的后果。行为人对事故的发生持有的心态相同,都是犯罪过失。

两者都是过失犯罪,都以法定的严重后果作为构成犯罪的必备条件,但两者之间还是具有两个明显的区别:

(1)犯罪主体不同。工程重大安全事故罪的犯罪主体是建设单位、设计单位、施工单位、工程监理单位,属于单位犯罪,但适用的单罚制;重大责任事故罪的犯罪主体是工厂、矿山、林场、建筑企业或者其他企业、事业单位的职工,属于自然人犯罪。

(2)客观方面的表现不同。工程重大安全事故罪在客观方面表现为违反国家规定,降低工程质量标准,造成重大安全事故的行为;重大责任事故罪则表现为违反有关安全管理的规定,因而发生重大伤亡事故或者造成其他严重后果的行为。

二、工程重大安全事故罪与重大劳动安全事故罪

工程重大安全事故与重大劳动安全事故均属于安全事故范畴，其共同点是均与安全问题紧密相关，且事故后果均表现为重大人员伤亡或其他严重后果。然而，两者在以下方面存在显著差异：

首先，事故发生的原因不同。重大劳动安全事故主要源于工厂、矿山、林场、建筑企业或其他企事业单位的安全生产设施或安全生产条件不符合国家规定。相比之下，工程重大安全事故则是降低工程质量标准所致。

其次，事故发生环节存在差异。工程重大安全事故通常发生在工程建设过程中或工程结束后，而重大劳动安全事故则主要发生在日常劳动生产、作业中。

最后，事故的责任主体不同。在重大劳动安全事故中，责任主体为事故发生单位中负有排除事故隐患、防止事故发生职责的主管人员和其他直接责任人员。而工程重大安全事故的责任主体则涉及建设单位、设计单位、施工单位、工程监理单位等多个方面。

综上所述，工程重大安全事故与重大劳动安全事故在事故发生原因、环节及责任主体等方面存在明显区别。因此，在预防和处理这两类事故时，需针对不同特点采取相应措施。

三、工程重大安全事故罪与教育设施重大安全事故罪

工程重大安全事故与教育设施重大安全事故也都属于安全事故的范畴。教育设施重大安全事故的发生与教育设施的工程质量一般有着密切的联系，教育设施的严重工程质量问题往往会引发重大事故。两者的区别主要是：

首先，事故发生的原因不同。对于教育设施重大安全事故，其起因在于明知校舍或教育教学设施存在安全隐患，却未采取相应措施或未及时上报，导致了严重的人员伤亡。而工程重大安全事故的发生，则通常是工程质量标准被降低所致。

其次，事故发生的环节不同。教育设施的重大安全事故往往发生在教学期间，正因为这一特定的时间节点，使得在校师生的生命安全面临极大的威胁。

而工程重大安全事故则多发生于工程建设过程中或工程完工之后。

再次,事故的责任主体不同。对于教育设施的重大安全事故,其责任主体为学校或其他教育部门中负责教育教学设施安全的人员。而工程重大安全事故的责任主体则主要限于建设单位、设计单位、施工单位及工程监理单位。当事故同时符合工程重大安全事故与教育设施重大安全事故的特征时,应分别依据工程重大安全事故罪或教育设施重大安全事故罪,对不同的责任主体追究相应的刑事责任。

最后,对事故后果的要求不同。教育设施重大安全事故的后果主要体现为重大伤亡事故,而工程重大安全事故除了可能造成重大伤亡事故外,还可能引发其他严重的后果。

第三节　典型案例解析

一、“綦江虹桥垮塌案”赵某某被判工程重大安全事故罪

1994 年 8 月,綦江县人民政府决定在綦河架设一座人行虹桥,由县城乡建设管理委员会(以下简称城建委)负责组织实施。同年 11 月 5 日,城建委就虹桥工程向重庆市市政工程质量监督站(以下简称质监站)提出质量监督申请书,并支付监督费 6250 元。担任质监站站长的被告人赵某某,在申请方未提交勘察设计资料等有关文本的情况下,签发了虹桥工程质量监督申请书。此后,该站派出的监督员未对虹桥工程的勘察、设计和施工单位的资质等级及营业范围进行核查,赵某某亦未认真履行监督管理职责,使不具备资质的设计、施工单位继续承建虹桥工程。1995 年 4 月,赵某某明知原重庆通用机器厂加工生产主拱钢管的车间没有焊缝探伤条件,不能出具产品合格证、超声检测报告,仍同意该车间加工虹桥关键部位的主拱钢管构件。当主拱钢管运到虹桥施工现场后,赵某某未督促本站监督员进行主拱钢管的质量检验,致使不符合工程质量标准的主拱钢管用于工程主体,对虹桥垮塌重大安全事故留下严重的质量隐患。尽管质监站曾要求对虹桥进行荷载试验,但一直未落实。1999 年 1 月 4 日 18 时 50

分许，綦江人行虹桥因严重质量问题突然整体垮塌，坠入綦河，造成40人死亡、14人受伤的严重后果，直接经济损失达628万余元。经鉴定，主拱钢管焊接接头质量低劣，是虹桥整体垮塌的直接原因。

重庆市第一中级人民法院认为，被告人赵某某身为重庆市市政工程质监站站长，不认真履行对虹桥工程质量监督管理职责，降低工程质量标准，造成重大安全事故，其行为构成工程重大安全事故罪。后果特别严重，依法应予惩处。根据其犯罪情节，可酌情从轻处罚。检察机关指控赵某某的犯罪事实清楚，证据确实、充分，但指控其犯玩忽职守罪不当。依照《刑法》第12条第1款、第137条的规定，于1999年4月3日判决被告人赵某某犯工程重大安全事故罪，判处有期徒刑5年，并处罚金2万元。

二、郑州陈砦冷库"5·5"特大货架倒塌事故相关责任人受到刑事追究

2004年5月5日，位于郑州市北郊陈砦村的郑州陈砦冷藏贸易有限公司所属的30号冷库房内发生货架坍塌事故，正在库房进行蒜薹分拣的34名民工被压在蒜薹和货架下，其中15人死亡。

2003年4月初，马某某委派业务员周某某和无质检资质的质检员陈某1等人到陈砦冷库，进行货架的安装和质量检验。周某某、陈某1不但没有带专业技术人员到现场安装，反而私自改变安装设计草图，在郑州街头随意找来民工安装货架。安装完毕后，周某某与陈某1未按规定验收，陈砦冷藏贸易有限公司作为使用方也没有进行应有的检查验收，致使货架安装不规范，留下事故隐患。

后经有关部门调查认定，郑州陈砦冷库"5·5"特大货架倒塌事故是一起特大责任事故。该事故的直接原因是常熟市金塔金属制品有限公司在没有生产高位仓储式货架资质的情况下，违规生产，货架存在整体稳定性差、承载能力不足等严重的质量问题。陈砦村党支部、村委会及陈砦冷藏贸易有限公司在未对常熟市金塔金属制品有限公司资质进行确认的情况下，盲目购买和使用无合格证的货架，并对供货方提供的产品缺乏质量监督。

鉴于原郑州陈砦村村委会主任、郑州北环实业总公司董事长陈某2于2004

年11月18日因病医治无效死亡,郑州市金水区人民检察院遂依法对陈砦冷藏贸易有限公司冷库负责人刘某某,江苏省常熟市金塔金属制品有限公司法定代表人马某某、生产技术厂厂长杨某某、业务员周某某、质检员陈某1等5名直接责任人提起公诉。

法院经过审理后认为:常熟市金塔金属制品有限公司违反《产品质量法》《安全生产法》等相关国家规定,降低工程质量标准,造成15人死亡、直接损失约196万元的货架倒塌重大安全事故。法院对造成郑州陈砦冷库"5·5"特大货架倒塌事故的5名主要责任人作出一审判决。被告人周某某、陈某1二人犯工程重大安全事故罪,均被判处有期徒刑4年,各处罚金5万元;被告人杨某某犯工程重大安全事故罪,被判处有期徒刑3年,并处罚金4万元;被告人马某某犯工程重大安全事故罪,被判处有期徒刑1年,并处罚金10万元;被告人刘某某犯重大责任事故罪,被判处有期徒刑1年。

三、消防通风口质量问题造成严重后果,涉案建设单位、设计单位、施工单位、监理单位直接责任人被判工程重大安全事故罪

经法院审理查明,2014年4月,被告人吴某某(虞城县某置业有限公司法定代表人)明知杨某某(已判)没有建筑资质,委托被告人祁某某与杨某某签订建设工程施工合同,祁某某在杨某某没有建筑资质的情况下,伪造河南某建筑市政工程公司的印章签订建设工程施工合同,让杨某某冒用该公司的名义进行施工。将虞城县某国际小区9号楼的工程承包给杨某某,并约定按照9号楼图纸全部内容进行施工;被告人祁某某受吴某某委托签订建设工程委托监理合同,虞城县监理公司在没有监理资质的情况下,借用河南某建设工程管理有限公司的名义与祁某某签订合同,并委派没有监理资质的张某昌(另案处理)、被告人魏某某进行工程监理;虞城县某国际小区9号楼工程由商丘市某建筑勘察设计有限公司设计,被告人张某某系项目负责人。虞城县某国际小区9号楼从2014年春季开始施工,施工期间,杨某某在建设消防通风口时,没有按照施工图纸的设计规定进行施工,降低了工程质量标准;2014年10月31日,虞城县某国际小区工程9号楼主体工程验收,魏某某于主体工程完工后离开工地。2015年9

月，虞城县某国际小区9号楼由建设单位、施工单位、监理单位、设计单位进行竣工验收，参加验收的人员均未对消防通风口的质量问题提出意见，后小区投入使用。2018年3月25日13时40分许，小区居民刘某1的儿子申某甲、女儿申某乙、侄子刘某某在其居住的虞城县某国际小区9号楼二单元14层的消防通风口不幸坠亡。2018年3月30日，被告人吴某某赔偿被害人家属共计264万元，取得被害人家属谅解。

法院认为，被告人祁某某、吴某某作为涉案建筑工程建设单位的直接责任人员，违反国家规定，明知杨某某没有建筑资质，仍然冒用其他单位的名义将虞城县某国际小区9号楼的工程承包给杨某某；被告人魏某某作为涉案建筑工程监理单位的直接责任人员，违反国家规定，未依照法律、法规和工程建设强制性标准实施监理，致使杨某某未按照施工图纸要求进行施工；被告人张某某作为涉案建筑工程设计单位的直接责任人员，未能履行法定职责，在主体工程验收时，明知施工单位未将多叶排烟口的窗框进行土建预埋，未按规定提出整改意见。故祁某某、吴某某、魏某某、张某某违反国家规定，致使工程质量标准降低，因而发生死亡3人的重大安全事故，其行为均构成工程重大安全事故罪。祁某某伪造公司印章，其行为同时构成伪造公司印章罪，应数罪并罚。公诉机关指控罪名成立。鉴于4名被告人主动投案，归案后能如实供述主要犯罪事实，系自首，依法从轻、减轻处罚或者免予刑事处罚；吴某某赔偿被害人并取得谅解，酌情从轻处罚；吴某某、魏某某、张某某系初犯，酌情从轻处罚。

关于公诉机关指控被告人祁某某、吴某某、魏某某、张某某属后果特别严重的指控意见，根据最高人民法院、最高人民检察院《关于办理危害生产安全刑事案件适用法律若干问题的解释》第7条的相关规定，犯工程重大安全事故罪，后果特别严重的情形，是造成死亡3人以上或者重伤10人以上且相关责任人负事故主要责任的，采取的是“事故结果＋责任大小”的规定方式，即原则上安全事故造成的后果达到一定程度，同时行为人对事故承担主要责任的，方可处以第二档法定刑，对于事故仅负次要责任的被告人，即使事故造成了一定严重后果，原则上也不应处以第二档法定刑。本案事故虽造成3人死亡，但事故的主要原因是杨某某擅自降低工程质量标准，应承担事故的主要责任，被告人祁某某、吴某某、魏某某、张某某不应负主要责任，故对于公诉机关指控祁某某、吴某某、魏某某、张某某的行为造成工程重大安全事故，后果特别严重的意见，本院不予支持。

综上，根据事故原因、危害后果及各被告人的过错程度，依照《刑法》第137条，第280条第2款，第67条第1款，第69条，第37条，第72条第1款，第73条第2、3款，第52条，第53条第1款之规定，判决：(1)被告人祁某某犯工程重大安全事故罪，判处有期徒刑3年，并处罚金人民币15,000元；犯伪造公司印章罪，判处有期徒刑6个月，并处罚金人民币5000元，决定合并执行有期徒刑3年，缓刑3年，并处罚金人民币20,000元。(2)被告人吴某某犯工程重大安全事故罪，判处有期徒刑3年，缓刑3年，并处罚金人民币50,000元。(3)被告人魏某某犯工程重大安全事故罪，免予刑事处罚。(4)被告人张某某犯工程重大安全事故罪，免予刑事处罚。

综上，工程重大安全事故罪是一种极其严重的犯罪行为，对相关责任单位和个人都会带来严重的法律后果。为了预防此类事故的发生，需要各方共同努力，采取切实有效的预防和监管措施，确保建筑工程质量得到有效保障。同时，也需要加强社会监督和舆论监督，形成全社会共同关注、共同参与的良好氛围。

❖ 第八章　建设工程质量纠纷中的行政责任

在建设工程质量纠纷案件中,除了采取普通的诉讼程序外,还可以考虑其他途径,如通过行政部门的强制手段来督促对方进行整改或赔偿,从而更快甚至更好地解决问题。

第一节　建设工程质量问题行政责任概述

一、主要法律法规和处罚对象

我国关于建设工程质量管理的法律、法规、规章主要有《建筑法》《建设工程质量管理条例》《建筑工程五方责任主体项目负责人质量终身责任追究暂行办法》《建设工程勘察设计管理条例》等。其中,《建设工程质量管理条例》的规定最为全面、系统。

根据上述法律法规,政府负责对建设工程参建方"建设单位、勘察单位、设计单位、施工单位、监理单位"进行质量监督管理,对参建方的各类违法违规行为依法予以行政处罚,并对上述建设工程五方责任主体的项目负责人进行质量终身责任追究。

二、处罚追溯时效

违反前述法律法规会受到行政处罚,关于行政处罚的时效集中规定在《行政处罚法》第 36 条:"违法行为在二年内未被发现的,不再给予行政处罚;涉及公民生命健康安全、金融安全且有危害后果的,上述期限延长至五年。法律另有规定的除外。前款规定的期限，从违法行为发生之日起计算；违法行为有连续或者继续状态的，从行为终了之日起计算。”

该追责时效可以分为三个层面理解：一是在一般情况下，行政处罚追责时效为两年；二是在特定情况下，行政处罚追责时效为5年；三是其他法律可以根据本领域的实际情况对追责时效作出特别规定。如《治安管理处罚法》第22条第1款规定，违反治安管理行为在6个月内没有被公安机关发现的，不再处罚。需要指出的是，法规、规章和规范性文件均无权对追责时效作出特别规定。

对于违法行为有连续或者继续状态的，也应分别理解：所谓连续状态，是指违法行为人基于同一个违法故意，实施数个同一种违法行为，违法行为之间间隔了一段时间，如持续性地造成环境污染。所谓继续状态，是指违法行为较为复杂，不是一次性完成的，而是从开始到完成需经过一段时间，如违法建设行为，从着手建设开始到建成需经历较长一段时间。

因此在判定是否超过追溯时效时，应综合案件具体情况进行理解，在不能完全确定时也可以直接咨询相关行政处罚权力机关再作决策。

第二节　参建单位的行政责任

通过对《建筑法》《建设工程质量管理条例》《建设工程勘察设计管理条例》进行梳理，目前国家对违反上述法律法规的参建单位行政处罚如下。

一、建设单位的行政责任

对建设单位的处罚主要来源于《建设工程质量管理条例》第56条、第58条，与工程质量相关的情形主要有以下几种：

1. “明示或者暗示设计单位或者施工单位违反工程建设强制性标准，降低工程质量的”“未按照国家规定办理工程质量监督手续的”“明示或者暗示施工单位使用不合格的建筑材料、建筑构配件和设备的”，对应的处罚为“责令改正，处20万元以上50万元以下的罚款”。

2. “验收不合格，擅自交付使用的”“对不合格的建设工程按照合格工程验收的”，对应的处罚为“责令改正，处工程合同价款 2% 以上 4% 以下的罚款”，造成损失的，还要依法承担赔偿责任。

二、施工单位的行政责任

除建设单位外，施工单位也需要对工程质量承担行政责任，因工程质量问题导致的行政责任具体如下：

1. 根据《建设工程质量管理条例》第 64 条、第 65 条的规定“偷工减料的，使用不合格的建筑材料、建筑构配件和设备的，或者有不按照工程设计图纸或者施工技术标准施工的其他行为的”，对应的处罚为“责令改正，处工程合同价款 2% 以上 4% 以下的罚款；情节严重的，责令停业整顿，降低资质等级或者吊销资质证书”。

2. 未对建筑材料、建筑构配件、设备和商品混凝土进行检验，或者未对涉及结构安全的试块、试件以及有关材料取样检测的，对应的处罚为“责令改正，处 10 万元以上 20 万元以下的罚款；情节严重的，责令停业整顿，降低资质等级或者吊销资质证书”，造成损失的，还要依法承担赔偿责任。

三、监理单位的行政责任

根据《建设工程质量管理条例》第 60 条、第 61 条、第 62 条第 2 款、第 67 条、第 68 条的规定，监理单位的责任承担主要包括以下几种：

1. 超越本单位资质等级承揽工程的，责令停止违法行为，处合同约定的监理酬金 1 倍以上 2 倍以下的罚款。

2. 未取得资质证书承揽工程的，予以取缔，处合同约定监理酬金 1 倍以上 2 倍以下的罚款；没收违法所得。

3. 以欺骗手段取得资质证书承揽工程的，吊销资质证书；处合同约定监理酬金 1 倍以上 2 倍以下罚款；没收违法所得。

4. 允许其他单位或者个人以本单位名义承揽工程的，责令改正，没收违法所得，处合同约定的监理酬金 1 倍以上 2 倍以下的罚款；可以责令停业整顿，降低资质等级;情节严重的,吊销资质证书。

5. 转让工程监理业务的,责令改正,没收违法所得,处合同约定的监理酬金25%以上50%以下的罚款;可以责令停业整顿,降低资质等级;情节严重的,吊销资质证书。

6. 与建设单位或者施工单位串通,弄虚作假、降低工程质量的;将不合格的建设工程、建筑材料、建筑构配件和设备按照合格签字的,责令改正,处50万元以上100万元以下的罚款,降低资质等级或者吊销资质证书;有违法所得的,予以没收;造成损失的,承担连带责任。

7. 与被监理工程的施工承包单位以及建筑材料、建筑构配件和设备供应单位有隶属关系或者其他利害关系承担该项建设工程的监理业务的,责令改正,处5万元以上10万元以下的罚款,降低资质等级或者吊销资质证书;有违法所得的,予以没收。

四、参建单位项目负责人及相关责任人员的行政责任

(一)建筑工程五方责任主体的内涵和外延

《建筑工程五方责任主体项目负责人质量终身责任追究暂行办法》第2条规定,建筑工程五方责任主体项目负责人是指承担建筑工程项目建设的建设单位项目负责人、勘察单位项目负责人、设计单位项目负责人、施工单位项目经理、监理单位总监理工程师。建筑工程开工建设前,建设、勘察、设计、施工、监理单位的法定代表人应当签署授权书,明确本单位项目负责人。第8条规定,项目负责人应当在办理工程质量监督手续前签署工程质量终身责任承诺书,连同法定代表人授权书,报工程质量监督机构备案。第9条、第10条规定,建筑工程竣工验收合格后,建设单位应在建筑物明显部位设置永久性标牌,载明建设、勘察、设计、施工、监理单位名称和项目负责人姓名,并将五方主体项目负责人的质量终身责任信息档案移交城建档案管理部门。

(二)直接负责的主管人员和其他责任人员的内涵和外延

《建设工程质量管理条例》不仅仅约束项目负责人,“建设工程直接负责的

主管人员和其他责任人员”有违法违规行为,同样要受到行政处罚。我国现行的法律法规对“建设工程直接负责的主管人员和其他责任人员”的具体范围尚未明确,从目前公告的一些案例来看,建设单位法定代表人、驻现场代表,施工单位法定代表人、项目经理、工程部部长、挂靠或转包个人,设计单位法定代表人、项目负责人,监理单位总监理工程师、监理员等,以及直接从事生产、作业的人员,如安全员、施工员、质量员、技术员等,都属于直接负责的主管人员范畴,受《建设工程质量管理条例》等相关法律法规的约束。一旦上述人员在履职过程中存在违法违规行为且导致工程质量标准降低,甚至造成质量事故,工程质量监督管理部门有权依法对其进行行政处罚。

(三)项目负责人及相关责任人员的工程质量问题行政责任

通过对《建设工程质量管理条例》《建筑工程五方责任主体项目负责人质量终身责任追究暂行办法》相关内容进行梳理,目前国家对参建单位项目负责人及相关责任人员的工程质量问题行政处罚如下:

1. 参建单位违反《建设工程质量管理条例》第 73 条被处罚款的,对直接负责的主管人员和其他责任人员处单位罚款数额 5% 以上 10% 以下的罚款。

2. 如发生工程质量事故,或发生投诉、举报、群体性事件、媒体报道并造成恶劣社会影响的严重工程质量问题,或由于勘察、设计或施工原因造成尚在设计使用年限内的建筑工程不能正常使用,或参建单位项目负责人存在其他需追究责任的违法违规行为,参建单位项目负责人不仅会被处单位罚款数额 5% 以上 10% 以下的罚款,其违法违规等不良行为和处罚结果也会被记入个人信用档案并向社会公开。如项目负责人是国家公职人员的,根据其承担责任还会被上级主管部门或纪检监察部门给予降级、撤职、开除处分,并按照规定降低或取消相应待遇。

3. 根据《建设工程质量管理条例》第 70 条规定,建设工程发生质量事故,有关单位应当在 24 小时内向当地建设行政主管部门和其他有关部门报告。如发生重大工程质量事故隐瞒不报、谎报或者拖延报告期限的,其直接负责的主管人员和其他责任人员会被给予相应行政处分。

4. 根据《建设工程质量管理条例》第 72 条规定,如果项目负责人、直接负责的主管人员和其他责任人员是注册执业人员的,且因其过错发生质量事故,将面临责令停止执业1年的行政处罚后果;造成重大质量事故的,会被吊销执业资格证书且5年以内不予注册;情节特别恶劣的,将会终身不予注册。

第三节　典型案例解析

一、金华酒店坍塌行政处罚案

1. 案情简介。2021年11月23日,浙江省金华市经济技术开发区在建工程湖畔里项目酒店宴会厅钢结构屋面在进行刚性保护层混凝土浇捣施工时发生坍塌事故,共造成6人死亡、6人受伤,直接经济损失1097.55万元,后经事故调查组认定,该事故是一起因屋面钢结构设计存在重大错误,且未按经审查的设计图纸施工而引起坍塌的较大生产安全责任事故。

2. 行政处罚。除追究相关责任人员的刑事责任外,事故调查报告也对相关单位、人员的行政处罚作出了建议,经调取相关材料并逐一核对,金华市应急管理局已于2022年8月10日对中恒建设集团有限公司作出160万元罚款的行政处罚,对该公司主要负责人万涛作出102,336元罚款的行政处罚。

二、上海市长宁区昭化路楼房坍塌行政处罚案

1. 案情简介。为承揽昭化路148号二期工程,陈某华、龚某玮、曹某楠(3人均为自然人,无相关资质)挂靠隆耀公司。2019年4月23日,隆耀公司与琛含公司签订《建设工程施工合同》,由隆耀公司承包昭化路148号二期改造工程,承包范围为①幢、②幢厂房,工期为2019年4月26日至7月25日,合同价款360万元。双方同时约定,隆耀公司委派曹某亮(隆耀公司员工,持有江苏省住房和城乡建设厅颁发的二级建造师注册证书,编号为苏232151712654)担任项目经理,陈某伟(隆耀公司实际控制人)担任技术负责人,陈某华、龚某玮担任现场负责人;琛含公司由许某强担任项目负责人,许某强聘用吴某宇(自然人)为项目现场管理人员。琛含公司负责工程涉及的市政配套部门及当地各有关部

门的联系和协调工作，在合同开工日期前 5 天，办理施工所需的有关批件、证件和临时用地等的申请报批手续。隆耀公司严格按照图纸要求进行施工，不得偷工减料，保证施工质量。2019 年 5 月 5 日，陈某华、龚某玮将所承包项目中的立柱加固及屋顶加固工程分包给沙某平（自然人，无相关资质）。2019 年 5 月 16 日 11 时 10 分左右，上海市长宁区昭化路 148 号①幢厂房发生局部坍塌，造成 12 人死亡，10 人重伤，3 人轻伤，坍塌面积约 1000 平方米，直接经济损失约 3430 万元。

2. 行政处罚：

（1）隆耀公司。吊销其建筑装修装饰工程专业承包贰级资质，吊销安全生产许可证，处以 230 万元罚款。

（2）对昭化路 148 号一期改造项目中所涉及的无证施工的比安公司、光敏公司，依法予以行政处罚。依法吊销顾某莎［安全资质证书：苏建安 A（2017）0009635］、陈某伟［安全资格证书：苏建安 A（2017）0009636］、曹某亮［安全资格证书：苏建安 B（2017）0600330］3 名人员安全资质证书。

（3）对隆耀公司法定代表人顾某莎处以上一年收入 60% 的罚款。

（4）隆耀公司项目部经理曹某亮，作为施工单位项目经理，长期未到岗履职，对事故发生负有责任，吊销其二级建造师注册资格，终身不予注册。

三、石景山区西黄村 A—E 地块地下车库项目行政处罚案

1. 案情简介。2017 年 8 月 19 日下午，北京鎏金置业有限责任公司承建的北京市石景山区西黄村 A—E 地块地下车库项目现场施工人员在使用铲车进行地库顶板覆土施工时，该地库地下一层东北侧顶板发生局部垮塌。该地库局部坍塌的原因可能有多种，可确认的是地下一层顶板部分板柱节点处冲切承载力不满足设计规范要求，是该起质量问题发生的直接原因。

2. 行政处罚：

（1）北京市规划和国土资源管理委员会对建设单位北京鎏金置业有限责任公司明示或者暗示设计单位违反工程建设强制性标准，降低工程质量的行为，处以 30 万元罚款的行政处罚。

（2）自2018年3月21日起，北京市住房和城乡建设委员会限制建设单位北京鎏金置业有限责任公司3年内在本市承担新的保障房建设项目。

（3）石景山区住房和城乡建设委员会对建设单位北京鎏金置业有限责任公司存在的对设计单位管理存在漏洞，未能有效履行工程质量"首要责任"的行为，责成建设单位承担因A—E地块地下车库坍塌造成的拆除、重建等工程费用以及因A—E地块地下车库重建造成的安置房延期交付等产生的相关费用，不得纳入项目成本。同时，建设单位如未能按照约定的项目工期、标准等要求完成项目建设，将参照《关于印发进一步规范企业投资土地一级开发项目利润管理的通知》等相关规定，给予相应处理。

（4）石景山区住房和城乡建设委员会对建设单位北京鎏金置业有限责任公司存在的施工现场管理机构不健全，未按要求设立工程质量管理部门和未组织设计交底的行为，进行了约谈告诫，要求其进一步提升质量责任意识，认真落实建设单位法定责任，设立工程质量管理部门，严格按照规范要求落实设计交底工作，强化建设工程各阶段质量管理，督促工程参建单位和人员落实质量责任。

四、清华附中工地倒塌事件行政处罚案

1. 案情简介。2013年，杨某中（男，44岁，自主择业军转干部）为进入建工一建公司工作，经建工一建公司副总经理杜某华介绍，结识和创分公司副经理赵某青。赵某青承诺杨某中如能引入工程项目，就可办理入职手续。2014年3月，清华附中工程项目公开招标信息发布后，杨某中与建工一建公司相关人员共同开展投标工作，并个人出资10万余元用于投标。建工一建公司工程中标后，6月30日，杨某中以其妻子王某（非建工一建公司员工）名下的房产作为抵押，与建工一建公司签订了《建筑安装（装饰）工程内部经济责任承包合同》（以下简称《内部承包合同》），并签署了王某名字。7月6日，杨某中雇用非建工一建公司员工李某华承担该项目的预算、核算工作。工程开工后，杨某中垫付了前期工程费用。8月1日，建工一建公司与杨某中签订的劳动合同生效，给付其工资并为其缴纳社会保险，之前未给付其任何劳动报酬。建工一建公司扣留工程款税金和管理费后，将剩余资金转入北京瑞运海通商贸有限责任公司（法定

代表人王某)账户,由杨某中个人支配使用。2014 年 12 月 29 日 8 时 20 分许,在体育馆及宿舍楼工程工地,作业人员在基坑内绑扎钢筋的过程中,筏板基础钢筋体系发生坍塌,造成一起 10 人死亡,4 人受伤的重大生产安全责任事故。经调查,事故直接原因为施工现场未按照方案要求堆放物料、制作和布置马凳,马凳与钢筋未形成完整的结构体系,致使基础底板钢筋整体坍塌。事故发生后,建工一建公司销毁了 3 份署名为王某的《内部承包合同》,与杨某中本人重新签订了内部承包合同,并提交至事故调查组,严重干扰了事故调查认定工作。经查,建工一建公司及和创分公司存在非本企业员工以内部承包的形式承揽工程的行为,年收取管理费用 1000 余万元。

2. 行政处罚:

(1)郭某东,建工一建公司法定代表人。作为公司的主要负责人,履行安全生产职责不到位,对本单位安全生产工作的管理主要是听取汇报,未对事发的清华附中工程工地实施过检查,督促检查本单位的安全生产工作不到位,未及时发现并消除施工现场存在的生产安全事故隐患。其行为违反《安全生产法》(2014 年)第 18 条第 5 项的规定,对事故发生负有主要责任。依据《安全生产法》(2014 年)第 91 条和第 92 条的规定,由安全生产监督管理部门处以其上一年度收入 60% 的罚款,撤职处分并终身不得担任本行业生产经营单位的主要负责人。

(2)闫某中,建工一建公司董事、总会计师。事故发生后,安排杨某先伪造与杨某中签订内部承包合同。依据《生产安全事故报告和调查处理条例》第 36 条第 5 项的规定,由安全生产监督管理部门处以其上一年度收入 100% 的罚款。

(3)叶某东,清华附中工程项目备案项目经理,长期未到岗履行项目经理职责。明知在清华附中工程项目投标时,已被建工一建公司安排至朝阳区望京综合体育馆工程担任项目执行经理,仍未拒绝使用其项目经理资格参与清华附中工程招投标。依据《建设工程安全生产管理条例》第 58 条的规定,由北京市住房和城乡建设委员会提请住房和城乡建设部给予其吊销一级建造师注册证书,终身不予注册的行政处罚。

(4)建工一建公司作为清华附中工程项目总包单位,存在允许非本企业员工以内部承包的形式承揽工程的行为,允许杨某中以内部承包形式承揽清华附中工程项目，致使项目部安全管理混乱；未严格落实安全责任，对项目安全生产工作管理不到位，未就筏板基础钢筋施工向作业人员进行技术交底；部分作业人员未经安全培训教育即上岗作业；未按照要求配备相应的专职安全员；对施工现场监督检查不到位，未及时发现作业人员违反施工方案要求施工作业和盲目吊运钢筋材料集中码放在上排钢筋网上导致载荷过大的安全隐患。其行为违反《安全生产法》(2014年)第25条、第41条，《建设工程安全生产管理条例》第23条、第24条，《建设工程质量管理条例》第28条的规定，对事故发生负有主要责任。依据《安全生产法》(2014年)第109条第3项的规定，由安全生产监督管理部门给予其360万元的罚款。同时，由北京市住房和城乡建设委员会吊销其安全生产许可证，并提请住房和城乡建设部吊销其房屋建筑工程施工总承包壹级资质。

五、泉州欣佳酒店坍塌事故行政处罚案

1.案情简介。2020年3月7日，位于福建省泉州市鲤城区的欣佳酒店所在建筑物发生坍塌事故，造成29人死亡、42人受伤，直接经济损失5794万元。事发时，该酒店为泉州市鲤城区新冠疫情防控外来人员集中隔离健康观察点。经调查，事故的直接原因是，事故责任单位泉州市新星机电工贸有限公司将欣佳酒店建筑物由原4层违法增加夹层改建成7层，达到极限承载能力并处于坍塌临界状态，加之事发前对底层支承钢柱违规加固焊接作业引发钢柱失稳破坏，导致建筑物整体坍塌。

2.行政处罚：

(1)湖南大学设计研究院有限公司，违反《建设工程质量管理条例》第18条规定，对福建分公司疏于管理，明知福建分公司私刻公章并以单位名义从事相关经营活动，未及时制止；明知福建分公司工商营业执照被吊销，但未督促负责人及时注销，未出具解除与福建分公司及其负责人陈某关系的法律文件。依据《建设工程质量管理条例》第61条的规定，处以责令停业整顿30日，及工程设计建筑行业(建筑工程)甲级资质降为乙级资质的行政处罚。

(2)福建超平建筑设计有限公司(负责酒店装修工程施工图、消防设计图纸

审核)违反《建筑业企业资质管理规定》《房屋建筑和市政基础设施工程施工图设计文件审查管理办法》《福建省房屋建筑和市政基础设施工程施工图设计文件审查管理实施细则》有关规定,在未取得欣佳酒店提供的政府有关部门关于该酒店装修工程的批准文件、全套施工图等资料情况下,违规承接欣佳酒店装修工程施工图、消防设计图纸审核业务,并出具施工图设计文件审查报告,报告中法定代表人、技术负责人等5人签字均由晋江市分公司负责人林某清冒签。依照《房屋建筑和市政基础设施工程施工图设计文件审查管理办法》(住房和城乡建设部令第46号)第24条规定,予以罚款,并记入信用档案。依照住房和城乡建设部《关于印发建筑市场信用管理暂行办法的通知》(建市〔2017〕241号)第14条的规定,将该公司列入建筑市场主体“黑名单”。

通过以上案例,可以看到建设工程施工过程中存在诸多问题,在施工前、中、后三个阶段都存在不按照法律法规规定施工的情形,在处理建设工程施工合同纠纷时,不仅需要找出对方在民事、刑事领域的漏洞,而且对其可能违反行政法规、规章的行为,也可以严加把控,合理使用行政强制权,以取得更好的案件效果。

第二编　建设工程质量编

❖ 第一章　建设工程常见问题及规范做法、成因分析

第一节　地基与基础工程

一、土方开挖

问题1　基坑场地范围内局部或大面积出现积水，未及时排除

原因：(1)场地周围未做排水沟，或场地未做成一定排水坡度，或存在反向排水坡。(2)测量偏差，使场地标高不一、高洼不平。

规范做法：(1)平整前，对整个场地的排水坡、排水沟、截水沟、下水道进行有组织的排水系统设计，使整个场地排水流畅。排水坡的设置应按设计要求进行，设计无要求时，地形平坦的场地，纵横方向应做成不小于0.5%的坡度，以便排水。在场地周围或场地内，设置排水沟(截水沟)。(2)做好测量的复核工作，防止出现标高误差。

问题2　地基(槽)淹泡，造成地基承载力下降

原因：(1)开挖基坑(槽)未设排水沟或挡水堤，地面水流入基坑(槽)。(2)在地下水位以下挖土，未采取降水措施将水位降至基底开挖面以下。(3)土方开挖至设计标高后，未及时进行后续工序的连续施工(停电、连续降水等因素)。

规范做法：(1)开挖基坑(槽)周围应设排水沟或挡水堤。(2)在地下水位以下挖土前应提前降低地下水位，使水位降低至开挖面以下0.5m～1.0m。(3)土方开挖应分段进行验收，及时浇筑混凝土垫层。

问题3 开挖放坡不足，机械或人工开挖放坡未达到设计要求

原因：(1)未认真查看地质资料，对地质情况不熟悉。(2)对施工人员交底不清，开挖时施工人员未认真查看相关设计文件及技术措施要求。(3)现场开挖测量标记不清。

规范做法：(1)开挖前要仔细查阅相关设计文件及技术措施要求，弄清要求，施工前要认真查验施工单位的技术交底。(2)测量人员在对现场进行开挖放线时应严格按图纸设计及措施要求进行，并在现场做出明显的标记。(3)开挖过程中各级管理人员应熟悉措施，及时制止不符合设计或措施要求的开挖现象，并提出正确的处理方法，对现场按要求开挖。

问题4 在挖方过程中或挖方后，边坡土方局部或大面积塌陷或滑塌

原因：(1)采用机械开挖，未遵循由上而下、分段分层开挖的顺序，坡度过陡或将坡脚破坏，使边坡失稳，造成塌方或溜坡。(2)在有地表滞水、地下水作用的地段开挖边坡，未采取有效的降、排水措施，地表水或地下水侵入坡体内，使土的黏聚力降低，坡脚被冲蚀掏空，边坡在重力作用下失稳而引起坍塌。(3)软土地段，在边坡顶部大量堆土，或堆建筑材料，或行驶施工机械设备、运输车辆。

规范做法：(1)开挖边坡时应遵循由上而下、分段分层开挖的顺序，合理放坡，同时避免破坏坡脚，防止边坡失稳而造成塌方。(2)在有地表滞水或地下水作用的地段，应做好降排水措施，拦截地表水，避免冲刷坡面、掏空坡脚，防止坡体失稳。特别是在软土地段开挖边坡，必须降低地下水位，防止边坡产生侧移。(3)施工中禁止在坡顶3m～5m内堆土或存放建筑材料，边坡周边道路避免行驶重型施工机械设备和车辆，以减轻坡体负担，防止塌方。

问题5 原状土物理性能改变，造成基底土扰动

原因：(1)基槽开挖时排水措施差，尤其是在基底积水或土壤含水量大的情况下进行施工，土很容易被扰动。(2)土方开挖时超挖，后用虚土回填，改变了原状土的物理性能，使其变成了扰动土。(3)基坑在未施工混凝土垫层情况下，大量堆载，造成地基土扰动。

规范做法：(1)做好基坑排水和降水。降水工作应待基础回填土完成后，方

可停止。(2)土方开挖应连续进行,尽量缩短施工时间。雨季施工或基坑(槽)开挖后不能及时进行下一道工序施工时,可在基底标高以上留150mm～300mm的土不挖,待下一道工序开工前再挖除。(3)采用机械挖土时,应在基底标高以上留一定厚度的土用人工清除。(4)严格控制基底标高。如个别地方发生超挖,严禁用虚土回填。处理方法应征得设计单位的同意。(5)混凝土垫层浇筑完成后,在未达到设计强度前,禁止在原状土上堆载钢筋、大型设备。

二、土方回填

问题1　回填土密实度达不到设计要求

原因:(1)填方土料不符合要求,采用了碎块草皮、有机质含量大于8%的土及淤泥、淤泥质土和杂填土作填料。(2)土的含水率过大或过小,因而达不到最优含水率下的密实度要求。(3)填土厚度过大或压(夯)实遍数不够,或机械碾压行驶速度太快。(4)碾压或夯实机具能量不够,达不到影响深度要求,使密实度降低。

规范做法:(1)选择符合填土要求的土料回填。(2)为使回填土在压后达到最大密实度,应使回填土的含水量接近最优含水量,偏差不大于±2%。在回填土时,应严格控制土的含水量,加强施工前的检验。含水量大于最优含水量范围时,应采用翻松、晾晒、风干方法降低含水量;或采取换土回填,或均匀掺入干土,或采用其他吸水材料等来降低含水量。含水量过低,应洒水湿润。(3)对有密实度要求的填方,应按所选用的土料、压实机械性能,通过试验确定含水量控制范围、每层铺土厚度、压实遍数,严格按方案进行水平分层回填、压实,达到设计规定的质量要求。(4)加强对土料、含水量、施工操作和回填土干密度的现场检验,按规定取样,严格控制每道工序的施工质量。

问题2　房心回填土沉陷/室内回填土局部或大片下沉,造成地坪面层空鼓、开裂或塌陷

原因:(1)回填土料含有大量有机杂质和大块冻土。(2)填土未按规定厚度分层回填夯实,或底部松填,仅表面夯实,密实度不够。(3)房心处局部有软

弱土层或地坑、坟坑、积水坑等地下坑穴，施工时未处理或未发现，使用时超重造成局部塌陷。

规范做法：(1)适当选用回填土料，认真控制含水量在最优范围内。(2)严格按规定分层回填夯实。(3)对房心原自然软弱土层进行处理；清理干净有机杂质，对地坑、坟坑、积水坑等进行认真处理。

问题3　基坑(槽)回填土沉陷/基坑、槽回填土局部或大片出现沉陷，造成散水空鼓下沉

原因：(1)基坑(槽)中的积水、淤泥杂物未清除就回填，或基础两侧用松土回填，未经分层夯实。(2)分层宽度较窄，采用手夯夯填，未达到要求的密实度。(3)回填土料中干土块较多，受水浸泡产生沉陷，或采用含水量大的黏性土、淤泥质土、碎块草皮作填料，回填密实度不符合要求。(4)回填土采用水沉法沉实，密实度大大降低。

规范做法：(1)回填前，将基坑(槽)中积水排净，淤泥、松土、杂物清理干净。(2)回填土按要求严格采取分层填、夯实，控制土料中不得含有直径大于5cm的土块，以及较多的干土块。(3)严禁用水沉法回填土。

问题4　填土出现橡皮土

原因：(1)在含水量较大的腐殖土、泥炭土、黏土或粉质黏土等原状土上进行回填，或采用这种土作土料回填，对其进行夯击或碾压时，其表面易形成一层硬壳，使土内水分不易渗透和散发，因而使土形成软塑状态的橡皮土。(2)施工中、后有轮式车辆碾压。

规范做法：(1)夯实填土时，适当控制填土的含水量，避免在含水量过大的原状土上进行回填。(2)填方区如有地表水，应设排水沟将水排走，如有地下水应降低至基底下0.5m。(3)施工后严禁轮式车辆碾压。(4)可用干土、消石灰等吸水材料均匀掺入土中降低含水量，或将橡皮土翻松、晾干、风干至最优含水量范围，再夯(压)实。

三、水泥粉煤灰碎石桩

问题1　堵管

堵管是长螺旋钻管内泵送水泥粉煤灰碎石桩（CFG）工艺常遇到的主要问题之一。它直接影响CFG桩的施工效率，增加劳动强度，造成材料浪费，若故障排除不畅，使已搅拌的CFG桩混合料失水或结硬，增加再次堵管概率，给施工带来很多困难。

原因：(1)拌和料配合比不合理。CFG桩桩体混合料由水泥、卵石（或碎石）、砂、粉煤灰加水在搅拌机中强制搅拌而成，当混合料中的水泥和粉煤灰用量较少时，混合料和易性不好，容易发生堵管。(2)拌和料拌制质量有缺陷。在CFG桩施工过程中，混合料由混凝土泵通过刚性管、高强柔性管、弯头到达钻杆芯管内。混合料在管线内是以圆柱体形状，借助水和水泥砂浆润滑层与管壁分离后通过管线的。因此，设计和搅拌的混合料必须确保混合料圆柱体能顺利通过刚性管、高强柔性管、弯头和变径管到达钻杆芯管内。工程实践证明，坍落度太大的混合料，易产生离析，在管线内水浮到上面，在泵压的作用下，水先流动，骨料与砂浆分离，摩擦力剧增，从而导致堵管。坍落度太小，混合料在输送管内流动性差，也容易造成堵管。(3)设备缺陷。混凝土的输送有钻杆芯管、高强柔性管、刚性管，通过弯头连接起来，半圆形弯头曲率半径不合理，弯头有死弯，输送管与钻杆不能垂直连接，软管的弯曲半径太小等。

规范做法：(1)混合料配合比要注意水泥和粉煤灰的掺入量，特别要注意粉煤灰掺量宜控制在$70kg/m^3 \sim 90kg/m^3$。实际施工中CFG桩强度等级一般为C15～C20，其水泥标号一般选用42.5R水泥，这样既不影响和易性和密实度，又在粉煤灰的掺入下加大了流动性，满足了泵送的要求，而且也不影响混合料的其他技术性能，重要的是不易发生堵管现象。(2)搅拌时间控制在90s以上，坍落度控制在160mm～200mm，搅拌好的混合料到泵送混凝土储料斗时，需经一定尺寸的过滤栅。若混合料可泵性差，可适量掺入泵送剂。(3)要采用半圆形，曲率半径合理的弯头，弯头不能有死弯，输送管与钻杆也不能垂直连接，软管的弯曲半径要大于1m，采用合理的连接方法，将不会发生堵管。无论是刚性管还是高强柔性管,若施工结束后清洗不彻底,管内都会产生混合料结硬块体,会妨碍润滑砂浆流动,造成堵管。

问题 2　窜孔

在高压缩性淤泥层,流塑淤泥质土层,承压水的砂土层、流砂层、饱和细砂层、粉砂层中施工常遇窜孔现象。在一般情况下,完成一根桩所需时间为 30min ~ 40min,完成 A 桩后,在 B 桩钻进成孔过程中,A 桩混合料尚未凝固而流向 B 桩钻孔中,导致已完的 A 桩突然下落下沉,当 B 桩泵入混合料时,泵送压力加大,钻杆提升速度放慢,也可在 30s 内,不提升钻杆,迫使 B 桩的混合料又流向 A 桩,使 A 桩恢复到原设计标高。工程中称这种现象为窜孔。

原因:(1)被加固土层中有松散饱和粉土、粉细砂。(2)钻杆钻进过程中叶片剪切作用对土体发生扰动。(3)土体受剪切扰动能量的积累,足以使土体发生液化。

规范做法:(1)采取大桩距的设计方案。增大桩距的目的在于减少新打桩机器的剪切扰动,避免不良影响。(2)改进钻头,提高钻进速度。(3)减少打桩推进排数,如将一次打好几排改为 2 排或 1 排,尽快离开已打成的桩,减少对已打桩扰动能量的积累。(4)必要时采用隔桩、隔排跳打方案,但跳打要求及时清除成桩时排出的弃土,否则会影响施工进度。

问题 3　断桩、接桩

原因:(1)在截桩头时,发现个别桩桩顶部存有空间不大的空心,其主要原因是施工过程中,排气阀不能正常工作所致。钻杆成孔钻进时,管内充满空气,钻孔到预定标高开始泵入混合料,如果排气阀被混合料浆液堵塞,不能正常工作,钻杆内气体无法顺利排出,就会导致桩体存气形成孔洞。(2)在某些情况下,当桩端达到设计标高后,为了便于打开阀门,施工人员常将钻杆提拔 30cm 然后泵送混合料。这种操作可能使钻头上的泥土回落,致使桩端混合料加泥,降低长螺旋钻孔灌注桩承载力。(3)桩基施工完毕,对 CFG 桩及复合地基检测时,用低应变反射波法检测桩身混凝土的完整性,发现桩身裂缝的所在部位,应分析原因,得出自身问题是在施工时,提钻速度较快,空气未全部释放出来,致使桩身产生断面裂缝,另外是混合料的搅拌时间不够,和易性差,出现蜂窝麻面桩。外部原因是土建施工时机械挖基坑平整土方时,被挖掘机和铲车碰断。

规范做法:(1)施工中必须保证排气阀正常工作,应经常检查排气阀是否发生堵塞,发现堵塞应及时清洗。(2)施工中前、后台工人应密切配合,保证提钻和泵料的一致性。(3)浅部断桩,对断桩单独进行处理,剔除上部断桩,用与桩身相同的混合料按桩径设计标高补桩。(4)但在 CFG 桩施工时,要特别注意浅部的施工质量,在开挖基坑时,在桩顶标高以上 1m 处,一定采用人工开挖,以免碰断桩身,保证 CFG 桩的完整性和质量。(5)桩头断桩后进行接桩,当桩顶高程低于施工图标识高程时,如开槽或剔除桩头必须进行补桩,可采用比桩体强度高一等级的细石混凝土接桩至施工图标识桩顶标高,注意在接桩过程中保护好桩间土。

问题 4　孔口高程的误差

原因:(1)地质勘察完成后场地再次回填,计算孔口高程时疏忽而引起的误差。(2)施工场地在施工过程中堆积的废渣使得地面不断升高,孔口高程发生变化造成的误差。

规范做法:认真校核原始水准点和各孔口的绝对高程,每根桩开孔前复测一次桩位孔口高程。

问题 5　孔径误差

原因:(1)由于作业人员疏忽错用其他规格的钻头。(2)钻头陈旧,磨损后直径偏小所致。

规范做法:加强现场管理工作,每根桩孔开孔时,应验证钻头规格,实行签证手续。

问题 6　钻孔垂直度不符合规范要求

原因:(1)场地平整度和密实度差,钻机安装不平整或钻进过程发生不均匀沉降,导致钻孔偏斜。(2)钻杆弯曲、钻杆接头间隙太大,造成钻孔偏斜。(3)钻头翼板磨损不一,钻头受力不均,造成偏离钻进方向。(4)钻进中遇软硬土层交界面或倾斜岩面时,钻压过高使钻头受力不均,造成钻进方向偏离。

规范做法:(1)压实、平整施工场地。(2)安装钻机时应严格检查钻机的平整度和主动钻杆的垂直度,钻进过程中应定时检查主动钻杆的垂直度,发现偏差立即调整。(3)定期检查钻头、钻杆、钻杆接头,发现问题及时维修或更换。(4)在软硬土层交界面或倾斜岩面处钻进,应低速、低钻压钻进。发现钻孔偏斜,应及时回填黏土,冲平后再低速、低钻压钻进。(5)在复杂地层钻进,必要时应在钻杆上加设扶正器。

四、灰土挤密桩

问题1　缩孔或塌孔(夯打时造成缩颈或堵塞)

原因:(1)地基土的含水量过大或过小。(2)未按规定的顺序进行。(3)对已成的孔未及时回填夯实。(4)桩孔较密,一孔接一孔夯打,受震造成相邻孔缩孔或塌孔。

规范做法:(1)含水率过大可往孔内灌入干粉或石灰粉以吸去部分水分,或快速成孔浇灌,或边成孔边下套管,或成孔后下套管;含水率过小,应预先浸湿范围内土层。(2)成孔顺序应先外围后里圈并间隔进行。(3)对已成孔,应防止受水浸湿,且应当天回填夯实。(4)为避免夯打造成缩颈堵塞,应打一孔填一孔;当桩孔较密、土质松软时,应采取间隔跳打夯实。

问题2　干密度不均,密实度达不到设计要求(桩经检查,干密度不匀,有的部分密实度达不到设计要求的干密度数值)

原因:(1)违反操作规程,土或灰土未计量,翻拌不均匀,干湿不一。(2)下土或灰土厚度不一致。(3)夯击高度、次数不一。

规范做法:(1)认真按操作规程施工。(2)灰土要按配合比称量,搅拌要均匀,干湿度要适度。(3)每次下土或灰土厚度、数量、落锤高度、夯击次数按试验规定做到前后一致。(4)施工中严格按质量评定标准进行抽样检查。

问题3　疏松、断裂(桩孔回填不均匀,夯击不密实,桩身疏松或断裂,或出现松散夹层)

原因:(1)未按施工规定操作,回填速度过快,夯击次数不够。(2)填料未搅拌均匀,含水率过大或过小。(3)填料的实际用量未达到成孔体积的计量用量。(4)锤重、锤型和落距选择不当。

规范做法:(1)桩孔填料前应先夯击孔底3~4锤,根据试验测定的密实度要求,随填随夯,严格控制下料速度和夯击次数。(2)回填料应拌和均匀,并控制其含水量。(3)每个孔填料用量应与计量用量基本相符,夯锤重不宜小于100kg;锤型以梨形或枣核型比较合适,有利于夯实边缘土,不宜用平头夯锤,落距一般应大于2m;如地下水位较高,应降低地下水位后再回填夯实。(4)出现疏松、断裂或夹层,应用洛阳铲取出来,按规定重新填夯,达到设计要求为止。

第二节 主体结构工程

一、模板工程

问题1 轴线偏移

混凝土浇筑后拆除模板时,发现柱、墙实际位置与建筑物轴线位置有偏移。

原因:(1)翻样不认真或技术交底不清,模板拼装时组合件未能按规定到位。(2)轴线测放产生误差。(3)墙、柱模板根部和顶部无限位措施或限位不牢,发生偏移后又未及时纠正,造成累积误差。(4)支模时,未拉水平、竖向通线,且无竖向垂直度控制措施。(5)模板刚度差,未设水平拉杆或水平拉杆间距过大。(6)混凝土浇筑时未均匀对称下料,或一次浇筑高度过高造成侧压力过大挤偏模板。(7)对拉螺栓、顶撑、木楔使用不当或松动造成轴线偏位。

规范做法:(1)严格按1/10~1/50的比例将各分部、分项翻成详图并注明各部位编号、轴线位置、几何尺寸、剖面形状、预留孔洞、预埋件等,经复核无误后认真对生产班组及操作工人进行技术交底,作为模板制作、安装的依据。(2)模板轴线测放后(建议双边双控线),组织专人进行技术复核验收,确认无误后才能支模。(3)墙、柱模板根部和顶部必须设可靠的限位措施(焊接或钻孔埋设定位筋),以保证位置准确。(4)支模时要拉水平、竖向通线,并设竖向垂直度控制线,以保证模板水平、竖向位置准确。(5)根据混凝土结构特点,对模板进行专门设计,以保证模板及其支架具有足够强度、刚度及稳定性。(6)混凝土浇筑前,对模板轴线、支架、顶撑、螺栓进行认真检查、复核,发现问题及时进行处理。(7)混凝土浇筑时,要均匀对称下料,浇筑高度应严格控制在施工规范允许的范围内。

问题2 标高偏差

测量时,发现混凝土结构层标高及预埋件、预留孔洞的标高与施工图设计标高之间有偏差。

原因:(1)楼层无标高控制点或控制点偏少,控制网无法闭合;竖向模板根部未找平。(2)模板顶部无标高标记,或未按标记施工。(3)高层建筑高程控制点转测次数过多,累计误差过大。(4)预埋件、预留孔洞未固定牢,施工时未重视施工方法。(5)楼梯踏步模板未考虑装修层厚度。

规范做法:(1)每层楼设足够的标高控制点。(2)模板顶部设标高标记,严格按标记施工。(3)建筑楼层标高由首层 ±0.000 标高控制,严禁逐层向上引测,以防止累计误差,当建筑高度超过 30m 时,应另设标高控制线,每层标高引测点应不少于 3 个,以便复核。(4)预埋件及预留孔洞,在安装前应与图纸对照,确认无误后准确固定在设计位置上,必要时用电焊或套框等方法将其固定,在浇筑混凝土时,应沿其周围分层均匀浇筑,严禁碰击和振动预埋件与模板。(5)楼梯踏步模板安装时应考虑装修层厚度。

问题3 结构变形

拆模后发现混凝土柱、梁、墙出现鼓凸、缩颈或翘曲现象。

原因:(1)支撑及围檩间距过大,模板刚度差。(2)组合小钢模,连接件未按规定设置,造成模板整体性差。(3)墙模板无对拉螺栓或螺栓间距过大,螺栓规格过小。(4)竖向承重支撑在地基土上未夯实,未垫平板,也无排水措施,造成支承部分地基下沉。(5)门窗洞口内模间对撑不牢固,易在混凝土振捣时模板被挤偏。(6)梁、柱模板卡具间距过大,或未夹紧模板,或对拉螺栓配备数量不足,以致局部模板无法承受混凝土振捣时产生的侧向压力,导致局部爆模。(7)浇筑墙、柱混凝土速度过快,一次浇灌高度过高,振捣过度。(8)采用木模板或胶合板模板施工，经验收合格后未及时浇筑混凝土，长期日晒雨淋而变形。

规范做法：(1)模板及支撑系统设计时，应充分考虑其本身自重、施工荷载及混凝土的自重及浇捣时产生的侧向压力，以保证模板及支架有足够的承载能力、刚度和稳定性。(2)梁底支撑间距应能够保证在混凝土重量和施工荷载作用下不产生变形，支撑底部若为泥土地基，应先认真夯实，设排水沟，并铺放通长垫木或型钢，以确保支撑不沉陷。(3)组合小钢模拼装时，连接件应按规定放置，围檩及对拉螺栓间距、规格应按设计要求设置。(4)梁、柱模板若采用卡具时，其间距要按规定设置，并要卡紧模板，其宽度比截面尺寸略小。(5)梁、墙模板上部必须有临时撑头，以保证混凝土浇捣时，梁、墙上口宽度。(6)浇捣混凝土时，要均匀对称下料，严格控制浇灌高度，特别是门窗洞口模板两侧，既要保证混凝土振捣密实，又要防止过分振捣引起模板变形。(7)对跨度不小于4m的现浇钢筋混凝土梁、板，其模板应按设计要求起拱；当设计无具体要求时，起拱高度宜为跨度的1/1000～3/1000。(8)采用木模板、胶合板模板施工时，经验收合格后应及时浇筑混凝土，防止木模板长期暴晒、雨淋发生变形。

问题4　接缝不严

由于模板间接缝不严有间隙，混凝土浇筑时产生漏浆，混凝土表面出现蜂窝，严重的会出现孔洞、露筋。

原因：(1)翻样不认真或有误，模板制作马虎，拼装时接缝过大。(2)木模板安装周期过长，因木模板干缩造成裂缝。(3)木模板制作粗糙，拼缝不严。(4)浇筑混凝土时，木模板未提前浇水湿润，使其胀开。(5)钢模板变形未及时修整。(6)钢模板接缝措施不当。(7)梁、柱交接部位，接头尺寸不准、错位。

规范做法：(1)翻样要认真，严格按1/10～1/50比例将各分部、分项细部翻成详图，详细编注，经复核无误后向操作工人认真交底，强化工人质量意识，认真制作定型模板和拼装。(2)严格控制木模板含水率，制作时拼缝要严密。(3)木模板安装周期不宜过长，浇筑混凝土时，木模板要提前浇水湿润，使其胀开密缝。(4)钢模板变形，特别是边框外变形，要及时修整平直。(5)钢模板间嵌缝措施要控制，不能用油毡、塑料布，水泥袋等去嵌缝堵漏。(6)梁、柱交接部位支撑要牢靠，拼缝要严密(必要时缝间加双面胶纸)，发生错位要校正好。

问题5 脱模剂使用不当

模板表面用废机油涂刷造成混凝土污染，或混凝土残浆不清除即刷脱模剂，造成混凝土表面出现麻面等缺陷。

原因：(1)拆模后不清理混凝土残浆即刷脱模剂。(2)脱模剂涂刷不匀或漏涂，或涂层过厚。(3)使用了废机油脱模剂，既污染了钢筋及混凝土，又影响了混凝土表面装饰质量。

规范做法：(1)拆模后，必须清除模板上遗留的混凝土残浆后，再刷脱模剂。(2)严禁用废机油作脱模剂，脱模剂材料选用原则应为：既便于脱模又便于混凝土表面装饰。选用的材料有皂液、滑石粉、石灰水及其混合液和各种专门化学制品脱模剂等。(3)脱模剂材料宜拌成稠状，应涂刷均匀，不得流淌，一般刷两遍为宜，以防漏刷，也不宜涂刷过厚。(4)脱模剂涂刷后，应在短期内及时浇筑混凝土，以防隔离层遭受破坏。

问题6 模板未清理干净

模板内残留木块、浮浆残渣、碎石等建筑垃圾，拆模后发现混凝土中有缝隙，且有垃圾夹杂物。

原因：(1)钢筋绑扎完毕，模板位置未用吸尘器或压力水清扫。(2)封模前未进行清扫。(3)墙柱根部、梁柱接头最低处未留清扫孔，或所留位置不当无法进行清扫。

规范做法：(1)钢筋绑扎完毕，用吸尘器或压力水清除模板内垃圾。(2)在封模前，派专人将模内垃圾清除干净。(3)墙柱根部、梁柱接头处预留清扫孔，预留孔尺寸≥100mm×100mm，模内垃圾清除完毕后及时将清扫口处封严。

问题7 封闭或竖向模板无排气孔、浇捣孔

由于封闭或竖向的模板无排气孔，混凝土表面易出现气孔等缺陷，高柱、高墙模板未留浇捣孔，易出现混凝土浇捣不实或空洞现象。

原因：(1)墙体内大型预留洞口底模未设排气孔，易使混凝土对称下料时产生气囊，导致混凝土不实。(2)高柱、高墙侧模无浇捣孔，造成混凝土浇灌自由落距过大，易离析或振动棒不能插到位，造成振捣不实。

规范做法：(1)墙体的大型预留洞口(门窗洞等)底模应开设排气孔，使混凝土浇筑时气泡及时排出，确保混凝土浇筑密实。(2)高柱、高墙(超过3m)侧模要开设浇捣孔，以便于混凝土浇灌和振捣。

问题8　模板支撑选配不当

由于模板支撑体系选配和支撑方法不当，结构混凝土浇筑时产生变形。

原因：(1)支撑选配马虎，未经过安全验算，无足够的承载能力及刚度，混凝土浇筑后模板变形。(2)支撑稳定性差，无保证措施，混凝土浇筑后支撑自身失稳，使模板变形。

规范做法：(1)模板支撑系统根据不同的结构类型和模板类型选配，以便相互协调配套。使用时，应对支承系统进行必要的验算和复核，尤其是支柱间距应经计算确定，确保模板支撑系统具有足够的承载能力、刚度和稳定性。(2)木质支撑体系如与木模板配合，木支撑必须钉牢楔紧，支柱之间必须加强拉结连紧，木支柱脚下用对拔木楔调整标高并固定，荷载过大的木模板支撑体系可采用枕木堆塔方法操作，用扒钉固定好。(3)钢质支撑体系其钢楞和支撑的布置形式应满足模板设计要求，并能保证安全承受施工荷载，钢管支撑体系一般宜扣成整体排架式，其立柱纵横间距一般为1m左右(荷载大时应采用密排形式)，同时应加设斜撑和剪刀撑。(4)支撑体系的基底必须坚实可靠，竖向支撑基底如为土层时，应在支撑底铺垫型钢或脚手板等硬质材料。(5)在多层或高层施工中，应注意逐层加设支撑，分层分散施工荷载。侧向支撑必须支顶牢固，拉结和加固可靠，必要时应打入地锚或在混凝土中预埋铁件和短钢筋头作撑脚。

二、钢筋工程

问题1　钢筋锚固的质量通病

原因：(1)梁钢筋伸入墙、柱内的锚固长度不够或锚固方式不当，有抗震要求的未按设计要求下料。(2)次梁钢筋入主梁的锚固长度不符合要求，地梁入承台的锚固长度不够。(3)墙、柱钢筋伸入基础承台或伸出楼面、屋面的长度不够。(4)悬挑梁筋或悬挑板筋的锚固不符合设计要求或规范要求。(5)板底筋或板面筋入梁内的锚固长度不够设计或规范要求。(6)水平钢筋在墙转角处的锚固不符合要求。

规范做法:(1)做好技术交底。(2)审核班组钢筋下料单。(3)严格按设计及图集等要求开料,保证各处钢筋锚固符合要求。(4)锚固长度不够的要重新开料或焊接加长,或适当调整钢筋位置。(5)墙、柱筋伸出楼面长度不够的要在砼浇灌前及时预插,以保证上端的长度。

问题2 墙、柱主受力钢筋安装的质量通病

原因:(1)固定钢筋措施不可靠,或浇筑砼时被振动器或其他东西碰歪撞斜没有及时复位校正,下层墙、柱伸出钢筋位置偏离设计要求过大,与上层墙、柱钢筋搭接不上。(2)基础预插钢筋歪斜或跑位。(3)剪力墙水平钢筋长度不够。(4)墙、柱钢筋间距不均,过大或过小,绑扎不竖直。(5)主受力钢筋大小配料错误,或漏筋。(6)墙、柱截面尺寸有变化时,主筋弯折不当,不符合要求。(7)偏位钢筋处理不当。(8)墙柱竖向受力钢筋,相邻钢筋接头未按要求错开或错开距离不符合要求。

规范做法:(1)按设计要求将墙、柱断面边框尺寸线标在各层楼面上,然后把墙柱从下层伸上来的纵筋用两个箍筋或定位水平筋分别在本层楼面标高及以上500mm处与各纵筋点焊固定,以保证各纵向受力筋的位置。(2)基础部分墙柱插筋应为长、短筋插接(控制接头率),逐层接筋,并应用使其插筋骨架不变形的定位箍筋点焊固定,还可采取加箍、加临时支撑等稳固的支顶措施。(3)按要求制作箍筋,与柱子纵筋绑扎必须牢固。(4)剪力墙水平钢筋的长度必须严格按图纸要求下料,不够长的应及时拆除重做。(5)墙柱筋已发生偏位的应进行植筋处理,不能简单地设置一条七字钩钢筋绑扎在根部。(6)柱与梁、墙相交时,应遵循柱钢筋包住梁、墙钢筋的原则。(7)砼浇筑之前要做好钢筋的隐蔽验收工作,确保钢筋安装质量。

问题3 梁主受力钢筋安装的质量通病

原因:(1)梁底、面筋间距不符合最小净距要求,或钢筋间距大小不一较混

乱,有二排或多排的钢筋排距不合要求(下掉到梁中或上下排靠得太紧)。(2)梁钢筋骨架不顺直,梁主受力钢筋不到位、有效受力截面减小。(3)梁支座负筋在节点处断开,未采用通长钢筋,而以绑扎搭接的方式安装。(4)主、次梁钢筋位置不正确。

规范做法:(1)在钢筋绑扎前应核对受力钢筋,以免下料错误或安装错误。(2)在梁柱或梁墙节点部位,要合理调整钢筋位置,以免梁钢筋与墙柱钢筋相碰导致钢筋不能正确就位。(3)梁板钢筋安装时,应先放置主梁钢筋,待主梁钢筋骨架绑扎好后再放置次梁钢筋并放置在主梁钢筋之上。(4)梁的二排或多排受力钢筋在绑扎时应用短钢筋头或拉筋措施隔开并绑扎牢固。梁内上下两排钢筋距离应在 75mm 以内,其净距离不应小于 25mm 或钢筋最大直径。(5)砼浇筑之前要做好钢筋的隐蔽验收工作,确保钢筋安装质量。

问题 4　墙、柱钢筋的电渣压力焊的质量通病

原因:(1)焊接接头的轴线偏移大于 0.1d 或超过 2mm。(2)接头弯折角度大于 4°,接头咬边或局部未熔合。(3)焊包不匀,高度不足 4mm。(4)钢筋接头处有小气孔眼。钢筋表面烧伤,易发生脆断。焊缝中夹渣。接头形成不良,焊包上翻或下流。(5)相邻接头未错开或错开距离不符合设计和规范要求(至少应为 35d,且不小于 500mm)。

规范做法:(1)钢筋端部歪扭和不直部分在焊接前应矫正,端部歪扭的钢筋不得焊接。(2)两钢筋在夹具内上下应同心,在同一条轴线上,焊接过程中保持钢筋竖直和稳定。(3)钢筋下压时,压力不能过大,焊接完后不能立即卸下夹具,应在停焊约 2min 后再卸夹具,以免钢筋倾斜。(4)要控制好焊接电流和通电时间,送钢筋的速度要迅速,适当加大顶压力。(5)当钢筋端头倾斜过大时,应事先把倾斜部分切去才能焊接,端面力求平整。(6)焊剂在使用前必须烘干,否则容易形成气孔。焊剂一般需要经 250℃烘干,时间不少于 2h。(7)焊前应把钢筋端部铁锈及油污清除干净。(8)焊前应把钢筋夹紧,防止钢筋相互碰撞。焊接时要防止焊剂泄漏下流。(9)相邻接头应错开,符合规范及设计要求,一般为 35d,且不小于 500mm。

问题5　洞口加强钢筋安装的质量通病

原因:(1)剪力墙门窗洞口四角的加强钢筋漏放,或长度不够要求,或位置不当。(2)楼板面预留洞口四周未放加强钢筋或放置的加强钢筋不符合要求,洞口内板底钢筋未贯穿连通。(3)预留洞口位置设置不符合要求,影响到主受力钢筋的配置。

规范做法:(1)按照设计图认真下料,向钢筋工人做好技术交底,浇筑砼前做好隐蔽验收。(2)楼板预留洞按无洞情况配楼板底筋,墙或楼板预留洞周边按设计要求配置加强钢筋。

问题6　柱箍筋安装的质量通病

原因:(1)箍筋间距过大,不符合设计要求。箍筋与柱筋不垂直,交点未绑牢。(2)柱筋上下两端的加密箍的间距、数量、加密区高度等未按要求设置。(3)柱受力钢筋绑扎搭接范围内箍筋未加密。(4)柱箍未按抗震要求设135°弯钩,弯钩端平直段长度不够10d。

规范做法:(1)箍筋下料制作时要按设计要求,有抗震要求的必须设135°弯钩,或将箍筋绑好后再用工具扳成135°弯钩。(2)箍筋与主筋要垂直,箍筋转角处与主筋交点均要绑扎,主筋与箍筋非转角部分的相交点采用梅花交错绑扎。(3)箍筋安装前要做好交底工作,相互提醒,应把箍筋接头位置相互错开绑扎。箍筋前最好用粉笔划好位置。(4)柱箍的加密高度必须按设计图纸、规范要求设置。

问题7　节点区箍筋安装的质量通病

原因:(1)节点内无箍筋,或箍筋挤在一起没有分开。(2)节点箍筋与主筋不垂直,节点内钢筋较多较密,布置不合理,箍筋歪斜使墙、柱筋出现偏位。(3)节点内箍筋间距过大,没有按加密要求配置。

规范做法:(1)按设计要求下料,安装前做好交底工作。(2)根据节点的高度,把节点内的箍筋按加密间距用附加钢筋点焊焊接成笼形,然后在摆放梁钢筋前套入节点墙、柱受力筋。

问题8 梁箍筋安装的质量通病

原因：(1)梁端箍筋加密长度不够，间距偏大。(2)梁箍筋与主筋不垂直，梁受力截面减小。(3)主次梁节点处，主梁两侧附加箍筋设置不符合要求。(4)梁端第一个箍距节点边距离太大。

规范做法：(1)按设计要求的尺寸正确制作成型箍筋，以保证钢筋绑扎不偏位。主次梁相交处加密箍筋为每侧3个间距50mm的同直径箍筋。(2)梁支座处的箍筋从梁边或墙边50mm处开始设置。有抗震要求的梁箍筋带有135°弯钩，且在梁中交错布置。(3)梁端箍筋加密区长度及箍筋间距要严格按设计要求和施工规范要求设置。梁端箍筋加密区长度为不小于1.5倍梁高(一级抗震为2倍梁高)，且不小于500mm。(4)箍筋安装与梁纵向受力筋垂直，间距符合设计要求，绑扎牢固。严格钢筋的隐蔽验收，不符合要求不能浇筑砼。

问题9 梁、墙、柱钢筋绑扎搭接的质量通病

原因：(1)搭接范围内没有绑3道扎线，只绑两道或一道。(2)钢筋搭接长度太短不符合设计要求，或钢筋搭接太长浪费材料。(3)搭接的钢筋呈交叉状、歪斜，或两钢筋相间的距离较大没能绑在一起。(4)相邻的绑扎接头没有错开，或错开距离不符合要求，或同一断面内绑扎接头百分率超过要求。

规范做法：(1)墙、柱、梁主筋尽量按最长下料，能不断开的地方就不断开，安装前先向工人做好交底工作。(2)梁底跨中1/3、梁面支座两侧负筋范围内一般不搭接，采用通长筋。(3)有绑扎搭接的部位，应先排好钢筋使钢筋并在一起，绑扎好搭接点，绑3道，绑扎牢固。(4)墙柱钢筋如有偏位的，应处理好复位后再绑扎搭接上段钢筋。(5)绑扎接头相互错开，错开的净间距为0.3倍搭接长度。

问题10 梁、墙、柱钢筋的保护层的质量通病

原因：(1)主受力筋保护层垫块不到位或厚度不符合要求。(2)梁板底未设置保护层垫块，砼浇筑后箍筋显露。梁板面筋位置不正确或砼厚度不够致面筋显露在外。(3)保护层垫块绑在箍筋上，且固定不牢。(4)钢筋绑扎时整个钢筋骨架歪扭，模板安装时垫块撞脱，钢筋挤压在模板上无保护层。(5)墙、柱

钢筋有偏位较大的，钢筋处理不当或未及时回位，导致一侧或两侧保护层过厚。

规范做法：(1)柱、墙、梁钢筋骨架的侧面与模板间必须用埋于混凝土垫块中铁丝与纵向钢筋绑扎固定，垫块间距一般在 1m 以内，垫块厚度应一致，为纵向钢筋保护层的厚度。(2)梁底钢筋保护层垫块，在沉放梁骨架之前可在梁底放入 25mm 的短钢筋头或垫入 25mm 厚的砂浆垫块，要保证整个钢筋骨架不直接贴紧模板。(3)主筋保护层厚度应符合设计要求。(4)梁板钢筋面筋的安装要符合设计要求，施工时楼面应放有标高控制线。(5)加强现场管理，严格钢筋的隐蔽验收，不合格不能浇筑砼。

问题 11　楼面及屋面板钢筋的安装质量通病

原因：(1)板底筋长度不够，端部未过梁中线。(2)板面负筋不到位，间距大小不均不符合要求。(3)负筋较细，马凳支垫不牢，无可靠保护措施，施工中对其任意踩踏。(4)有双层钢筋的板，其面筋支垫不当，局部或大部分底、面筋重叠基本无间距。(5)板筋绑扎不牢，间距不均，不顺直且较混乱。

规范做法：(1)严格按设计图纸和有关技术规定进行绑扎与安装。(2)板中受力钢筋的位置，一般是距梁边或墙边 50mm 开始放置。(3)双向板中两个方向的受力钢筋位置，应将承受弯矩较大方向的受力钢筋放置在受力较小钢筋的外侧。(4)板钢筋的绑扎，除靠近外围两行的钢筋相交点必须全部扎牢外，中间部分交叉点可间隔交错绑扎，但在双向板中要全部扎牢。(5)板上部钢筋与负筋应每隔一定的间距用钢筋支架托住。严禁在已成型的板面钢筋网上踩踏行走。(6)板面分布筋应放置在板面受力钢筋或支座负筋下面。(7)有板带梁时，应先绑板带梁钢筋，再摆放板钢筋。(8)屋面板筋在屋脊及边梁部位的锚固长度必须符合设计及规范要求。

问题 12　板筋保护层的质量通病

原因：(1)板底筋未放置保护层垫块，或垫块间距太大，或垫块厚度不符合要求。(2)面筋未采取有效措施保证其位置，或马凳支撑不当、绑扎不牢，或间距过大，造成局部面筋保护层超厚，又有局部面筋保护层超薄。(3)垫块位置不当，有的板筋只在周边设置了垫块，有的板筋只在中间部位放置垫块。(4)砼拆模后，钢筋明显外露，或保护层太薄，钢筋锈蚀印较明显。

规范做法：(1)板筋的保护层垫块应统一制作。(2)板筋绑扎完成后，再放置垫块，面筋用马凳支撑并绑扎牢固，保证面筋的位置。马凳间距一般控制在1000mm 内。(3)严格钢筋隐蔽验收，没有保护层或保护层不合格的不准进行下道施工工序。

问题 13 后浇带钢筋安装的质量通病

原因：(1)后浇带钢筋绑扎混乱。钢筋上垃圾、杂物、泥、锈、旧砼较多。(2)后浇带处底面双层钢筋间距不符合要求。(3)局部漏设加强筋。(4)后浇带内止水钢板连接处没有焊接处理。(5)后浇带浇砼时板带钢筋没有焊接处理，或处理不符合要求。(6)后浇带内梁内箍筋松脱、间距不合要求，梁底有很厚一层旧砼包住钢筋。

规范做法：(1)后浇带部位的钢筋要绑扎牢固，要采取有效措施严防他人踩踏。(2)底、面筋之间要用马凳或短钢筋焊牢支顶，同时止水钢板与钢筋之间要连接牢固。(3)后浇带内两侧的板筋和附加的加强钢筋要按设计要求完全分开，间距要符合设计要求。绑扎牢固以免砼浇筑时移位。(4)后浇带钢筋在浇砼之前应采取覆盖措施，以保护钢筋不受到污染和扰动。(5)浇筑砼时两侧的板筋要整理复位，清理干净钢筋上的污染物，然后逐条焊接，支顶好上下层钢筋位置。(6)后浇带在浇筑砼之前要重新进行钢筋隐蔽验收。

问题 14 钢筋的成品保护的质量通病

原因：(1)柱子钢筋绑扎后，踩踏柱子箍筋。(2)梁板钢筋安装完成后在钢筋上任意踩踏，堆放材料等，上层面筋被踩塌、绑扎点松脱后没有做任何的保护措施。(3)钢筋完成后没有及时浇筑砼，钢筋没有受到保护被污染，如后浇带钢筋。

规范做法：(1)柱子钢筋绑扎后，不准踩踏，要向工人做好交底。(2)楼板的弯起钢筋、负筋绑扎好后，不得在上面踩踏行走，不得在上面堆放其他材料等。浇筑砼时派钢筋工专门负责修理，保证负弯矩钢筋的位置的正确性。(3)安装电线管、暖卫管线中其他设施时，不得任意切断和移动钢筋。(4)钢筋模板内落入的垃圾、泥等要及时清理,若钢筋绑扎好后等待浇筑砼的时间较长,则应对钢筋进行覆盖保护。

三、混凝土工程

问题1　墙柱根部错台、烂根

原因:(1)墙柱根部楼面混凝土不平整,在模板支设时底口封堵不严漏浆而产生烂根。(2)墙柱侧模根部跑模漏浆而产生烂根。(3)根部混凝土欠振捣造成烂根。

规范做法:(1)模板支设前尽可能保证楼地面平整,模板底口封堵严密。(2)模板拼缝严密,支撑稳定牢固。(3)外墙配置专用“吊梆模”。(4)混凝土振捣时严格控制振动棒插入深度、插入间距和振捣时间。

问题2　缺棱掉角

模板拆除后结构或构件边角处混凝土局部掉落,不规则,棱角有缺陷。

原因:(1)木模板未充分浇水湿润或湿润不够,混凝土浇筑后养护不好,造成脱水,强度低,或模板吸水膨胀将边角拉裂,在拆模时棱角被粘掉。(2)低温施工过早拆除侧面非承重模板。(3)在拆模时,边角受外力或重物撞击,或保护不好,棱角被碰掉。(4)模板未涂刷隔离剂,或涂刷不均。

规范做法:(1)木模板在浇筑混凝土前应充分湿润,混凝土浇筑后应认真浇水养护,拆除侧面非承重模板时,混凝土应具有 $1.2N/mm^2$ 以上强度;拆模时注意保护棱角,避免用力过猛过急;吊运模板,防止撞击棱角。(2)增加模板数量,控制模板拆除时间。(3)处理办法:将缺棱掉角处松散颗粒凿除,冲洗并充分湿润后,用1∶2或1∶2.5配比的水泥砂浆抹补齐整,或用比原来高一等级混凝土捣实补好,认真养护。

问题3　未按要求留置施工缝

原因:(1)施工方案不合理,技术交底不清楚,应急措施不到位。(2)对施工缝留置不重视,事前准备工作不到位。(3)再次浇筑混凝土时对接茬部位没有进行彻底清理。

规范做法：(1)施工缝的设置要综合考虑以下原则：施工缝应留在结构剪力较小的部位；施工缝一般应垂直于结构的纵轴线；施工缝应避开结构的薄弱环节；施工缝的设置应考虑施工简便易行；施工缝的设置可用结构后浇带。(2)做好应急措施。(3)施工缝处理方法：无防水要求的施工缝处理方法：旧混凝土接触处，彻底清除施工缝处残渣，并用压力水冲洗干净，充分湿润，将残留在混凝土表面的积水予以清除；将钢筋上的油污、水泥砂浆及浮锈等清除；在浇筑混凝土前，先在施工缝面涂刷专用混凝土界面剂。有防水要求的施工缝处理方法：和无防水要求的施工缝处理方法相同，另外，需在施工缝处增设止水带，止水带采用镀锌钢板止水带。

后浇带、施工缝处混凝土浇筑施工注意事项：施工缝处采用镀锌钢板止水带焊接连接，施工时确保止水带位置准确，焊接牢固，在浇筑前先对其清理，并涂刷混凝土界面剂，表面凿毛，保证混凝土的粘结、防水性能。

问题4　混凝土振捣不密实

原因：(1)振捣棒插入的间距过大。(2)分层浇筑，下料厚度过大，振捣深度不够。(3)局部钢筋过密。(4)振捣时间过快。(5)局部漏振。

规范做法：(1)混凝土分层浇筑，分层厚度一般为300mm～500mm。当水平结构的混凝土浇筑厚度超过500mm时，可按1∶6～1∶10坡度分层浇筑，且上层应超前覆盖下层混凝土500mm以上。(2)振捣混凝土时振动棒插入的间距一般为400mm。振捣时间一般为15s～30s。并且在20min～30min后对其进行二次复振。(3)墙柱新浇混凝土与下层混凝土结合处，应在底面上均匀浇筑500mm厚与结构成分相同的水泥砂浆或细石混凝土。(4)对于有预留洞、预埋件、钢筋密集的部位，应预先制定好相应的技术措施，确保顺利布料和振捣密实。

问题5　现浇结构板收面粗糙

原因：技术人员交底不清，检查不到位，工人对工程质量意识淡薄。

规范做法：(1)要充分考虑混凝土浇筑后必要的技术间歇时间，以便于成品保护。浇筑时合理安排作业面，保证在混凝土初凝前完成振捣、找平和初次收面。(2)混凝土找平后用木抹子压一遍,同时将局部不平整的地方修复。混凝土从浇筑成型至初凝期间,固体颗粒下沉,水分上升,即在表面产生泌水,同时混凝土发生沉降收缩。在这种情况下,即混凝土初凝后(操作人员踩上去有脚印但不下陷)用铁抹子进行二次收面(也可用磨光机进行磨面),直到表面平整无砂眼为止。表面压光后用专用工具将其拉毛。这样可以使混凝土表面组织重新排列,消除表面泌水和干缩,增加密实度。(3)二次收面后立即进行覆盖保温、保湿养护。

问题6　结构性裂缝,混凝土现浇结构板贯穿裂缝(渗水)

原因:(1)施工单位模板支撑体系投入不够。上层顶板砼浇筑前早已将下一层的支撑体系拆除(严重违规)。(2)荷载超标。上层模板、钢管支架、钢筋、未凝固的砼、振捣及下料冲击荷载,大大超过设计承载力。(3)拆模过早或过早堆载。

规范做法:(1)加强混凝土早期养护,浇灌完的混凝土要及时养护,防止干缩,冬季施工期间要及时覆盖养护,防止冷缩裂缝产生。(2)加强施工管理,混凝土施工时应结合实际条件,采取有效措施,确保混凝土的配合比、塌落度等符合规定的要求并严格控制外加剂的使用,同时应避免混凝土早期受到冲击,增强结构支撑体系。(3)严格控制拆除承重底模的时间,控制楼面堆载。

问题7　非结构性裂缝,混凝土浇筑完后表面出现起皮开裂

原因:(1)混凝土塌落度过大,施工人员在第一次收面时大量洒水,由于混凝土表面水分蒸发过快形成塑性收缩裂缝。(2)没有把握好二次收面时间,甚至没有进行二次收面。(3)成型后没有及时进行养护。

规范做法:(1)严格控制混凝土塌落度,严禁在浇筑过程中加水。(2)混凝土浇筑后初凝后终凝前必须进行二次收面。(3)加强保温、保湿养护。

问题8　蜂窝、麻面、孔洞

原因:(1)模板表面粗糙并粘有干混凝土,浇灌砼前浇水湿润不够,或模板缝没有堵严,浇捣时,与模板接触部分的砼失水过多或滑浆,砼呈干硬状态,使砼表面形成许多小凹点。(2)砼搅拌时间短,加水量不准,砼和易性差,砼浇筑

后有的地方砂浆少石子多。(3)砼浇灌没有分层浇灌,下料不当,造成砼离析。(4)配合比计量不准,砂石级配不好;搅拌不匀;模板漏浆;振捣不够或漏振;一次浇捣混土太厚,分层不清,混凝土交接不清,振捣质量无法掌握;自由倾落高度超过规定,混凝土离析、石子赶堆;振捣器损坏,或临时断电造成漏振;振捣时间不充分,气泡未排除。(5)模板清理不净,或拆模过早,模板粘连;脱模剂涂刷不匀或漏刷;木模未浇水湿润,混凝土表面脱水,起粉;浇注时间过长,模板上挂灰过多不及时清理,造成面层不密实;振捣时间不充分,气泡未排除。(6)钢筋太密,混凝土骨料太粗,不易下灰,不易振捣;洞口、坑底模板无排气口,混凝土内有气囊。

规范做法:(1)浇灌混凝土前认真检查模板的牢固性及缝隙是否堵好,模板应清洗干净并用清水湿润,不留积水,并使模板缝隙膨胀严密。(2)混凝土搅拌时间要适宜,一般应为1min~2min。(3)混凝土入模后,必须掌握振捣时间,一般每次振捣时间为20s~30s。合适的振捣时间可由下列现象来判断:混凝土不再显著下沉,不再出现气泡,混凝土表面出浆且呈水平状态,混凝土将模板边角部分填满充实。(4)严格控制配合比,严格计量,经常检查;混凝土搅拌要充分、均匀;下料高度超过2m要用串筒或溜槽;分层下料、分层捣固、防止漏振;堵严模板缝隙,浇筑中随时检查纠正漏浆情况。(5)模板要清理干净,浇筑混凝土前木模板要充分湿润,钢模板要均匀涂刷隔离剂;堵严板缝,浇筑中随时处理好漏浆;振捣应充分密实。(6)在钢筋密集处采用高一强度等级的细石混凝土,认真分层捣固或配以人工插捣;有预留孔洞,应从其两侧同时下料,认真振捣;及时清除落入混凝土中的杂物。

问题9　梁柱接头高低标号混凝土分隔不清

部分柱梁节点出现低等级砼浇至高等级区域,柱头出现"软夹层"现象,存在质量隐患。隔离钢丝网加固不牢。

原因:技术人员交底不清,检查不到位。

规范做法:编制专项施工方案,并向作业人员进行技术交底。严格控制砼的浇筑时间,防止冷缝出现,防止低标号砼流入高标号区域。离开柱身30cm处,在梁内埋设双层20目隔离钢丝网并加固牢固,高等级砼应堆至板面,允许高标号砼流入低标号区域,不允许低标号砼流入高标号区域。

问题10　试块留置不规范

原因:(1)普通混凝土试块留置组数不符合规范要求,同条件和标准养护试块放置位置不符合要求。(2)抗渗混凝土试块留置组数不符合规范要求,同条件和标准养护试块放置位置不符合要求。

规范做法:(1)当一次连续浇筑超过 $1000m^3$ 时,同一配合比混凝土每 $200m^3$ 混凝土取样不得少于一次。(2)每一楼层,同一配合比混凝土取样不得少于一次。(3)每次取样至少留置一组标准养护试件,同条件养护试件的留置组数应根据实际需要确定(一般不少于2组)。(4)同一混凝土强度等级、抗渗等级、同一配合比,生产工艺基本相同,每单位工程不得少于两组抗渗试块(每组6个试块)。(5)试块应在浇筑地点制作,其中至少一组应在标准条件下养护。其余试块应与构件在相同条件下养护。(6)留置抗渗试块的同时需留置抗压强度试件并应取自同一盘混凝土拌和物。(7)同条件试块制作拆模后,应在试块上注明制作时间、等级、工程部位。焊制钢筋笼或木箱将试块存放在楼层内,与构件在相同条件下养护并计算龄期。(8)完善标准养护室内设施,健全管理制度。

问题11　混凝土加水

原因:(1)搅拌站配比有偏差或者计量不准确,造成混凝土塌落度偏小,其可泵性降低,增加堵管风险,加大作业难度。(2)在混凝土浇筑过程中,工人贪图作业方便,未经塌落度测试,全凭习惯或经验盲目加水。(3)搅拌站与作业现场距离较远,或者受现场作业条件限制,不能持续作业,造成罐车长时间等待。

规范做法:(1)选用质量及信誉可靠的搅拌站供应混凝土。同时,应考虑混凝土运距造成的质量降低及成本的增加。(2)作业前,应检查准备工作的落实情况,包括停水停电等突发情况的应对措施。(3)作业前必须进行技术交底,明确质量目标,责任到人。根据《混凝土结构工程施工规范》(GB 50666-2011)第8.1.4项要求,混凝土运输、输送、浇筑过程中,严禁加水。

四、填充墙砌体

问题1 门窗过梁质量问题

原因：(1)交底不清，检查不到位。(2)预制过梁振捣不密实。

规范做法：(1)集中浇筑过梁时，下部须在平整的硬地坪上或铺设夹板，采用平板(或小型手提式)振动机振实。(2)过梁选用长度应为洞口宽加500mm，过梁两边应各搁入墙内250mm；厚度不小于洞口净宽的1/10，大于1200mm的门洞过梁应配置箍筋，具体规格按相应设计要求选用。(3)过梁顶与结构底标高之差小于过梁高度时，宜与结构梁一起现浇，现浇过梁底标高宜应考虑地面装饰厚度。(4)当门窗洞与柱、墙边距离小于300mm时，应在柱墙植过梁钢筋，过梁改为现浇，浇筑前应将柱、墙面打成槽齿状。

问题2 组砌方式不当

原因：(1)搁底排砖不正确。(2)由于混水墙墙面要抹灰，忽视组砌方式。(3)没有按照皮数杆控制砌砖层数造成砖墙错层。

规范做法：(1)控制好摆砖搁底，在保证砖砌灰缝8mm～10mm的前提下考虑到砖垛处，窗间墙、柱边缘处用砖的合理模数。(2)对混水墙的砌筑，要加强对操作人员的意识教育，砌筑时要认真操作，墙体中砖缝搭接不得少于1/3砖长。(3)半头砖要求分散砌筑，一砖或半砖厚墙体严禁使用半头砖。(4)确定标高，立好皮数杆。第一层砖的标高必须控制好，与砖层必须吻合，砌筑前将墙体按照层高画出排版图。(5)砖墙横竖向的砂浆都必须饱满，每砌完一层砖，都要进行一次竖缝刮浆塞缝工作，以提高砌体强度。

问题3 砖缝砂浆不饱满(且未勾缝)

(1)竖向灰缝不应出现瞎缝、透明缝和假缝。(2)砌体灰缝砂浆应密实饱满，砖墙水平灰缝的砂浆饱满度不得低于80%。

原因：(1)砖层水平灰缝和易性差，砌筑时挤浆费劲，使底灰产生孔穴，砂浆层不饱满。(2)铺灰过长，砌筑速度跟不上，砂浆中水分被底砖吸收，使砌上的砖层与砂浆失去粘结。(3)用干砖上墙，使砂浆早期脱水而降低标号。

规范做法:(1)改善砂浆和易性是确保灰缝砂浆饱满和提高粘结强度的关键。(2)改进砌筑方法,并推广“三一砌筑法”。(3)严禁用干砖上墙,冬季施工时(白天在0℃以上)也应将砖面适当湿润后再砌筑。(4)控制蒸压加气块的规格尺寸,用干粉粘结剂作砌体粘合,并采用1mm厚镀锌铁板制成的L形专用角铁,用射钉及膨胀螺栓使填充墙与柱、墙顶梁、构造柱拉结,将灰缝控制在2mm~3mm。(5)采用薄层砂浆砌筑法(薄层砂浆砌筑法是指采用蒸压加气混凝土砌块粘结砂浆砌筑蒸压加气混凝土砌块墙体的施工方法,水平灰缝厚度和竖向灰缝宽度为2mm~4mm)进行砌筑的墙体,灰缝厚度控制在2mm~4mm范围内,采用专用砌筑粘结剂进行砌筑,水平灰缝和竖向灰缝饱满度要求达到100%。

问题4　墙体顶部砌筑不符合要求,灰缝不密实

原因:(1)砌体施工没有立皮数杆,灰缝不均匀。(2)标高控制不到位。

规范做法:(1)施工前交底清楚,墙两端立皮数杆,严格控制标高。(2)按照《砌体结构工程施工质量验收规范》(GB 50203－2011),在填充墙与承重主体结构间的空(缝)隙部位施工,应在填充墙砌筑14天后进行。在墙体砌筑14天后,砖墙墙顶应用标准砖斜砌,逐块刮浆挤紧,砖的倾斜度控制在60°左右(即200mm高)。(3)当墙体长度≤2m时应沿同一方向斜砌,两端放置预制三角混凝土块,当墙体长度>2m时应双向斜砌,中间放三角混凝土块;里外砂浆应填塞紧密,外墙外侧1/2厚斜砖待结构验收前镶砌。(4)对于砌块墙:通过皮数杆控制填充墙顶部的高度,可留30mm空隙,内部用细石混凝土嵌实,外部用砂浆抹实。(5)砌块墙的批数须严格按皮数杆设置,局部尺寸可通过下部的导墙调整,顶部可平砌不小于100mm厚薄砌块,最后30mm~50mm空隙用干硬性膨胀细石混凝土填塞。

问题5　墙体拉结筋布置不当

原因:(1)技术交底不清楚或没进行交底,不按图施工。(2)施工管理不够严格,操作者未按设计图纸和规范设置拉结筋。

规范做法:(1)施工前组织技术交底工作。(2)施工时墙头要立皮数杆,严

格控制灰缝厚度。(3)每 120mm 墙厚放置 1Φ6 拉结钢筋(240mm 墙厚应设置 2Φ6 拉结钢筋),墙厚大于 240mm 时配置 3 根直径 6mm 拉结钢筋,间距应不超过 500mm,末端设弯钩。(4)伸入砌体墙体内 3Φ6 拉结钢筋的端部弯钩采用向墙体外侧弯曲 90°的做法,钢筋弯钩伸出墙面 5mm ~ 10mm,便于检查拉结钢筋设置情况。

问题 6　窗台混凝土压顶未伸入窗墙体两侧

原因:(1)交底不明确,标准不统一,导致窗台压顶伸入墙体的长度不够。(2)砌体施工各班组间配合不合理,砌筑施工时,钢筋混凝土班组未及时施工,待砌筑施工后无法再将窗台压顶伸入墙体。

规范做法:(1)在砌体施工前应对砌体队伍的管理人员和一线工人做详细而全面的质量技术交底,明确施工要求及相关技术标准,防止因交底不到位、不清晰而产生质量问题。(2)合理规划砌体各施工班组间的施工顺序,当砌筑施工至窗台标高时,钢筋混凝土班组应及时插入施工。(3)外墙门窗洞口的位置、尺寸应符合设计要求;外墙窗台板应采用细石混凝土浇制,且内高外低。窗台板厚度不宜小于 100mm,伸入两侧墙体的长度不应小于 250mm 或满足设计要求。

问题 7　圈梁、构造柱质量通病

质量问题:(1)外墙构造柱未一次性浇筑到顶,二次浇筑后未振捣密实。(2)墙长度大于 5m 或墙端没有钢筋混凝土墙柱时,未在墙中间或墙端部加设构造柱。(3)构造柱两边(三边)墙砌成平直,不留马牙槎或马牙槎间距过大。(4)墙长大于 5m 时,墙顶与梁未有拉结,墙高超过 4m 或 100mm 墙高大于 3m 时未在半层层高处或门窗洞顶设钢筋混凝土圈梁。

原因:(1)未按相关规定和设计图纸的要求设置构造柱与墙体连接。(2)交底不清楚,工人贪图施工方便。

规范做法:(1)墙长大于 5m 时,墙顶与梁宜有拉结,或墙端没有钢筋混凝土墙柱时,应在墙中间或墙端部加设构造柱墙厚 × 200mm;墙高超过 4m 时或 100mm 墙高大于 3m 时应在半层层高处或门窗洞顶设钢筋混凝土圈梁。(2)构造柱两侧砖墙应砌成马牙槎并设置好拉结钢筋。(3)按照绑扎构造柱钢筋→砌筑墙体→安装模板→浇筑构造柱混凝土的工序施工。(4)马牙槎从柱脚开始应先退后进,长度为60mm。(5)构造柱一侧模板满封,另一侧模板顶端临空做成V口,伸出构造柱面10cm,形成斜三角,与构造柱一起浇筑,使顶部混凝土密实,待拆完模板,混凝土达到强度后,将斜三角剔凿平。(6)支模时应加设海绵条防止漏浆。

问题8　门垛设置不合理

原因:(1)施工前,未进行图纸优化。(2)施工管理要求不够严格,没有认真检查和监督。

规范做法:(1)蒸压加气混凝土砌块与混凝土柱、墙相接,小于300mm的墙垛,必须用支模浇筑钢筋混凝土;连接筋Φ6@300、两顶角2Φ10配筋,与混凝土柱或墙采用植筋连接。(2)灰砂砖或其他标准砖与混凝土柱、混凝土墙相接,小于240mm的门垛,必须支模浇筑钢筋混凝土;配筋同上。

问题9　防水坎台

质量问题:(1)室内有防水要求的部位(包括厨房、卫生间、阳台、露台)未设置防水坎台。(2)防水坎台与原混凝土接触面未进行基底凿毛处理。

原因:(1)技术交底不清楚,或未进行技术交底。(2)为赶工期,工人贪图施工方便。

规范做法:(1)按照《砌体结构工程施工质量验收规范》(GB 50203－2011):在厨房、卫生间、浴室等处采用轻骨料混凝土小型空心砌块、蒸压加气混凝土砌块砌筑墙体时,墙底部宜现浇混凝土坎台,其高度宜为200mm。(2)建议混凝土坎台与主体结构混凝土一次性浇筑成型。(3)如混凝土坎台未能与主体结构混凝土一次性浇筑成型,楼面混凝土浇筑终凝前进行拉毛处理或坎台浇筑前楼板面和侧墙进行凿毛处理,清理干净垃圾,并洒水湿润,充分振捣,提升坎台成型质量。

问题10　砌体外墙孔封堵(外墙脚手眼堵塞不严或封堵方法不正确导致外墙渗水)

原因:(1)技术交底不清楚,工人质量风险意识淡薄。(2)收尾期间无专业施工人员，用杂工代为草率施工。

规范做法：(1)孔洞尺寸≤100mm 时，需用水泥砂浆(添加防水剂和膨胀剂)分次堵塞。(2)孔洞尺寸>100mm 时，需用细石混凝土(添加防水剂和膨胀剂)封堵，并充分插捣密实。

问题 11　抹灰墙面空鼓、裂缝

原因：(1)未严格按要求在不同材质基层交界处挂网。(2)甩浆质量差，存在漏甩现象。(3)抹灰完成后未及时有效地养护。

规范做法：(1)将抹灰表面的砂浆残渣、污垢、隔离剂等物质清除干净。(2)砂浆使用含泥量不大于 3% 的中砂。(3)对不同基体材料相接处和局部抹灰厚度超过 3cm 的部位必须加设抗裂网片。(4)墙面抹灰坚持分遍成活，每遍抹灰厚度应控制在 5mm～8mm，不得超过 10mm。(5)控制抹灰用砂浆存放时间：当气温≤25℃时，180min 内用完；当气温>25℃时，150min 内用完。对已结硬的砂浆不得再加水拌和后使用。(6)对新抹灰层应根据气温和环境条件适当进行喷水养护。(7)有条件的项目，可预先在墙体基层满挂纤维网。(8)甩浆应密集，使毛刺感较强，不得漏甩。

问题 12　砖砌体外墙渗漏

原因：(1)灰缝不饱满，有透光缝。(2)窗台压顶锚入两侧砌体长度不够，应力集中出现裂缝。(3)顶砌施工时间过早。(4)抹灰层开裂形成渗水通道。

规范做法：(1)外墙砌筑材料应采用烧结页岩多孔砖，不宜使用加气混凝土砌块。(2)外墙砌筑灰缝应饱满，双面勾缝。(3)窗台压顶锚入两侧砌体长度每边≥250mm，压顶厚度≥100mm。(4)顶砌施工应在砌体完成 7 天后进行。(5)砖砌体墙与混凝土梁柱交接处在抹灰前须张挂钢丝网，两侧搭接长度每边≥200mm；若砌筑材料为加气混凝土砌块，则应满挂钢丝网。钢丝网材质为热镀锌钢丝网，直径>0.9mm，网孔尺寸≤20mm×20mm。(6)若采用加气混凝土砌块作为外墙填充墙砌筑材料，则应采用专用砂浆砌筑，应增加外墙防水构造层或找平层，其抹灰材料应选用抗裂防水砂浆以防墙面开裂，粉刷三遍成活，以保证防水效果；且每层抹灰厚度应≤10mm，当抹灰厚度≥35mm 时应有挂网等防裂防空鼓措施。(7)若采用砂加气混凝土精确砌块作为外墙砌筑材料,则不得使用发泡胶作为顶砌材料,应使用防水砂浆进行顶砌。并在顶砌完成后设置JS防水层,范围为顶砌部位四周外扩20mm。

问题13　外墙窗渗漏

原因:(1)窗台压顶坡度不够,排水不顺畅。(2)窗框四周塞缝不严。(3)窗框安装过程中砌体遭到破坏。(4)窗框塑料包装纸老化形成渗水通缝。

规范做法:(1)窗台压顶应内高外低,坡度10%或高差2cm。(2)当窗框四周缝隙≤30mm时,窗框底部及两侧上反30cm范围内缝隙应采用防水砂浆封堵,顶部及两侧其他部位缝隙采用发泡胶封堵密实;当窗框四周缝隙>30mm时,应配筋浇筑C20细石混凝土。(3)砌体在砌筑过程中应在窗洞两侧留置混凝土预制块,上下预制块离端部距离≤150mm,中间预制块间距≤500mm,用于窗框固定片的固定。(4)窗框在安装前应使用美工刀将塑料包装纸最外侧一部分去除。(5)外框四周抹灰层终凝前进行压槽处理,待窗安装完成后用密封胶封堵严实。胶缝采用矩形截面胶缝时,密封胶的有效厚度应大于6mm;采用三角形截面胶缝时,密封胶截面的宽度应大于8mm。

问题14　加气块强度不足

原因:加气块生产线中出现加气块强度差是因为在蒸压釜工序没有被蒸熟,用建材行业的话来说就是“夹生饭”,即加气块出釜后切开,里边没有蒸透,造成外面熟了里面还是生的,这就是“夹生饭”。

规范做法:(1)料浆计量和粉料的计量要精准无误。(2)加入的铝粉要经过搅拌机搅拌后按照相关的比例加入浇注机内。(3)预养阶段要注意用专业的检测仪器来对模箱内的液体、坯体实时检测。(4)切割好的坯体要经过蒸压釜进行蒸压养护,购买的蒸压釜尺寸要在2m以上,且工作压力要达到1.3MPa,设计温度和工作温度均要达到200℃,如采用小尺寸和压力小的蒸压釜,也容易出现“夹生饭”的现象。

五、钢结构工程

问题1 钢材质量问题

(1)裂纹：钢材表面在纵横方向上出现断断续续、形状不同的裂纹。(2)夹渣：钢材内部有非金属物掺入。(3)分层：在钢板的断面上出现顺钢板厚度方向分成多层。(4)缺棱：沿钢材某侧面长度方向通长或局部出现缺少金属棱角，缺棱处表面较粗糙。(5)结疤(重皮)：钢材表面呈现局部薄皮状重叠。(6)气泡：钢材表面局部呈现沙丘状的凸包。(7)压痕：轧辊表面局部不平或有非轧件落入而经轧制后在钢材表面呈现的印迹，分布有一定规律性。(8)氧化铁皮：钢材表面粘附着以铁为主的金属氧化物。(9)锈蚀：钢材轧制后受潮氧化产生的氧化物。(10)麻点：钢材表面呈凹凸不平的粗糙度，有局部的也有持续和周期性分布的。

原因：(1)产生裂纹的主要原因是钢材轧制冷却过程中产生应力。(2)夹渣主要是锭坯粘有非金属夹杂物，在轧制时未脱落，也可能是在冶炼、烧铸过程中带入夹杂物，轧制后暴露出来的。(3)分层有两种情况，一种是非金属夹杂物存在于钢材内部，又称夹灰；另一种是厚度方向拉力不足，使用时造成的分层。(4)结疤中有较多的非金属夹杂物或氧化皮，不规则地分布在轧件上，而且局部与基本金属相连接。结疤可能是在铸锭期间产生的，也可能是在轧制过程中因材料表面位移或滑动而造成的。(5)重皮是指不规则鳞片状细小的表面缺陷，沿轧制方向延伸，其程度取决于变形量的大小。重皮是钢锭表面的冷溅及结疤未清理干净，或清理深宽比不够，坯料表面不平轧制而成。(6)起泡一般在轧制时显现出来，是冶炼、浇铸过程中脱氧不良造成的。(7)压痕是轧辊或其他辊子上粘贴的异物造成的。(8)轧入氧化皮，造成钢板表面凹坑的原因在热轧和加工过程中没有彻底清除氧化铁皮。(9)钢材轧制后在材料纵横断面的表面上出现断断续续与轧制方向一致的细小发状纹。(10)钢材轧制后堆放保管不当，长期受潮，露天堆放，受风吹雨淋或处于空气中腐蚀性强的环境，产生氧化反应造成麻点或片状锈蚀。(11)划痕和沟槽是轧件和设备之间摩擦运动造成的机械损伤。这种损伤基本上平行或垂直于轧制方向。(12)制作、安装和矫正过程中造成的钢材表面伤痕，有一定的规律性，有明显的损伤痕迹，冷加工后产生的伤痕呈现白亮的金属光泽。

规范做法：(1)钢结构切割面或剪切面应无裂纹、夹渣、分层和大于1mm的缺棱。(2)当钢材的表面有锈蚀、麻点或划痕等缺陷时，其深度不得大于该钢材厚度负允许偏差的1/2。(3)钢材表面的锈蚀等级应符合现行国家标准《涂装前钢材表面锈蚀等级和除锈等级》(GB 8923－88)(已废止)规定的C级及C级以上。(4)矫正后的钢材表面，不应有明显的凹面或损伤，划痕深度不得大于0.5mm，且不应大于该钢材厚度负允许偏差的1/2。(5)钢材表面不得有气泡、结疤、拉裂、折叠、夹杂和压入的氧化铁皮。(6)严格按设计图纸要求采购钢材，对于一些比较特殊的钢材，更需要了解其性能和特点。如对厚度方向性能有要求的钢板，不仅要求沿宽度方向和长度方向有一定的力学性能，而且要求厚度方向有良好的抗层状撕裂的性能。(7)把好原材料入库前的检验关。凡质量缺陷超标的材料，应拒绝使用。凡是在控制范围内的缺陷，可采用打磨等措施做修补。(8)应重视材料的保管工作。钢材堆放应注意防潮，避免雨淋结冰，有条件的应在室内(或棚内)堆放，对长期露放不用的钢材宜作表面防腐处理。(9)应重视钢材的复验，尤其是板厚≥40mm，且设计有Z向要求的厚钢板。(10)钢材上述缺陷在气割、剪切和焊接后都能较明显地暴露出来，一般采用放大镜观察、检查即可，但有特殊要求的气割和剪切面，则应按要求进行外观检查，必要时应采用渗透、磁粉或超声波探伤检查。(11)钢材表面锈蚀等级按现行国家标准《涂装前钢材表面锈蚀等级和除锈等级》(GB 8923－88)(已废止)，应优先选用A、B级，使用C级应彻底除锈。(12)在制作、安装过程应加强机械工具的正确使用，对产生的划痕和吊痕可采用补焊后打磨进行修整。

问题2　钢零件及部件加工质量问题

质量问题：(1)切割表面质量超标。(2)钢零件切割尺寸超差。(3)制孔粗糙。

原因：(1)切割嘴风线未调整，与被切割材料面不垂直，或作业平台不水平。(2)切割嘴选用不合适、气割火焰没有调整好，切割氧压力不当、切割嘴高度太高，切割嘴角度位置不当。(3)气割速度不当，气割设备运行轨道不平直。

(4)两个零件共享一根切割线时,未预留切割余量,对需要机加工的部件,没预留加工余量,或余量不足。(5)焊接件、火焰弯曲加工件或需要校正变形的构件,未预留收缩余量。(6)放样、号料过程中对工艺不熟悉,错误提供样板(样杆)或号料误读尺寸线。(7)工艺要求出错,技术交底或文件不清。(8)钢卷尺未经计量检定,长度读数误差较大,或计量调整方法有误,长距离测量未用弹簧秤。(9)孔壁粗糙、孔径不准确、孔呈椭圆,主要原因是磨钻头切削刀不到位,锋角、后角、横刃斜角没按规定磨好,用标准麻花钻在薄板上钻孔时,钻出的孔不圆,毛刺多,是因为没有将麻花钻切削部分磨到符合要求。(10)钢板重叠钻孔厚度太大,重叠钻时钢板未夹紧;钻孔的平台水平度不准,或工件没有放平引起孔的中心倾斜;磁座钻的电磁吸盘吸力不够,引起制孔精度超差;钻孔后孔边缘的毛刺未清除干净。

规范做法:(1)切割面平面度0.05t,且不应大于2.0mm(t为切割面厚度);割纹深度0.3mm;局部缺口深度1.0mm。安装焊缝坡口的允许偏差:①坡口角度:±5°;②钝边:±1.0mm。(2)气割的零件宽度、长度允许偏差为±3.0mm。机械剪切的零件宽度、长度允许偏差为±3.0mm,型钢端部垂直度为0mm。气割或机械剪切的零件,需要进行边缘加工时,其刨削量不应小于2.0mm。(3)C级螺栓孔(普通螺栓孔和高强螺栓孔),加工后孔壁表面粗糙度Ra不应大于25μm。其孔径的偏差应在0.0~1.0mm;圆度应不大于2.0mm;垂直度控制在0.03t且不大于2.0mm。制孔后应清除孔边毛刺。螺栓孔孔距小于500mm,两孔间距离的允许偏差为±1mm。(4)严格按照气割工艺规程所规定的要求,选用合适的气体配比和压力、切割速度、预热火焰的能率、割嘴高度、割嘴与工件的倾角等工艺参数,认真切割。(5)应按被切割件的厚度选用合适的气割嘴,气割嘴在切割前应将风线修整平直,且要超过被割件厚度的长度。(6)作业平台应保持水平,被气割件下应留有空间距离,不得将被切割物直接垫于被气割件下。(7)可用打磨、小线能量焊补后再打磨的办法,修正不合格的切割件。(8)放样、号料和气割、剪切中应考虑焊接收缩量、气割余量、边缘加工余量以及构件焊接后的变形矫正、加热弯曲以及其他工艺余量。开工前应做技术工艺内容交底,明确加工要求。编制工艺文件应考虑零部件的关系,加工要求、板厚处理等各种因素。应认真作业,加强工艺文件的审查,加强制作过程中的自检和互检。钢卷尺应计量合格,正确进行计量值修整,对长距离测量应使用弹簧秤测量。(9)充分做好生产前的准备工作,磨好钻头;熟悉工艺及验收标准;经常自检,发现差距及时纠正。正确地磨好钻头,达到规定的要求。切削时应注入充足的冷却液。(10)孔偏离的情况主要出现在侧向钻孔时,可选用强磁力座钻操作,或采用套模钻孔,或先用手持电钻钻出 4mm 小孔,再用磁力座钻扩孔。在条件允许的情况下,尽量在数控平面钻机或数控三向多轴钻床上钻孔。毛刺可用砂轮打磨掉。(11)在设计允许的前提下,用手工绞刀绞孔,以纠正粗糙度、孔径、椭圆度、孔距、孔中心线垂直度不符合要求等缺陷;设计不同意用扩孔纠正的孔,应按焊接工艺要求用焊接方法补孔、磨平、重新划线、重新钻孔或用套模钻孔,严禁塞物进行表面焊接。

问题 3　钢结构组装工程的质量问题

质量问题:(1)组装行位偏差。(2)拼接缝位置不当。(3)构件矫正后钢材表面损伤。(4)吊车梁端部高度尺寸超标。

原因:(1)组装操作不精细。(2)拼接位置在一般详图上不作规定,但作为加工常识,应使翼缘板、腹板各自的拼接缝位置符合规范规定。没有材料对接排版图,随意拼接造成对接位置不符合规范规定,或者虽有对接排版图,但在拼接组装过程中弄错方向位置,造成对接位置不符合规范规定。(3)构件过重或板材厚度过厚,矫正时一次压力太大,造成钢材表面损伤。所矫正的构件重量或厚度超出矫正设备范围。(4)对组装零部件的检查工作不重视,初组装部件尺寸控制措施不严;焊接变形收缩造成尺寸偏差超标。计量器具不合格或未能正确使用。

规范做法:(1)钢板对口错边允许偏差为 t/10 且不应大于 3mm(t 为钢板的厚度)。型钢错位连接处允许偏差为 1mm,其他处为 2mm。钢管对口错边允许偏差为 t/10 且不应大于 3mm(t 为管壁的厚度)。(2)焊接 H 形钢翼缘板拼接缝和腹板拼接缝的间距不应小于 200mm。翼缘板只允许长度拼接,拼接长度不应小于 2 倍板宽。腹板拼接宽度不应小于 300mm,长度不应小于 600mm。对于吊车梁构件的拼接设计要求除满足焊接 H 形钢拼接要求外,吊车梁上下翼缘板及腹板不得在跨中 1/3 范围内接头,三者的对接焊缝不应设在同一截面,应相互错开200mm以上，与加劲板也应错开200mm以上。(3)矫正后的钢材表面，不应有明显的凹面或损伤，划痕深度不得大于0.5mm，且不应大于该钢材厚度负允许偏差的1/2。(4)吊车梁端部高度≤2000mm时允许偏差为±2.0mm；端部高度>2000mm时允许偏差为±3mm。(5)施工前做好技术交底；精心切割、精心组装；行为尺寸达不到要求的，应拆下来重新组装。(6)应对焊接H形钢等构件材料进行排版，避免拼接位置不符合规范要求（特别吊车梁构件的拼接位置还应同时符合设计要求，并且避免加劲板或开孔位置处于拼接缝上）。拼接位置不符合规范规定的，应拆下来，更正后重新组装，已焊完，无法拆下的，只有设计认可才能同意验收。(7)过重或过厚的构件进行矫正时应采用多次矫正法，一般要求往返几次矫正（每次矫正量1mm～2mm）。构件的规格应在矫正机的矫正范围之内，超出矫正设备范围的构件应采用火焰法进行矫正。

问题4　焊接常见质量问题

质量问题：(1)焊接材料选用不当。(2)引熄弧板加设不规范。(3)焊缝裂纹。(4)气孔、飞溅物、咬边。(5)未焊满。

原因：(1)未认真审核图纸要求。(2)施工人员不了解加设引熄弧板的重要性，施工随意性较强。(3)厚工件施焊前预热不到位，道间温度控制不严，是焊缝出现裂缝的原因之一。焊丝焊剂的组配对母材不合适（母材含碳过高、焊缝金属含锰量过低）会导致焊缝出现裂纹。焊接中执行焊接工艺参数不当（如电流大，电压低，焊接速度太快）引起焊缝裂纹。不注重焊缝的形状系数，为加快进度而任意减少焊缝的道数，也会造成裂纹。(4)坡口及其周边一定范围内有油迹、锈斑、水渍、污物（特别是漆痕），是焊缝出现气孔的一个原因。焊丝镀铜层局部脱落，以致该部位生锈，也会使焊缝产生气孔。厚工件焊后未及时进行后热（去氢），或后热温度不够，或保温时间不够，都有可能使焊缝残留气孔。表面气孔与焊材烘焙温度不够，升温速度太快，保温时间不够有直接的关系。(5)飞溅物过多是焊接电流过大、电压太高或保护气体的流量不足造成的。(6)电源极性接反或磁偏吹。焊缝区域不清洁，有油污、水分、锈蚀、涂料等脏物。(7)焊接电流太大。焊条或焊丝偏离焊缝中心，角焊缝时焊条（丝）与水平夹角太大。焊接速度太慢、电弧长度太长、焊丝或焊条的直径太粗也是造成咬边的主要原因。(8)焊缝未焊满是盖面焊道的焊接速度太快,焊条、焊丝的直径太细,焊接电流太小,手工操作时手势不稳,突然加快焊接速度等原因造成的。

规范做法:(1)焊接不同类别钢材时,焊接材料的匹配应符合设计要求。(2)T形接头、十字形接头、角接接头和对接接头主焊缝两端,必须配置引弧板和引出板,其材质应和被焊母材相同,坡口形式应与被焊焊缝相同,禁止使用其他材质的材料充当引弧板和引出板。(3)《钢结构焊接规范》(GB 50661－2011)规定:焊缝不允许存在裂纹缺陷。(4)《钢结构焊接规范》(GB 50661－2011)规定:一、二级焊缝不允许存在气孔缺陷;三级焊缝允许每50mm长度焊缝内存在直径<0.4t且≤3mm的气孔2个;孔距应≥6倍孔径。(5)《钢结构焊接规范》(GB 50661－2011)规定:一级焊缝不存在咬边等缺陷。二级焊缝咬边允许偏差为深度≤0.05t且≤0.5mm,连续长度≤100mm,且焊缝两侧咬边总长≤10%焊缝全长。三级焊缝咬边允许偏差为深度≤0.1t且≤1mm,长度不限。(6)《钢结构焊接规范》(GB 50661－2011)规定:一级焊缝不存在未焊满等缺陷。二级焊缝未焊满允许偏差≤0.2mm＋0.02t且≤1mm,每100mm长度焊缝内未焊满累积长度≤25mm。三级焊缝未焊满允许偏差为≤0.2mm＋0.04t且≤2mm,每100mm长度焊缝内未焊满累积长度≤25mm。

问题5　钢结构紧固件连接工程质量通病

质量问题:(1)高强度螺栓紧固后丝扣未外露。(2)扭剪型高强度螺栓连接副终拧后,梅花头未拧掉。(3)高强度螺栓连接摩擦面外观不合格。(4)螺栓孔错位,违反设计要求采用切割扩孔。

原因:(1)螺栓施工时的选用长度不当或随手混用。接触面有杂物、飞边、毛刺等造成螺栓紧固后存在间隙,节点连接板不平整。(2)未使用钢结构专用扭矩扳手进行施工。设计原因造成空间太小无法使用专用扭矩扳手对高强度螺栓进行施拧。电动扳手使用不当,产生尾部梅花头滑牙而无法拧掉梅花头。连接处板缝若不用涂料封闭,特别是露天使用或接触腐蚀性气体的连接节点板缝不及时封闭,则潮气、腐蚀性气体从板缝处入侵,使接触面生锈腐蚀,影响使用寿命。(3)高强度螺栓连接摩擦面的外观质量直接影响摩擦面连接接触的抗滑移系数,影响连接节点的强度。摩擦面如有飞边、毛刺、焊疤等,在安装后将在摩擦面的接触面上产生间隙，导致抗滑移系数下降。摩擦面如涂油漆，与设计要求不符合，直接产生摩擦面抗滑移系数下降。(4)为了防止螺栓丝扣损伤而改变扭矩系数，高强度螺栓应自由穿入螺栓孔。切割扩孔，表面不规则，既削弱有效截面，减少压力传力面积，还会使扩孔处钢材有缺陷，故不得采用切割扩孔。扩孔直径的限制也是考虑到节点有效截面和摩擦传力面积的可靠性。

规范做法：(1)高强度螺栓连接副终拧后，螺栓丝扣外露应为2扣~3扣，其中允许10%的螺栓丝扣外露1扣或4扣。永久性普通螺栓紧固应牢固、可靠，外露丝扣不应少于2扣。(2)扭剪型高强度螺栓连接副终拧后，除因构造原因无法使用专用扳手终拧掉梅花头者外，未在终拧中拧掉梅花头的螺栓不应大于该节点数的5%。对所有梅花头未拧掉的扭剪型高强度螺栓连接副应采用扭矩法或转角法进行终拧并作标记，并按要求进行终拧扭矩检查。高强度螺栓连接处施工完毕后，应按构件防锈要求涂刷防锈涂料，螺栓及连接处周边用涂料封闭。(3)高强度螺栓连接摩擦面应保持干燥、整洁，不应有飞边、毛刺、焊接飞溅物、焊疤、养护铁皮、污垢等，除设计要求外摩擦面不应涂漆。(4)高强度螺栓应自由穿入螺栓孔，转入方向应便于操作，并力求一致。高强度螺栓孔严禁采用切割扩孔，扩孔数量应征得设计同意，扩孔后的孔径不应超过1.2倍螺栓直径。

问题6　钢结构安装工程质量通病

质量问题：(1)安装构件几何尺寸超差。(2)构件表面损伤与污染。(3)吊车梁安装两端支座中心位移超差。(4)平台栏杆外观质量缺陷。(5)屋面系统安装经常存在的质量问题。(6)柱间支撑安装经常存在的质量问题。

原因：(1)钢构件进场未对其主要尺寸进行复测，制作的一些尺寸偏差流入安装，缺乏预先处理措施，造成安装困难。装卸钢构件过程随意，造成钢构件损伤。运输或现场堆放支撑点不当，绑扎方法不当，造成钢构件变形。对变形构件不作处理，造成安装几何尺寸超差。(2)钢构件表面出现各种机械损伤和涂层损伤，如安装时不进行修补，将对构件质量与使用造成影响。钢构件表面沾染的灰尘、泥沙、油污等不清除，安装后会影响美观，长期存在污垢有的还会侵蚀结构涂层。钢构件表面出现机械损伤和涂层损伤、表面存在灰尘、油污、泥沙等应在地面及时清除与修补，避免安装后清除修补的麻烦与不安全。(3)吊车梁长度、高度的制作尺寸存在偏差。相邻柱距存在安装偏差。调整吊车梁与牛腿支撑面垫板厚度不当或垫板未焊接固定而移动,引起梁标高偏差。(4)对栏杆等次要构件质量意识不足,工作中不认真对待。栏杆扶手转角处不光滑,有焊疤等缺陷将直接损伤人的肌肤。(5)屋面系统结构安装都是高空作业,操作条件差,立焊焊缝、仰焊焊缝多,加上操作者大多数年纪轻,操作技能不高,质量意识不强,且从地面到高空作业区没有正式的梯道,上到作业区很困难,是质量管理的薄弱环节,因此屋面系统安装是施工质量通病、质量问题的多发区。(6)柱间支撑进场未对其尺寸进行复测。节点板存在角度制作的偏差或节点板变形,安装过程也未进行调整,造成弯柱间支撑曲变形。施工人员素质较低,工作不认真负责。

规范做法:(1)钢构件应符合设计要求和规范的规定。运输、堆放和吊装等造成的钢构件变形及涂层脱落,应进行矫正和修补。(2)钢结构表面应干净,结构主要表面不应有疤痕、泥沙等污垢。运输、堆放和吊装等造成的钢构件变形及涂层脱落,应进行矫正和修补。(3)吊车梁安装在钢柱上时,对钢柱牛腿中心的偏移为5mm。相邻两吊车梁接头部位上承式顶面高差,允许偏差1mm。工厂加工下小件时就要控制连接板尺寸从下底面为基准,装配也是保证底面到上表面的尺寸。(4)钢平台、钢梯、栏杆观感合格质量标准为连接应牢固,无明显外观缺陷。(5)尽最大可能督促施工作业层完善施工安全设施,一是准备必要的爬梯、平台、安全栏杆、安全绳、吊篮等,创造良好的操作条件和检查条件,这是保证施工质量的前提。二是要求施工班组认真自检,做到自检不合格不进行下道工序。三是质量管理人员要做到勤奋敬业,坚持多深入高空作业现场,善于发现问题,尽早发现问题,及时予以纠正,责令整改。(6)构件进场后应进行尺寸复核,对变形超差的应及时处理,合格后才能安装。提高施工人员的质量意识及操作技能,加大检查的力度。

问题7　基础地脚螺栓安装问题

原因:(1)地脚螺栓在运输、装拆箱过程中受到撞击或保管不当,造成螺纹严重锈蚀。(2)埋设后螺栓未采取保护措施,受到外界损伤。(3)现场利用螺栓作电焊导电零线,被电弧烧伤使螺纹损坏。(4)利用螺栓作牵引绳拉力的绑扎点等。(5)由于螺栓螺纹损坏,无法旋入螺母紧固钢柱等构件,影响结构力的传递和稳定性。

规范做法:(1)地脚螺栓在运输、装拆箱时,应加强对螺纹的保护,应用工业凡士林油涂抹后,用塑料薄膜包裹绑扎,以防螺纹损坏和锈蚀。并应单独存放,不应与其他零部件混装混放,以免相互撞击损坏螺纹。(2)地脚螺栓埋设后不得作弯曲加工的支点或作电焊机的接零线,或牵引拉力的绑扎点。吊装构件时,应妥善操作,防止水平侧向撞击力撞坏螺纹。(3)螺栓的螺纹已被损坏可采取以下治理方法:当螺纹被损坏的长度不超过其有效长度时,可用钢锉修整螺纹,以顺利旋入螺母。当地脚螺栓螺纹损坏的长度超过规定的有效长度时,可用气割切除大开原螺纹段的长度;再用与原螺栓相同材质、规格的材料的一端加工成螺纹,在对接的端头截面制成30°～45°的坡口与下端进行对接焊接后,再用相应直径规格、长度的钢套管套入接点处,进行焊接加固补强。经套管补强加固后,会使螺栓直径大于底座板孔径,可适当扩大柱底座板的直径。

问题8 钢柱安装垂直度不符合标准要求

原因:(1)钢柱制作时没有采取控制变形措施,或存在弯曲变形未进行矫直。(2)柱长度大,刚性较差,在外力作用下产生弹性或塑性变形。(3)吊装工艺、吊装屋面板程序不合理,受温度、风力及外力作用,导致其弯曲变形。(4)屋架跨度尺寸有偏差,安装时用外力强制连接,造成钢柱垂直度超偏等。

规范做法:(1)钢柱制作中的拼装、焊接,均应采取防变形措施,对制作时产生的变形,应及时进行矫正。钢柱运输和堆放,支撑点要适当,防止在自重作用下产生弯曲变形。长柱平面外刚度差,吊装时的吊点宜选在柱全长2/3处,以防止变形。钢屋架跨度尺寸超偏,应先修正再安装,防止强行连接,使柱身弯曲变形。(2)当钢柱被吊装到基础平面就位时,应将柱底座板上面的纵横轴线对准基础线,以防跨度尺寸产生偏差,导致柱头与屋架安装连接时,发生水平方向的拉力或推力,使柱身弯曲变形,应进行适当控制。(3)钢柱与尾架连接安装后再吊装屋面板时,应由上弦中心两坡边缘向中间对称同步进行,防止由一坡进行产生侧向集中压力,导致钢柱发生弯曲变形。未经设计允许不得利用钢柱及其相连的其他构件,作水平拖拉或垂直吊装较重的构件和设备,应防止钢柱弯曲变形或损坏连接结构。(4)对已安装固定垂直度超差的弯曲钢柱矫正,如果是弹性变形,那么在外界压力消除后即能恢复原状,可不用外力矫正;如果是塑性变形,那么可在采取矫正前在钢柱弯曲部位上方或顶端,加设临时支撑,以减轻其承载的重力,再在弯曲处固定一侧向反力架,利用千斤顶进行矫正,若钢柱刚性较大,则需辅以在弯曲凸面用氧乙炔焰进行加热后,再施加顶力即可得到矫正。

六、钢结构涂装工程质量通病

问题1　除锈质量达不到要求,构件漆膜返锈

原因:(1)除锈不彻底,未达到设计和涂料产品标准的除锈等级要求。(2)涂装前,构件表面存在残余的俗称"苍蝇脚"的细碎氧化皮。(3)涂层厚度达不到设计规范要求。(4)除锈后未及时涂装,钢材表面受潮返黄。

规范做法:(1)涂装前钢材表面除锈应符合设计要求和国家现行有关标准的规定。处理后的钢材表面不应有焊渣、焊疤、灰尘、油污、水和毛刺等。(2)构件表面不应误涂、漏涂,涂层不应脱皮和返锈等。涂层应均匀、无明显皱皮、流坠、针眼和气泡等。(3)涂装前应严格按涂料产品除锈标准要求、设计要求和国家现行标准的规定进行除锈。(4)对残留的氧化皮应返工,重新作表面处理。(5)经除锈检查合格后的钢材,涂料、涂层遍数、涂层厚度均应符合设计要求。须在表面返锈前涂完第一遍防锈底漆。若涂漆前已返锈,则须重新除锈。

问题2　涂层厚度达不到设计要求

原因:(1)不了解该构件涂装设计要求。(2)操作技能欠佳或涂装位置欠佳,引起涂层厚度不均。(3)涂层厚度的检验方法不正确或干漆膜测厚仪未作校核计量,导致读数有误。

规范做法:(1)防腐涂料、涂装遍数、涂层厚度均应符合设计要求。当设计对涂层厚度无要求时,涂层干漆膜总厚度:室外应为150μm,室内应为125μm,其允许偏差为-25μm。每遍涂层干漆膜厚度的允许偏差为-5μm。(2)膨胀型(超薄型、薄涂型)防火涂料、厚涂型防火涂料的涂层厚度及隔热性能应满足

国家现行标准有关耐火极限的要求，且不应小于－200μm。当采用厚涂型防火涂料涂装时，80%及以上涂层面积应满足国家现行标准有关耐火极限的要求，且最薄处厚度不应低于设计要求的85%。(3)超薄型防火涂料涂层表面不应出现裂纹；薄涂型防火涂料涂层表面裂纹宽度不应大于0.5mm；厚涂型防火涂料涂层表面裂纹宽度不应大于1.0mm。(4)正确掌握被涂装构件的设计要求。被涂装构件的涂装面尽可能平卧，保持水平。正确掌握涂装操作技能，对易产生涂层厚度不足的边缘处先作涂装处理。涂装厚度检测应在漆膜实干后进行，按规范规定要求检查。(5)对超过干膜厚度允许偏差的涂层应补涂修整。

问题3　流挂、起泡、脱层

原因：(1)稀释剂用量过大，导致油漆黏稠度不够。(2)喷涂时喷嘴口径太大，喷枪与施工工件距离太近，喷涂时喷枪行走的速度过慢。(3)施工环境的湿度高，施工工件表面湿度大，稀释剂和环境水较多，漆膜过厚而表干过快。施工方法不当，上道漆未干就涂下道漆。(4)钢结构构件基底处理不彻底，存在氧化皮。构件底层沾有油污性等物质。

规范做法：(1)尽可能按施工厂家要求比例添加稀释剂，控制适宜的施工黏度。(2)喷漆的走速不得低于20mm/s，喷枪与工件距离保持在20cm～30cm，刷漆时漆刷不要一次沾漆过多，漆膜一次喷涂不宜过厚，以盖底为宜。(3)确保构件表面干爽，杜绝雨天喷漆。确保每道漆表干后再进行下道油漆。(4)严格控制钢结构抛丸质量，达到施工要求。喷涂前去除表面油污。(4)防火涂料涂装基层不应有油污、灰尘和泥砂等污垢。防火涂料不应有误涂、漏涂，涂层应闭合，无脱层、空鼓、明显凹陷、粉化松散和浮浆、乳突等缺陷。

问题4　开裂、构件返锈、油漆长时间不干

原因：(1)各道漆收缩力不一致会产生开裂。底漆未干、漆膜太厚，不能干透，各涂层的应力不同引起开裂。(2)基底处理不彻底，存在氧化皮。构件表面粗糙度不够，导致油漆吸附力不足。表面灰尘及颗粒状杂物过多，阻碍油漆对构件表面的结合。死角位置油漆厚度不够。(3)固化剂用量过少。存在甲、乙组分配比的油漆，配比或品种使用错误。

规范做法:(1)上道漆干透后再进行下道漆施工。每道漆喷涂不宜过厚,可多增加道数。(2)严格按照施工要求进行抛丸除锈,达到喷涂要求的 SA2.5 级。喷涂前对构件表面进行擦拭,去除表面杂物及粉尘。注意死角位置,尤其是应力孔、未四面围焊的位置的油漆喷涂。(3)注意按说明书要求配比调制油漆,注意看油漆稀释剂适合的温度范围。

第三节　主体结构防水

问题1　屋面层渗漏

原因:(1)混凝土振捣不密实;施工缝留设不当或浇筑施工过程中未按照规定浇筑顺序进行浇筑,从而产生了施工冷缝;浇筑完成后未按照规定进行收平抹压以提高混凝土表面的密实度和抗拉防裂性能;未及时进行养护等形成收缩裂缝,这些裂缝成为渗漏的通道。(2)管道、烟道等凸出屋面设施底部、屋面阴阳角、檐沟、天沟、水落口周围、防水卷材的收头,屋面变形缝等节点部位未按照防水节点构造要求进行施工。但这些节点部位是屋面变形集中的地方,也是变形首先表现的地方,同时这些节点部位表面复杂、形状多变,最容易产生开裂渗漏。(3)出屋面烟道砌筑未按设计及规范要求施工,未设置上翻混凝土坎台及烟道内侧墙体底部与楼板交接处未做好抹灰斜坡处理,排烟风道顶部与楼板交接处封堵不严及未做斜坡处理,造成渗水隐患。(4)混凝土女儿墙施工时未与屋面板一次性浇筑,在二次浇筑时,女儿墙底部的屋面板施工缝处未凿毛处理,基层清理不到位等造成施工缝处出现混凝土不密实问题,当女儿墙外侧墙面出现裂缝时,女儿墙施工缝处将会存在渗水隐患。(5)未按照规定的技术间歇时间要求进行防水施工,在隔热层水泥珍珠岩或水泥陶粒层没有完全干燥的情况下进行施工,停留在里面的水分通过结构层渗漏或在受热后汽化,体积增大几十倍,通过找平层使柔性防水层鼓泡而破坏。(6)出屋面的排气管设置位置存在不合理,造成管根处的墙面防水难以正常施工;屋面女儿墙雨水口高度不满足要求,还存在严重颈缩现象,除影响正常出水外还存在洞口周边墙体渗水隐患。雨水箅子固定方式不符合要求影响检修,还有雨水箅子固定钉子直接钉在防水层上造成防水层破坏。(7)屋面的使用及维护管理不当,造成屋面透气管的破坏和防水层损坏、雨水管堵塞,造成积水倒灌与渗漏。

规范做法:(1)严格按照设计及施工规范组织施工及验收,保证钢筋制作安装的施工质量,混凝土浇筑振捣密实,面层抹压后应采用塑料薄膜保湿养护,防止裂缝的出现。(2)对管道、烟道等凸出屋面的设施、屋面阴阳角、檐沟、天沟、水落口周围,防水卷材的收头,屋面变形缝等节点部位严格按照节点构造要求进行施工,保证防水节点的质量。(3)出屋面的墙体底部均要按设计要求设置混凝土上翻梁或混凝土坎台。二次浇筑的上翻梁底部与屋面结构板交接处必须按规范要求施工,确保结合密实,杜绝渗水隐患。出屋面风井内的排风道顶部与屋面板及风道内壁连接部位必须做好斜坡处理,防止雨水进入屋面板防水层底部及排风管道外壁,导致雨水进入室内。(4)对钢筋混凝土女儿墙的施工缝处理宜与结构楼板同时浇筑。如果二次浇筑女儿墙时建议考虑在女儿墙与屋面板施工缝的外侧墙面增设防水层,防止施工缝部位外墙面装饰层出现裂缝后造成渗水隐患,目前设计及规范方面尚未有在施工缝外侧增加防水层的特殊要求,但是笔者认为很有必要提前采取预防措施。目前有些施工单位已在各楼层施工缝处的外墙均增加了防水层,杜绝墙体裂缝造成施工缝处出现渗水隐患。(5)掌握施工技术间歇,待屋面隔热层及防水基层干燥后再施工防水层,在防水施工过程中应该严格按照施工规范及设计要求进行,保证防水施工质量,在施工完成后,必须通过蓄水试验确保无渗漏后再进行防水的隐蔽施工。(6)在雨水排出口处做防水时需将防水层铺设均匀,不宜过厚,屋面放坡、排水沟及雨水口周围需提前做好坡度设计,确保雨水顺利排出。优化排布,在预留时将卫生间通气管向外移动避免通气管靠近墙或穿越风帽等,通气管应绕开风帽最大边缘处留设套管或一次性预埋。(7)在维护管理方面,所有屋面上设施(包括广告)的安装、装修必须先申请后施工,必要时还应先交纳一定数量的质量保证金。另外在维护管理中,应时常清扫以保证屋面的清洁,防止雨水管被堵塞造成积水倒灌。

问题2 地下室防水工程渗漏通病及防治措施

原因:(1)混凝土构件的渗漏、混凝土蜂窝、麻面、露筋、孔洞将造成地下室渗水,主要原因是配合比不准确、坍落度过大或过小、长距离运输和自由入模高度过大,造成混凝土离析,局部钢筋密集或预留洞口的下部混凝土无法进入,振捣不实或漏振、跑模漏浆等。(2)混凝土结构的施工缝也是极易发生渗水的位置,其渗水主要原因是施工缝留设位置不当;施工缝清理不净,新旧混凝土未能很好结合;钢筋过密,混凝土捣实有困难等。(3)混凝土裂缝产生渗漏。混凝土裂缝产生的原因很多,可由干缩、温度、水泥用量过大或水泥安定性不好等因素引起。(4)预埋件部位产生渗漏。产生渗漏的原因有预埋件过密,预埋件周围混凝土振捣不密实;在混凝土终凝前碰撞预埋件,使预埋件松动;预埋件铁脚过长,穿透混凝土层,又没按规定焊好止水环;预埋管道自身有裂缝、砂眼等问题,地下水通过管壁渗漏等。(5)地下室的后浇带处理不合理产生渗漏:产生渗漏的原因是新旧混凝土未结合好。(6)模板穿墙螺杆的防水处理。渗漏原因为止水片焊缝不饱满,局部有砂眼。(7)地下室底板结构复杂,在卷材防水施工时,卷材施工不到位,造成底板漏水。(8)含有地下水的底板,由于降水不到位,混土垫层潮湿,涂刷的冷底子油不粘,致使防水卷材与垫层无法结合成一体,卷材空鼓、底板渗水。(9)基础为桩基础的,桩头防水工作未处理好,造成底板渗水。(10)做卷材防水时,卷材搭接不够,阴阳角附加层做得不规范,这些部位出现问题容易造成防水层破坏,导致漏水。(11)阴阳角附加层或穿墙管道处做得不规范,导致漏水。

规范做法:(1)针对以上情况,应对混凝土严格计量、搅拌均匀,长距离运输后要进行二次搅拌。对于自由入模高度过高者,应使用串桶滑槽,浇筑应按施工方案分层进行,振捣密实。对于钢筋密集处,可调整石子级配,较大的预留洞下应预留浇筑口。模板应支设牢固,在混凝土浇筑过程中应指派专人值班"看模"。(2)首先,施工缝应按规定位置留设,墙面水平施工缝加止水条的形式防止渗水,防水薄弱部位及底板上不应留设施工缝,墙板上如必须留设垂直施工缝,则应与变形缝相一致。其次,施工缝的留设、清理及新旧混凝土的接浆等应有统一部署,由专人认真细致地做好。还有设计人员在确定钢筋布置位置和墙体厚度时，应考虑方便施工，以保证工程质量。如发现施工缝渗水，可采用防水堵漏技术进行修补。(3)防水混凝土所用水泥必须经过检测，杜绝使用安全性不合格的产品。对于地下室底板等厚大体积的混凝土，应遵守大体积混凝土施工的有关规定，严格控制温度差。对商品混凝土采用三掺技术防止裂缝。①掺加电厂的Ⅱ级粉煤灰，取代部分水泥，以减少水泥热量，延缓水泥水化热释放速度，提高混凝土后期强度。②采用 HEA 补偿收缩混凝土新技术，增加混凝土密实性与抗渗性。③掺缓凝性泵送剂，减少用水量，延缓水化时间，提高混凝土的和易性和可泵性。设计时应综合考虑诸多不利因素，使结构具有足够的安全度，并合理设置变形缝，以适应结构变形。根据以往的施工经验，地下室外墙转角处，温度和收缩的作用特别容易产生应力集中而导致墙体开裂，为防止此类裂缝产生的最好措施是，在设计转角处时增加适量的抗裂钢筋承受集中应力，避免裂缝。(4)为防止预埋件部位产生渗漏，可采取以下方法：预埋件应有固定措施，预埋件密集处应有施工技术措施，预埋件铁脚应按规定焊好止水环。地下室的管线应尽量设计在地下水位以上，穿墙管道一律设置止水套管，管道与套管采用柔性连接。(5)首先对后浇带处混凝土进行剔凿，剔凿出新茬，不得有松动石子，而后用高压水枪冲洗，清除积水，均匀浇撒高一标号的水泥浆，最后浇筑高一标号的微膨胀混凝土，振捣密实，浇水养护，直到混凝土强度满足规范要求。(6)所有地下室外墙板，其支模用穿墙螺栓(里外)均双面满焊 3mm 厚 60mm × 60mm 的止水片，并对焊好的穿墙螺栓逐一试水检查，合格后方可使用，并在外侧模上衬厚度为 20mm 的木块，折模后取掉木垫块，割去此段螺栓，用防水水泥砂浆封口，宜选购成品的带有塑料头的止水螺杆。(7)重点加强集水坑、电梯井坑、底板高低差位置的阴阳角的处理，为了保证防水卷材施工到位，这些位置均应抹成八字面，卷材附加层做到位后，经检查合格后，开始大面积做防水卷材。从混凝土底板下面甩出的卷材可刷油铺贴在永久墙上，但超出永久保护墙部位的卷材不刷油铺实，而用附加保护油毡包裹压在基础底板上面，待基础施工完毕后撕去保护油毡再刷油铺实在地下室外墙上。地下室外墙上的防水保护层采用 20mm ~ 50mm 聚氯乙烯泡沫塑料板代替砖墙保护层，由于聚氯乙烯泡沫塑料板是软保护层，能缓冲和吸收回填土压力对防水层的破坏，且软保护层对防水层的约束力较小，能保证防水层可以与建筑物实行同步沉降，不破坏防水层。(8)加强降水力度,地下水位降至垫层以下不少于500mm,保持混凝土表面干燥洁净,在铺贴前1~2天涂刷1~2道冷底子油,保证底油不起泡,以施工人员在上行走时不致把混凝土表面带起来为止,开始做防水卷材,当采用火焰加热器熔化热熔型卷材底层热熔胶进行粘贴,铺贴时卷材与基层宜采用满粘法,随热熔随粘贴,滚铺卷材的部位必须溢出沥青热熔胶,保证粘贴面粘牢。(9)桩头钢筋用止水带密封,桩伸入承台为50mm,桩头防水做法可按当地规范及节点要求施工,一般桩顶及桩外15mm一圈做2mm厚防水涂料,桩顶及桩外300mm一圈用防水砂浆压实抹光,卷材与桩一周接缝处用聚氨酯封闭严实。(10)施工过程严格按照规范要求操作,保证搭接尺寸,在防水搭接头收头粘贴后可用火焰或抹子沿搭接缝边缘再进行均匀加热抹压封严(质量好的卷材),或用密封材料沿缝封严(一般性防水卷材),宽度不小于10mm。(11)基层转角处应做成圆弧形或钝角,转角处使用的卷材应采用强度高、延伸率大、韧性好的无胎油毡或沥青玻璃布油毡,管道表面的污垢或铁锈应清除干净,亦可在穿管处设带法兰的套管,将卷材防水层粘贴在法兰上,粘贴宽度至少为100mm,并用夹板将卷材压紧。法兰及夹板都应清理干净,刷上沥青,夹板下面应加油毡衬垫。

问题3　外墙基层及抹灰方法不当造成渗漏水

原因:(1)墙脚手架洞未在抹灰前进行封堵,且封堵不密实会造成外墙渗水。(2)外墙抹灰材料未按设计及规范要求抹防水砂浆,未按要求设置加强网处理。

规范做法:(1)外墙脚手架洞应该在抹灰前封堵完成,宜采用混凝土进行封堵。(2)外墙不同材料交接处宜在找平层中附加200mm~300mm宽的金属网。(3)外墙找平层应按设计及规范要求抹防水层,找平层和防水层应分层抹压,普通水泥砂浆每层厚度不应大于10mm;聚合物水泥砂浆宜采用压力喷涂施工,每遍喷涂厚度宜为3mm,抹压时每层厚度不应大于5mm,前一层抹面凝结后方可涂抹后一层。聚合物水泥基防水涂料抹面厚度不应小于1mm。

问题4　卫生间渗漏水

原因:(1)管道暗设接口不密实,导致水从墙体或地面的内部往外渗漏。

(2)地面泛水找坡太小,甚至倒坡,导致室内有水不能迅速排出,而沿墙体根部空隙渗出。(3)穿楼板管的预留洞口过大,造成填料过厚,填塞料收缩性较大,难以保证填塞密实,管道周围的基层未认真处理,降低了新旧混凝土之间的黏结力,从而导致管道周围出现渗漏。(4)传统做法的卫生间管根部分采用抹水泥砂浆圆弧做法,然后防水施工,当圆弧标高出现偏差时,装饰瓦工就会损坏防水层,产生渗水隐患。

规范做法:(1)对暗埋的给排水管道,必须在安装施工完成后进行打压或灌水试验,无渗漏现象后方可以进行隐藏。(2)对地面需按照设计要求认真找坡,保证坡向、坡度符合质量要求。(3)对于穿过楼板的管道,如果预留的孔洞过大,应在管道安装施工完成后按照两层嵌缝密实,底层为比楼板强度等级高一级的加掺膨胀剂的细石混凝土,面层为20mm厚的与混凝土内砂浆相同且加掺防水剂的砂浆。推广创新做法,穿楼板管道预埋止水节做法,所有套管一次预埋技术。(4)卫生间地坪找坡层施工时,在管根处做出10mm × 10mm的凹槽,防水施工时凹槽内做二遍防水,基本灌满凹槽,这样能起到管根处有效控制渗漏水的作用。

第四节 装饰装修工程

一、抹灰工程

问题1 空鼓及裂缝

原因:(1)基层清理不干净或处理不当,墙面浇水不透,抹灰后砂浆中的水分很快被基层吸收,影响黏结力。配制砂浆和原材料质量不好,使用不当。(2)基层平整度偏差较大,一次抹灰层过厚,干缩率较大。门窗框两边堵塞不严,预埋木砖距离过大或松动,经开关振动,在门窗框处产生空鼓。(3)拌和后的水泥砂浆不及时用完,停放时间过长,砂浆逐渐失去流动性和黏结强度。(4)夏季施工砂浆失水过快或抹灰后没有适当养护;原材料不合格或使用不当。(5)门窗框嵌塞不严,墙体预埋木砖距离太大或木砖松动,或经开关振动和木材性变异，在门窗框处产生裂缝、空鼓。

规范做法：(1)抹灰前基层要严格处理，表面砂浆残渣污垢、隔离剂油污、析盐、泛碱等均应清除干净。墙面脚手眼应堵塞严密；水暖、通风管道通过的墙洞和剔墙管槽，先用比例为1∶3的水泥砂浆或细石混凝土堵严抹平。(2)抹灰前墙面应浇水湿润。抹灰用砂浆的原材料应符合要求。底层砂浆与中层砂浆的配合比应相同。(3)基层墙体平整和垂直偏差较大，局部抹灰厚度较厚时，每次抹灰厚度应控制在8mm～10mm为宜，并且应加设钢板网等加固措施。中层抹灰必须分若干次抹平。门窗框塞缝应作为一道主要工序来进行控制。

问题2　抹灰面不平，阴阳角不垂直、不方正

墙面抹灰后经检查，抹灰面平整度、阴阳角垂直度或方正均不符合要求。

原因：抹灰前没有事先按规矩找方、挂线、做灰饼和冲筋，冲筋用料强度较低或冲筋后过早进行抹面施工；冲筋处与阴阳角距离较远。

规范做法：(1)抹灰前按规矩找方，横线找平，立线吊直，弹出基准线和踢脚线。(2)先用托线板检查墙面平整度和垂直度，决定抹灰厚度，在墙面的两个上角用比例为1∶3的水泥砂浆各做一个灰饼，利用托线板在墙面的两下角做出灰饼，拉线，间隔1.2m～1.5m做墙面灰饼，冲纵筋(宽100mm)同灰饼平，再次利用托线板和拉线检查，无误后方可抹灰。(3)经常检查修正抹灰工具，尤其避免在刮杠变形后再使用，抹阴阳角时应随时检查角的方正。(4)罩面灰施抹前应进行一次验收，验收标准同面层，对不合格处必须修整后再进行面层施工。

问题3　外墙分格缝不直不平、缺棱、错缝

水泥砂浆饰面分格缝不直不平，缝口两边缺棱角或错缝。

原因：没有“拉通线”统一弹水平及垂直分格线；粘贴分格条和起条时操作不当，造成缝口两边缺棱角或错缝。

规范做法：(1)分格条采用铝合金或塑料成品，要保证一定厚度，防止铝合金分格条变形。(2)在墙面底层抹灰层上“拉通线”，根据图纸设计弹出水平和垂直分格线。

问题 4　板顶棚出现空鼓、裂缝

原因：(1) 顶棚油污、杂物等在抹灰前未清理干净，抹灰前浇水不透。(2) 预制楼板安装不平，灌缝不密实。(3) 砂浆配合比不当，底层砂浆与板底粘结不牢。

规范做法：(1) 预制混凝土楼板安装要平整，相邻两板板底高差不应超过 5mm。(2) 板缝灌缝时必须清扫干净，浇水湿润，用 C20 级细石混凝土灌实，并加强养护。(3) 使用钢模、组合小钢模板、现浇混凝土楼板或预制楼板时，应用清水加 10% 的氢氧化钠，将隔离剂、油垢清刷干净。(4) 现浇楼板如有蜂窝麻面时，宜先用比例为 1∶2 的水泥砂浆补平。(5) 预制混凝土楼板板缝应先用比例为 1∶2 的水泥砂浆勾缝找平。抹灰前一天顶板应喷水湿润，抹灰时再洒一遍。现浇混凝土顶板抹灰，底层砂浆用比例为 1∶0.5∶1 的混合砂浆，厚度 2mm ~ 3mm，应顺模板纹方向垂直抹，并紧跟抹中层砂浆找平。(6) 预制混凝土楼板和使用小钢模现浇的混凝土楼板，抹底层砂浆时，宜采用合适比例的如 1∶1 水泥砂浆加水泥重量 20% 的乳胶或 107 胶搅匀，用钢抹子抹 2mm ~ 3mm 厚，并随手扫毛。第二天喷水养护，第三天再抹比例为 1∶3∶9 的混合砂浆找平，厚约 6mm，待找平层有六七成干时，即抹罩面纸(麻)筋灰。各层抹灰总厚度宜控制在 12mm 左右。

二、外墙防水工程

问题 1　外墙饰面层渗漏

原因：(1) 饰面砖勾缝砂浆不密实，缝隙产生裂缝、砂眼，导致渗漏。(2) 饰面砖材料质量不合格，长时间在室外经风吹雨淋后饰面砖开裂，导致渗漏。(3) 饰面砖镶贴不合格，有空鼓现象，导致渗漏。(4) 空调洞的上口滴水线、鹰嘴和下口板排水坡度未按规范施工，导致雨水不能及时排走。

规范做法：(1) 严格施工饰面砖的镶贴，保证镶贴砂浆密实，避免饰面砖的空鼓。(2) 外墙饰面层勾缝材料宜用水泥砂浆内掺甲基纤维素，勾缝必须密实光滑，无裂缝、砂眼。

问题2 铝合金门窗渗漏

原因:(1)铝合金门窗加工制作粗糙,铝合金框料本身产生缝隙,孔眼封堵不严,导致渗漏。(2)铝合金门窗周边堵缝存在缺陷。门窗洞口尺寸偏差较大时,随意用碎砖头堵塞或用厚层砂浆抹平,导致堵缝不密实,产生空鼓、裂缝,导致雨水渗入。(3)铝合金门窗的凸窗台上窗楣滴水或鹰嘴施工不规范,下窗台坡水坡度不够,甚至上下出现反坡,产生上窗楣淌水,下窗台积水的问题。(4)铝合金门窗框周边与面砖交接处未留槽打防水胶或防水胶施工不过关,出现裂缝,导致渗漏。(5)玻璃幕墙顶部铝盖板与外墙相交部位未打胶做防水处理,导致渗漏。

规范做法:(1)对偏差大于30mm以上的门窗洞口,应先将偏差部分用混凝土补齐,偏差小于30mm以下的门窗洞口可用砂浆分次补齐,洞口尺寸与框料尺寸预留20mm即可。(2)铝合金门窗的内外框料的孔眼、缝隙必须封堵密实。(3)铝合金门窗框与外墙饰面层的交接处必须预留5mm~7mm深的凹槽施工防水胶。(4)铝合金门窗凸窗台及突出外墙的空调洞的滴水、鹰嘴和窗台排水坡向应符合规范要求。

问题3 饰面砂浆找平层渗漏

原因:(1)基层清理不合格,抹灰前没有淋水充分湿润,抹灰层空鼓。(2)砂浆找平层未按施工规范留置竖向、水平方向伸缩缝,或虽按要求留置的伸缩缝,但没有对伸缩缝的细部做防水处理,导致抹灰层渗漏。这是外墙抹灰作业中存在的通病。(3)砂浆找平层施工中的接槎留成直槎,接槎部位出现裂缝,导致渗漏。(4)抹灰未按要求分层抹灰,对个别增厚部位未加钢丝网做增强处理,而是一遍抹灰成活,造成找平层砂浆厚度过大,进而引起砂浆开裂。(5)抹灰终凝后未及时浇水养护,产生收缩裂缝,导致渗漏。

规范做法:(1)找平层施工前应对基层清理干净,并淋水充分湿润。(2)大面积砂浆抹灰层必须按规范设置纵横不大于3m的伸缩缝,伸缩缝可用埋厘米条的方法设置。伸缩缝内应清理干净,并用防水材料填塞。(3)找平层应分层抹灰,每次抹灰厚度不大于10mm,当总厚度超过40mm,应另挂钢丝网分层处理。(4)砂浆找平层接槎不得留直槎,应留斜面槎。(5)砂浆找平层完成后,浇水养护应不少于 3 天，不得有空鼓、开裂。

问题 4　砌体渗漏（包括混凝土墙柱）

原因：（1）混凝土剪力墙或柱的螺杆洞未封堵好，导致渗漏。（2）砌体和主体混凝土交接处未挂钢丝网做增强处理，引起抹灰层开裂，导致渗漏。（3）砌筑时日砌高度过高、过快，砂浆在凝固过程中受到挤压，引起灰缝开裂，导致渗漏。（4）未按要求留置拉结筋或随意用膨胀螺丝代替拉结筋，导致砌体产生裂缝。（5）对砌体中的大量的预埋管线，没有用专门的定型砌块，而是直接在该部位砍砖，随意用砂浆填充，造成砌体开裂，导致渗漏。

规范做法：（1）控制砌体日砌高度，每日不超过 1.8m。严禁将墙体一次砌筑到顶。（2）顶砖必须在砌体完成 3 天后才能砌筑，顶砖必须顶紧、斜立砌筑，砂浆饱满。（3）对于砌体内的预埋管线，应采用定型砌块。严禁在完成的砌体内，采用打槽方式预埋管线。（4）严格按设计要求留置砌体拉结筋。由于主体施工时，拉结筋预埋位置不易掌握，而且拆模时对模板的损伤很大，可采用在主体混凝土内先预埋铁件，砌筑时再在预埋铁件上焊拉结钢筋的方式。不得用膨胀螺丝代替拉结钢筋。（5）外墙混凝土和砌体交接处，应挂钢丝网防止砌体开裂。

三、门窗工程

问题 1　门窗立口不正

门窗固定后，出现门窗口向里或向外倾斜，不仅严重影响观感效果，而且影响开闭的灵活性，甚至会带来门窗渗漏水的不良后果。

原因：（1）操作人员工作马虎，安装铝合金门窗框时未认真吊线找直、找正。（2）门窗框安装时临时固定不牢靠，被碰撞倾斜后，在正式锚固前未加检验、修整。（3）墙上洞口本身倾斜，安装铝合金门窗框时按洞口墙厚分中，导致门窗也随之倾斜。

规范做法：（1）安装铝合金门窗框前，应根据设计要求在洞口上弹出立口的安装线，照线立口。（2）在铝合金门窗框正式锚固前，应检查门窗口是否垂直，如发现问题应及时修正后才能与洞口正式锚固。

问题2 锚固做法不符合要求

铝合金门窗框锚固件的材质、规格、间距、位置及锚固方法不符合规范或标准图集的要求。如有的锚固板使用未经防腐蚀处理的白铁皮,风吹雨淋后严重锈蚀。有的锚固点间距过大,影响铝合金门窗框与墙体连接的牢固。有的在砖墙洞口上用射钉固定锚固板,日久后出现松动。

原因:(1)采用未经防腐蚀处理的锚固板,会出现铝合金与钢铁间的电偶腐蚀,破坏锚固点的牢固性。(2)用未做防腐蚀处理的螺钉固定连接件,致使其处于大阴极小阳极的状态,在潮湿环境下,螺钉很快就会被腐蚀掉,使铝合金门窗框与墙之间处于无连接的状态。(3)操作人员素质低,随意设置锚固点,增大锚固点的间距。(4)在砖墙、加气混凝土墙上用射钉的方法锚固,造成射钉周围的墙体碎裂,锚固力大大降低,使门窗框出现松动。

规范做法:(1)铝合金门窗选用的锚固件,除不锈钢外,均应采用镀锌、镀铬、镀镍的方法进行防腐蚀处理。(2)在铝合金门窗框与钢铁连接件之间用塑料膜隔开。(3)锚固板应固定牢靠,不得有松动现象,锚固板的间距不应大于600mm,锚固板距框角不应大于180mm。(4)在砖墙、加气混凝土墙上锚固时,应用冲击钻在墙上钻孔,塞入直径不小于8mm的金属或塑料胀管,再拧进木螺丝进行固定。

问题3 窗扇推拉不灵活

推拉窗在使用一段时间后出现推拉不灵活,甚至出现窗扇推拉不动的情况。

原因:(1)制作工艺粗糙,窗扇与窗框的尺寸配合欠妥,窗扇制作尺寸偏大。(2)铝合金窗框因温度变化或受振动而变形,导致窗扇推拉受阻。(3)窗扇下的滑轮制作粗糙,圆度超差,耐久性不好。(4)所选用的滑轮与窗扇不配套,偏大或偏小,滑轮脱出轨道。

规范做法:(1)提高制作人员的操作水平,根据窗框尺寸精确进行窗扇的下料和制作,使框、扇尺寸配合良好。(2)选用符合设计规定厚度的铝型材,防止因铝型材过薄而产生变形。(3)选用质量优良且与窗扇配套的滑轮。

问题4 推拉窗扇脱轨、坠落

推拉窗在使用过程中，常常因未安装好或使用不当（如猛推猛拉）导致滑轮脱轨，铝合金窗扇推拉受阻，甚至会出现铝合金窗扇坠落问题。

原因：（1）铝合金推拉窗下滑轨的高度为6mm～8mm，而在滑轨上的滑轮内槽深度只有3mm，滑轮为塑料制品，质量差，槽又浅，猛推猛拉时滑轮就容易脱轨。（2）铝合金推拉窗上的两个走轮，没有安装在同一条直线上，如果其中有一只偏斜，走轮就容易脱轨。（3）推拉窗所用的铝合金型材偏小，厚度偏薄，经过多次推拉后，使紧固在窗扇上的走轮螺栓松动，走轮上浮，整个窗扇下坠，脱轨滑落。（4）铝合金窗扇高度不够，上滑轨镶嵌窗扇的深度不足，导致推拉窗在开启时坠落或被风吹落。

规范做法：（1）制作铝合金推拉窗的窗扇时，应根据窗框的高度尺寸，确定窗扇的高度，既要保证窗扇能顺利装入窗框内，又要确保窗扇在窗框上滑槽内有足够的嵌入深度。（2）推拉窗扇下面的滑轮，应选用优质滑轮，制作窗扇时应将两个滑轮安装在同一条直线上。（3）要选用厚度符合设计要求的铝型材。（4）应设置防脱落装置。

问题5 窗渗漏水

窗渗漏水，多发生在窗框与洞口墙体间的缝隙，以及窗下滑道等处，特别是在暴风雨时，在风压作用下雨水沿铝合金的侧面和下面的窗台流入室内，严重污染墙面装修，影响正常使用。

原因：（1）铝窗制作和安装时，由于本身存在拼接缝隙，出现渗水的通道。（2）窗框与洞口墙体间的缝隙因填塞不密实，缝外侧未用密封胶封严，在风压作用下，雨水沿缝隙渗入室内。（3）推拉窗下滑道内侧的挡水板偏低，雨水倒灌；平开窗搭接不好，在风压作用下雨水倒灌。（4）窗楣、窗台做法不当，未留鹰嘴、滴水槽和斜坡，因而出现倒坡、爬水问题。（5）未钻排水孔，窗台未留排水坡或密封胶过厚掩埋下边框、阻塞排水孔。

规范做法：（1）在窗楣上做鹰嘴或滴水槽。在窗台上做出向外的流水斜坡，坡度不小于10%。（2）铝合金窗框与洞口墙体间的缝隙要按设计要求填塞密实，外面再用优质密封材料封严。（3）对铝合金窗框的榫接、铆接、滑撑、方槽、螺钉等部位,均应用防水玻璃硅胶密封严实。(4)将铝合金推拉窗下滑道的低边挡水板换成高边挡水板的下滑道。下边外框和轨道根应钻排水孔,横竖框相交丝缝注硅酮胶封严。(5)窗下框与洞口间隙的大小,应根据饰面材料的不同留设,使窗台能放留水坡。切忌密封胶掩埋框边排水孔,避免积水无法外流。

问题6 玻璃胶条龟裂、短缺、脱落

铝合金门窗使用一段时间后,有的玻璃胶条开始出现龟裂,用手轻轻一弯就折断,完全失去了弹性。有的窗扇上四周的玻璃胶条部分脱落或端部短缺,导致透风、漏雨,甚至出现玻璃颤动,影响正常使用。

原因:(1)使用了再生胶的玻璃胶条,这种玻璃胶条价格便宜,但无弹性,耐久性差,极易龟裂。(2)玻璃胶条收缩,从窗的四角开始脱落。(3)玻璃胶条嵌入时不进行打胶固定或打胶方法不正确。(4)嵌入玻璃胶条时未将胶条割断,将1根胶条用周圈式方法嵌入玻璃槽内。

规范做法:(1)铝合金门、窗使用的玻璃胶条要选用弹性好、耐老化的优质玻璃胶条。(2)玻璃胶条下料时要留出2%的余量,作为胶条收缩的储备。(3)方形、矩形门窗玻璃扇用的胶条,要在四角处按45°切断、对接。(4)安装玻璃胶条前,要先将槽口清理干净,避免槽内有异物。(5)安装玻璃胶条前,在玻璃槽四角端部20mm范围内均匀注入玻璃胶。如玻璃胶条长度大于500mm,则每隔500mm再增加一个注胶点,然后再将玻璃胶条嵌入槽内。

四、吊顶工程

问题1 石膏板吊顶开裂

原因:(1)伸缩缝位置石膏板未完全断开。(2)伸缩缝处凹槽内石膏板一端未设置活口,而是两端固定。(3)石膏板一端虽完全断开,但腻子及涂料施工将断开位置填实,后期温度及应力导致断开位置再次开裂。

规范做法:(1)前期策划应熟悉设计图纸,注意接缝处的处理、可采用接近伸缩缝面层材料的颜色,选用白色铝型材,保证装饰效果的整体性。(2)伸缩缝制作时,先将伸缩缝两边做成成品乳胶漆,伸缩缝宽度控制在15mm~20mm,背

面放两根背条，伸缩缝隙处可单独把一条5cm～7cm宽的石膏板线条做好成品乳胶漆后，直接放在伸缩缝上面的背条上。

问题2　主次龙骨纵横方向线条不平直

原因：(1)主龙骨、次龙骨受扭折，虽经修整，仍不平直。(2)主龙骨吊杆的膨胀螺栓位置不正确，拉牵力不均匀。(3)未拉通线全面调整主龙骨、次龙骨的高低位置。(4)测吊顶的水平线误差超差，中间平线起拱度不符合规定。

规范做法：(1)凡是受扭折的主龙骨、次龙骨一律不宜采用。(2)挂主龙骨吊杆的膨胀螺栓位，应按龙骨的走向每间距1.2m射一枚钢钉。(3)一定要拉通线，逐条调整龙骨的高低位置和线条平直。(4)四周墙面的水平线应测量正确，中间按平线起拱度1/200～1/300。

问题3　吊顶造型不对称、罩面板布局不合理

原因：(1)未在房间四周拉十字中心线。(2)未按设计要求布置主龙骨和次龙骨。(3)铺安罩面板流向不正确。

规范做法：(1)按吊顶设计标高，在房间四周的水平线位置拉十字中心线。(2)严格按设计要求布置主龙骨和次龙骨。(3)中间部分先铺整块罩面板，余量应平均分配在四周最外边一块，便于调整。

问题4　安装不规范

原因：(1)轻钢龙骨吊顶主龙骨挂件与次龙骨挂钩未正反安装，封板后石膏板自重易导致龙骨受力不平衡，影响吊顶平整度。(2)全轻钢龙骨吊顶基层转角处未采取硬连接。(3)吊顶吊筋弯曲固定连接会造成质量问题。(4)吊顶主龙接头没有锚固，容易松脱，影响吊顶龙骨强度且易变形。(5)大型吊顶木造型未采用角钢反支撑，造型稳定性不好，牢度不够。(6)副龙骨与垂直方向龙骨连接处没有采用U形边龙骨或八字角(副龙骨三面或两面开口)加自攻螺丝固定。牢度不够，易引起面层开裂。(7)吊筋长度超过1.5m但未设置反支撑或转换层，违反规范要求，影响吊顶质量。

规范做法：(1)轻钢龙骨吊顶主龙骨挂件与次龙骨挂钩(二正一反)都必须正反扣安装。(2)在轻钢龙骨转角处增加硬性连接加强其牢度，进行样板施工

交底。(3)吊顶采用的吊筋要垂直,如遇到设备在规范间距内偏移或增加吊筋数量(也可用钢骨架进行转接)。(4)主龙骨的接头必须要进行锚固处理,防止脱离引起的吊顶质量问题。(5)在木造型上方四周适度增设角钢反支撑。(6)边龙骨采用U形边龙骨或铝角条,连接处用螺钉或铆钉固定。(7)用刚性的材料如4#左右的角钢做钢架(具体构造可根据计算确定,在保证反支撑作用的前提下尽量减少用钢量),钢架与墙体可做斜向拉结固定,以加强反支撑钢架的刚性。在反支撑下方再做吊筋及轻钢龙骨主副龙骨吊顶。

五、轻质隔墙工程

板材隔墙包括复合轻质隔墙、石膏空心板、增强水泥板和混凝土轻质板隔墙;骨架隔墙包括以轻钢龙骨、木龙骨等为骨架,以纸面石膏板、人造木板、水泥纤维板等为墙面板的隔墙;玻璃隔墙包括玻璃板、玻璃砖隔墙。

问题1　石膏空心板隔墙墙面不平整,板缝开裂

原因:(1)板材厚度不一致或翘曲变形。(2)安装方法不当。(3)勾缝材料选用不当,如使用混合砂浆勾缝,各种材料收缩性不同等。

规范做法:(1)合理选配板材,将厚度误差大或受潮变形的块板挑出,在门口上或窗下作短板使用。(2)安装时应采用简易支架作为墙板的靠架,以保证墙体的平整度,也可防止墙板倾倒。(3)石膏空心板安装拼接的粘结材料为108胶水泥浆,勾缝材料必须与板材本身成分相同。板缝用与板材相同的材料堵封,刮腻子之前先用宽度为10mm的网状防裂胶带粘贴在板缝处,再用掺108胶的水泥浆在胶带上刷一遍,晾干,然后用108胶将纤维布贴在板缝处,可有效防止板间裂缝的出现。

问题2　纸面石膏板连接不牢靠,隔墙间出现裂缝

原因:(1)边龙骨预先粘好薄木板,作为主要粘结点,当木块厚度超过骨翼缘宽度时,木块是断续的,会造成密封不严。(2)龙骨变形。

规范做法:(1)边龙骨预粘木块时,应控制其厚度不得超过龙骨翼缘,同时,边龙骨应经过挑选。(2)安装边龙骨时,翼缘边部顶端应满涂108胶水泥砂浆,

使之粘结严密。(3)为使墙板顶端密实,应在梁底(或顶板下)按放线位置增贴石膏垫板。

问题 3　加气混凝土条板隔墙隔板之间出现裂缝

原因:(1)加气混凝土隔墙板板材本身干燥,吸水率大,造成粘结砂浆失水,出现裂缝。(2)粘结的水泥砂浆稠度掌握不好,产生收缩裂缝。

规范做法:(1)对隔墙板之间的板缝在填缝前应用毛刷蘸水湿润,填时应由两人在板的两侧同时把缝填实。填缝材料采用石膏或膨胀水泥。(2)刮腻子之前先用宽度为 10cm 的网状防裂胶带粘贴在板缝处,再用掺 108 胶水泥在胶带上涂刷一遍并晾干,然后再用 108 胶将纤维布贴在板缝处,再进行各种装修施工。

问题 4　预制钢筋混凝土隔墙板缝开裂

原因:(1)隔墙板设计构造尺寸不当,由于施工误差,墙体混凝土标高控制不好,有的隔墙板上口顶住楼板,需要剔凿;有的隔墙板上口缝隙过大,结构墙体位置偏差较大,隔墙板与墙体间缝隙过大。(2)隔墙板生产尺寸误差较大,造成隔墙与顶板、隔墙板与墙体间缝隙过大或过小。(3)勾缝砂浆强度等级低,缝隙大,没有分层将勾缝砂浆捻实,或缝隙太小不易捻实;勾缝砂浆与顶板或与结构墙体粘结不牢,出现裂缝。

规范做法:(1)隔墙板高度以房间高度净空尺寸预留 2.5cm 空隙为宜;隔墙板与墙体间每边预留 1cm 空隙为宜。(2)提高施工精度,保证标高及墙体位置准确,隔墙板形状尺寸精确无误,空隙适当。(3)勾缝砂浆用 1∶2 的水泥砂浆,按用水量的 20% 掺入 108 胶,勾缝砂浆应分层捻实,勾严抹平。

问题 5　木龙骨、木板材隔墙固定不牢

原因:(1)上下槛和主体结构固定不牢靠。(2)龙骨料尺寸过小或材质太差。(3)安装时,先安装竖向龙骨,并将上下槛断开。(4)门口处下槛被断开,两侧立筋的断面尺寸未加大,门窗框上部未加钉人字撑。

规范做法:(1)上下槛要与主体结构连接牢固。(2)选材要严格,凡有腐朽、劈裂、扭曲、多节疤等瑕疵的木材不得使用,用料尺寸应不小于 40mm × 70mm。(3)龙骨固定顺序应先下槛,后上槛,再架立筋,最后钉水平横撑。立筋

要求垂直,两端顶紧上下槛,用钉斜向钉牢。靠墙立筋与预留木砖的空隙应用木垫垫实并钉牢,以加强隔墙的整体性。(4)遇到门口时,因下槛在门口处被断开,其两侧应用通天立筋,下脚卧入楼板内嵌实,门窗框上部宜加人字撑。

问题6　木板条隔墙固定不牢

原因:(1)上下槛和立体结构固定不牢。(2)龙骨不符合设计要求。(3)安装时,施工顺序不正确。(4)门口处下槛被断开后未采取加强措施。

规范做法:(1)横撑不宜与隔墙立筋垂直,而应倾斜一些,以便调节松紧和钉钉子。其长度应比立筋净空大10mm～15mm,两端头按相反方向锯成斜面,以便与立筋连接紧密,增强墙身的整体性和刚度。(2)立筋间距应根据进场板条长度考虑,量材使用,但最大间距不得超过500mm。(3)上下槛要与主体结构连接牢固。能伸入结构部位的应伸入嵌牢。(4)选材符合要求,不得有影响使用的瑕疵,断面不小于40mm×70mm。(5)正确按照施工顺序安装。门口等处应按实际补强,采用加大用料断面,通天立筋卧入楼板锚固等。

问题7　石膏板隔墙板缝开裂

原因:板缝节点构造不合理、板胀缩变形、刚度不足、嵌缝材料选择不当、施工操作及工序安排不合理等,都会引起板缝开裂。

规范做法:(1)应选择合理的节点构造。节点上部做法:清除缝内杂物,嵌缝腻子填至位置,待腻子初凝时(30min～40min),再刮一层较稀的腻子,厚度1mm,随即贴穿孔纸带,纸带贴好后放置一段时间,待水分蒸发后,在纸带上再刮一层腻子,将纸带压住,同时把接缝板面找平。节点下端部做法:在对头缝中勾嵌缝腻子,用特制工具把主缝勾成明缝,安装时应将多余的胶粘剂及时刮净,保持明缝顺直清晰。(2)为了防止施工水分引起石膏板变形裂缝,墙面应尽量采用贴墙纸或刷涂料的做法。

问题8　轻钢龙骨石膏板裂缝

原因:(1)轻钢龙骨有的出现变形,有的通贯横撑龙骨、支撑卡装得不够,致使整片隔墙骨架没有足够的刚度和强度,受外力碰撞而出现裂缝。(2)隔墙与侧面墙体及顶板相接处,没有粘结50mm宽的玻璃纤维带,只用接缝腻子找平。

规范做法:(1)将边框龙骨即沿地龙骨、沿顶龙骨、沿墙(柱)龙骨与主体结构固定,固定前先铺垫一层橡胶条或沥青泡沫塑料条。边框龙骨与墙、顶、地固定做法。边框龙骨与主体结构连接采用射钉或电钻打眼安膨胀螺栓。(2)根据设置要求,在沿顶、沿地龙骨上分档画线,按分档位置安装竖龙骨,竖龙骨上端、下端插入沿顶和沿地龙骨的凹槽内,翼缘朝向拟安装罩面板的方向。(3)安装门窗洞口的加强龙骨后,再安装通贯、横撑龙骨和支撑卡。通贯、横撑龙骨必须与竖向龙骨的冲孔保持在同一水平上,并卡紧牢固,不得松动,这样可将竖向龙骨撑牢,使整片隔墙骨架有足够的刚度和强度。(4)石膏板的安装。两侧的石膏板应错缝排列,石膏板与龙骨采用十字头自攻螺钉固定,一层石膏板用25mm长的螺钉,两层石膏板用35mm长的螺钉。(5)与墙体、顶板接缝处粘结50mm宽玻璃纤维带在分层刮腻子,以避免出现裂缝。(6)隔墙下端的石膏板不应直接与地面接触,应留有10mm~15mm的缝隙,用密封膏嵌严。

六、饰面工程

问题1　空鼓、脱落

原因:(1)由于贴面砖的墙饰面层质量大,使底子灰与基层之间产生较大的剪应力,粘贴层与底子灰之间也有一定的剪应力,如果再加上基层表面偏差较大,基层处理或施工操作不当,各层之间的粘结强度又差,面层将产生空鼓,甚至从建筑物上脱落。(2)砂浆配合比不准,稠度未控制好,砂子中含泥量过大,在同一施工面上采用不同配合比的砂浆,引起不同的平缩率而造成开裂、空鼓。

规范做法:(1)在结构施工时,外墙应尽可能按清水墙标准,做到平整垂直,为饰面施工创造条件。(2)面砖在使用前,必须清洗干净,并隔夜用水浸泡,晾干后(外干内湿)才能使用。使用未浸泡的干砖,表面有积灰,砂浆不易粘结,而且由于面砖吸水性强,能把砂浆中的水分很快吸收掉,使砂浆与砖的粘结力大为降低;若面砖浸泡后没有晾干,湿面砖表面附水,会使贴面砖时产生浮动,导致面砖空鼓。(3)粘贴面砖粘浆要饱满,但若使用砂浆过多,面砖又不易贴平;如果多敲,会造成浆水集中到面砖底部或溢出,收水后形成空鼓,特别在垛子、阳角处贴面砖时更应注意,否则容易产生阳角处不平直和空鼓,导致面砖脱落。

(4)在面砖粘贴过程中,宜做到一次成活,不宜移动,尤其是砂浆收水后再纠偏挪动,最容易引起空鼓。粘贴砂浆一般可采用1∶0.2∶2的混合砂浆,并做到配合比准确,砂浆在使用过程中更不要随便掺水和加灰。(5)做好勾缝。勾缝用1∶1的水泥砂浆,砂过窗纱筛;分两次进行,第一遍用一般水泥砂浆勾缝,第二遍按设计要求的色彩配制带色水泥砂浆,勾成凹缝,凹进面砖深度约3mm。相邻面砖不留缝的拼缝处,应用同面砖相同颜色的水泥浆擦缝,擦缝时面砖上的残浆必须及时清除,不留痕迹。

问题2　分格缝不匀,墙面不平整

原因:(1)施工前没有按照图纸尺寸核对结构施工实际情况,进行排砖分格和绘制大样图。(2)各部位放线、贴灰饼不够,控制点少。(3)面砖质量不好,规格尺寸偏差较大,施工中没有严格选砖,再加上操作不当,造成分格缝不均匀,墙面不平整。

规范做法:(1)施工前应根据设计图纸标明的尺寸,核实结构实际偏差情况,决定面砖铺贴厚度和排砖模数,画出施工大样图。一般要求横缝应与旋脸、窗台相平,竖向要求阳角窗口处都是整砖,如方格按整块分均,确定缝子大小做分格条和划出皮数杆。根据大样图尺寸,对各窗心墙、砖垛等处要事先测好中心线、水平分格线、阴阳角垂直线,对偏差较大不符合要求的部位要事先剔凿修补,以作为安装窗框、做窗台、腰线等的依据,防止贴面砖时,在这些部位产生分格缝不均,排砖不整齐等问题。(2)基层打完底后用混合砂浆粘在面砖背后做灰饼,外墙要挂线,阴阳角上要双面挂直,灰饼的粘结层不小于10mm,间距不大于1.5m。并要根据皮数杆在底子灰上从上到下弹上若干水平线,在窗口处弹上垂直线,作为贴成砖时的控制标志。(3)铺贴面砖时应保持面砖上口平直,贴完一皮砖后,需将上口灰刮平,不平处用小木片或竹签等垫平,放上分格条再贴第二皮砖。垂直缝应以底子灰弹线为准,随时检查核对,铺贴后将立缝处灰浆随时清理干净。(4)面砖使用前应先进行剔选。凡外形歪斜、缺角掉棱、翘曲、龟裂和颜色不匀者均应挑出,用套板把同号规格分大、中、小进行分类堆放,分别使用在不同部位;有些缺陷则不能使用,以防面砖本身质量问题造成排砖缝子不直、分格不匀和颜色不均等现象。

问题3　墙面污染

原因：对面砖保管和墙面完活后的成品保护不善；施工操作中没有及时清除砂浆，造成墙面污染。

规范做法：(1)自开始贴面砖起，不得从脚手架上和室内向外倒脏水、垃圾。操作人员应严格做到“活完顺手清”。面砖勾缝时应自上而下进行；拆脚手架时应注意不要碰坏墙面。(2)用草绳或者有色纸张包装的面砖，运输和保管期间要防止雨淋或受潮。(3)面砖墙面完工后，如受砂浆、水泥浆水等玷污，用清水不容易洗刷干净时，可用10%稀盐酸溶液洗刷，使用盐酸与水泥浆口的氢氧化钙发生化学反应，成为极易溶于水、强度极低的氯化钙，被玷污的墙面就比较容易清洗干净。洗刷时，应由上而下，然后用清水洗净，否则饰面容易变黄。

问题4　泛白污染

原因：(1)泛白污染的主要成分为碳酸钙，墙上一般镶贴面砖的材料为水泥砂浆(或掺入少量胶液)，水泥砂浆在水化、硬化过程中，反应生成的氢氧化钙以及其他碱性水溶液，从贴缝或面砖析出表面，在空气中的二氧化碳作用下，将形成不溶于水的碳酸钙。另外，在砂浆硬化后，如从贴缝和其他地方浸入雨水，雨水就会溶解砂浆里的水溶成分，并再从面砖或贴缝中析出，当析出物日积月累，逐渐扩大时，即形成非常难看的泛白现象。(2)有的面砖吸水率高，如用多孔陶质面砖时，石灰水不仅会从贴缝处析出，而且会通过面砖孔隙析出表面，变成不溶解物质，出现整个面砖泛白的现象。由于泛白物质是通过面砖孔隙中析出的，很难除掉(表面除掉后又会析出)。

规范做法：(1)做好勾缝，改变勾缝材料的性质，如掺加部分骨料，或适量的具有防水性质的聚合物，如金属皂类等。(2)用液体防水剂处理接缝，使之减小透水性。采用这种方法，虽然防水剂从硬化了的勾缝材料外表面只能渗入2mm～3mm，但对防止外部雨水浸透的效果很好。(3)对陶质面砖进行防火处理。为减小陶质面砖的透水性，使泛白污染物不容易粘附在面砖表面上，可用防水剂处理面砖。

问题 5 釉面砖变色污染

原因:(1)釉面砖背面是未施釉坯体,如吸水率大,质地疏松,会使溶解在液体中的各种颜色逐渐向坯体的深处渗透、扩散,直至从正面反出。(2)我国釉面砖的坯体大多为白色,施釉面是透明或半透明的乳白釉,施釉厚度约为 0.5mm,且乳浊度不足,遮盖力极低。(3)釉面砖质地疏松,施工前浸泡又不透,粘贴时,砂浆中的浆水或不洁净水从釉面砖背面渗进砖坯内,并慢慢地从透明釉面上反映出来,致使釉面砖变色。

规范做法:(1)生产釉面砖时,适当增加施釉厚度,施釉厚度如大于 1mm,阻透色效果就会更好。另外,还可以提高釉面砖坯体的密实度,减小吸水率,增加乳浊度等。(2)在施工过程中,浸泡釉面砖时应用洁净水,粘贴釉面砖的砂浆应使用干净的原材料进行拌制;粘贴应密实,砖缝应嵌塞严密,砖面应及时擦洗干净。(3)釉面砖粘贴前一定要浸泡透,并将有隐伤的挑出。尽量使用和易性、保水性较好的砂浆粘贴。操作时不要用力敲击砖面,防止产生隐伤,并随时将砖面上的砂浆擦洗干净。

七、幕墙工程

问题 1 幕墙系统水密性、气密性不符合要求

原因:(1)幕墙系统结构设计不合理,节点设计不合理,板块结构设计不合理。(2)使用材料不合格。(3)材料工厂加工精度及质量把控不严。(4)现场安装质量不好,施工工序不合理、工艺方法不当以及人为因素。

规范做法:(1)在方案设计时,重点研究防漏水方案和防水材料的选用,并优化设计方案。(2)在深化设计时严格审核防水节点,严格把关。(3)做好技术交底,严格执行施工样板管理。(4)加强材料进场验收和质量把关。(5)施工措施和安装工艺要科学合理。(6)做好隐蔽工程验收与各部位的专项验收记录。

问题 2 横竖框的安装精度问题

原因:(1)测量放线出现误差。(2)基准层安装定位不精确。(3)与主体连

接出现超差或积累误差超差。(4)竖框与竖框连接出现超差或积累误差超差。(5)竖框与横框连接出现超差或误差超差等。

规范做法:(1)制订合理放线方案和控制放线精度。(2)控制安装质量,选择信誉良好的施工队伍与幕墙管理班子。

问题3　振动和噪声

原因:(1)幕墙系统结构设计不合理(窗或开启扇分割过大,锁点较少,幕墙型材截面尺寸小和壁厚较薄)。(2)现场安装工艺不当,工序不对,造成材料缺失。(3)安装管理不到位,安装质量不合格(层间封修质量不好,竖框伸缩缝处没有打胶,转接件与竖框和横框间没有打胶,转接件与竖框间缺失垫片或安装有缝隙,玻璃与框间缺失垫块,石材幕墙缺失垫片等)。

规范做法:(1)招标时选择信誉良好的幕墙项目管理队伍。(2)优化设计方案(减少或将开启扇做小,增加五金件锁点)。(3)通过施工样板发现施工技术质量问题,严格把控质量标准,加强安装质量检查及验收。

问题4　材料不符合要求

原因:(1)设计和招标时材料定位模糊,使得有空可钻。(2)幕墙厂家未按合同约定品牌定料加工,或降低技术标准,未按规范和图纸要求加工采购材料。(3)材料运输和现场管理不严造成二次破损。(4)材料报样及进场验收管理不到位等。

规范做法:(1)招标时严格把关,写好技术要求,严格限定材料品牌和做好招标审核工作。(2)避免施工单位技术性降低标准,深化设计时严格审图,要求将材料的型号、规格、配置和成分等标注清楚。(3)做好招标时材料报样和确认工作。(4)加强材料进场质量检查和报检验收工作,并做好施工过程材料的质量检查和验收工作。

问题5　饰面不平和波光反射、封打胶不严、石材缺棱掉角、饰面色差等问题

原因:(1)工厂加工精度及质量把控不严,饰面材料本身不平,平整度超差;铝板应力变形、石材晶格蠕变产生变形、玻璃钢化产生波浪等材料不平而产生

不均匀反射；现场安装质量，横竖框安装的精度问题，饰面安装定位不准，压块紧力不够。(2)饰面板块之间的距离及平整度较差，影响胶缝宽度；横竖框安装的精度较差，直接影响饰面胶缝宽度等质量；接缝处没有填塞泡沫条或填塞与接缝宽度不相配套的泡沫条，影响胶缝宽度。(3)石材加工设计或安装方案不合理，易损坏；出厂检验把关不严，装箱方式不妥或出厂运输保管不妥当；安装管理不到位，保管搬运不当或安装过程中产生磕碰损坏。

规范做法：(1)方案设计和深化设计时合理减小分格尺寸，使材料大小均匀，减少加工和安装难度；做好材料运输、储藏和安装过程中的管理工作；严格施工样板先行制，加强现场质量检查和验收。(2)优化设计方案，尽量选择强度大的石材，设计厚度上尽量不小于30mm等；驻厂监造，把好出厂关；在石材运输、现场存放、安装等过程中，应轻拿轻放，可在石材底部垫放软方木，避免缺棱掉角。

八、涂饰工程

问题1　返碱

漆膜遇水后，表面出现白色结晶物的现象被称为返碱。

原因：(1)基材碱性太高或腻子质量太差，选用了高碱性水泥。(2)封闭底漆封闭性差，不耐水、不耐碱。(3)外墙面漆的抗雨水渗透性差，大量雨水渗透，在雨过天晴后，水汽向外蒸发。

规范做法：(1)减低墙体碱性，对高碱性墙面使用10%的草酸溶液洗刷中和，再用清水冲洗墙面，干燥后封底涂刷涂料。(2)加强对底材的封闭，选用渗透封闭作用强的封闭底漆，如溶剂型封闭底漆，溶剂型封底漆的封闭性最好。

问题2　泛白

涂膜含有水分或其他液体，呈白雾状。

原因：(1)基材含水率过高，环境湿度过高。(2)稀释剂挥发过快。(3)涂料施工过厚。(4)固化剂配套错误，与涂料不相容。

规范做法：(1)基层施工前必须进行干燥处理。(2)油漆施工不要一次性厚涂。(3)使用指定的稀释剂和固化剂。

问题3 涂膜黄变、粉化、桔皮

浅色漆膜经光、水或其他化学物质作用,出现发黄现象。涂膜表面有粉末状物质析出,用手轻轻擦拭,掉下白粉。涂膜表面不光滑,呈现凹凸的状态如桔子皮。

原因:(1)涂料中含有性能不稳定的白颜料,光氧作用下易变色;乳胶漆涂料同溶剂型涂料一起施工,乳胶漆受溶剂型涂料的影响变黄;涂膜受碱性的影响、水的浸泡等也会泛黄。(2)涂料质量差,基料不足以包覆所有填料,部分填料松散地堆积在涂膜中;涂料施工过度兑水稀释,涂膜疏松不耐擦拭;涂料施工低温、湿度大,或风大,成膜干燥慢。(3)油漆太稠,稀释剂过少;未采用合适的喷涂距离与喷涂压力;施工场地温度过高,风速过快,干燥过快,油漆无法充分流平;加入固化剂后放置时间过长。

规范做法:(1)选用耐黄变的乳液,以及化学性能稳定的颜料生产涂料;在装修涂装过程中先涂刷溶剂型涂料,待干透后一段时间再刷乳胶漆涂料。(2)选用优质涂料,涂料施工控制稀释程度,提高涂膜密实度。选用优质封闭底漆,做好基底处理工作。施工注意天气环境,不在恶劣的环境下施工。(3)注意油漆配比,合理调漆;充分熟练喷枪使用方法;使用合适的稀释剂,加入固化剂后尽快用完。

问题4 涂膜开裂、起皮、脱落

干燥涂膜上生成线状、多角状或不定状裂纹。一段时间后,局部涂膜出现老化,附着力丧失,起皮剥落。

原因:(1)料劣质,成膜性差,开裂;涂层间匹配度差,如硬质涂层涂布在弹性涂膜上;低温涂装,或遇大风,涂层干燥,成膜不良开裂;次涂刷过厚或未干重涂,收缩开裂;料稀释过量,涂膜太薄,不能抗裂。(2)底漆涂刷后,暴露时间过长,有粉化现象存在;腻子强度低,耐水性差,吸水膨胀,致面涂起皮脱落;基底或腻子碱性过高,不停泛碱,致涂膜起皮脱落;基层表面过硬和光滑,面涂附着力差;涂膜干燥过快,成膜不充分。

规范做法:(1)选用成膜良好的涂料,涂料配方根据季节调整,调整其干燥成膜性;遵循施工规范,彻底处理基材,做好基底防水层,施工前对基底进行修补,保证基底条件合乎施工要求;不在恶劣的气候下施工。(2)涂料配方设计要求有良好的抗水、抗碱性,硅溶胶的添加,可大大增强涂膜的抗碱性;涂料施工要求基材干净、干燥和牢固;对基底做好防水封闭处理。

问题5 涂膜起泡、咬底、流挂

涂膜起鼓移位、起皱。施工时涂料上产生向下流淌、形成眼泪或波纹状的外观。

原因:(1)水分透入漆面内或墙体表面潮湿,导致漆层失去了粘附性,在物体表面上起成泡状。(2)上道漆没干透,就涂布下一道,导致上道漆中的水分活溶剂不能顺利排出。(3)在阳光直射下进行施工;乳胶漆干后不久,就暴露在湿气或雨水中。(4)底漆未彻底干透就涂刷面漆,或前道漆与后道漆不配套引起漆膜鼓起移位、溶解、起皱、收缩、脱落等,多见于溶剂型涂料。(5)涂料稀释过度或涂料本身黏度太低,一次性涂刷过厚,喷枪嘴与被涂表面靠得太近。

规范做法:(1)确保底漆质量可靠,无漏涂现象;必须待上一道漆充分干燥后,方能施工下一道漆;不应在有大风、潮湿或阳光直射等不良条件下进行涂饰工程施工。(2)涂层施工必须按指定的时间间隔进行,头道漆要彻底干透后再涂第二层,用配套体系的漆涂装。(3)墙体重新打磨平整,按正确的比例稀释重新正确施工或调整涂料本身的黏度。

九、裱糊与软包工程

问题1 基层处理不当

原因:(1)墙面基层处理不当、含水率高造成。裱糊工程基层处理质量应符合规范要求。(2)裱糊后各幅拼接离缝。(3)壁纸、墙布粘贴不牢固,存在漏贴、补贴、脱层、空鼓和翘边情况。

规范做法:(1)基层墙面严格按照要求处理,并控制墙面含水率。新建筑物的混凝土抹灰基层墙面在刮腻子前应涂刷抗碱封闭底漆；粉化的旧墙面应除去粉化层，并在刮涂腻子前涂刷一层界面处理剂；混凝土或抹灰基层含水率不得大于8%；木材基层的含水率不得大于12%。(2)石膏板基层，接缝及裂缝处应贴加强网布后再刮腻子；基层腻子应平整、坚实、牢固，无粉化、起皮、空鼓、酥松、裂缝和泛碱；腻子的粘结强度不得小于0.3MPa；基层表面平整度、立面垂直度及阴阳角应符合标准要求；基层表面验收应一致；裱糊前应用封闭底胶涂刷基层。(3)贴壁纸时，对胶水污染的壁纸及时用湿毛巾清理干净或对污染严重的壁纸进行更换。

问题2　裱糊工程常见质量问题

壁纸翘边，接缝明显，墙面污染、不洁净、斜视有胶痕，壁纸墙面透底胶包、皱褶、气泡，颜色不一致。

原因：(1)墙面基层处理不当、含水率高造成。接缝拼接不细致。(2)贴壁纸时，对壁纸表面沾到的胶水未及时清理。(3)基层未使用统一色系的基层处理材料，造成基层颜色深浅不一致、粘贴壁纸时未拉平，且刷胶不均。(4)壁纸非同批，有色差。

规范做法：(1)壁纸、墙布的种类、规格、图案、颜色和燃烧性能等级应符合设计要求及国家现行标准的有关规定。裱糊后各幅拼接应横平竖直，拼接处花纹、图案应吻合，应不离缝、不搭接、不显拼缝。壁纸、墙布应粘贴牢固，不得有漏贴、补贴、脱层、空鼓和翘边。(2)裱糊后的壁纸、墙布表面应平整，不得有波纹起伏、气泡、裂缝、皱褶；表面色泽应一致，不得有斑污，斜视时应无胶痕。复合压花壁纸的压痕或发泡层应无损坏。(3)壁纸、墙布与装饰线、踢脚板、门窗框的交接处应吻合、严密、顺直。与墙面上电气槽、盒的交接处应套割吻合，不得有缝隙。壁纸、墙布边缘应平直整齐，不得有纸毛、飞刺。壁纸、墙布阴角处应顺光搭接，阳角处应无接缝。

问题3　软包工程常见质量问题

软包墙面龙骨衬板边框翘曲变形。软包工程表面污染、不洁净、图案不清晰、有色差。软包墙面局部有皱褶，松紧不适度。

原因:(1)基层木框含水率过高。(2)成品保护不当,软包面料未精心选择。(3)制作时填充层未塞平或面层面料未拉紧绷平。

规范做法:(1)软包工程的安装位置及构造做法应符合设计要求;软包边框所选木材的材质、花纹、颜色和燃烧性能等级应符合设计要求及国家现行标准的有关规定;软包衬板材质、平整、规格、含水率应符合设计要求。面料及内衬材料的品种、规格、颜色、图案及燃烧性能等级应符合国家现行标准的有关规定;软包工程的龙骨、边框应安装牢固,软包衬板与基层应连接牢固;无翘曲、变形,拼缝应平直,相邻板面拼缝应符合设计要求,横向无错位拼接的分格应保持通缝。(2)单块软包面料不应有接缝,四周应绷压严密。需要拼花的,拼接处花纹、图案应吻合。软包饰面上的电气槽、盒的开口位置、尺寸应正确,套割应吻合,槽、盒四周应镶硬边;软包工程的表面应平整、洁净、无污染、无凹凸不平及皱褶;图案应清晰、无色差,整体应协调美观、符合设计要求;软包工程的边框表面应平整、光滑、顺直,无色差、无钉眼;对缝、拼角应均匀对称、接缝吻合。清漆制品木纹、色泽应协调一致。

第五节　消 防 工 程

一、总平面布局及建筑防火

问题 1　建筑布局不合规范

原因:(1)消防车道转弯半径不足,存在妨碍消防车操作的障碍物。(2)登高操作场地的承载能力不满足要求,且未按规定对消防车道进行标线标识。(3)消防救援窗口净尺寸小于1m,标识不明确。(4)人员密集的公共场所疏散门的净宽度小于规范要求。(5)人员密集场所的疏散门设置了门槛或台阶。

规范做法:(1)贴邻建筑的5m范围内不应布置架空线路、高度大于5m的高大乔木、行道树等影响消防救援的障碍物。高层、多层建筑的消防车道转弯半径应分别不小于12m、9m,可采用作图法画出一条满足转弯半径的4m宽消防车道进行校验。(2)消防车道、消防车登高操作场地应采用硬质铺装面层,消防车登高操作场地应采用明显标识标出。(3)供消防救援人员进入的窗口的净高度和净宽度均不应小于 1m,下沿距室内地面不宜大于 1.2m,间距不宜大于 20m 且每个防火分区不应少于 2 个,设置位置应与消防车登高操作场地相对应。窗口的玻璃应易于破碎,并应设置易于室外识别的明显标志。(4)人员密集的公共场所、观众厅的疏散门不应设置门槛,其净宽度不应小于 1.4m,且紧靠门口内外各 1.4m 范围内不应设置踏步。

问题 2　建筑防火设置不规范

原因:(1)建筑变形缝仅仅采用盖板分隔,未填充防火材料做封堵。(2)嵌入式消火栓箱背板耐火极限不满足防火分隔要求。(3)厨房有明火区域未与其他部位进行防火分隔。(4)穿越弱电间及弱电竖井楼板等处的金属导管或槽盒内部未进行防火封堵。(5)建筑内的电缆井、管道井未在楼板处进行防火封堵。(6)电缆进入配电柜未采取防火封堵措施。(7)地上地下共用一个疏散楼时,未作明显分隔标识,防火分隔不满足规范要求。(8)防火门未设置闭门器或闭门器不能保证门扇正常关闭。(9)钢质防火门门框内未填充水泥砂浆。(10)防火卷帘与楼板、梁、墙、柱之间的缝隙未采用防火封堵材料封堵。(11)钢结构防火涂料发泡系数、涂刷厚度、涂刷工艺不满足规范及产品标准。

规范做法:(1)变形缝内的填充材料和变形缝的构造基层应采用不燃材料。(2)民用建筑的耐火等级可分为一、二、三、四级。除本规范另有规定外,不同耐火等级建筑相应构件的燃烧性能和耐火极限不应低于《建筑设计防火规范》(GB 50016－2014)表 5.1.2 的规定。(3)厨房有明火的加工区应采用耐火极限不低于 2.00h 的防火隔墙与其他部位分隔,隔墙上的门、窗应采用乙级防火门、窗。(4)金属导管或槽盒内部截面积大于或等于 710mm^2 时,应在线缆敷设后进行管槽内部防火封堵。(5)建筑内的电缆井、管道井应在每层楼板处采用不低于楼板耐火极限的不燃材料或防火封堵材料封堵。(6)电缆出入电缆沟,电气竖井,建筑物,配电(控制)柜、台、箱处以及管子管口处等部位应采取防火或密封措施。(7)建筑的地下或半地下部分与地上部分不应共用楼梯间,确需共用楼梯间时,应在首层采用耐火极限不低于 2.00h 的防火隔墙和乙级防火门将地下或半地下部分与地上部分的连通部位完全分隔,并应设置明显的标志。

(8)防火门应安装防火门闭门器,或设置让常开防火门在火灾发生时能自动关闭门扇的闭门装置(特殊部位使用除外,如管道井门等)。(9)钢质防火门门框内应充填水泥砂浆。门框与墙体应用预埋钢件或膨胀螺栓等连接牢固,其固定点间距不宜大于600mm。(10)防火卷帘应具有防烟性能,与楼板、梁、墙、柱之间的空隙应采用防火封堵材料封堵。(11)膨胀型钢结构防火涂料的涂层厚度不应小于1.5mm,非膨胀型钢结构防火涂料的涂层厚度不应小于15mm。

二、消防给水及灭火系统

问题1　消防给水设置不合规范

原因:(1)消防水池无爬梯,无水位计。(2)管道无标识标牌,无水流箭头。(3)消防管道、桥架跨越沉降缝未采用补偿技术措施。

规范做法:(1)消防水池的水位应能就地和在消防控制室显示,消防水池应设置高低水位报警装置。(2)架空管道外应刷红色油漆或涂红色环圈标志,并应注明管道名称和水流方向标识。红色环圈标志,宽度不应小于20mm,间隔不宜大于4m,在一个独立的单元内环圈不宜少于2处。(3)消防给水管必须穿过伸缩缝及沉降缝时,应采用波纹管和补偿器等技术措施。

问题2　灭火系统设置不合规范

原因:(1)室内消火栓箱内配置不完善、消火栓选型错误或不能满足设计要求。(2)高位水箱溢流管径不符合要求。(3)水泵接合器与室外消火栓的距离不符合要求。(4)直立型、下垂型喷头与顶板及梁等障碍物的距离不符合要求。

规范做法:(1)采用DN65室内消火栓,并可与消防软管卷盘或轻便水龙设置在同一箱体内;应配置公称直径65mm有内衬里的消防水带,长度不宜超过25m;消防软管卷盘应配置内径不小于19mm的消防软管,其长度宜为30m;轻便水龙应配置公称直径25mm有内衬里的消防水带,长度宜为30m;宜配置当量喷嘴直径16mm或19mm的消防水枪,但当消火栓设计流量为2.5L/s时宜配置当量喷嘴直径11mm或13mm的消防水枪;消防软管卷盘和轻便水龙应配置当量喷嘴直径6mm的消防水枪。(2)溢流管的直径不应小于进水管直径的

2倍,且不应小于DN100,溢流管的喇叭口直径不应小于溢流管直径的1.5～2.5倍。(3)水泵接合器应设在室外便于消防车使用的地点,且距室外消火栓或消防水池的距离不宜小于15m,并不宜大于40m。(4)除吊顶洒水喷头及吊顶下设置的洒水喷头外,直立型、下垂型洒水喷头溅水盘与顶板的距离为75mm～150mm。

问题3　消防给水管网试压没有按施工方案和规范要求进行

原因:管网试压分试漏检修和强度试验两步进行。试漏是在常压或稍起压状态下进行,而强度试验分工作压力和试验压力两阶段进行。目前有些项目只对管网进行试漏试验或试验压力不符合设计和规范要求,这样给系统的正常运行带来了隐患。

规范做法:(1)管网安装完毕后,应进行强度试验和严密性试验。对于消防给水系统管道实验压力:低区为1.4MPa,高区为1.8MPa,30分钟压降不大于0.05MPa,保持2小时无渗漏为合格。水压强度测试点设在系统最低处。然后将试验压力缓慢降至工作压力,经检查无渗漏,则严密性试验为合格。(2)对于自动喷淋灭火系统。当设计工作压力≤1.0MPa时,水压强度试验压力为设计工作压力的1.5倍,并且不低于1.4MPa;当设计压力>1.0MPa时,水压强度试验压力应为该工作压力加0.4MPa。水压强度试验是管网在试验压力下稳定30min,压力降不大于0.05MPa为合格。而水压严密性试验应在水压强度试验和管网冲洗合格后进行,试验压力应为设计工作压力,稳压24h,无泄漏为合格。

三、火灾自动报警系统

问题　设置不合理

原因:(1)消防设备末端配电箱(控制箱)内的断路器不应设置过负荷保护功能。(2)消防弱电线路与强电线路共管或共桥架、线槽敷设。(3)弱电模块设置在配电(控制)柜(箱)内。(4)感烟火灾探测器离空调送风口、顶棚孔口等水平距离过近,影响探测器工作。(5)感烟火灾探测器在格栅吊顶场所设置不符合要求。(6)消火栓泵控制箱(柜)的起、停按钮未直接连接多线盘。(7)疏散楼梯间内未设置消防应急广播。

规范做法:(1)火灾自动报警系统主电源不应设置剩余电流动作保护和过负荷保护装置。(2)系统应单独布线,除设计要求以外,系统不同回路、不同电压等级和交流与直流的线路,不应布在同一管内或槽盒的同一槽孔内。(3)联动控制模块严禁设置在配电柜(箱)内,一个报警区域内的模块不应控制其他报警区域的设备。(4)点型探测器至空调送风口边的水平距离不应小于1.5m,并宜接近回风口安装。探测器至多孔送风顶棚孔口的水平距离不应小于0.5m。(5)镂空面积与总面积的比例不大于15%时,探测器应设置在吊顶下方。镂空面积与总面积的比例大于30%时,探测器应设置在吊顶上方。镂空面积与总面积的比例为15%~30%时,探测器的设置部位应根据实际试验结果确定。探测器设置在吊顶上方且火警确认灯无法观察时,应在吊顶下方设置火警确认灯。(6)手动控制方式,应将消火栓泵控制箱(柜)的启动、停止按钮用专用线路直接连接至消防控制室内的消防联动控制器的手动控制盘,并应直接手动控制消火栓泵的启动、停止。(7)电梯前室、疏散楼梯间内应设置应急广播扬声器。

四、应急疏散系统

问题 设置不合理

原因:(1)设置消防控制室的场所未选用集中控制型系统。(2)在疏散走道侧边的安全出口,未在走道上方增设方向标志灯。(3)走道转角处的疏散标志灯的间距超过1m。(4)楼梯间未在每层内设置楼层标志灯。(5)室内距离疏散门超过15m的场所未按照要求设置疏散指示标志灯。(6)平行安装的疏散指示标志灯的间距超过10m。

规范做法:(1)按照《消防应急照明和疏散指示系统技术标准》(GB 51309-2018)第3.1.2条第1款的规定,设置消防控制室的场所应选择集中控制型系统。(2)按照《消防应急照明和疏散指示系统技术标准》(GB 51309-2018)第3.2.9条第1款第2项的规定,当安全出口或疏散门在疏散走道侧边时,应在疏散走道上方增设指向安全出口或疏散门的方向标志灯。(3)《民用建筑电气设计标准》(GB 51348-2019)第13.6.5条第2款规定,交叉通道及转角处宜在正对疏散走道的中心的垂直视觉范围内安装疏散指示灯,在转角处安装时距角边不应大于1m。(4)《消防应急照明和疏散指示系统技术标准》(GB 51309－2018)第3.2.10条规定,楼梯间每层应设置指示该楼层的标志灯。(5)《民用建筑电气设计标准》(GB 51348－2019)第13.2.3条第2款第3项规定,室内最远点至通向疏散走道的门直线距离超过15m的场所,应设置安全出口疏散指示标志灯。(6)《消防应急照明和疏散指示系统技术标准》(GB 51309－2018)第3.2.9条第1款第3项规定,方向标志灯的标志面与疏散方向垂直时,灯具的设置间距不应大于20m;方向标志灯的标志面与疏散方向平行时,灯具的设置间距不应大于10m。

五、防烟排烟系统

问题1　建筑、结构设计不合理

原因:(1)地下一层的建筑封闭楼梯间采用可开启外窗自然通风时,有效面积不足1.2m²。(2)前室采用自然通风方式时,可开启外窗面积不足。(3)排烟窗(口)未设置在储烟仓内。

规范做法:(1)封闭楼梯间应采用自然通风系统,对于不能满足自然通风条件的封闭楼梯间,应设置机械加压送风系统。当地下、半地下建筑(室)的封闭楼梯间不与地上楼梯间共用且地下仅为一层时,可不设置机械加压送风系统,但首层应设置有效面积不小于1.2m²的可开启外窗或直通室外的疏散门。(2)前室采用自然通风方式时,独立前室、消防电梯前室可开启外窗或开口的面积不应小于2m²,共用前室、合用前室不应小于3m²。(3)当设置在外墙上时,自然排烟窗(口)应在储烟仓以内,但走道、室内空间净高不大于3m的区域的自然排烟窗(口)可设置在室内净高度的1/2以上。

问题2　施工问题

原因:(1)机械加压送风、机械排烟竖向井道内侧表面不光滑。(2)机械排烟管道耐火极限不满足设计要求。(3)防排烟系统的送风阀、排烟阀、排烟防火阀等阀门未接模块,启闭状态不能在消防主机上显示。(4)薄钢板法兰风管未采用螺栓连接、排烟风管法兰垫片未按要求设置。(5)挡烟垂壁单节宽度不符合要求。

规范做法:(1)《消防设施通用规范》(GB 55036-2022)第11.1.3条规定,机械加压送风管道和机械排烟管道均应采用不燃性材料,且管道的内表面应光滑,管道的密闭性能应满足火灾时加压送风或排烟的要求。(2)《建筑防烟排烟系统技术标准》(GB 51251-2017)第4.4.8条第4款规定,设置在走道部位吊顶内的排烟管道,以及穿越防火分区的排烟管道,其管道的耐火极限不应小于1.00h,但设备用房和汽车库的排烟管道耐火极限可不低于0.5h。(3)《建筑防烟排烟系统技术标准》(GB 51251-2017)第5.2.7条规定,消防控制设备应显示排烟系统的排烟风机、补风机、阀门等设施启闭状态。(4)《建筑防烟排烟系统技术标准》(GB 51251-2017)第6.3.4条第2款规定,风管接口的连接应严密、牢固,垫片厚度不应小于3mm,不应凸入管内和法兰外;排烟风管法兰垫片应为不燃材料,薄钢板法兰风管应采用螺栓连接。(5)《挡烟垂壁》(XF 533-2012)第5.1.3.2条规定,采用不燃无机复合板、金属板材、防火玻璃等材料制作刚性挡烟垂壁的单节宽度不应大于2000mm;采用金属板材、无机纤维织物等制作柔性挡烟垂壁的单节宽度不应大于4000mm。

❖ 第二章　建设工程施工质量验收程序

建设工程施工质量验收是指工程施工质量在施工单位自行检查合格的基础上，由工程质量验收责任方组织，工程建设相关单位参加，对检验批、分项、分部、单位工程及其隐蔽工程的质量进行抽样检验，对技术文件进行审核，并根据设计文件和相关标准以书面形式对工程质量是否达到合格作出确认。城市轨道交通建设工程验收分为单位工程验收、项目工程验收、竣工验收三个阶段，各个阶段的验收条件、要求和内容及程序都应符合规定。工程监理单位应把握与履行好工程质量保修管理的工作内容。

根据《建筑工程施工质量验收统一标准》(GB 50300－2013)，建筑工程施工质量验收按以下方法进行。

一、建筑工程施工质量验收层次划分及目的

(一)施工质量验收层次划分

随着我国经济发展和施工技术的进步，工程建设规模不断扩大，技术复杂程度越来越高，出现了大量工程规模较大和具有综合使用功能的大型单体工程。由于大型单体工程可能在功能或结构上由若干子单体工程组成，且整个建设周期较长，可能出现将已建成可使用的部分子单体工程先投入使用，或先将工程中一部分提前建成使用等情况，这就需要对其质量进行分段验收。再加之对规模较大的单体工程进行一次性质量验收的工作量较大，因此《建筑工程施工质量验收统一标准》(GB 50300－2013)规定，将具备独立施工条件并能形成独立使用功能的工程划分为单位工程，将单位工程中能形成独立使用功能的部

分划分为若干子单位工程，对其进行质量验收。同时为了更加科学地评价工程施工质量和有利于对其进行验收，根据工程特点，按结构分解原则将单位或子单位工程划分为若干个分部工程。每个分部工程划分为若干个子分部工程。每个子分部工程可划分为若干个分项工程。每个分项工程中可划分为若干个检验批。检验批是工程施工质量验收的最小单位。

（二）施工质量验收层次划分目的

工程施工质量验收涉及工程施工过程质量验收和竣工质量验收，是工程施工质量控制的重要环节。根据工程特点，按结构分解的原则合理划分工程施工质量验收层次，将有利于对工程施工质量进行过程控制和阶段质量验收，特别是不同专业工程验收批的确定，将直接影响工程施工质量验收工作的科学性、经济性和可操作性。因此，对施工质量验收层次进行合理划分是非常有必要的，这有利于保证工程施工质量符合有关标准和要求。

二、建筑工程施工质量验收层次划分原则

（一）单位工程的划分

单位工程是指具备独立施工条件并能形成独立使用功能的建筑物或构筑物。单位工程应按下列原则划分。

1. 具备独立施工条件并能形成独立使用功能的建筑物或构筑物为一个单位工程。如一所学校中的一栋教学楼、办公楼、传达室，某城市的广播电视塔等。

2. 对于规模较大的单位工程，可将其能形成独立使用功能的部分划分为一个子单位工程。

单位或子单位工程的划分，施工前可由建设、监理、施工单位商议确定，并据此收集整理施工技术资料和进行质量验收。

（二）分部工程的划分

分部工程是单位工程的组成部分，一个单位工程往往由多个分部工程组成。分部工程应按下列原则划分。

1. 可按专业性质、工程部位确定。如建筑工程划分为地基与基础、主体结构、建筑装饰装修、屋面、建筑给水排水及供暖、通风与空调、建筑电气、智能建筑、建筑节能、电梯10个分部工程。

2. 当分部工程较大或较复杂时，可按材料种类、施工特点、施工程序、专业系统及类别将分部工程划分为若干子分部工程。

如建筑工程的地基与基础分部工程划分为地基、基础、基坑支护、地下水控制、土方、边坡、地下防水等子分部工程。建筑工程的主体结构分部工程划分为混凝土结构、砌体结构、钢结构、钢管混凝土结构、型钢混凝土结构、铝合金结构、木结构等子分部工程。建筑工程的建筑装饰装修分部工程划分为建筑地面、抹灰、外墙防水、门窗、吊顶、轻质隔墙、饰面板、饰面砖、幕墙、涂饰、裱糊与软包、细部等子分部工程。

（三）分项工程的划分

分项工程是分部工程的组成部分。分项工程可按主要工种、材料、施工工艺、设备类别进行划分。如建筑工程主体结构分部工程中，混凝土结构子分部工程划分为模板、钢筋、混凝土、预应力、现浇结构、装配式结构等分项工程。

建筑工程的分部工程、分项工程划分宜按《建筑工程施工质量验收统一标准》（GB 50300－2013）附录B的规定进行。

（四）检验批的划分

检验批是分项工程的组成部分。检验批是指按相同的生产条件或按规定的方式汇总起来供抽样检验用的，由一定数量样本组成的检验体。检验批可根据施工、质量控制和专业验收的需要，按工程量、楼层、施工段、变形缝进行划分。

施工前,应由施工单位制定分项工程和检验批的划分方案,并由项目监理机构审核。对于《建筑工程施工质量验收统一标准》(GB 50300 - 2013)附录 B 及相关专业验收规范未涵盖的分项工程和检验批,可由建设单位组织监理、施工等单位协商确定。

通常情况下,多层及高层建筑的分项工程可按楼层或施工段来划分检验批,单层建筑的分项工程可按变形缝划分检验批;地基与基础的分项工程一般划分为一个检验批,有地下层的基础工程可按不同地下层划分检验批;屋面工程的分项工程可按不同楼层屋面划分为不同的检验批;其他分部工程中的分项工程,一般按楼层划分检验批;对于工程量较少的分项工程可划分为一个检验批;安装工程一般按一个设计系统或设备组别划分为一个检验批;室外工程一般划分为一个检验批;散水、台阶、明沟等包含在地面检验批中。

(五)室外工程的划分

室外工程可根据专业类别和工程规模划分子单位工程、分部工程和分项工程。室外工程的划分如表 2 - 2 - 1 所示。

表 2 - 2 - 1　室外工程的划分

单位工程	子单位工程	分部工程
室外设施	道路	路基、基层、面层、广场与停车场、人行道、人行地道、挡土墙、附属构筑物
	边坡	土石方、挡土墙、支护
附属建筑及室外环境	附属建筑	车棚、围墙、大门、挡土墙
	室外环境	建筑小品、亭台、水景、连廊、花坛、场坪绿化、景观桥

三、建筑工程施工质量验收基本规定

(1)施工现场应具有健全的质量管理体系、相应的施工技术标准、施工质量检验制度和综合施工质量水平评定考核制度。施工现场质量管理可按表 2 - 2 - 2 的要求进行检查记录。

表 2－2－2　施工现场质量管理检查记录

开工日期：

<table>
<tr><td>工程名称</td><td colspan="2"></td><td>施工许可证号</td><td colspan="2"></td></tr>
<tr><td>建设单位</td><td colspan="2"></td><td>项目负责人</td><td colspan="2"></td></tr>
<tr><td>设计单位</td><td colspan="2"></td><td>项目负责人</td><td colspan="2"></td></tr>
<tr><td>监理单位</td><td colspan="2"></td><td>总监理工程师</td><td colspan="2"></td></tr>
<tr><td>施工单位</td><td></td><td>项目负责人</td><td></td><td>项目技术负责人</td><td></td></tr>
<tr><td>序号</td><td colspan="2">项　　目</td><td colspan="3">主要内容</td></tr>
<tr><td>1</td><td colspan="2">项目部质量管理体系</td><td colspan="3"></td></tr>
<tr><td>2</td><td colspan="2">现场质量责任制</td><td colspan="3"></td></tr>
<tr><td>3</td><td colspan="2">主要专业工种操作岗位证书</td><td colspan="3"></td></tr>
<tr><td>4</td><td colspan="2">分包单位管理制度</td><td colspan="3"></td></tr>
<tr><td>5</td><td colspan="2">图纸会审记录</td><td colspan="3"></td></tr>
<tr><td>6</td><td colspan="2">地质勘察资料</td><td colspan="3"></td></tr>
<tr><td>7</td><td colspan="2">施工技术标准</td><td colspan="3"></td></tr>
<tr><td>8</td><td colspan="2">施工组织设计、施工方案编制及审批</td><td colspan="3"></td></tr>
<tr><td>9</td><td colspan="2">物资采购管理制度</td><td colspan="3"></td></tr>
<tr><td>10</td><td colspan="2">施工设施和机械设备管理制度</td><td colspan="3"></td></tr>
<tr><td>11</td><td colspan="2">计量设备配备</td><td colspan="3"></td></tr>
<tr><td>12</td><td colspan="2">检测试验管理制度</td><td colspan="3"></td></tr>
<tr><td>13</td><td colspan="2">工程质量检查验收制度</td><td colspan="3"></td></tr>
<tr><td>14</td><td colspan="2"></td><td colspan="3"></td></tr>
<tr><td colspan="3">自检结果：

施工单位项目负责人：　　　年　月　日</td><td colspan="3">检查结论：

总监理工程师：　　　　　　年　月　日</td></tr>
</table>

(2)未实行监理的建筑工程,建设单位相关人员应履行有关验收标准涉及的监理职责。

(3)建筑工程的施工质量控制应符合下列规定。①建筑工程采用的主要材料、半成品、成品、建筑构配件、器具和设备应进行进场检验。凡涉及安全、节能、环境保护和主要使用功能的重要材料、产品,应按各专业工程施工规范、验收规范和设计文件等规定进行复验,并应经专业监理工程师检查认可。②各施工工序应按施工技术标准进行质量控制,每道施工工序完成后,经施工单位自检符合规定后,才能进行下道工序施工。各专业工种之间的相关工序应进行交接检验,并应记录。③对于项目监理机构提出检查要求的重要工序,应经专业监理工程师检查认可,才能进行下道工序施工。

(4)符合下列条件之一时,可按相关专业验收规范的规定适当调整抽样复验、试验数量,调整后的抽样复验、试验方案应由施工单位编制,并报项目监理机构审核确认。①同一项目中由相同施工单位施工的多个单位工程,使用同一生产厂家的同品种、同规格、同批次的材料、构配件、设备。②同一施工单位在现场加工的成品、半成品、构配件用于同一项目中的多个单位工程。③在同一项目中,针对同一抽样对象已有检验成果可以重复利用。调整抽样复验、试验数量或重复利用已有检验成果应用的具体的实施方案,实施方案应符合各专业验收规范的规定,并事先报项目监理机构认可。如施工单位或项目监理机构认为必要,也可不调整抽样复验、试验数量或不重复利用已有检验成果。

(5)当专业验收规范对工程中的验收项目未作出相应规定时,应由建设单位组织监理、设计、施工等相关单位制定专项验收要求。涉及安全、节能、环境保护等项目的专项验收要求应由建设单位组织专家论证。专项验收要求应符合设计意图,包括分项工程及检验批的划分、抽样方案、验收方法、判定指标等内容。

(6)建筑工程施工质量应按下列要求进行验收。①工程施工质量验收均应在施工单位自检合格的基础上进行。②参加工程施工质量验收的各方人员应具备相应的资格。③检验批的质量应按主控项目和一般项目验收。④对涉及结构安全、节能、环境保护和主要使用功能的试块、试件及材料,应在进场时或施工中按规定进行见证检验。⑤隐蔽工程在隐蔽前应由施工单位通知项目监理机构进行验收,并应形成验收文件,验收合格后方可继续施工。⑥对涉及结构安全、节能、环境保护和使用功能的重要分部工程,应在验收前按规定进行抽样检验。⑦工程的观感质量应由验收人员现场检查,并应共同确认。

(7)建筑工程施工质量验收合格应符合下列规定。①符合工程勘察、设计文件的要求。②符合《建筑工程施工质量验收统一标准》(GB 50300－2013)和相关专业验收规范的规定。

(8)检验批的质量检验,可根据检验项目的特点在下列抽样方案中选取。①计量、计数或计量—计数的抽样方案;②一次、二次或多次抽样方案;③对重要的检验项目,选用全数检验方案;④根据生产连续性和生产控制稳定性情况,采用调整型抽样方案;⑤经实践证明有效的抽样方案。

(9)检验批抽样样本应随机抽取,满足分布均匀、具有代表性的要求,抽样数量应符合有关专业验收规范的规定。当采用计数抽样方案时,最小抽样数量应符合表 2-2-3 的要求。

对于明显不合格的个体可不纳入检验批,但应进行处理,使其满足有关专业验收规范的规定,对处理的情况应予以记录并重新验收。

表 2-2-3　检验批最小抽样数量

检验批的容量	最小抽样数量	检验批的容量	最小抽样数量
2~15	2	151~280	13
16~25	3	281~500	20
26~90	5	501~1200	32
91~150	8	1201~3200	50

(10)计量抽样的错判概率 α 和漏判概率 β 可按下列规定采取:①主控项目:对应于合格质量水平的 α 和 β 均不宜超过5%;②一般项目:对应于合格质量水平的 α 不宜超过5%,β 不宜超过10%。错判概率 α 是指合格批被判为不合格批的概率,即合格批被拒收的概率。

漏判概率 β 是指不合格批被判为合格批的概率,即不合格批被误收的概率。

四、建筑工程施工质量验收程序和合格规定

(一)检验批质量验收

1. 检验批质量验收程序

检验批是工程施工质量验收的最小单位,是分项工程、分部工程、单位工程

质量验收的基础。按检验批验收有助于及时发现和处理施工过程中出现的质量问题,确保工程施工质量符合有关标准和要求,也符合工程施工的实际需要。

检验批应由专业监理工程师组织施工单位项目专业质量检查员、专业工长等进行验收。检验批验收包括资料检查、主控项目和一般项目的质量检验。

验收前,施工单位应对施工完成的检验批进行自检,对存在的问题自行整改处理,合格后填写检验批报审、报验表(表2-2-4)及检验批质量验收记录(表2-2-5),并将相关资料报送项目监理机构申请验收。

专业监理工程师对施工单位所报资料进行审查,并组织相关人员到现场进行实体检查、验收。对验收不合格的检验批,专业监理工程师应要求施工单位进行整改,自检合格后再予以复验;对验收合格的检验批,专业监理工程师应签认检验批报审、报验表及质量验收记录,准许进行下道工序施工。

表2-2-4 报审、报验

工程名称:　　　　　　　　　　　　　　编号:

致:(项目监理机构) 我方已完成工作,经自检合格,请予以审查/验收。 附件:□隐蔽工程质量检验资料 □检验批质量检验资料 □分项工程质量检验资料 □施工试验室证明资料 □其他 施工项目经理部(盖章) 项目经理/项目技术负责人(签字) 年　月　日
审查/验收意见 项目监理机构(盖章) 专业监理工程师(签字) 年　月　日

注:本表一式两份,项目监理机构、施工单位各一份。

表 2-2-5　检验批质量验收记录

编号：

<table>
<tr><td colspan="2">单位（子单位）
工程名称</td><td></td><td>分部（子分部）
工程名称</td><td></td><td>分项工程
名称</td><td></td></tr>
<tr><td colspan="2">施工单位</td><td></td><td>项目负责人</td><td></td><td>检验批容量</td><td></td></tr>
<tr><td colspan="2">分包单位</td><td></td><td>分包单位
项目负责人</td><td></td><td>检验批部位</td><td></td></tr>
<tr><td colspan="2">施工依据</td><td colspan="2"></td><td>验收依据</td><td colspan="2"></td></tr>
<tr><td rowspan="11">主控项目</td><td colspan="2">验收项目</td><td>设计要求
及规范规定</td><td>最小/实际
抽样数量</td><td>检查记录</td><td>检查结果</td></tr>
<tr><td>1</td><td></td><td></td><td></td><td></td><td></td></tr>
<tr><td>2</td><td></td><td></td><td></td><td></td><td></td></tr>
<tr><td>3</td><td></td><td></td><td></td><td></td><td></td></tr>
<tr><td>4</td><td></td><td></td><td></td><td></td><td></td></tr>
<tr><td>5</td><td></td><td></td><td></td><td></td><td></td></tr>
<tr><td>6</td><td></td><td></td><td></td><td></td><td></td></tr>
<tr><td>7</td><td></td><td></td><td></td><td></td><td></td></tr>
<tr><td>8</td><td></td><td></td><td></td><td></td><td></td></tr>
<tr><td>9</td><td></td><td></td><td></td><td></td><td></td></tr>
<tr><td>10</td><td></td><td></td><td></td><td></td><td></td></tr>
<tr><td rowspan="5">一般项目</td><td>1</td><td></td><td></td><td></td><td></td><td></td></tr>
<tr><td>2</td><td></td><td></td><td></td><td></td><td></td></tr>
<tr><td>3</td><td></td><td></td><td></td><td></td><td></td></tr>
<tr><td>4</td><td></td><td></td><td></td><td></td><td></td></tr>
<tr><td>5</td><td></td><td></td><td></td><td></td><td></td></tr>
<tr><td colspan="2">施工单位
检查结果</td><td colspan="5">专业工长：
项目专业质量检查员：
年　月　日</td></tr>
<tr><td colspan="2">监理单位
验收结论</td><td colspan="5">专业监理工程师：
年　月　日</td></tr>
</table>

2. 检验批质量验收合格规定

检验批质量验收合格应符合下列规定:(1)主控项目的质量经抽样检验均应合格;(2)一般项目的质量经抽样检验合格,当采用计数抽样方案时,合格点率应符合有关专业验收规范的规定,且不得存在严重缺陷,对于计数抽样的一般项目,正常检验一次、二次抽样可分别按表2-2-6、表2-2-7判定;(3)具有完整的施工操作依据、质量验收记录。

表2-2-6 一般项目正常检验一次抽样判定

样本容量	合格判定数	不合格判定数	样本容量	合格判定数	不合格判定数
5	1	2	32	7	8
8	2	3	50	10	11
13	3	4	80	14	15
20	5	6	125	21	22

表2-2-7 一般项目正常检验二次抽样判定

抽样次数	样本容量	合格判定数	不合格判定数	抽样次数	样本容量	合格判定数	不合格判定数
(1) (2)	3 6	0 1	2 2	(1) (2)	20 40	3 9	6 10
(1) (2)	5 10	0 3	3 4	(1) (2)	32 64	5 12	9 13
(1) (2)	8 16	1 4	3 5	(1) (2)	50 100	7 18	11 19
(1) (2)	13 26	2 6	5 7	(1) (2)	80 160	11 26	16 27

注:(1)和(2)表示抽样次数,(2)对应的样本容量为两次抽样的累计数量。

为加深理解检验批质量验收合格规定,应注意以下几方面的内容。

第一,主控项目的质量经抽样检验均应合格。主控项目是指建筑工程中对安全、节能、环境保护和主要使用功能起决定性作用的检验项目。主控项目是对检验批的基本质量起决定性影响的检验项目,是保证工程安全和使用功能的重要检验项目,必须从严要求,因此要求主控项目必须全部符合有关专业验收规范的规定。主控项目如果达不到有关专业验收规范规定的质量指标,降低要求就相当于降低该工程的性能指标,将会严重影响工程的安全性能。这意味着主控项目不允许有不符合要求的检验结果,必须全部合格。如混凝土、砂浆强度等级是保证混凝土结构、砌体强度的重要性能,必须全部达到有关专业验收规范规定的质量要求。

为了使检验批的质量满足工程安全和使用功能的基本要求、保证工程质量,各专业工程质量验收规范对各检验批主控项目的合格质量给予了明确的规定。如钢筋安装时的主控项目为:受力钢筋的品种、级别、规格和数量必须符合设计要求。

第二,一般项目的质量经抽样检验合格。当采用计数抽样时,合格点率应符合有关专业验收规范的规定,且不得存在严重缺陷。

对于计数抽样的一般项目,正常检验一次抽样可按表 2 –2 –6 判定,正常检验二次抽样可按表 2 –2 –7 判定。抽样方案应在抽样前确定,具体的抽样方案应按有关专业验收规范执行。如有关专业验收规范无明确规定时,可采用一次抽样方案,也可由建设、设计、监理、施工等单位根据检验对象的特征协商采用二次抽样方案。样本容量在表 2 –2 –6 或表 2 –2 –7 给出的数值之间时,合格判定数可通过插值并四舍五入取整确定。

举例说明:表 2 –2 –6 和表 2 –2 –7 的使用方法

对于一般项目正常检验一次抽样,假设样本容量为 20,在 20 个试样中如果有 5 个或 5 个以下试样被判为不合格,该检验批可判定为合格;当 20 个试样中有 6 个或 6 个以上试样被判为不合格,则该检验批可判定为不合格。

对于一般项目正常检验二次抽样,假设样本容量为 20,当 20 个试样中有 3 个或 3 个以下试样被判为不合格时,该检验批可判定为合格;当有 6 个或 6 个以上试样被判为不合格时,该检验批可判定为不合格;当有 4 个或 5 个试样被判为不合格时,应进行第二次抽样,样本容量也为 20 个,两次抽样的样本容量为 40,当两次不合格试样之和为 9 或小于 9 时,该检验批可判定为合格,当两次不合格试样之和为 10 或大于 10 时,该检验批可判定为不合格。

样本容量在表 2 –2 –6 或表 2 –2 –7 给出的数值之间时,合格判定数可通过插值并四舍五入取整确定。例如样本容量为 15,按表 2 –2 –6 插值得出的合格判定数为 3. 571,取整可得合格判定数为 4,不合格判定数为 5。

一般项目是指除主控项目以外的检验项目。为了使检验批的质量满足工程安全和使用功能的基本要求,保证工程质量,各专业工程质量验收规范对各检验批一般项目的合格质量给予了明确的规定。如钢筋连接的一般项目为:钢筋的接头宜设置在受力较小处;同一纵向受力钢筋不宜设置两个或两个以上接头;接头末端至钢筋弯起点的距离不应小于钢筋直径的10倍。

对于一般项目,虽然允许存在一定数量的不合格点,但某些不合格点的指标与合格要求偏差较大或存在严重缺陷时,仍将影响工程的使用功能或观感,因此对这些部位还应进行返修处理。

第三,具有完整的施工操作依据、质量验收记录。

质量控制资料反映了检验批从原材料到最终验收的各施工工序的操作依据、检查情况以及为保证工程质量所必需的管理制度等。对其完整性的检查,实际是对过程控制的确认,这是检验批质量合格的前提。

通常,质量控制资料主要包括:①图纸会审记录、设计变更通知单、工程洽商记录;②工程定位测量、放线记录;③原材料出厂合格证书及进场检验、试验报告;④施工试验报告及见证检测报告;⑤隐蔽工程验收记录;⑥施工记录;⑦按有关专业工程质量验收规范规定的抽样检测资料、试验记录;⑧分项、分部工程质量验收记录;⑨工程质量事故调查处理资料;⑩新技术论证、备案及施工记录。

3. 检验批质量验收记录

检验批质量验收记录可按表(表2－2－5)填写,填写时应具有现场验收检查的原始记录,该原始记录应由专业监理工程师和施工单位专业质量检查员、专业工长共同签署,并在单位工程竣工验收前存档备查,保证该记录的可追溯性。现场验收检查原始记录的格式可由施工、监理等单位确定,包括检查项目、检查位置、检查结果等内容。

(二)隐蔽工程质量验收

隐蔽工程是指在下道工序施工后将被覆盖或掩盖,难以进行质量检查的工程。如钢筋混凝土工程中的钢筋工程,地基与基础工程中的混凝土基础和桩基础等。因此隐蔽工程完成后,在被覆盖或掩盖前必须进行质量验收,验收合格后方可继续施工。

隐蔽工程验收前,施工单位应对施工完成的隐蔽工程质量进行自检,对存在的问题自行整改处理,合格后填写隐蔽工程报审、报验表(表2-2-4)及检验批质量验收记录(表2-2-5),并将相关隐蔽工程资料报送项目监理机构申请验收。

专业监理工程师对施工单位所报资料进行审查,并组织相关人员到现场进行实体检查、验收,同时宜留存检查、验收过程的照片、影像等资料。对验收不合格的隐蔽工程,专业监理工程师应要求施工单位进行整改,自检合格后再予以复验;对验收合格的隐蔽工程,专业监理工程师应签字确认隐蔽工程报审、报验表及质量验收记录,准许进行下道工序施工。

如对钢筋分项工程浇筑混凝土之前,应进行钢筋隐蔽工程验收。钢筋隐蔽工程验收主要内容包括:纵向受力钢筋的品种、规格、数量和位置等;钢筋的连接方式、接头位置、接头数量、接头面积百分率等;箍筋、横向钢筋的品种、规格、数量、间距等;预埋件的规格、数量、位置等。

对装配式混凝土结构连接部位及叠合构件浇筑混凝土之前,应进行隐蔽工程验收。隐蔽工程验收应包括下列主要内容:混凝土粗糙面的质量,键槽的尺寸、数量、位置;钢筋的牌号、规格、数量、位置、间距,箍筋弯钩的弯折角度及平直段长度;钢筋的连接方式、接头位置、接头数量、接头面积百分率、搭接长度、锚固方式及锚固长度;预埋件、预留管线的规格、数量、位置;预制混凝土构件接缝处防水、防火等构造做法;保温及其节点施工;其他隐蔽项目;隐蔽项目施工过程记录照片。

(三)分项工程质量验收

1. 分项工程质量验收程序

分项工程应由专业监理工程师组织施工单位项目专业技术负责人等进行验收。

验收前,施工单位应对施工完成的分项工程进行自检,对存在的问题自行整改处理,合格后填写分项工程报审、报验表(表2-2-4)及分项工程质量验收记录(表2-2-8),并将相关资料报送项目监理机构申请验收。由专业监理工程师对施工单位所报资料逐项进行审查,符合要求后签字确认分项工程报审、报验表及质量验收记录。

表2－2－8　分项工程质量验收记录

编号：

单位（子单位）工程名称		分部（子分部）工程名称			
分项工程数量		检验批数量			
施工单位		项目负责人		项目技术负责人	
分包单位		分包单位项目负责人		分包内容	

序号	检验批名称	检验批容量	部位/区段	施工单位检查结果	监理单位验收结论
1					
2					
3					
4					
5					
6					
7					
8					
9					
10					
11					
12					
13					
14					
15					
说明：					
施工单位检查结果	项目专业技术负责人： 年　月　日				
监理单位验收结论	专业监理工程师： 年　月　日				

2. 分项工程质量验收合格规定

分项工程质量验收合格应符合下列规定：(1)所含检验批的质量均应验收合格；(2)所含检验批的质量验收记录应完整。

分项工程的质量验收是以检验批为基础进行的。一般情况下，检验批和分项工程两者具有相同或相近的性质，只是批量的大小不同。分项工程质量合格的条件是构成分项工程的各检验批质量验收资料齐全完整，且各检验批质量均已验收合格。

(四)分部工程质量验收

1. 分部工程质量验收程序

分部工程应由总监理工程师组织施工单位项目负责人和项目技术负责人等进行验收。

勘察、设计单位项目负责人和施工单位技术、质量部门负责人应参加地基与基础分部工程的验收。由于地基与基础分部工程情况复杂，专业性强，且关系整个工程的安全，为保证工程质量，应严格把关，规定勘察、设计单位项目负责人应参加验收，并要求施工单位技术、质量部门负责人也参加验收。

设计单位项目负责人和施工单位技术、质量部门负责人应参加主体结构、节能分部工程的验收。由于主体结构直接影响使用安全，建筑节能又直接关系到国家资源战略、可持续发展等，因此应规定对于这两个分部工程，设计单位项目负责人应参加验收，并要求施工单位技术、质量部门负责人也参加验收。

参加验收的人员，除指定的人员必须参加验收外，允许其他相关专业人员共同参加验收。由于各施工单位的机构和岗位设置不同，允许施工单位技术、质量部门负责人有两位人员，也可以是一位人员。勘察、设计单位项目负责人应为勘察、设计单位负责本工程项目的专业负责人，不应由与本项目无关或不了解本项目情况的其他人员、非专业人员代替。

验收前，施工单位应对施工完成的分部工程进行自检，对存在的问题自行整改处理，合格后填写分部工程报验表(表2－2－9)及分部工程质量验收记录(表2－2－10)，并将相关资料报送项目监理机构申请验收。总监理工程师应组织相关人员进行检查、验收,对验收不合格的分部工程,应要求施工单位进行整改,自检合格后予以复验。对验收合格的分部工程,应签字确认分部工程报验表及验收记录。

2. 分部工程质量验收合格规定

分部工程质量验收合格应符合下列规定:(1)所含分项工程的质量均应验收合格;(2)质量控制资料应完整;(3)有关安全、节能、环境保护和主要使用功能的抽样检验结果应符合相应规定;(4)观感质量应符合要求。

分部工程质量验收是以所含各分项工程质量验收为基础进行的。首先,分部工程所含各分项工程已验收合格且相应的质量控制资料齐全、完整。其次,由于各分项工程的性质不尽相同,作为分部工程不能简单地组合而加以验收,还须进行以下两方面检查项目:

第一,涉及安全、节能、环境保护和主要使用功能的地基与基础、主体结构和设备安装等分部工程应进行有关的见证检验或抽样检验。总监理工程师应组织相关人员,检查各专业验收规范中规定应见证检验或抽样检验的项目是否都进行了检验;查阅各项检测报告(记录),核查有关检测方法、内容、程序、检测结果等是否符合有关标准规定;核查有关检测机构的资质,见证取样和送样人员资格,检测报告出具机构负责人的签署情况是否符合相关要求。

第二,观感质量验收,这类检查往往难以定量,只能以观察、触摸或简单量测的方式进行观感质量验收,并结合验收人的主观判断,检查结果并不给出"合格"或"不合格"的结论,而是由各方协商确定,综合给出"好""一般""差"的质量评价结果。对于被评为"差"的检查点应进行返修处理。所谓"好"是指在观感质量符合验收规范的基础上,能达到精致、流畅的要求,细部处理到位、精度控制较好;所谓"一般"是指观感质量能符合验收规范的要求;所谓"差"是指观感质量勉强达到验收规范的要求,或有明显的缺陷,但不影响安全或使用功能。

表 2－2－9　分部工程报验

工程名称：　　　　　　　　编号：

致：(项目监理机构) 我方已完成(分部工程)，经自检合格，请予以验收。 附件：分部工程质量资料 施工项目经理部(盖章) 项目技术负责人(签字) 年　月　日
验收意见： 专业监理工程师(签字) 年　月　日
验收意见： 项目监理机构(盖章) 总监理工程师(签字) 年　月　日

注：本表一式三份，项目监理机构、建设单位、施工单位各一份。

表 2-2-10　分部工程质量验收记录

编号：

<table>
<tr><td colspan="2">单位(子单位)工程名称</td><td colspan="2"></td><td>子分部工程数量</td><td></td><td>分项工程数量</td><td></td></tr>
<tr><td colspan="2">施工单位</td><td colspan="2"></td><td>项目负责人</td><td></td><td>技术(质量)负责人</td><td></td></tr>
<tr><td colspan="2">分包单位</td><td colspan="2"></td><td>分包单位负责人</td><td></td><td>分包内容</td><td></td></tr>
<tr><td>序号</td><td>子分部工程名称</td><td>分项工程名称</td><td>检验批数量</td><td colspan="2">施工单位检查结果</td><td colspan="2">监理单位验收结论</td></tr>
<tr><td>1</td><td></td><td></td><td></td><td colspan="2"></td><td colspan="2"></td></tr>
<tr><td>2</td><td></td><td></td><td></td><td colspan="2"></td><td colspan="2"></td></tr>
<tr><td>3</td><td></td><td></td><td></td><td colspan="2"></td><td colspan="2"></td></tr>
<tr><td>4</td><td></td><td></td><td></td><td colspan="2"></td><td colspan="2"></td></tr>
<tr><td>5</td><td></td><td></td><td></td><td colspan="2"></td><td colspan="2"></td></tr>
<tr><td>6</td><td></td><td></td><td></td><td colspan="2"></td><td colspan="2"></td></tr>
<tr><td>7</td><td></td><td></td><td></td><td colspan="2"></td><td colspan="2"></td></tr>
<tr><td>8</td><td></td><td></td><td></td><td colspan="2"></td><td colspan="2"></td></tr>
<tr><td colspan="4">质量控制资料</td><td colspan="2"></td><td colspan="2"></td></tr>
<tr><td colspan="4">安全和功能检验结果</td><td colspan="2"></td><td colspan="2"></td></tr>
<tr><td colspan="4">观感质量检验结果</td><td colspan="2"></td><td colspan="2"></td></tr>
<tr><td>综合验收结论</td><td colspan="7"></td></tr>
<tr><td colspan="2">施工单位项目负责人：

年　月　日</td><td colspan="2">勘察单位项目负责人：

年　月　日</td><td colspan="2">设计单位项目负责人：

年　月　日</td><td colspan="2">监理单位总监理工程师：

年　月　日</td></tr>
</table>

注：1. 地基与基础分部工程的验收应由施工、勘察、设计单位项目负责人和总监理工程师参加并签字。

2. 主体结构、节能分部工程的验收应由施工、设计单位项目负责人和总监理工程师参加并签字。

(五)单位工程质量验收

1. 单位工程质量验收程序

(1)预验收

单位工程完工后,施工单位应依据验收规范、设计图纸等组织有关人员进行自检,对存在的问题自行整改处理,合格后填写单位工程竣工验收报审表,并将相关竣工资料报送项目监理机构申请预验收。

总监理工程师应组织各专业监理工程师审查施工单位报送的相关竣工资料,并对工程质量进行竣工预验收。存在施工质量问题时,应由施工单位及时进行整改。整改完毕且复验合格后,总监理工程师应签字确认单位工程竣工验收的相关资料。项目监理机构应编写工程质量评估报告,并应经总监理工程师和监理单位技术负责人审核签字后报建设单位。

竣工预验收合格后,由施工单位向建设单位提交工程竣工报告和完整的质量控制资料,申请建设单位组织工程竣工验收。

工程竣工预验收工作由总监理工程师组织,各专业监理工程师参加,施工单位项目经理、项目技术负责人等参加,其他各单位人员可不参加。工程竣工预验收工作除参加人员与竣工验收不同外,其方法、程序、要求等均应与工程竣工验收工作相同。

单位工程中的分包工程完工后,分包单位应对所承包的工程项目进行自检,并应按验收标准规定的程序进行验收。验收时,总包单位应派人参加。验收合格后,分包单位应将所分包工程的质量控制资料整理完整,并移交给总包单位。建设单位组织单位工程质量验收时,分包单位负责人应参加验收。

(2)验收

建设单位收到工程竣工报告后,应由建设单位项目负责人组织监理、施工、设计、勘察等单位项目负责人进行单位工程验收。对于验收中提出的整改问题,项目监理机构应督促施工单位及时整改。工程质量符合要求的,总监理工程师应在工程竣工验收报告中签署验收意见。这里需要注意的是,在进行单位工程质量验收时,由于勘察、设计、施工、监理等单位都是责任主体,因此各单位项目负责人应参加验收,考虑到施工单位对工程质量负有直接生产责任,而施工项目经理部不是法人,故施工单位的技术、质量负责人也应参加验收。

在一个单位工程中,对于满足生产要求或具备使用条件、施工单位已自行检验、项目监理机构已预验收的子单位工程,建设单位可组织进行验收。由几个施工单位负责施工的单位工程,当其中的子单位工程已按设计要求完成,并经自行检验,也可按规定的程序组织正式验收,办理交工手续。在整个单位工程验收时,已验收的子单位工程的验收资料应作为单位工程验收的附件。

《建设工程质量管理条例》第 16 条规定,建设工程竣工验收应当具备下列条件:①完成建设工程设计和合同约定的各项内容;②有完整的技术档案和施工管理资料;③有工程使用的主要建筑材料、建筑构配件和设备的进场试验报告;④有勘察、设计、施工、工程监理等单位分别签署的质量合格文件;⑤有施工单位签署的工程保修书。

根据建设工程竣工验收应当具备的条件,对于不同性质的建设工程还应满足其他一些具体要求,如工业建设项目,还应满足必要的生活设施已按设计要求建成,生产准备工作和生产设施能适应投产的需要;环境保护设施,劳动、安全与卫生设施,消防设施以及必需的生产设施已按设计要求与主体工程同时建成,并经有关专业部门验收合格交付使用。

2. 单位工程质量验收合格规定

单位工程质量验收合格应符合下列规定:(1)所含分部工程的质量均应验收合格;(2)质量控制资料应完整;(3)所含分部工程中有关安全、节能、环境保护和主要使用功能的检验资料应完整;(4)主要使用功能的抽查结果应符合相关专业质量验收规范的规定;(5)观感质量应符合要求。

单位工程质量验收也称质量竣工验收,是建筑工程投入使用前的最后一次验收,也是最重要的一次验收。参建各方责任主体和有关单位及人员,应给予足够的重视,认真做好单位工程质量竣工验收,把好工程质量竣工验收关。

为加深理解单位工程质量验收合格规定,应注意以下几方面内容。

第一,所含分部工程的质量均应验收合格。施工单位事前应认真做好验收准备工作,及时收集整理所有分部工程的质量验收记录表及相关资料,并列出目次表,依序将其装订成册。在核查和整理过程中,应注意以下三点:①核查各分部工程中所含的子分部工程是否齐全;②核查各分部工程质量验收记录表及相关资料的质量评价是否完善；③核查各分部工程质量验收记录表及相关资料的验收人员是否是规定的有相应资质的技术人员，并进行评价和签字确认。

第二，质量控制资料应完整。质量控制资料完整是指所收集到的资料，能反映工程所采用的建筑材料、构配件和设备的质量技术性能，施工质量控制和技术管理状况，涉及结构安全和主要使用功能的施工试验和抽样检测结果，以及工程参建各方质量验收的原始依据、客观记录、真实数据和见证取样等资料，能确保工程结构安全和使用功能满足设计要求。这是客观评价工程质量的主要依据。

尽管质量控制资料在分部工程质量验收时已经检查过，但某些资料受试验龄期的影响，或出于系统测试的需要等，难以在分部工程验收时到位。因此应对所有分部工程质量控制资料的系统性和完整性进行一次全面的核查，在全面梳理的基础上，重点检查资料是否齐全、有无遗漏，从而达到完整无缺的要求。

第三，所含分部工程中有关安全、节能、环境保护和主要使用功能等的检验资料应完整。涉及安全、节能、环境保护和主要使用功能的分部工程检验资料应复查合格，这些检验资料与质量控制资料同等重要。资料复查时不仅要全面检查其完整性，不得有漏检缺项，复核分部工程验收工作时要补充已进行的鉴证抽样检验报告，这体现了对安全和主要使用功能的重视。

第四，主要使用功能的抽查结果应符合相关专业质量验收规范的规定。

对主要使用功能应进行抽查，这是对建筑工程和设备安装工程质量的综合检验，也是用户最为关心的内容，体现了验收标准完善手段、过程控制的原则，也将会减少工程投入使用后的质量投诉和纠纷。因此，在分项、分部工程质量验收合格的基础上，竣工验收时应再作全面的检查。主要使用功能抽查项目是在检查资料文件的基础上由参加验收的各方人员商定，并用计量、计数的方法抽样检验，检验结果应符合有关专业验收规范的规定。

第五，观感质量应符合要求。观感质量验收不单是对工程外表质量进行检查，同时也是对部分使用功能和使用安全所作的一次全面检查。如门窗启闭是否灵活、关闭后是否严密；又如室内顶棚抹灰层的空鼓、楼梯踏步高差过大等。涉及使用的安全，在检查时应加以关注。观感质量验收须由参加验收的各方人员共同进行，最后共同协商确定是否通过验收。

3. 单位工程质量竣工验收、检查记录

单位工程质量竣工验收表应按要求进行记录，表中的验收记录由施工单位填写，验收结论由监理单位填写；综合验收结论经参加验收各方共同商定，由建设单位填写，应对工程质量是否符合设计文件和相关标准的规定要求及总体质量水平作出评价。

五、建筑工程质量验收时不符合要求的处理

一般情况下，不合格现象在检验批验收时就应发现并及时处理，但实际工程中不能完全避免不合格情况的出现，因此建筑工程施工质量验收时不符合要求的应按下列要求进行处理。

1. 经返工或返修的检验批，应重新进行验收。检验批验收时，主控项目不能满足验收规范规定或一般项目超过偏差限值的样本数量不符合验收规范规定时，应及时进行处理。其中，对于存在严重的质量缺陷的检验批应重新施工；一般的质量缺陷可通过返修、更换予以解决，允许施工单位在采取相应的措施后重新验收。如能够符合相应的专业验收规范要求，应认为该检验批合格。

2. 经有资质的检测机构检测鉴定能够达到设计要求的检验批，应予以验收。当个别检验批发现问题，难以确定能否验收时，应请具有资质的法定检测机构进行检测鉴定。当鉴定结果认为能够达到设计要求时，该检验批可以通过验收。这种情况通常出现在某检验批的材料试块强度不满足设计要求时。

3. 经有资质的检测机构检测鉴定达不到设计要求，但经原设计单位核算认可能够满足安全和使用功能的检验批，可予以验收。如经有资质的检测机构检测鉴定达不到设计要求，但经原设计单位核算、鉴定，仍可满足相关设计规范和使用功能的要求时，该检验批可予以验收。这主要是因为在一般情况下，标准、规范的规定是满足安全和功能的最低要求，而设计往往在此基础上留有一些余量。在一定范围内，会出现不满足设计要求而符合相应规范要求的情况，两者并不矛盾。

4. 经返修或加固处理的分项、分部工程，满足安全及使用功能要求时，可按技术处理方案和协商文件的要求予以验收。经法定检测机构检测鉴定后认为

达不到规范的相应要求,即不能满足最低限度的安全储备和使用功能时,则必须进行加固或处理,使之能满足安全使用的基本要求。这样可能会造成一些永久性的影响,如增大结构外形尺寸,影响一些次要的使用功能。但为了避免建筑物的整体或局部拆除,避免更大的社会财富损失,在不影响安全和主要使用功能的条件下,可按技术处理方案和协商文件进行验收,责任方应按法律法规承担相应的经济责任和接受处罚。需要特别注意的是,这种方法不能作为降低质量要求、变相通过验收的一种出路。

5. 经返修或加固处理仍不能满足安全或重要使用要求的分部工程及单位工程,严禁验收。分部工程及单位工程经返修或加固处理后仍不能满足安全或重要使用功能时,表明工程质量存在严重的缺陷。重要的使用功能不满足要求时,将导致建筑物无法正常使用,安全不满足要求时,将危及人身健康或财产安全,严重时会给社会带来巨大的安全隐患,因此严禁对这类工程通过验收,更不得擅自将这类工程投入使用,需要专门研究处置方案。

6. 工程质量控制资料应齐全完整。当部分资料缺失时,应委托有资质的检测机构按有关标准进行相应的实体检验或抽样试验。实际工程中偶尔会遇到遗漏检验或资料丢失而导致部分施工验收资料不全的情况,使工程无法正常验收。对此可有针对性地进行工程质量检验,采取实体检验或抽样试验的方法确定工程质量状况。上述工作应由有资质的检测机构完成,出具的检验报告可用于工程施工质量验收工作。

❖ 第三章 加固方法汇编

第一节 增大截面加固法

一、概述

增大截面加固法是建筑加固改造中通过增大原构件截面面积或增配钢筋的方式，提高其承载力和刚度，或改变其自振频率的一种直接加固法，主要用于对建筑基础、梁、柱等构件的加固，其中在建筑加固改造中的运用比较广泛。

二、适用情况及其特点

1. 增大截面加固法适用于混凝土梁、板、柱等常见构件，对受弯或者受压（轴心和偏心）构件的加固，增大截面加固法也比较适用。对于承载力很差，刚度也较低的梁、板构件，采用该方法的效果较好。但是使用本方法的前提是，在现场检测的原混凝土强度等级需要≥C10。

2. 增大截面加固法中如果新叠浇的混凝土面层在受拉区，可以保护钢筋，起到与钢筋保护层类似的作用，如果在受压区，可以增加构件截面的有效高度，达到提高构件承载力的目的。所以，增大截面加固法的适用面较广泛，已经成为目前建筑行业最为广泛的一种建筑结构加固形式。

3. 增大截面加固法对于混凝土梁、柱构件承载能力，提高强度和刚度的幅度高，对柱的稳定性改善明显，质量好，可靠性强，安全性比较高。

4. 要提高构件的截面和刚度，采用增大截面加固法时必须考虑整体结构的受力情况，不能只是为了单纯地加大截面尺寸，否则会导致整个建筑物的局部薄弱部位损伤甚至发生倒塌。此外，加大截面后增加了自重并改变了原构件刚度，导致结构自身的特性——固有频率发生变化，这样可能会使其结构频率接近地震或风震的频率，发生共振现象引起新的结构破坏，这也是加固设计的一个难题。

5. 优缺点：增大截面加固法的混凝土施工具有成熟的技术经验，原理简单、使用经验丰富、受力可靠、加固费用低廉，但现场湿作业多，周期长，对生活和环境有影响。增大截面加固方法会增大结构的自重，对整个结构产生一定的重力效应，并且应力滞后的存在导致新加部分的承载力折减，降低结构耐久性。加固后的建筑物会减少净空和实际使用面积，为适用性带来很大影响。

三、设计要求

增大截面加固法适用于对钢筋混凝土受弯和受压构件的加固，当梁、板、柱其承载力相差较大，且其刚度也不满足要求时，采用增大截面加固法较为有效。采用增大截面加固法时要求按现场检测结果确定的原构件混凝土强度等级不低于 C10。该方法施工时的重点是要保证新旧混凝土界面的处理和粘结，只有当界面处理及其粘结质量符合规范要求时方可考虑新加混凝土与原有混凝土的协同工作，按整体截面进行计算。

四、材料要求

（一）钢筋

1. 主控项目

（1）钢筋进场时应按规定抽取试件用作力学性能检验，其检测结论必须符合相关规定。

（2）对有抗震设防要求的框架结构，其纵向受力钢筋的强度应满足设计要求，即纵向受力钢筋强度实测值必须符合：钢筋抗拉强度实测值与屈服强度实测值的比值不应小于 1.25；钢筋屈服强度实测值与强度标准值的比值不应大于 1.30。

（3）当发现钢筋发生脆断、焊接性能不良或力学性能显著不正常等现象时，应对该批钢筋进行化学成分检验或其他专项检验。

2. 一般项目

钢筋应平直、无损伤，表面不得有裂缝、油污、颗粒状或片状老锈。

（二）植筋用胶粘剂

根据设计要求，植筋锚固用胶粘剂安全性能指标选用应符合《建筑结构加固工程施工质量验收规范》（GB 50550－2010）和《混凝土结构加固设计规范》（GB 50367－2013）标准中的要求。

植筋胶粘剂进场时，应具有产品合格证、包装、标志、出厂检测报告和进场复试报告，应对其品种、型号、级别、包装和出厂日期等进行检查，同时应按《建筑结构加固工程施工质量验收规范》（GB 50550－2010）的要求，对其钢拉伸抗剪强度、钢－混凝土正拉粘结强度、耐热老化性能等 3 项重要指标及不挥发物含量进行见证取样复验，质量检验结论应符合相应性能指标规定，严禁使用过期胶粘剂、无合格证书的胶粘剂及包装破损或无出厂包装的胶粘剂。

（三）预拌混凝土

预拌混凝土进场时应具有配合比通知单、预拌混凝土出厂合格证。合格证应包括生产单位名称，工程名称，混凝土品种数量，使用部位，供货时间，原材料品种规格、复验编号等内容，并加盖供货单位公章。

预拌混凝土供应单位除向施工单位提供上述资料外，还应保证下列资料的可追溯性：试配记录、水泥出厂合格证和复验报告、砂和碎（卵）石复验报告、轻集料复验报告、外加剂和掺和料产品合格证和复验报告、开盘鉴定、混凝土抗压强度报告（出厂检验混凝土强度值应填入预拌混凝土出厂合格证）、抗渗试验报告（试验结果应填入预拌混凝土出厂合格证）、抗冻试验报告（试验结果应填入预拌混凝土出厂合格证）、混凝土坍落度测试记录等。

施工现场必须在混凝土运送到浇筑地点 15min 内制作试块，按要求进行混凝土抗压强度、抗渗、抗冻试验。

五、施工质量检验

1. 界面剂原材出厂合格证、试验报告齐全，进场复试报告合格。

2. 植筋胶原材出厂合格证、试验报告齐全，进场复试报告合格；植筋承载力现场抽样检验合格。

3. 钢筋原材出厂合格证、试验报告齐全，进场复试报告合格。

4. 混凝土原材出厂合格证、试验报告齐全，进场复试报告合格。

第二节　局部置换混凝土工程

一、概述

局部置换混凝土工程是建筑加固领域常见的加固方法，目前在国内已普遍应用。局部置换混凝土工程是剔除原构件低强度或有缺陷区段的混凝土，同时浇筑同种品种但强度等级较高的混凝土进行局部增强，使原构件的承载力得到恢复的一种直接加固方法。

二、适用情况及其特点

局部置换混凝土加固法适用于以下情况：

1. 受压区混凝土强度偏低或者有严重缺陷的梁（图 2－3－1 所示）、柱等承重构件的加固。

2. 使用中受损伤、高温、冻害、侵蚀的构件加固。

3. 施工差错引起局部混凝土强度不能满足设计要求的构件加固。

图 2－3－1　混凝土露筋缺陷

局部置换混凝土加固法的优点:结构加固后能恢复原貌,不影响使用空间。缺点:新旧混凝土的粘结能力较差,剔凿易伤及原构件的混凝土及钢筋,湿作业期长。

三、设计要求

1. 局部置换用到的混凝土的强度等级应比原构件混凝土提高一级,且不应低于 C25,现设计要求为 C30。

2. 局部置换混凝土加固工程的混凝土置换深度,板不应小于 4mm;梁、柱采用人工浇筑时不应小于 60mm,采用喷射法施工时不应小于 50mm。混凝土置换长度应由设计单位按混凝土强度等级、结构缺陷的检测结论、结构验算来确定。对于非全长置换的混凝土两端应分别延伸不小于 100mm 的长度。

四、材料要求

(一)钢筋

1. 主控项目

(1)钢筋进场时应按规定抽取试件用作力学性能检验,其检测结论必须符合相关规定。

(2)对有抗震设防要求的框架结构,其纵向受力钢筋的强度应满足设计要求,即纵向受力钢筋强度实测值必须符合:钢筋抗拉强度实测值与屈服强度实测值的比值不应小于 1.25;钢筋屈服强度实测值与强度标准值的比值不应大于 1.30。

(3)当发现钢筋发生脆断、焊接性能不良或力学性能显著不正常等现象时,应对该批钢筋进行化学成分检验或其他专项检验。

2. 一般项目

钢筋应平直、无损伤,表面不得有裂缝、油污、颗粒状或片状老锈。

(二)植筋用胶粘剂

根据设计要求,植筋锚固用胶粘剂安全性能指标选用应符合《建筑结构加固工程施工质量验收规范》(GB 50550－2010)、《混凝土结构加固设计规范》(GB 50367－2013)标准中的要求。

植筋胶粘剂进场时,应具有产品合格证、包装、标志、出厂检测报告和进场复试报告,应对其品种、型号、级别、包装和出厂日期等进行检查,同时应按《建筑结构加固工程施工质量验收规范》(GB 50550－2010)的要求,对其钢拉伸抗剪强度、钢－混凝土正拉粘结强度、耐热老化性能等3项重要指标及不挥发物含量进行见证取样复验,质量检验结论应符合相应性能指标规定,严禁使用过期胶粘剂、无合格证书的胶粘剂及包装破损或无出厂包装的胶粘剂。

(三)预拌混凝土

预拌混凝土进场时应具有配合比通知单、预拌混凝土出厂合格证。合格证应包括生产单位名称,工程名称,混凝土品种数量,使用部位,供货时间,原材料品种规格、复验编号等内容,并加盖供货单位公章。

预拌混凝土供应单位除向施工单位提供上述资料外,还应保证下列资料的可追溯性:试配记录、水泥出厂合格证和复验报告、砂和碎(卵)石复验报告、轻集料复验报告、外加剂和掺和料产品合格证和复验报告、开盘鉴定、混凝土抗压强度报告(出厂检验混凝土强度值应填入预拌混凝土出厂合格证)、抗渗试验报告(试验结果应填入预拌混凝土出厂合格证)、抗冻试验报告(试验结果应填入预拌混凝土出厂合格证)、混凝土坍落度测试记录等。

施工现场必须在混凝土运送到浇筑地点15分钟内制作试块,按要求进行混凝土抗压强度、抗渗、抗冻试验。

(四)作业条件

1.脚手架作业与安全防护

局部置换混凝土工程需搭设操作脚手架、卸载支撑架、模板支撑架,其搭设、运行、拆除执行《建筑施工扣件式钢管脚手架安全技术规范》(JGJ 130－2011)要求。

卸载支撑架搭设是在待置换部位局部恢复混凝土构件施工期支撑原状,搭设时应结合模板支撑架的搭设,满足分别受力的要求。

2. 临时电源

施工现场的用电功率应同时满足照明条件，满足暗处、夜间施工需求。

3. 雨雪、大风天气条件下不得露天作业（见图 2－3－2）

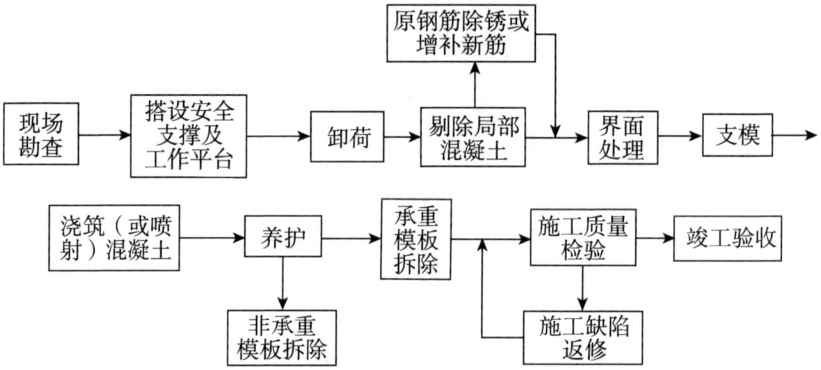

图 2－3－2　局部置换混凝土施工程序框

（五）施工工艺

1. 卸荷支撑架

局部置换作业前的卸荷支撑架是通过钢管支撑架将结构构件在破坏后所需承受的荷载有效地传递到下层竖向受力构件，直至基础，从而保证结构构件在不承受额外荷载的前提下安全局部置换。卸荷支撑架搭设思路是在将待置换部位局部恢复混凝土梁板结构施工期的原状，即排距、列距均为 900mm，扫地杆 200mm，步高 1200mm。结合模板支撑架的搭设，可距柱边 500mm 起步，视待置换长度决定搭设宽度，搭设宽度应超过待置换长度 1500mm，且不少于 3 排，支撑范围延伸到局部置换影响范围，卸载支撑架与中部的框架柱用作可靠拉结。

2. 局部剔除与界面处理

（1）剔除被置换的有缺陷混凝土时，在达到缺陷边缘后，再扩展到剔除范围不小于 50mm 的长度。对缺陷范围较小的构件，应从缺陷中心向四周扩展长度和宽度均不应小于 200mm 的范围予以清除。

（2）剔除过程中不得损伤钢筋及无须置换的混凝土，若结构钢筋、混凝土受到损伤,应提出技术处理方案,经设计单位认可后予以实施,经处理后应安排重新检查验收。

(3)经剔凿后,对裸露的复原结构钢筋清理调查。若变形不能调直及缺失时,采用原设计钢筋替补。

(4)为保证置换混凝土与原结构混凝土之间有可靠连接,剔凿同时完成界面处理。清除原构件涂装、抹灰或其他饰面层,剔除风化、剥落、疏松、起砂、蜂窝、麻面等缺陷,直至露出骨料新层面,尚应采用花锤、砂轮机高压水射流做界面毛化处理,最后采用压缩空气和水交替冲洗干净。

3. 钢筋加工、安装与种植

根据施工图纸等原始资料及现场实际测量值确定置换部位及新增梁腋部位需要种植钢筋的数据。钢筋加工、安装符合《混凝土结构工程施工质量验收规范》(GB 50204－2015)的要求。

4. 模板制作、安装

模板制作、安装符合《混凝土结构工程施工质量验收规范》(GB 50204－2015)的要求。模板支撑架搭设时应与卸荷支撑架在平面、立面布置上做好协调,各自分别受力。

5. 混凝土浇筑

混凝土浇筑作业应符合《混凝土结构工程施工质量验收规范》(GB 50204－2015)。混凝土浇筑前,除应对模板及其支撑进行验收外,尚应对以下项目进行隐蔽工程验收:补配钢筋或箍筋的品种、级别、规格、数量、位置等;补配钢筋和原钢筋的连接方式及质量;界面处理及结构界面胶(剂)涂刷的质量。

6. 混凝土养护

混凝土浇筑完毕后,应按施工技术方案及时采取有效的养护措施,并应符合下列规定:养护期间日平均温度不应低于5℃;若低于5℃,应按冬期施工要求,采取保暖升温措施;在任何情况下均不得采用负温养护法,以确保养护质量。浇筑完毕后应及时喷洒养护剂或覆盖塑料薄膜,然后再加盖湿麻袋或湿草袋,完成此道作业后,应按规范要求进行养护,且不得少于7天。应在养护期间,自始至终做好浆体的保湿工作;冬期施工,还应做好浆体保温工作;保湿、保温工作的定期检查记录应留档备查。

（六）质量控制

1. 卸载的实时控制

主控项目：

（1）被加固构件卸载的力值、卸载点的位置确定、卸载顺序及卸载点的位移控制应符合设计规定及施工技术方案的要求。

（2）卸载时的力值测量可用千斤顶配置的压力表经校正后进行测度；卸载点的结构节点位移宜用百分表测度。卸载所用的压力表、百分表的精度不应低于1.5级，标定日期不应超过6个月。

（3）卸载时，应有全程监控设施和安全支护设施，保证被卸载结构及其相关结构的安全。

一般项目：

（1）当需将千斤顶压力表的力值转移到支撑结构上时，可采用螺旋式杆件和钢钎等进行传递，但应在千斤顶的力值降为零时方可卸下千斤顶。力值过度时，应用百分表进行卸载点的位移控制。

（2）卸载的支撑结构应满足强度及变形要求，其所承受的荷载应传递到基础上。

2. 混凝土局部剔除及界面处理

主控项目：

（1）剔除被置换的混凝土时，应在到达缺陷边缘后，再向边缘外延伸清除一段不小于50mm的长度；对缺陷范围较小的构件，应从缺陷中心向四周扩展，逐步进行清除，其长度和宽度均不应小于200mm。剔除过程中不得损伤钢筋及无须置换的混凝土；若钢筋和混凝土受到损伤，应由施工单位提出技术处理方案，经设计和监理单位认可后方可进行处理，处理后应重新检查验收。

（2）新旧混凝土粘合面的截面处理应符合设计规定及规范要求，但不应凿成沟槽。若用高压水射流打磨，宜打磨成垂直于轴线方向的均匀纹路。

一般项目：当对原构件混凝土粘合面涂刷结构界面胶（剂）时，其涂刷质量应均匀，无漏刷。

3. 置换混凝土施工

主控项目：

（1）置换混凝土需补配钢筋或箍筋时，其安装位置与原钢筋焊接方法，应符合设计规定；其焊接质量应符合现行行业标准《钢筋焊接及验收规程》（JGJ 18－2012）的要求；若发现焊接伤及原钢筋，应及时会同设计单位进行处理，处理后应重新检查、验收。

（2）采用普通混凝土置换时，用于检查的混凝土强度的试块，应在监理工程师见证下，在混凝土的浇筑地点随机抽取。检查数量：（a）每拌制 50 盘（不足 50 盘，按 50 盘计）同一配合比的混凝土，取样不得少于一次；（b）每次取样应至少留置一组标准养护试块，同条件养护试块的留置组数应根据混凝土工程量及其重要性确定，且不应少于 3 组。

（3）采用喷射混凝土置换时，其施工过程的质量控制应符合现行有关喷射混凝土加固技术规程的规定，其检查数量和检验方法也应按相关规范的规定执行。

（4）置换混凝土的模板及支架拆除时，其混凝土强度应达到设计规定的强度等级。检查数量及检查方法按相关规范的规定执行。

一般项目：混凝土浇筑完毕后，应按施工技术方案及时进行养护。

4. 施工质量检验

主控项目：

（1）新置换混凝土的浇筑质量不应有严重缺陷及影响结构性能或使用功能的尺寸偏差。对已经出现的严重缺陷和影响结构性能或使用功能的尺寸偏差，应由施工单位提出技术处理方案，经设计和监理单位认可后可进行处理，处理后重新检查验收。

（2）新旧混凝土结合面粘合质量应良好。

（3）当设计对使用界面胶的新旧混凝土结合面的粘结强度有复验要求时，应按相关数量及方法进行检查。

（4）钢筋保护层厚度的抽样检验结果应合格。其抽样数量、检验方法以及合格评定标准应符合以下规范要求：对梁、板类构件，应各抽取构件数量的 2% 且不少于 5 个构件，当有悬挑构件时，抽取的构件中悬挑梁类、板类构件所占比例均不宜小于50%,检查方法一般采用非破损法和局部破损法。

一般项目:

(1)新置换混凝土的浇筑质量不宜有一般缺陷,对已经出现的一般缺陷,应由施工单位提出技术处理方案,经监理单位认可后进行处理,并重新检查验收。

(2)新置换混凝土拆模后的尺寸偏差应符合现行国家标准规定。按楼层、结构缝或施工段划分检验批。在同一检验批内,对梁、柱和独立基础,应抽查构件数量的10%,且不少于3件;对墙和板,应按有代表性的自然间抽查10%,且不少于3间;对大空间结构,墙可按相邻轴线间高度5m左右划分检查面,板可按纵、横轴线划分检查面,抽查10%,且均不少于3面;对电梯井,应全数检查;对设备基础,应全数检查。

第三节　体外预应力加固法

一、概述

体外预应力是后张预应力体系的重要组成部分和分支之一,是与传统布置于混凝土结构构件体内的有粘结或无粘结预应力相对应的预应力类型。根据体外预应力的主要特点将其定义为:体外预应力系由布置于承载结构主体截面之外的预应力束产生的预应力,预应力束通过与结构主体截面直接或间接相连接的锚固与转向实体来传递预应力。

从其定义可以反映出体外预应力的两个主要特点:一是体外预应力束与结构主体相分离;二是体外预应力束的锚固区与转向节点与结构主体通过构造方式直接或间接相连并有效传递预应力作用。图2-3-3为桥梁箱梁内体外预应力束的典型布置3D图,这是体外预应力在梁结构中常用的形式。张弦梁也是一种广义的体外预应力结构体系,由柔性索、撑杆和刚性梁、拱或桁架组成的自平衡杂交结构,其中刚性梁、拱或桁架为上弦,索作为结构的下弦,上下弦之间通过竖向撑杆相连接,锚固区一般设在梁两端,转向器设置于竖向撑杆下部。

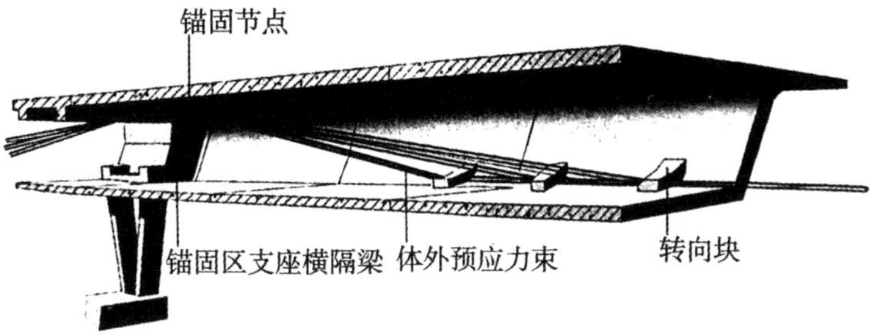

图 2－3－3　典型体外预应力束的 3D 布置

国外经过 20 多年的发展，体外预应力结构的设计和预应力产品体系日趋成熟和完善，国际上著名的预应力公司如 Freyssinet、VSL、Dywidag（DSD）和 VT 等，均推出了完善的体外预应力体系并完成了大量的工程应用实践。

体外预应力技术在我国的研究和应用主要在建筑工程和桥梁工程两个领域。早期建筑工程领域也是在加固改造中应用体外预应力技术，如 20 世纪 60 年代利用体外预应力筋对钢筋混凝土薄腹梁和屋架等构件进行了大量加固维修；20 世纪 70～80 年代采用预应力加固方法（包括水平拉杆加固法、下撑式拉杆法和组合式拉杆法）加固钢筋混凝土梁或屋架。20 多年来，采用高强度低松弛预应力钢绞线进行体外预应力加固工程实例较多，如北京石油大学留学生楼附属用房采用无粘结体外束加固框架梁结构；中国钱币博物馆框架梁体外预应力加固，中关村西区改造工程体外预应力加固等。

桥梁工程领域自 20 世纪 70 年代开始对旧桥加固改造技术进行研究，第七个五年计划期间原交通部立项“旧桥检测、评价、加固技术的应用”，体外预应力加固法作为桥梁加固的有效方法之一得到广泛的应用。在既有桥梁加固维修中的应用包括：井冈山大桥体外预应力加固、谭家梁子大桥体外预应力加固及广州市环城高速公路广州丫髻沙副航道桥体外预应力加固等。

二、体外预应力体系的优缺点及适用性

（一）体外预应力体系与其他结构体系的对比

从概念上讲，体外预应力有明确的含义，但由于体外预应力的应用涉及各

种结构体系，经常引起概念混淆，而且有关专家学者提出的概念定义也各不相同，以下为体外预应力与其他常见预应力结构体系的差异对比。

1. 无粘结预应力与体外预应力的对比

无粘结预应力通常采用单根或 3 ~ 5 根平行束钢绞线体系，主要用于建筑工程中板、梁及其他构件中，布置于混凝土体内，可以采用二次抛物线等布置方式；体外预应力束可采用单根或多根钢绞线组成不同规格的索体，除在固点和转向块节点处与结构相连外，其余部分与结构主体分离，一般采用直线或多折线布置方式。

无粘结与体外预应力在受力特点方面有一致性和相似性，但二者由于受结构或构件的约束程度不同，相应在受力过程中的应力、应变变化规律和极限应力增量计算有一定差异。

2. 斜拉索（桥）预应力结构与体外预应力的对比

斜拉桥的拉索拉力用来直接平衡永久恒荷载与交通车辆等动荷载，因此拉索使用应力一般小于预应力钢材最大破断荷载的 0.5$f$ptk；而体外预应力束则是通过在主体结构中建立有效预应力和平衡荷载对结构产生作用，因此一般与体内预应力一样可以张拉至最大允许控制应力的 0.8$f$ptk。

斜拉索对结构刚度有重要的直接影响，如大跨度斜拉桥，结构抗弯刚度取决于拉索；而体外预应力束与体内预应力束相似，对体外预应力束设置于箱梁内的这类结构的整体刚度影响相对较小。

斜拉索体系按设计要求承担较大的动荷载，其 200 万次疲劳试验应力上限取 45% 抗拉强度标准值，应力幅度取 200MPa；而对体外预应力束设置于箱梁内的类似结构，体外预应力束则与常规锚固体系一致，应力上限取 65% 抗拉强度标准值，应力幅度为 80MPa。

斜拉桥的拉索布置于桥面板和索塔之间的外部，因此要承受风荷载引起的振动作用，还必须防止车辆及其他碰撞作用；体外预应力束布置于桥梁箱梁内部或主体结构附近，受外部影响相对较小，一般不需考虑风荷载作用。

（二）体外预应力优缺点

与后张体内预应力相比较，体外预应力具有如下优缺点。

1. 体外预应力的优点

工程实践表明,体外预应力加固法具有如下几方面优点。(1)体外预应力束特别适合应用在结构加固工程中,是主动加固方法中的重要方法,可以有效地提高结构刚度和极限承载力。(2)体外预应力加固法所需设备简单,人力投入少,施工工期短,经济效益明显。(3)对原结构损伤较小,可以做到不影响梁下净空,不影响层高。(4)体外预应力加固法与梁底增焊(或粘贴)钢筋(或钢板)的加固方法相比,无须清凿混凝土保护层,且损伤梁体程度小,经济效果较明显。(5)特别适用于大跨度建筑和桥梁等结构。第一是由于预应力束从混凝土结构内分离出来,有效地减小了混凝土构件的截面尺寸,从而减轻了结构自重;第二是通过与结构主体锚固区与转向节点连接构造方式,可以大幅度提高预应力束的矢高。所以体外预应力技术更适用于建造比传统的全体内预应力结构跨度更大的结构工程。(6)由于体外束暴露于大气中,在相同的设计使用年限条件下,相应的设计对防腐蚀等耐久性性能要求较高,因此各种预应力体系中体外束的耐久性能防护设计标准提高并且易于对其进行各种检查、检测、维修、使用期间补偿张拉和必要时的更换(可以做到可查、可修与可换)。(7)体外预应力束的特点是束形为直线或折线束,与结构仅在转向块和锚固区相连,因此仅在局部接触处有摩擦损失,预应力损失值较小;体外预应力束形简单,有利于安装和施工。(8)体外预应力束也可以用作临时性结构或施工的体外索,在桥梁施工中的应用较为普遍。(9)体外预应力技术的大规模应用主要在桥梁工程中,如体外预应力预制节段桥可实现高质量预制节段混凝土和快速施工,在钢结构桥或钢与混凝土组合桥梁中采用体外束是建立预应力的必然选择。因此体外预应力的发展又促进了桥梁设计和施工工艺的新发展。(10)加固与卸载合一,共同工作性能良好。强度、刚度同时加固。适用于超筋截面的加固。对被加固构件的承载力提高幅度较大。体外预应力加固法适应性好,加固质量可靠,摩擦损失相对较小,便于施工,应力比较均匀。

2. 体外预应力的缺点

对于体外的预应力筋和有关构件,应采取切实有效的防护措施,否则在温度、腐蚀等外界条件作用下,容易造成预应力筋断裂,从而使加固工作失败。具体表现为:(1)体外预应力筋易遭受火灾,并因为承受振动要限制其自由长度

(防止由于所得自身振动而导致的疲劳程度的增加)。(2)转向块和锚固区因承受着巨大的纵、横向力而特别笨重。(3)对于体外预应力筋,锚头失效则意味着预应力丧失,所以应严防锚头被腐蚀。(4)极限状态下体外预应力筋的抗弯能力小于体内有粘结筋,在开裂荷载和极限荷载的作用下,应力不能仅按最不利截面来估算。(5)体外预应力结构在极限状态下可能因延性不足而产生没有预兆的失效。(6)极限状态下预应力筋的利用效率较低。(7)在腐蚀环境下,体外索腐蚀导致其力学性能发生变化,甚至发生应力腐蚀破坏和氢脆或疲劳腐蚀破坏。(8)火灾环境下,钢筋力学性能劣化。(9)动荷载作用下,体外索产生疲劳破坏,索的振动不仅会引起索的疲劳破坏,还会引起锚具的破坏。(10)体外预应力筋的变形和混凝土的变形不一致,容易造成预应力损失。(11)体外索张拉力较小,不能充分发挥体外索强度高的特点,对锚具及夹片的要求很高。(12)锚固及转向区域容易产生应力集中,局部应力大,对锚固施工要求高。

三、设计要点及适用范围

(一)体外预应力体系设计要点

随着体外预应力技术的普及和更多应用,在工程实践中可拓展出更大的应用空间。鉴于体外预应力束的布置特殊性,在体外预应力结构设计中应考虑如下几方面的要求。(1)体外预应力束的极限应力沿束长基本相等,因此不能完全发挥预应力筋的极限强度,同条件下预应力配筋用量有所增加。(2)设置于构件截面高度范围内的预应力束,如箱梁内的体外束,其有效矢高相对减小,预应力筋用量略高。(3)体外预应力结构设计需考虑凸出的锚固区和转向块处产生的附加力作用,即需要特别注意主要的结构局部构造设计分析,这种预应力的传递方式对结构整体的不利影响也应加以考虑。(4)体外预应力束的自由段较长时,应进行振动效应和影响计算或增加非受力减振固定点加以解决。(5)体外预应力束在转向块处的弯曲对预应力筋强度降低的影响应加以考虑。(6)体外预应力束传递预应力完全依靠锚具和转向块,局部高应力状态设计锚具和转向块的可靠性比体内预应力束更为重要,在可能发生局部火灾或破坏的情况下,应进行相应的附加安全度分析。

（二）体外预应力体系适用范围

1. 新建建筑结构工程中，如体外预应力混凝土梁或板、体外预应力钢结构、体外预应力钢与混凝土组合结构、张弦梁结构等。

2. 新建桥梁结构工程中，如大跨体外预应力预制节段桥、大跨桥梁中体外束与体内束结合应用、体外预应力钢结构桥、体外预应力钢与混凝土组合桥等杂交结构桥。

3. 既有建筑与桥梁结构加固改造工程。

4. 特种结构工程中，如筒仓结构或高耸结构，采用环向或竖向体外预应力束。

5. 临时性预应力混凝土结构或临时性预应力索，如承担施工荷载的临时性体外索或桥梁施工过程中的临时性钢索等。

四、特点及一般要求

（一）体外预应力结构加固的特点

体外预应力系由布置于承载结构主体截面之外的预应力束产生的预应力，应力束仅通过与结构主体截面直接或间接相连接的承载构造实体传递预应力，它与传统的预应力筋布置于混凝土截面内的体内预应力结构相对应。体外预应力适用范围非常广泛，既可用于预应力混凝土桥梁、特种结构和建筑工程结构等的新建结构，也可用于既有的钢筋混凝土结构、预应力混凝土结构、钢结构或其他结构类型的重建、加固和维修。

体外预应力在加固改造工程的应用中主要具有以下优点：（1）预应力束线形简洁，一般为折线布置，总摩阻损失较小；（2）体外预应力束自重较小，由加固引起的自重荷载增加很小；（3）由于体外预应力束自身材质的特点可以采用连续跨布索，加强结构的整体性；（4）体外预应力作用会使被加固结构产生一定有利变形，可消除应力滞后等效应；（5）体外预应力作用在一定程度上起到对原结构进行卸载的作用，提高结构刚度和承载能力，因此适用于加固不能满足正常使用极限状态和承载能力极限状态的结构；（6）桥梁或建筑框架梁加固后对使用净高影响不大；(7)由于原有结构梁的强度可以充分利用，且只需要对结构梁本身进行加固，桥墩、柱子和基础可以不做加固处理，所以加固费用比较低；(8)施工工艺简便，工期较短。

(二)体外预应力结构加固的一般要求

体外预应力结构由于预应力束位于混凝土截面之外，受力性能不同于传统的体内预应力结构，设计计算也相对复杂，同时对体外预应力束的防腐蚀和防火等有相应的要求。体外预应力技术在结构加固中得到了越来越多的应用，特别在对结构荷载变化较大、结构变形较大等用其他加固方法(如粘钢或碳纤维加固等方法)已不能解决问题的情况下，更体现出其不可替代的优势。对体外预应力结构加固的一般要求包括如下几方面内容。

1. 体外预应力结构加固，节点设计是关键，必须充分考虑结构的特点和使用功能等要求，设计适宜的节点构造，并进行详细的设计计算。加固方案还应方便施工和缩短工期。

2. 加固用体外预应力束及节点暴露在结构混凝土之外，必须充分重视防腐蚀和防火设计要求，并且在施工和结构使用过程中加强防护。

3. 对于荷载变化以活载为控制因素的情况，加固体外预应力束的张拉控制应力不宜过大，需要对体外预应力束张拉施工阶段进行验算。

4. 加固体外束的锚固端宜设置在梁端横隔板或腹板的凸块处，应保证传力安全，且变形符合设计要求。

5. 加固体外束的转向块应能保证预应力可靠地传递给结构主体。在矩形、工字形或箱型截面混凝土梁中，可采用通过隔梁、肋梁或独立的转向块等形式实现转向。转向块处的钢管鞍座应先弯曲成型，与结构主体可靠固定。

6. 对不需更换的加固体外束，在锚固端和转向块处与结构相连的固定套管可与束体外套管合并为同一套管，对有更换要求的加固体外束，在锚固端和转向块处与结构相连的鞍座套管应与束体的外套管分离且相对独立。

7. 建筑结构混凝土梁加固体外束的锚固端构造可采用如下做法：(1)采用钢板箍或钢构件直接将预应力传至框架柱上；(2)采用钢垫板先将预应力传至端横梁，再传至框架柱上，必要时可在端横梁内侧粘贴钢板并在其上焊圆钢或设置转向器,使体外束由斜向转为水平向。

8. 建筑结构混凝土梁加固体外束的转向块构造可采用如下做法:(1)在梁底部横向设置两侧悬臂的短钢梁,并在钢梁底焊有圆钢或带有圆弧曲面的转向钢垫块,除张拉力较小的体外单根钢绞线,体外束的转向器应优先选带有圆弧曲面的转向装置;(2)在梁两侧的次梁底部设置半圆形 U 型钢卡。

9. 建筑钢结构中的体外束锚固端构造可采用锚固盒、锚垫板和管壁加劲肋、半球形钢壳体等形式。体外束转向处宜设置鞍座导管,在鞍座导管出口处应形成圆滑过渡。

10. 桥梁加固的锚固端及转向块设置可利用原结构横隔梁或新增横隔梁,新增横隔梁必须与原结构有可靠的连接构造,保证体外预应力作用有效地传递至原结构主体。

五、施工工艺

(一)一般要求

1. 在新建体外预应力结构工程中,体外束的锚固区和转向块应与主体结构同步施工。预埋锚固件、锚下构造、转向导管及转向器的定位坐标、方向和安装精度应符合设计要求,节点区域混凝土必须精心振捣,保证密实。

2. 体外束的制作应保证满足束体在所使用环境的耐久性防护等级要求,并能抵抗施工和使用中的各种外力作用。当有防火要求时,应涂刷防火涂料或采取其他可靠的防火措施。

3. 体外束外套管的安装应保证连接平滑和完全密闭。体外束体线形和安装误差应符合设计和施工限值要求。在穿束过程中应防止束体护套受机械损伤。

4. 体外束的张拉应保证构件对称均匀受力,必要时可采取分级循环张拉方式;对于超长体外预应力束,为了防止反复张拉使夹片锚固效率降低或失效,可采用“双撑脚与双工具箱”张拉施工工艺;对可更换或需在使用过程中调整束力的体外束应保留必要的预应力筋外露长度。

5. 在钢结构中,张拉端锚垫板应垂直于预应力筋中心线,与铺垫板接触的钢管与加劲肋端切口的角度应准确，表面应平整，锚固区的所有焊缝应符合现行国家标准的规定；桥梁钢箱梁端部锚固区段可采用灌注混凝土的做法，以提高局部抗压承载力；体外束在穿过非转向节点钢板横隔梁时，必须设置过渡钢套管，过渡钢套管应定位准确。

6. 在钢结构中施加体外预应力时，应对施工过程中的预应力作用施工工况进行验算，制定安全可靠的张拉工序。

7. 在混凝土梁加固工程中，体外束锚固端的孔道可采用静态开孔机成形。在箱梁顶板、底板或腹板等加固工程中，体外束锚固块的做法为植入锚筋，绑焊新增钢筋和锚固件，再浇筑端块混凝土。

8. 体外束在使用过程中完全暴露于空气中，应保证其耐久性。对刚性外套管，应具有可靠的防腐蚀性能，在使用一定时期后应能重新涂刷防腐蚀涂层；对高密度聚乙烯等塑料外套管，应保证长期使用的耐老化性能，必要时应进行更换。体外束的防护完成后，按要求安装固定减振装置。

9. 体外束的锚具应设置全密封防护罩，对不更换的体外束，可在防护罩内灌注水浆体或其他防腐蚀材料；对可更换的束在防护罩内灌注油脂或其他可清洗的防腐蚀材料。

10. 体外预应力施工验收应符合设计、施工及现行国家与行业标准的有关规定。

（二）施工工艺流程

鉴于体外预应力体系的不同，应用领域的不同，结构体系的差异性和节点设计的多样性等，体外预应力施工工艺流程也各不相同。图2-3-4为体外预应力施工简要工艺流程，该工艺流程仅为体外预应力施工的主要和共性要点的归纳，针对具体的体外预应力工程，可在此基础上细化工艺流程，并制定详细的施工技术要求与措施（见图2-3-4）。

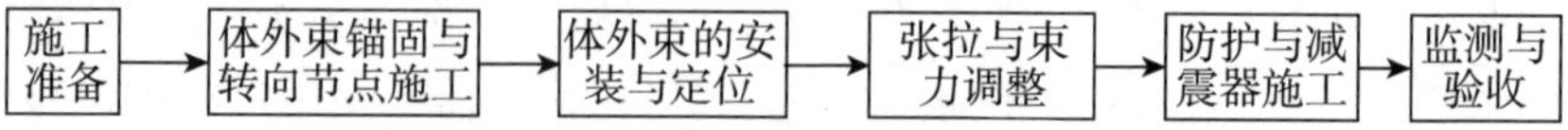

图2-3-4　体外预应力施工工艺流程

主要工艺流程包括如下内容与要求：

1. 施工准备

施工准备包括体外预应力束的制作、验收、运输、现场临时存放；锚固体系和转向器、减震器的验收与存放；体外预应力束安装设备的准备；张拉设备标定与准备；灌浆材料与设备准备等。

2. 体外预应力束锚固与转向节点施工

新建体外预应力结构锚固区的锚下构造和转向块的固定套管均需与建筑或桥梁的主体结构同步施工。锚下构造和转向块部件必须保证定位准确，安装与固定应牢固可靠，此施工工艺过程是束形建立的关键工艺环节。

3. 体外预应力束的安装与定位

对于有双层套筒的体外预应力体系，需在固定套管内先安装固区内层套管，转向器内层套管或转向器的分体式分丝器等，并根据设计或体系的要求，将双层间的间隙封闭并灌浆。随后进行体外束下料并安装体外预应力束主体，成品束可一次完成穿束；使用分丝器的单根独立体系，需逐根穿入单根钢绞线或无粘结钢绞线。安装锚固体系之前，实测并精确计算张拉端需剥除外层 HDPE 护套的长度，如采用水泥基浆体防护，则需用适当方法清除表面油脂。

4. 张拉与束力调整

体外预应力束穿束过程中，可同时安装体外束锚固体系，对于双层套筒体系需先按照内层密封套筒，同时安装和连接锚固区锚下套筒与体外束主体的密封连接装置，以保证锚固系统与体外束的整体密闭性。锚固体系（包括锚板和夹片）安装就位后，即可单根预紧或整体预张。确认预紧后的体外束主体、转向器及锚固系统定位正确无误之后，按张拉程序进行张拉作业，张拉采取以张拉力控制为主，张拉伸长值校核的双控法。

对于超长体外预应力束，为了防止反复张拉锚固使夹片锚固效率降低或失效，采用双撑脚与双工具锚张拉施工工艺（见图 2-3-5），该工艺原理系在大吨位张拉千斤顶后部或前部增加一套过渡撑脚及过渡工具锚，在工作锚板之后设特制张拉限位装置，以保证在整个张拉过程中工作锚夹片始终处于放松状态。在完成每个行程回油后均由过渡工具锚夹片锁紧钢绞线，多次张拉直至设计张拉力值。由于特制限位装置的作用，在张拉过程中，工作夹片不至于退出锚孔，在回油倒顶时，工作锚夹片不会咬住钢绞线，工作锚夹片始终处于“自由”状态，在张拉到位后，旋紧特制限位装置的螺母，压紧工作锚夹片，随后千斤顶回油放张，使工作锚夹片锚固钢绞线。图2-3-5(a)为千斤顶前置张拉超长体外束方案，图2-3-5(b)为千斤顶后置张拉超长体外束方案。

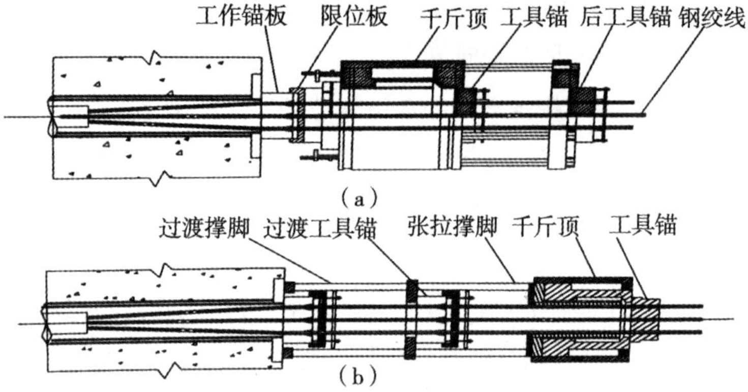

图2-3-5　体外预应力超长束张拉千斤顶布置

(a)超长体外束千斤顶前置；(b)超长体外束千斤顶后置。

张拉过程中，构件截面内对称布置的体外预应力束要保证对称张拉，两套张拉油泵的张拉力值需控制同步；按张拉程序进行分级张拉并校核伸长值，实际测量伸长值与理论计算伸长值之间的偏差应控制在±6%之内。

体外预应力束的张拉力需要调整的情形：设计与施工工艺要求分级张拉或单根张拉之后进行整体调束；结构工程在经过一定使用期之后补偿预应力损失；其他需调整张拉力的情况。

5. 体外预应力束锚固系统防护与减震器安装施工

张拉施工完成并检测与验收合格后，对锚固系统和转向器内部各空隙部分进行防腐蚀防护工艺处理，根据不同的体外预应力系统，防护主要可选择的工艺包括：灌注高性能水泥基浆体或聚合物砂浆浆体；灌注专用防腐油脂或石蜡等；其他种类防腐处理方法。

灌注防护材料之前，按设计规定，锚固体系导管及转向器导管等之间的间隙内要填入橡胶板条或其他弹性材料对各连接部位进行密封，锚具采用防护罩封闭。

体外预应力束体防护完成后，按工程设计要求的预定位置安装体外束主体减震器，将安装固定减震器的支架与主体结构之间进行固定，以保证减震器发挥作用。

（三）体外预应力加固施工注意事项

1. 锚固节点和转向节点的设计与加工制作

建筑或桥梁采用体外预应力加固，应先进行结构加固设计与施工可行性分析，确定体外预应力束布置和节点施工的可操作性，确认在原结构上开洞、植筋及新增混凝土与钢结构等施工对原结构的损伤在受力允许的程度之内。体外预应力束与被加固结构之间通过锚固节点和转向节点相连接，因此锚固节点和转向节点设计是能否实现加固效果的关键。锚固节点和转向节点块可采用混凝土结构或钢结构，新增结构与原结构常采用植筋及横向短预应力筋加强来连接。新增混凝土锚固节点和转向节点块结构在原结构相应部位施工。新增结构锚固节点和转向节点块采用钢板和钢管焊接而成，应保证焊缝质量和与原结构连接的可靠性。

2. 锚固节点和转向节点的安装

根据体外预应力束布置要求在原结构适当位置上开洞，以穿过体外预应力束。按设计位置植筋或植锚栓等，以安装锚固钢件、支座及跨中转向节点钢件，钢件与原结构混凝土连接的界面应打磨清扫干净，然后用结构胶粘结和锚栓固定，钢件与混凝土之间的空隙用无收缩砂浆封堵密实。新增混凝土锚固节点和转向节点施工时，首先植筋和绑扎普通钢筋，安装锚固节点锚下组件和转向节点体外束导管等，支模板并浇筑混凝土，混凝土必须充分振捣密实。

3. 体外预应力束的下料与安装

体外成品索或无粘结筋在工厂内加工制作，成盘运输到工地现场，根据实际需要切割下料。根据体外预应力束在预埋管或密封筒内的长度要求、钢绞线张拉伸长量及工作长度计算总下料长度及需要剥除体外预应力束两端 HDPE2 护层的长度。对于局部灌水泥基浆体的体外预应力束，要将剥除的 HDPE 段的钢绞线表面油脂清除，以保证钢绞线与灌浆浆体的粘结力。体外束下料完成后，成品束可一次完成穿束；使用分丝器的单根独立体系，需逐根穿入单根钢绞线或无粘结钢绞线,安装可依据索自重与现场条件使用机械牵引或人工牵引方式穿束。

4. 体外预应力束的张拉

体外预应力束张拉应遵循分级对称的原则,张拉时梁两侧或箱形梁内的对称体外预应力束应同步张拉,以避免出现平面外弯曲。体外预应力成品索宜采用大吨位千斤顶进行整体张拉,张拉控制程序为:0→10% σcon→100% σcon(持荷 2min)→锚固,或采用规范与设计许可的张拉控制程序。钢结构梁体外索张拉时应计算结构局部承压能力,防止局部失稳,同时采取对称同步控制措施,每完成一个张拉行程,应测量伸长值并进行校核。张拉过程中需要对被加固结构进行同步监测,以保证加固效果实现。

5. 体外预应力束与节点的防护

体外预应力束张拉完成后,根据体外预应力锚固体系更换或调索力对锚具外保留钢绞线长度的要求,用机械切割方法切除锚具外伸多余的钢绞线,采用防护罩或设计体系提供的防护组件进行体外预应力束耐久性防护。建筑结构工程中,对转向节点钢件和锚固钢件、锚具等涂防锈漆,锚具也可采用防护罩防护,采用混凝土将楼板上的孔洞进行封堵,对柱端的张拉节点采用混凝土将整个钢件和张拉锚具封闭。对外露的体外预应力束及节点进行防火处理。

六、检验及验收

(一)预应力筋材料的检测

各种预应力筋材料的主要检测技术在产品标准中都有规定,或引用了相关标准。本章介绍了常用预应力筋材料的检测技术,相关资料主要来自国内外预应力筋材料的产品标准,并补充了标准文献中缺少的一些资料。

(二)无镀层预应力钢绞线的检验

1. 检测方法标准

表 2-3-1 列出了无镀层的预应力钢绞线的常用检验标准,需注意的是,选用标准首先取决于生产钢绞线执行的标准,如采用国标存在检验方法不全的

问题,可以参照采用表中的标准。

表 2－3－1 无镀层预应力钢绞线的检验标准

标准号	标准名称	应用提示
GB/T 17505－1998（已废止）	《钢及钢产品交货一般技术要求》	检验规则
GB/T 228.1－2021	《金属材料 拉伸试验 第 1 部分:室温试验方法》	缺少针对产品特点的检测方法和技术指导
GB/T 10120－2013	《金属材料拉伸应力松弛试验方法》	包含适用于钢丝和钢绞线的松弛测试方法
GB/T 5224－2003	《预应力混凝土用钢绞线》	此为产品标准,有相关要求
ASTM A416M－06	《预应力混凝土用无涂镀层七丝钢绞线》	此为产品标准,有相关要求
BS5896－1980	《预应力混凝土用高强度钢丝及钢绞线》	其中附件 A 提供了试验方法标准

2. 取样

表 2－3－2 列出了主要产品标准的取样规则,如未说明是验收检验的,则是针对生产者提出的要求,使用者也可参照作为验收取样规则。

表 2－3－2 无镀层预应力钢绞线的取样规则

标准号	材料类型	取样规则
GB/T 5224－2003（已废止）	钢绞线	预应力钢绞线应成批验收,每批钢绞线由同一牌号、同一规格、同一生产工艺捻制的钢绞线组成,每批重量不大于 60t
BS5896－1980	钢绞线	以 7 根钢丝绞合成的 1 根绞线为一个检验单元,验收检验每 100t 随机取 15 根样,不足 15 根的全取
ISO 69344:1991	钢绞线	无规定

钢绞线一般采用砂轮切割取样,切割钢绞线时应注意避免伤及样品周围的钢绞线。采用火焰切割时应避免可能发生的热损伤,切断后端部约 25mm 长度内的性能会有变化。禁止采用电焊切断预应力钢材,因为这种方法可能在回路上发生打火,使材料局部受损。处于检测设备钳口间的样品自由段长度内不应受到任何处理,不能有机械损伤。

样品的长度应考虑表 2－3－3 所规定的标距、拉伸试验时引伸计的安装位置、两个夹具的间距及夹具本身的长度。

表 2-3-3 无镀层预应力钢绞线的检验标距

标准	拉伸试验标距	松弛试验标距
GB/T 5224-2003	≥500mm	不小于公称直径的 60 倍
ISO 69344:1991	≥500mm 或捻距的两倍,取最大值	1m
ASTM A416M-06	600mm	不小于公称直径的 60 倍
BS5896-1980	≥500mm(钢丝≥200mm)	绞线至少为一个捻距

3. 检验项目及相关要求

(1)直径测量

钢绞线的直径采用分度为 0.02mm 的游标卡尺测量。测量钢绞线直径时应测量到两根相对钢丝的最外缘,而且要避免在靠近端部的位置测量,以免得到比实际结果大的数据。

(2)面积测量

钢绞线的面积采用称重法计算得到,重量测量的精度要达到 1g,长度测量的精度要达到 1mm。钢丝一般用在两个相互垂直面上测得的直径的平均值计算,异形钢丝一般采用称重法计算确定。

(3)捻距测量

钢绞线需要检测此项目,实际应用中很少作为验收检验项目。方法为用白纸拓印下表面股线的痕迹,沿绞线轴向测量相隔 5 根线的两个痕迹之间的直线距离就是捻距。捻距与公称直径的比应符合产品标准。

(4)伸直性测量

一般用肉眼看不到明显弯曲的预应力钢材伸直性不存在问题,如看出明显弯曲时应按以下方法测量,判断是否不合格时要注意相关材料标准是否有此要求。需要一把至少 1m 的直尺,测量时将弯曲的钢绞线放在一个平整的水平面上,钢绞线的内弯朝着直尺,使直尺与钢绞线内侧的两个交点之间正好是 1m,绞线的弯曲度就是此时能测量出的尺与绞线内弧的最大距离。

(5)外观检查

应力绞线都经过了 360℃~400℃的加热,可能产生泛金色或点色等正常工艺色。允许无涂层的预应力钢材表面出现轻微的浮锈,若有特殊需要,采购时应协商约定外观检查标准。

(6)抗拉强度的测量

ISO、GB、EN 等绞线标准采用最大力概念,强度只是一个名义值。最大力是整个拉伸过程中拉伸载荷所达到的最高值,ASTM,JIS 标准采用破断载荷作为其强度指标,钢绞线拉伸试验时,断裂 1 根钢丝即已经断裂。为确保准确测出绞线的最大力或破断力,夹具的选用非常关键,会导致斜剪切断裂的夹具是不宜使用的,较适用的夹具夹持长度一般在 140mm 以上,100mm 以下的夹具效果较差。

(7)屈服强度的测量

准确测试屈服强度除了夹具要正常外,引伸计的准确性也很重要,引伸计的精度等级要达到相应材料标准的规定要求。通常采用的指标的规定包括 1%伸长时的载荷(钢丝一般取应力)、0.2% 或 0.1% 残余伸长时的载荷,具体应按照相应材料标准的规定执行。

(8)延伸率测量

测量准确的延伸率首先夹具必须合适,夹具不恰当,结果可能相差很大。预应力钢绞线较普遍地采用最大力时的伸长率,这个指标一般采用仪器和软件自动测量。如采用刻标断裂后测量伸长率,结果会缺少弹性变形那一部分。钢绞线延伸率的测试有如下几种方法,第一种是采用可持续工作至断裂的伸长测定仪,刀口单侧为橡胶等柔性材料;第二种是采用至少 200mm 的引伸仪测完屈服应力后拆除,自动切换到靠钳口上的位移计测量后续伸长率;第三种是采用不接触的激光测量仪。

(9)弹性模量的检测

准确地测量弹性模量并不容易,上下钳口同心度不好(左右相对面的应变差大于 15%)、刀口跳动或打滑、引伸计与材料不平行、仪器标定问题和横截面积的准确性都会显著影响结果的准确性。应采用不低于《金属材料单轴试验用引伸计系统的标定》(GB/T 12160－2019)所要求的一级精度的引伸计,且按其要求进行标定。试验时需要加 10% 左右的初载再安装引伸计,而且软件应在最大力的 20%～70% 选取数据计算弹性模量。结果出现异常时应检查曲线是否顺滑,查找误差来源,必要时重新标定仪器。也可以采用机械式引伸计检测,人工读数后做图，然后在直线段上计算出弹性模量。

（10）松弛率的检测

松弛试验是在保持恒温（20℃ ±2℃）和恒应变的情况下，测量应力随着时间的推移的减少值。通常用松弛率 R 来衡量产品的松弛性能，松弛率的定义：

$R = [(\sigma_0 - \sigma_T)/\sigma_0] \times 100\%$

式中 σ_0——初始应力；σ_T——时间 T 时的应力。

（三）体外预应力施工检验及验收

根据工程设计与使用需求，可以安排施工期间和结构使用期内的各种检测项目，如体外预应力束的应力精确测试和长期监测、转向器摩擦系数测试及转向器处预应力筋横向挤压试验及各种工艺试验等。体外预应力施工质量验收的主要内容包括：（1）体外预应力分项工程图纸会审及变更文件记录；（2）体外预应力施工技术方案及变更或洽商文件记录；（3）体外预应力束布置坐标大样图和节点构造图等；（4）体外预应力材料（体外锚固体系、转向器及减震器等）出厂与进场质量报告；（5）体外预应力锚固与转向节点施工与隐蔽工程验收记录；（6）体外预应力束的安装与定位验收记录；（7）张拉设备标定报告，混凝土强度报告或张拉许可通知书；（8）体外预应力束张拉和调整束力报告；（9）体外预应力束防护与减震器施工验收记录；（10）体外预应力分项工程质量验收报告。

第四节　外粘或外包型钢加固法

一、概述

外包型钢加固法，按其与原构件的连接方式分为外粘结型钢加固法和无粘结外包型钢加固法，当工程要求不使用结构胶粘剂时，宜使用无粘结外包型钢加固法（不使用结构胶或仅使用水泥砂浆堵塞混凝土与型钢缝隙），也称干式外包型钢加固法。

二、适用情况及其特点

外粘型钢加固法与增大截面加固法、置换混凝土加固法等其他混凝土结构加固法相比，具有下列明显的优点。

1. 结构构件截面尺寸增加少。采用外包型钢加固梁、柱时，只是在梁、柱截面外粘型钢而已，截面尺寸增加不足5%，有时甚至少于1%。

2. 能大幅度提高原构件承载力和延性。

3. 施工简单工期短。主要的施工工艺只有钻孔、焊接、灌胶和粘钢，湿作业较少，所用的胶粘剂固化快，施工工期短，适用于应急工程。

4. 抗震能力好。整体的钢骨架对核心混凝土的变形有较强的约束作用，可以较好承受冲击荷载和振动荷载，且目前对节点区域的加固手段已经成熟，可以使得原来的“弱节点”加固成“强节点”，与抗震设计原则相一致。

三、适用范围

1. 外粘型钢加固法适用面很广，但加固费用较高。为了取得技术经济效果的最大化，一般多用于需大幅度提高截面承载能力和抗震能力的混凝土梁、柱结构加固。

2. 长期使用环境的温度不应超过60℃。对于处于特殊环境（如高温、高湿、介质腐蚀、放射性环境等）的混凝土结构，采用外包型钢加固时，应采取特殊防护措施。

3. 原结构混凝土现场实测强度等级不得低于C15，且混凝土表面粘结正拉强度不得低于1.5N/mm^2。

四、施工工艺

1. 型钢骨架的制作：型钢骨架及钢套箍的部件，应在现场按被加固构件的实际外围尺寸进行制作。其部件上预钻的孔洞和切口的位置、尺寸和数量应符合设计图纸的要求。

2. 界面处理：混凝土表面清理、打磨和糙化处理应符合设计要求，清理和凿毛不能打成沟槽;原构件混凝土截面的棱角应进行圆化打磨;圆化半径应不小于7mm,磨圆的混凝土表面应无松动的骨料。

3. 型钢骨架安装

(1)乳胶水泥浆、水泥砂浆应按设计要求配制。当采用乳胶水泥浆湿式外包型钢时,应在型钢和混凝土贴合处分别涂抹乳胶水泥浆,厚度约5mm,然后立即将型钢骨架贴合安装,型钢周边应有少量乳胶水泥挤出。

(2)型钢骨架各肢的安装,应采用专门的卡具以及钢箍和垫片等箍紧、顶紧;安装后的钢骨架与原构件表面应紧贴,接触面应在80%以上,钢骨架无松动和晃动。

(3)型钢骨架各肢安装就位后,应与缀板、箍板以及其他连接件等进行焊接。焊缝应平直、均匀,无虚焊、漏焊,焊缝的质量应符合现行国家标准《钢结构工程施工质量验收规范》(GB 50205－2001)(已废止)的要求。

(4)用乳胶水泥浆或水泥砂浆粘贴湿式外包钢施工,当型钢骨架焊接完成后,缀板及施工造成型钢骨架未填乳胶砂浆或水泥砂浆的部位,按照原工艺及配比重新填实。将钢板托起悬挂在各螺栓上,一次拧紧螺母。为控制注胶层的厚度,可在每个紧固螺栓孔周围塞垫一定厚度的垫片。

4. 注浆孔、排气孔留置

外包钢采用环氧树脂化学灌浆,型钢骨架上注浆孔(一般在较低位置处设置)、排气孔的位置与间距应符合设计图纸的规定,在排气孔上插上软管作为排气管,应保证排气管溢胶位置高于粘贴面。

5. 周边密封

按推荐比例称取并调配封缝胶,用抹刀将型钢、缀板周边缝隙,螺栓周围间隙用封缝胶密封,安装在钢架构件上的注浆装置,也应用封缝胶粘结固定并密封其周边,封缝胶固化后,应进行通气试压。注意参照封缝胶产品使用说明书上标明的可操作时间,并根据施工具体情况确定每次配胶量,以免造成不必要的浪费。一般来说,密封施工1天(常温)后即可进行灌浆粘贴施工。

6. 设备检查

注浆设备及其配套装置在注胶前进行适用性检查和试压(其流动度和可灌性应符合设计要求)若达不到要求,应查明原因,采取有效的措施。

7. 压气检测

封缝胶固化后，应进行压气试漏检测，检查封缝密闭效果，观察注浆嘴之间的连通情况。在封缝胶处涂刷肥皂水。从进浆嘴压入压缩空气，压力等于注浆压力，观察是否有漏气的气泡出现。若有漏气，应用封缝胶修补，直至无气泡出现。若注浆嘴中气压达 0. 5MPa 时某注浆嘴仍不通气，则说明该部位与其他注浆嘴未连通，应重新埋设注浆嘴，并缩短其间距。

8. 压力注浆

用合适的注浆机具从注浆嘴压力注入胶液，即以 0. 2MPa ~ 0. 4MPa 的压力将环氧树脂浆从注浆孔压入，注胶工作应从一端开始，当邻近注胶嘴有胶液流出时，将当前的注胶嘴封闭，移至出胶的注胶嘴继续注胶。当排气管中有胶液流出时停止加压，将排气管弯折扎紧，用环氧胶泥堵塞排气孔，再以较低压力维持 10min 以上方可停止灌浆。注胶的同时用小锤敲击型钢、钢板，由声音判断胶液流动情况及胶液是否注满。倾斜及垂直安装的型钢、钢板要从最低位置开始注入。最后一个排气管应在维持注入压力的情况下封堵，以防胶层脱空。施工中，注胶速度不宜过快，注胶先后顺序应合理，以防形成气囊。

9. 固化养护

注胶施工后最初几小时应注意检查是否有流胶现象，以防脱胶。各胶粘剂的固化期见产品说明书，一般来说，常温(25℃)下固化时长不少于 3 天；固化温度降低，固化时间应相应延长。若固化温度低于 5℃，应采取红外线灯(或碘钨灯)加热等加温措施或使用低温固化改性产品。被加固产品固化期内不得撞击和振动。

10. 防护层施工

施工后，应按设计要求进行防腐处理。但在外抹砂浆保护层防腐时，为有利于砂浆粘结，可在钢板表面粘结或外包一层钢丝网，也可涂刮灌注胶后点粘一层豆石，最好在抹灰时涂刷一道混凝土界面剂。

第五节　外粘纤维复合材料工程

一、施工方案

1. 工程用外粘纤维布适用范围及设计要求

纤维布(复合材)是以具有所要求特性的连续纤维或其制品为增强材料,与基体-结构胶粘剂粘结而成的高分子复合材料。适用于钢筋混凝土受弯、轴心受压、大偏心受压及受拉构件的加固,不适用于素混凝土构件,包括纵向受力钢筋一侧配筋率小于0.2%的构件加固。被加固的混凝土结构构件,其现场实测混凝土强度等级不得低于C15,外粘纤维复合材加固钢筋混凝土结构构件时,应将纤维受力方式设计成仅承受拉应力作用。粘贴在混凝土构件表面上的纤维复合材,不得直接暴露于阳光或有害介质中,其表面应进行防护处理。表面防护材料应对纤维及胶粘剂无害,且应与胶粘剂有可靠的粘结强度及相互协调的变形性能。加固的混凝土结构,其长期使用的环境温度不应高于60℃;处于特殊环境(如高温、高湿、介质侵蚀、放射性等)的混凝土结构采用外粘碳纤维布方法加固时,除应按现行有关标准的规定采取相应的防护措施外,尚应采用耐环境因素作用的胶粘剂,并按专门的工艺要求进行粘贴。采用纤维复合材对钢筋混凝土结构进行加固时,应采取措施卸除作用在结构上的活荷载。

在符合结构胶粘剂外粘碳纤维布作业的条件下,碳纤维布必须严格按照设计要求的型号、规格选用。碳纤维布主要有单位面积质量、厚度、宽度、抗拉强度标准值、伸长量。碳纤维布及结构胶粘剂的选用应符合《建筑结构加固工程施工质量验收规范》(GB 50550-2010)、《混凝土结构加固设计规范》(GB 50367-2013)中的各项要求,其中结构胶粘剂应符合规范中A级胶的性能指标规定。外粘纤维布的规格、数量及粘贴部位应符合设计图纸的要求。

2. 外粘纤维布及所用结构胶的材料要求

工程中所用纤维布是指未经浸渍胶固化的布状纤维,其规格及型号的选用除应满足施工图纸的设计要求外还需满足《建筑结构加固工程施工质量验收规范》(GB 50550－2010)中对其各项规定要求。

碳纤维布进入施工现场应用时应对品种、型号、级别、包装和出厂日期等进行检查,且应有出厂合格证、出厂检测报告和进场复试报告。碳纤维布进场后应按照要求分类码放整齐,存放时应远离电气设备和电源。

外粘纤维布所用结构胶粘剂进场时,应对其品种、型号、级别、包装和出厂日期等进行检查,并应按《建筑结构加固工程施工质量验收规范》(GB 50550－2010)中的方法,对其进行见证取样复验,质量检验结论必须符合《建筑结构加固工程施工质量验收规范》(GB 50550－2010)、《混凝土结构加固设计规范》(GB 50367－2013)中对“A 级胶”的性能指标规定。

结构胶粘剂进场应具有产品合格证、包装、标志、出厂检测报告和进场复试报告。严禁使用过期胶粘剂、无合格证书的胶粘剂及包装破损或无出厂包装的胶粘剂。

根据结构胶粘剂应储藏在干燥避光的环境中,调配比例可根据施工现场的环境及温度变化而变化,以满足工程需要。结构胶粘剂的各项填料应在制作过程中加入,严禁在施工现场调配。

3. 外粘纤维布工程施工作业条件

需高空作业时应搭设好施工脚手架并做好安全防护,脚手架搭设应满足《建筑施工碗扣式钢管脚手架安全技术规范》(JGJ 166－2016)的要求。

外粘纤维布工程施工作业环境温度应符合材料使用说明书的各项规定,若处于低温环境下,应做好升温和保温措施。

夜间施工应做好临时电源搭设和照明措施。

浸渍胶应按厂家说明书要求比例配置,配置现场应处于无烟无粉尘的环境,防止异物混入浸渍胶内,配置时应采用低速搅拌器搅拌均匀,搅拌好的浸渍胶应颜色均匀,无气泡、无异物。

浸渍胶的涂刷应采用专用滚筒多次滚压,完全挤出碳布中的气泡,并使浸渍胶完全充分浸透碳纤维布,滚压时应注意不得损伤碳布,碳布的粘贴应无皱纹、无歪斜,多层碳布粘贴时应在最外层碳布上均匀涂刷一层浸渍胶,且应做好最外层碳布的表面防护。

当碳布粘贴出现长度不够需要搭接的情况时,沿受力方向的搭接长度不应小于200mm，当碳布的粘贴层数多于3层时，搭接长度不应小于300mm，非受力方向的搭接长度不小于100mm，多层碳布粘贴时其搭接位置要相互错开，且多层碳布的粘贴要连续地进行，避免环境中的水分、粉尘对上一层碳布造成污染。

碳布粘贴完成后应在合适环境中养护3天，其间避免高温、粉尘等污染碳布表面。当图纸设计要求对碳纤维布表面做防护时，应保证防护与碳布之间有可靠连接。

4. 外粘纤维布工程工艺施工流程

(1)界面处理

碳纤维在粘贴前应对混凝土表面进行打磨，当混凝土表面凹凸不平时应采用结构胶进行修补，保证基层表面的平整，对有段差、内转角的部位应抹成平滑的曲面，同时应清除原构件表面的尘土、浮浆、污垢、油渍、原有涂装、抹灰层和其他饰面层，对混凝土结构应剔除其风化、剥落、疏松、起砂、蜂窝、麻面、腐蚀等缺陷。对构件截面的棱角，应打磨成圆弧半径不小于25mm的圆角。在完成以上加工后，应将混凝土表面清理洁净，并保持干燥。

粘贴纤维材料部位的混凝土，其表层含水率不宜大于4%，且不应大于6%。对含水率超限的混凝土应进行人工干燥处理或改用高潮湿面专用的结构胶粘贴。如表面处于潮湿或渗水状态，修补前应先进行疏水、止水、干燥处理。

在现场核对原结构构造及清理原结构过程中，若发现该结构整体牢固性不良或原有支撑、连接体系有缺损，应及时向业主单位和设计单位报告，在设计单位出具补救措施前，不得按现有加固方案进行施工。

当粘贴纤维材料采用的粘结材料是配有底胶的结构胶粘剂时，应按底胶使用说明书的要求进行涂刷和养护，不得擅自免去涂刷底胶的工序。若粘贴纤维材料采用的是免涂底胶胶粘剂，应检查其产品名称、型号及产品使用说明书，并经监理单位确认后，方允许免涂底胶。

底胶应按产品使用说明书提供的工艺条件配制，拌匀后应立即抽样检测底胶初黏度，其检测结果应符合规范要求，且不得以添加溶剂或稀释剂的方法来改变其黏度，一经发现应予弃用，已涂刷部位应予返工。底胶干时，其表面若有凸起处，应用细砂纸磨光，并应重刷一遍底胶。底胶涂刷完毕应静置固化至干透时,才能继续施工。

若在底胶已干时未能及时粘贴纤维材料,则应等待 12h 后粘贴,且应在粘贴前用细软羊毛刷或洁净棉纱团蘸工业丙酮擦拭一遍,以清除残留物和粘在基层的灰尘。

(2)纤维材料的粘贴

浸渍、粘结专用的结构胶粘剂,其配制和使用应按产品使用说明书的规定进行;拌和应采用低速搅拌机充分搅拌;拌好的胶液色泽应均匀、无气泡;其初黏度应符合规范要求;胶液注入盛胶容器后,应采取措施防止水、油、灰尘等杂质混入。

碳纤维布应按设计裁剪并且严禁折叠,若碳纤维布原件已有折痕,应裁去有折痕的一段。碳纤维布可采用特制剪刀剪断或用优质美工刀切割成所需尺寸。碳布裁剪的宽度不宜小于 100mm。裁剪好的碳布按照放线位置粘贴在涂好结构胶粘剂的混凝土表面。碳纤维布应充分展平,不得有褶皱。

碳布的粘贴沿受力方向使用专用的滚筒多次滚压,使浸渍胶充分浸透碳纤维布,并将多层碳布压实,表面均匀平整,无气泡产生。多层碳纤维布粘贴时,应在碳纤维布表面所浸渍的胶液达到未干状态时立即粘贴下一层。若延误时间超过 1h,则应等待 12h 后方可重复上述步骤继续进行粘贴,但粘贴前应重新将碳布粘合面上的灰尘擦拭干净。纤维复合材粘贴位置,与设计要求的位置相比,其中心线偏差不应大于 10mm,长度负偏差不应大于 15mm。

5. 安全文明施工及成品保护

粘贴碳纤维布工程操作人员进行高空、电气作业及使用机械设备时,操作人员必须经过专业培训,持证上岗,熟练掌握碳布粘贴操作工艺。操作人员必须根据工作环境佩戴防护用品,如安全帽、安全带、绝缘手套、绝缘鞋、风镜、口罩等,并集中精力操作。操作脚手架应牢固可靠,周围应有防护栏杆。

碳纤维布为导电材料,施工时应远离电气设备和电源并采取可靠的防护措施。电气设备及架设应符合安全用电规定,应有接零或接地触电保护装置,严禁零线与火线搞混,避免火线与结构钢筋连接造成触电事故。作业环境应有良好的照明条件。

胶粘剂、工业丙酮等材料应密封储存,妥善保管,远离火源,避免阳光直接照射,并有防水、防火、防爆措施。容器清洗后将残余物倾倒至指定地点,集中处理。胶粘剂的配制、使用的场所应保持良好通风。

粘贴碳纤维布混凝土表面基层打磨处理作业时设专人以洒水、喷水方式抑制扬尘,操作环境应通风良好。粘贴碳纤维布钻孔作业时控制噪声,避开敏感时间段,必要时采用松软材料围挡,封闭作业空间。粘贴碳纤维布工程完成基层处理时,基层面不能产生新的污染,如水、灰、油的污染等,在污染比较严重的区域要采取措施进行隔离。

粘贴碳纤维布作业注意成品保护。保证固化时间,在胶粘剂固化前不得扰动所粘贴的碳纤维布,碳纤维布粘贴完工后在固化养护期内,不能加载或隐蔽作业,以免破坏胶结面,影响施工质量。经过养护、胶粘剂固化、经现场拉拔承载力检验合格之后方可加载施工。

为了保证碳纤维布的强度不受损坏,严禁在所有粘贴碳纤维布的部位钻孔,也不能用硬物的棱角部位敲击碳纤维布。所粘贴的碳纤维布表面有结构胶,温度过高会产生碳化现象,应保持施工环境的温度适宜。

二、材料进场检验及复试检验

1. 碳纤维布

碳纤维布应按工程用量一次进场到位,碳纤维材料进场时,施工单位应会同监理人员对其品种、级别、型号、规格、包装、中文标志、产品合格证和出厂检验报告等进行检查。

同时应对以下重要性能和质量指标进行见证取样复验:(1)纤维复合材料的抗拉强度标准值、弹性模量和极限伸长率;(2)纤维织物单位面积质量;(3)碳纤维织物的K数。

检查、检验和复验结果必须符合现行国家标准《混凝土结构加固设计规范》(GB 50367 -2013)的规定及设计要求。

检查数量:按进场批号,每批号见证取样3件,从每件中按每一检验项目各裁取一组试样用料。

纤维复合材的纤维应连续、排列均匀,织物不得有皱褶、断丝、结扣等严重缺陷。

检查数量：全数检查。

碳纤维织物单位面积质量的检测结果的偏差不得超过 ±3%。

检查数量：按进场批次，每批抽取 6 个试样。

碳纤维织物的缺纬、脱纬，每 100m 长度不得多于 3 处；碳纤维织物的断经（包括单根和双根），每 100m 不得多于 2 处。

检查数量：全数检查。

碳纤维织物的尺寸偏差应符合《建筑结构加固工程施工质量验收规范》（GB 50550－2010）的规定。

检查数量：每批 6 个试样。

2. 结构胶粘剂

加固工程中使用的结构胶粘剂，应按工程用量一次进场到位，结构胶粘剂进场时，施工单位应会同监理人员对其品种、级别、批号、包装、中文标志、产品合格证、出厂日期、出厂检验报告等进行检查。

对在抗震设防烈度为 7 度及 7 度以上的地区建筑加固用的粘贴纤维复合材的结构胶粘剂，尚应进行抗冲击剥离能力的见证取样复验；所有复验结果均须符合现行国家标准《混凝土结构加固设计规范》（GB 50367－2013）的要求。

结构胶粘剂进场时，应见证取样复验其混合后触变指数，A 级胶触变指数应大于等于 3。

检验数量：按进场批次，每批号见证取样 3 件，每件每组分称取 500g，并按相同组分予以混匀后送独立检验机构复验。

对结构胶粘剂性能和质量的复验，宜先测定其不挥发物含量；若测定结果不合格，便不再对其他复验项目进行测定，而应检查该结构胶存在的质量问题。若发现有问题，应弃用该型号胶粘剂。

加固工程中，严禁使用下列结构胶粘剂产品：（1）过期或出厂日期不明；（2）包装破损、批号涂毁或中文标志、产品使用说明书为复印件；（3）掺有挥发性溶剂或非反应性稀释剂；（4）固化剂主成分不明或固化剂主成分为乙二胺；（5）游离甲醛含量超标。

结构胶粘剂的外观质量应无结块、分层或沉淀。若在拌胶过程中发现这些现象,应及时通知监理人员确认,且立即停止在结构加固工程中使用。

检查数量:全数检查。

三、碳纤维粘贴工程质量验收

1. 界面处理质量验收

对于经修整露出骨料新面的混凝土加固粘贴部位,应进一步按设计要求修复平整,并采用结构修补胶对较大孔洞、凹面、露筋等缺陷进行修补、复原;对有段差、内转角的部位应抹成平滑的曲面;对构件截面的棱角,应打磨成圆弧半径不小于 25mm 的圆角。在完成以上加工后,应将混凝土表面清理干净,并保持干燥。

检查数量:全数检查。

检验方法:观察、触摸,并辅以圆弧样板(靠尺)检查。

粘贴纤维材料部位的混凝土,其表层含水率不宜大于 4%,且不应大于 6%。对含水率超限的混凝土应进行人工干燥处理,或改用高潮湿面专用的结构胶粘贴。

检查数量:每根梁、柱构件不少于 1 处;每 $100m^2$ 板、墙不少于 3 处;不足 $100m^2$ 的工程,也应检查 3 处。

检验方法:用含水率测定仪检测。

当粘贴纤维材料采用的粘结材料是配有底胶的结构胶粘剂时,应按底胶使用说明书的要求进行涂刷和养护,不得擅自免去涂刷底胶的工序。若粘贴纤维材料采用的粘贴材料是免底涂胶粘剂,应检查其产品名称、型号及产品使用说明书,并经监理单位确认后,方允许免涂底胶。

检查数量:全数检查。

检验方法:监督涂刷底胶并检查底胶进场复验报告及施工记录。

底胶应按产品使用说明书提供的工艺条件配制,但拌匀后应立即抽样检测底胶的初黏度。且不得以添加溶剂或稀释剂的方法来改变其黏度,一经发现应予弃用,已涂刷部位应予返工。底胶指干时,其表面若有凸起处,应用细砂纸磨光,并应重刷一遍。底胶涂刷完毕应静置固化至指干时,才能继续施工。

检查数量：全数检查。

检验方法：监理人员旁站监督其配制并检查初黏度检测报告；若怀疑掺有溶剂或稀释剂，应取样送检。

若在底胶指干时，未能及时粘贴纤维材料，则应等待 12h 后粘贴，且应在粘贴前用细软羊毛刷或洁净棉纱团蘸工业丙酮擦拭一遍，以清除不洁残留物和新落的灰尘。

检查数量：全数检查。

检验方法：观察并检查施工记录。

2. 纤维材料粘贴施工质量验收

浸渍、粘结专用的结构胶粘剂，其配制和使用应按产品使用说明书的规定进行；拌和应采用低速搅拌机充分搅拌；拌好的胶液色泽应均匀、无气泡，胶液注入盛胶容器后，应采取措施防止水、油、灰尘等杂质混入。

检查数量：全数检查。

检验方法：观察并对照产品使用说明书检查配制记录、测定初黏度记录及施工记录。

纤维织物应按下列步骤和要求粘贴：

按设计尺寸裁剪纤维织物，且严禁折叠；若纤维织物原件已有折痕，应裁去有折痕一段织物；

将配制好的浸渍、粘结专用的结构胶粘剂均匀涂抹于粘贴部位的混凝土表面；

将裁剪好的纤维织物按照放线位置敷在涂好结构胶粘剂的混凝土表面，织物应充分展平，不得有皱褶；

应沿纤维方向使用特制滚筒在已贴好纤维的面上多次滚压，使胶液充分浸渍纤维织物，并使织物的铺层均匀压实，无气泡产生；

多层粘贴纤维织物时，应在纤维织物表面所浸渍的胶液达到指干状态时立即粘贴下一层，若延误时间超过 1h，则应等待 12h 后，方可重复上述步骤继续进行粘贴，但粘贴前应重新将织物粘合面上的灰尘擦拭干净；

最后一层纤维织物粘贴完毕，尚应在其表面均匀涂刷一道浸渍、粘结专用的结构胶。

检查数量:全数检查。

检验方法:由监理人员负责检查,并签字确认无误。

纤维复合材胶粘完毕后应静置固化,并应按胶粘剂产品使用说明书规定的固化环境温度和固化时间进行养护。当达到7天时,应先采用D型邵氏硬度计检测胶层硬度,据以判断其固化质量,并以邵氏硬度HD≥70为合格,然后进行施工质量检验、验收。若邵氏硬度HD<70,应揭去重贴,并改用固化性能良好的结构胶粘剂。

检查数量:全数检查。

检验方法:用D型邵氏硬度计检测硬度。

3.施工质量验收

纤维复合材与混凝土之间的粘结质量可用锤击法或其他有效探测法进行检查。根据检查结果确认的总有效粘结面积不应小于总粘结面积的95%。

探测时,应将粘贴的纤维复合材分区,逐区测定空鼓面积(无效粘结面积);若单个空鼓面积不大于10,000mm^2,允许采用注射法充胶修复;若单个空鼓面积大于或等于10,000mm^2,应割除修补,重新粘贴等量纤维复合材。粘贴时,其受力方向(顺纹方向)每端的搭接长度不应小于200mm;若粘贴层数超过3层,该搭接长度不应小于300mm;对非受力方向(横纹方向)每边的搭接长度可取为100mm。

检查数量:全数检查。

检验方法:检查检测报告及处理记录。

加固材料(包括纤维复合材)与基材混凝土的正拉粘结强度,必须进行见证抽样检验。C15~C20混凝土正拉结强度大于等于1.5MPa,大于等于C45混凝土,正拉结强度大于等于2.5MPa,且为混凝土内聚破坏。若检测结果介于C20~C45之间,允许按换算的强度等级以线性插值法确定其合格指标。

检查数量:每组5个构件。

检验方法:正拉粘结强度实验。

纤维复合材粘贴位置,与设计要求的位置相比,其中心线偏差不应大于10mm;长度负偏差不应大于15mm。

检查数量:全数检查。

检验方法:钢尺测量。

4. 隐蔽工程质量验收

碳纤维布粘贴隐蔽工程有下列几项：(1)碳纤维布、底胶、浸渍/粘结胶原材出厂合格证、试验报告、进场复试报告齐全合格；(2)经清理后的混凝土表面洁净、干燥，打磨后的待贴面平滑，棱角打磨圆弧半径25mm，符合要求；(3)底胶涂刷均匀，无遗漏，指干时开始碳纤维布粘贴；(4)碳纤维布按设计尺寸裁剪，粘贴层数符合图纸设计要求；(5)浸渍胶充分浸渍碳纤维布，且铺层均匀压实，无气泡产生，无空鼓现象产生；(6)锤击法检测总有效粘贴面积大于总粘贴面积的95%。

第六节　混凝土裂缝修补工程

一、施工方案

1. 混凝土裂缝修补适用范围及设计要求

对于裂缝宽度小于0.2mm的混凝土表面细微独立裂缝或网状裂纹，以低黏度、具有良好渗透性的裂缝修补胶等胶料涂刷封闭裂缝通道。根据设计要求，对有水房间尚应在楼板表面粘贴碳纤维布以增强封护作用。

对混凝土裂缝宽度较大部分，应采用柔性密封法处理，柔性密封法需要在混凝土楼板表面沿裂缝走向齐缝凿出槽深不小于20mm、槽宽不小于15mm的U形槽(或V形槽)，然后填充注浆料、裂缝修补胶或改性环氧树脂等柔性填缝材料，并粘贴碳纤维布封闭其表面。

混凝土结构部分裂缝宽度较大，且贯穿深度较大，采用压力灌注法处理。对于宽度在0.05mm～1.5mm、深度大于150mm的贯穿或不贯穿裂缝，可采用注射法埋设注射器，手动或自动施加小于0.2MPa的压力灌注裂缝修补胶处理。当裂缝宽度大于0.5mm且走向曲折、容积较大时，采用机控压力灌注浆料处理。裂缝宽度大于2mm时，采用压力灌注裂缝修补胶处理。

碳纤维布的粘贴应符合图纸设计要求及《建筑结构加固工程施工质量验收规范》(GB 50550－2010)的要求。

对影响构件承载力的裂缝及由地基不均匀沉降引起的结构性裂缝，在裂缝修补之前应先采取必要的加固措施，以消除裂缝产生的根源。

2. 混凝土裂缝修补工程的材料要求

粘贴所用纤维布是指未经浸渍胶固化的布状纤维，其规格及型号的选用除应满足施工图纸的设计要求外还需满足《建筑结构加固工程施工质量验收规范》（GB 50550－2010）中对其各项规定要求。

碳纤维布、裂缝修补胶进入施工现场应用时应对品种、型号、级别、包装和出厂日期等进行检查，且应有出厂合格证、出厂检测报告和进场复试报告。碳纤维布进场后应按照要求分类码放整齐，存放时应远离电气设备和电源。

3. 混凝土裂缝修补工程施工作业条件

需高空作业时应搭设好施工脚手架并做好安全防护，脚手架搭设应满足《建筑施工碗扣式钢管脚手架安全技术规范》（JGJ 166－2016）的要求。夜间施工应做好临时电源搭设和照明措施。

修补裂缝现场环境的气温、湿度应符合裂缝修补材料使用说明书的规定，若无具体规定，作业环境温度不应低于15°C；修补过程不得遭受日晒雨淋，并严禁在风沙和雨雪天气条件下进行露天修补作业。作业时基材表面含水率应符合胶粘剂产品“使用说明书”的要求。现场查清裂缝开展长度、宽度、深度、走向、贯穿及漏水等情况，确定裂缝灌注修补方案。

4. 混凝土裂缝修补工程施工工艺流程

表面封闭法需先对原混凝土构件修整，然后对裂缝涂刷低黏度胶料，刷底胶后，应对其粘贴碳纤维布，施工完毕后静置固化养护。

柔性密封法即先对原混凝土构件修整，然后对裂缝部位凿槽处理，再对裂缝部位填充柔性材料，涂刷底胶，涂刷浸渍胶，然后粘贴碳纤维布，施工完毕后静置固化养护。

压力灌浆法即先对原混凝土构件修整，然后对裂缝部位凿槽处理，打入注胶嘴，封闭裂缝表面，检查气密性，灌浆，结束封口，清除注胶嘴，施工完毕后静置固化养护。

（1）界面处理

在裂缝修补前，必须查清裂缝发生的部位及裂缝宽度、长度、深度和贯穿情况,并了解裂缝含水及渗漏情况,确定针对性处理方法,做好记录和标志。

当混凝土表面有较大缺陷如蜂窝、麻面或疏松等,对麻面应采用环氧砂浆找平;将表面疏松部位剔除,然后采用环氧砂浆补平,且保持混凝土构件表面洁净、干燥。

沿裂缝走向在裂缝中插入临时标志如竹钉,钉距以能在打磨后找到裂缝为度。然后对裂缝两侧 100mm 范围内的原构件表面用喷砂机或用角磨机打磨平整,用手铲、铁锤、钢刷、毛刷依次清理裂缝表面的灰尘、浮渣及松散层,用吹风机把裂缝中的杂质吹净,直至露出坚实的骨料新面。将构件表面整平去除突出部分,然后使用有机溶剂清洗裂缝周围的污渍,清洗时注意不要将裂缝堵塞。

(2)裂缝开槽及清理

柔性密封法、压力灌注法要求沿裂缝走向齐缝开槽,使填充的灌注材料能渗入缝隙之中。沿裂缝凿出槽深不小于 20mm、槽宽不小于 15mm 的 U 形槽(或 V 形槽),深度不小于 20mm。长度直至裂缝尖端处。槽内清理干净,达到无浮尘、无松动、无污渍的效果。

在裂缝填充、灌注修补前再仔细检查,用压缩空气或吸尘器吹净裂缝中的积水。若裂缝部位不够干燥可用喷灯局部烘干。

(3)采用表面封闭法处理裂缝

经界面处理后,将已配制好的低黏度、具有良好渗透性的裂缝修补胶等胶料涂刷在构件表面,经过多次反复涂刷,达到封闭裂缝通道的作用,经设计单位认同,可采用水泥基灌浆料、自流平混凝土等材料做裂缝填充和表面封闭。待裂缝处理完成后方可按图纸设计要求粘贴碳纤维布。静置养护时间约需 3 天,养护期间避免水、粉尘等污染碳纤维布表面。修补后的裂缝表面若需要做表面防护,应按设计要求做好表面防护。

(4)采用柔性密封法施工

柔性密封法的前期操作类同表面封闭法,待开槽完毕并清理后,先在槽壁表面涂刷一层胶液,将配制好的柔性密封材料填充到槽内。分层填充,分层抹压。当设计要求设置隔离层时,U 形槽的槽底应为光滑的平底。槽底铺设的隔离层应是不吸潮膨胀且不与选用的柔性、弹性密封材料及基材发生化学反应的材料。隔离层应紧贴槽底，但不与槽底粘连。静置养护时间约需3天。养护期间避免水、粉尘等污染碳纤维布表面。

(5)采用压力灌注法施工

用钢卷尺沿裂缝走向测量并标定灌浆点位。根据裂缝走向、缝宽、缝长等参数，确定灌浆点位间距，宽大缝宜疏布置、微细缝宜密布置。浅缝宜疏布置、深缝宜密布置。采用无损贴嘴法对准且骑缝粘贴在预定位置，并用粘结剂固定灌浆嘴，灌浆嘴必须对准缝隙以保证导流畅通，粘贴牢靠并把灌浆嘴底盘四周封闭。注意涂抹粘结剂时应避免堵塞灌浆嘴。每一条裂缝上必须设有进浆嘴、排气嘴、出浆嘴。灌浆嘴的位置应尽量设置在裂缝较宽、开口较通畅的部位，可考虑在裂缝的交错处、裂缝较宽处及裂缝端部等位置设置。灌浆嘴设置间距根据裂缝开展情况，一般取150mm～400mm，以200mm为宜。水平裂缝从任意一端、垂直裂缝从最低端开始，依次向另一端连接浆液注胶管至灌浆嘴，要保证所有的灌浆嘴都处于开启通气状态。裂缝表面封闭是为了防止浆液外漏，保证灌浆压力，使浆液在压力作用下能渗入裂缝深部，从而保证灌浆质量。封缝是灌浆作业的关键工序，应细心操作。

当结构梁裂缝为贯穿裂缝时，先用封缝胶将梁一侧裂缝完全封闭，封缝胶涂抹宽度为25mm，厚度为3mm。另一侧裂缝埋设灌浆嘴，间距为200mm～300mm。

为使混凝土缝隙完全充满浆液，并保持压力，同时又保证浆液不大量外渗，必须对已处理过的裂缝表面用环氧基胶液沿裂缝走向从上而下或从一端到另一端均匀涂刷，先对沿缝两侧约50mm进行清洗，再用环氧基液沿缝走向骑缝均匀涂刷，然后用封缝胶泥封闭，作业中注意避免出现气泡。

裂缝封闭后养护一段时间，待封缝胶液具有一定强度后，通入压力空气试漏。对可能漏气部位涂以肥皂液，检查封缝和灌胶底座的密闭效果，凡有漏气处应予重新封缝，直至不漏为止。灌封胶粘剂为双组分材料。先分别配制好主剂和固化剂，按照厂家规定的配比配制浆液。每次灌浆施工根据进浆速度、固化时间估算用浆量，从而确定浆液一次配制量。

(6)裂缝灌浆

灌浆前对整个专用灌浆系统进行全面检查，在确认专用灌浆机具运转正常、管路畅通的前提下方可灌浆。接通管路，打开灌浆嘴上阀门，用压缩空气将裂缝通道吹干净。灌浆时应采取由里到外、从下至上的顺序逐个灌注,或由裂缝一端至另一端,或由两头向中间逐步封闭,直到下一个排气嘴出浆时立即关闭灌浆泵进浆阀门,以保证浆液充满裂缝。

灌浆时将调好的主剂和固化剂两种浆材按规定比例混合,待封缝胶泥固化并有一定强度后,将其用灌浆泵从灌浆嘴灌入裂缝中。灌浆时遵循"少量多次"的原则。在灌浆压力方面原则上先小后大,逐步加压,密切观测进浆的速度和进浆量,直至整条裂缝都充满浆液为止。对有的细微裂缝灌浆压力可适当增大,达到规定压力后稳压,以让浆液充填饱满,保证浆液的渗透和灌注效果。根据灌浆压力、灌浆量情况,在灌浆过程中适当调整灌浆参数、改变浆液稀稠程度及类型。

灌浆结束后随即拆除管道并清洗干净。待缝内浆液达到初凝而不流出时,用角磨机将灌浆嘴打磨平整,再用环氧树脂胶泥把灌浆嘴处抹平封口。

灌浆结束、胶液固化后,检查封缝效果,发现缺陷应及时灌浆补救。

二、材料进场检验及复试检验

应对裂缝修补用聚合物水泥注浆料检查劈裂抗拉强度、抗压强度、抗折强度,其中劈裂抗拉强度大于 25MPa,抗压强度大于 240MPa,抗折强度大于 21MPa,注浆料与混凝土的正拉粘结强度为内聚破坏。

裂缝修补胶检查抗拉强度、受拉弹性模量、抗压强度、抗弯强度,其中抗拉强度应大于 20MPa。

三、混凝土裂缝修补工程质量验收

1. 界面处理质量验收

在裂缝修补前,必须查清裂缝发生的部位及裂缝宽度、长度、深度和贯穿情况,并了解裂缝含水及渗漏情况,确定针对性处理方法,做好记录和标志。

当混凝土表面有较大缺陷如蜂窝、麻面或疏松等,对麻面应采用环氧砂浆找平,将表面疏松部位剔除,然后采用环氧砂浆补平,且保持混凝土构件表面洁净、干燥。

沿裂缝走向，在裂缝中插入作为临时标志的竹钉或其他钉，钉距以能在打磨后找到裂缝为度。然后对裂缝两侧各100mm范围内的原构件表面，用喷砂机或砂轮机打磨平整，直至露出坚实的骨料新面，经检查无油渍、无污垢后用压缩空气或吸尘器清理干净。

当设计要求沿裂缝走向骑缝凿槽时，应按施工图规定的剖面形式（如V形、U形等）和尺寸进行画线、开凿、修整并清理洁净。若设计未规定槽形，宜凿成U形槽。若原构件表面不平，尚应沿裂缝走向削成便于连续封闭的平顺弧面，不得有局部凸起或高差。

原构件界面含水率应按胶粘剂使用说明书的要求进行控制。若有困难，应改用高潮湿面专用的结构胶粘剂。

检查数量：全数检查。

2. 表面封闭法施工质量验收

粘贴封闭材料修补裂缝前，应复查裂缝两侧原构件表面打磨的质量是否合格。若已合格，应采用工业丙酮擦拭一遍。

检查数量：全数检查。

检验方法：观察并检查施工记录。

若粘贴纤维织物的施工工艺有底涂要求时，应按规定配制和拌和底胶。拌和后的底胶，其色泽应均匀，黏度低、渗透性好，无结块且不受尘土、水分和油烟的污染。

底胶应用滚筒刷或特制的毛刷均匀涂布在洁净的原构件表面。涂刷时，应注意刮去胶液中的气泡，调好的底胶应在规定的时间内用完。底胶涂刷完毕，应立即进行养护，并防止胶面受到污染。当胶面呈指触干燥（指干）时，应立即开始下一工序。

检查数量：全数检查。

检验方法：观察、触摸并检查施工记录。

浸渍、粘结纤维织物用的结构胶粘剂，其配制和拌和应按产品使用说明书进行。拌和后的胶液色泽应均匀，无结块和气泡；随即将其均匀涂抹于底胶层的面上。若采用免底涂胶粘剂，应先检查其产品使用说明书，经监理单位确认为免底涂胶粘剂后，再直接涂抹在粘贴部位的混凝土面上。

检查数量:全数检查。

检验方法:观察,检查施工记录。

粘贴纤维织物时,应按下列步骤和要求进行:

将裁剪好、经检查无误的纤维织物敷在涂好胶粘剂的基层上;

用特制的滚筒在已贴好纤维织物的面上沿纤维径向多次滚压,使胶液充分润透、渗到纤维中,且应仔细刮、挤平整,排出气泡;

多层粘贴时,应在底层纤维织物所涂的胶液达到指干状态时立即涂胶粘贴下一层,若拖延时间超过1h,则应等待12h后,再涂刷胶粘剂粘贴下一层,且粘贴前应重新将织物粘合面上的灰尘擦拭干净;最外一层纤维织物的表面应均匀涂抹一道胶粘剂。

检查数量:全数检查。

检验方法:观察,检查施工记录。

粘贴织物时,其边缘距裂缝中心线的距离应不小于50mm,且不允许有负偏差。织物长度应至少大于裂缝长度100mm,若织物构造不能满足此要求,则应在织物端部加贴横向压条。压条的长度应比封闭用的织物宽度至少大100mm。

检查数量:随机抽查修补构件数的10%,且不少于5个构件。

检验方法:钢尺测量。

3. 柔性密封法施工质量验收

柔性密封法、压力灌注法要求沿裂缝走向齐缝开槽,使填充的灌注材料能渗入缝隙之中。沿裂缝凿出槽深不小于20mm、槽宽不小于15mm的U形槽(或V形槽),深度不小于20mm,长度直至裂缝尖端处。槽内清理干净,达到无浮尘、无松动、无污渍的效果。

检查数量:全数检查。

检验方法:观察,检查施工记录。

当需设置隔离层时,U形槽的槽底应为光滑的平底。槽底铺设的隔离层,应是不吸潮膨胀且不与弹性密封材料及基材发生化学反应的材料;隔离层应紧贴槽底但不与槽底粘连。

检查数量:全数检查。

检验方法:观察,检查施工记录。

在槽内填充柔性或弹性密封材料时,应先在槽内凿毛的两侧壁表面上涂刷一层胶液,方可填充所选用的密封材料。

检查数量:全数检查。

检验方法:观察,检查施工记录。

密封材料填充完毕后,应在裂缝槽口及其两侧各50mm范围内粘贴无碱玻璃纤维织物或无纺布封护。

检查数量:全数检查。

检验方法:观察,检查施工记录。

4. 压力灌注法施工质量验收

采用压力灌注法注入低黏度胶液或注浆料修补混凝土、砌体裂缝时,应根据裂缝宽度、深度和内部情况,选用定压注射器自动注胶法或机控压力注浆法,其选择应符合下列原则。

当混凝土或砌体的水平构件和竖向构件中有宽度为0.05mm~1.5mm,深度不超过300mm的贯穿或不贯穿裂缝时,宜采用定压注射器注胶法施工。注射器安装的方法和间距应符合产品使用说明书的规定。这种方法所产生的压力应不小于0.2MPa。若压力过低,应改用其他产品。

裂缝宽度大于0.5mm且走向蜿蜒曲折或为体积较大构件的混凝土深裂缝,宜采用机控压力法注胶;注入压力应根据产品使用说明书确定。

压力灌注装置的安装和试压检验应符合下列要求:

注胶嘴及其基座应按裂缝走向设置,针筒注胶嘴间距为100mm~300mm;机控注胶嘴间距为300mm~500mm;同时还应设在裂缝交叉点、裂缝较宽处和端部,注胶嘴基座之间的裂缝表面应采用封缝胶封闭,每条裂缝上还必须设置排气嘴,现浇板裂缝的注胶嘴可设在板底,也可设在板面,但均应保证裂缝上下表面的密封;

封缝胶固化后,应进行压气试验,检查密封效果;观察注胶嘴之间的连通情况,当注胶嘴中气压达到0.5MPa时,若仍有不通气的注胶嘴,则应重新埋设注胶嘴,并缩短其间距。

检查数量:全数检查。

检验方法:封缝胶泥固化后立即进行压气试验。沿封缝胶泥处涂刷皂液,从注胶嘴压入压缩空气,压力应等于注胶压力,观察是否有漏气的气泡出现。若有漏气,应用胶泥修补,直至无气泡出现。

施工前应复查裂缝修补胶液的品种、型号及进场复验报告以及所配制胶液的初始黏度。若拌和胶液时发现有突然发热变稠的现象,应弃用该批胶液。

检查数量:全数检查。

检验方法:观察。

注胶压力控制与注胶作业应符合下列规定:注胶压力应按产品使用说明书进行控制;压力注胶作业按从下到上的顺序进行。

注浆过程中出现下列标志之一时,即可确认裂缝腔内已注满胶液,可以转入下一个注胶嘴进行注胶,直至注满整条裂缝:在注胶压力下,上部注胶嘴有胶液流出;在胶液适用期内,吸胶率小于0.05L/min。

当上部注胶嘴或排气嘴有胶液流出时,应及时关闭上部注胶嘴,并维持压力1min~2min。待缝内的胶液初凝时,应立即拆除注胶嘴和排气嘴,并用环氧胶泥将嘴口部位抹平、封闭。

第七节　建筑加固植筋工程

建筑加固植筋技术,又叫作钢筋种植。是在原有的结构面进行先钻孔后注胶种植的一种后锚固技术,钢筋锚固技术在建筑加固改造领域的发展和应用非常广泛,结合实际工程项目,钢筋种植技术对于原材质量要严格把控,种植过程中成孔→吹孔→清孔→植筋的施工工艺也是重中之重。

一、施工方案

1.植筋技术适用范围及设计要求

化学植筋技术,又叫作钢筋种植。适用于钢筋混凝土结构件以及结构胶种植带肋钢筋的后锚固加固技术;不适用于素混凝土构件,包括纵向受力钢筋一侧配筋率小于0.2%的构件的后锚固加固技术。当采用植筋技术时,新增构件为悬挑结构构件时,其原结构的混凝土强度不得低于 C25;当新增构件为其他结构构件时,其原结构的混凝土强度不得低于 C20。采用植筋锚固时,其锚固部位的原构件混凝土不得有局部缺陷,若有局部缺陷,应先进行补强或加固处理后再植筋。植筋用的钢筋,应采用质量和规格符合《混凝土结构加固设计规范》(GB 50367－2013)中的各项要求。植筋用的胶粘剂应采用改性环氧类结构胶粘剂或改性乙烯基酯类胶粘剂,当植筋直径大于 22mm 时,应采用 A 级胶。锚固用胶粘剂的质量和性能应符合《混凝土结构加固设计规范》(GB 50367－2013)中规定。采用植筋锚固的混凝土结构,其长期使用的环境温度不应高于 60℃;处于特殊环境(如高温、高湿、介质腐蚀等)的混凝土结构采用植筋技术时,除应按现行有关标准的规定采取相应的防护措施外,还应采用耐环境因素作用的胶粘剂。

在符合植筋技术作业条件下,钢材和结构胶粘剂必须严格按照设计要求的型号、规格选用。钢材主要有 HRB335 级、HPB300 级、HRB400 级、HRB500 级、HRBF500 级;结构胶粘剂应符合规范中 A、B 级胶的性能指标规定;钢材及结构胶粘剂的选用应符合《建筑结构加固工程施工质量验收规范》(GB 50550－2010)、《混凝土结构加固设计规范》(GB 50367－2013)中的各项要求。植筋的规格、数量及粘贴部位应符合设计图纸的要求。

2. 钢筋原材及所用结构胶的材料要求

植筋用钢筋应为热轧带肋钢筋,其性能和质量应符合设计要求和《钢筋混凝土用钢 第 2 部分:热轧带肋钢筋》(GB/T 1499.2－2007)、《建筑结构加固工程施工质量验收规范》(GB 50550－2010)中的规定。钢筋种植用材必须严格按照设计要求的型号、规格,应具有出厂合格证、出厂检测报告和进场复试报告。

胶粘剂进场应具有产品合格证、包装、标志、出厂检测报告和进场复试报告。严禁使用过期胶粘剂、无合格证书的胶粘剂及包装破损或无出厂包装的胶粘剂。同时应符合《建筑结构加固工程施工质量验收规范》(GB 50550－2010)的要求。

3. 植筋工程施工作业条件

(1)脚手架与安全防护。需高空作业时应搭设好施工脚手架并做好安全防护,脚手架搭设应满足《建筑施工碗扣式钢管脚手架安全技术规范》(JGJ 166－2016)的要求。

(2)临时电源。根据用电机具的动力电源功率,将临时电源引至作业现场,同时准备照明条件,满足暗处、夜间施工需要。

(3)基材温度。基材表面温度不宜低于15℃,或根据胶粘剂产品使用说明书提供的要求。

(4)基材含水率。作业基材表面含水率应符合胶粘剂产品使用说明书的要求。

(5)雨雪、大风天气条件下不得露天作业。

4. 植筋工程工艺施工流程

(1)成孔

钢筋种植钻孔施工根据孔径、现场作业条件选择适宜钻孔机,根据种植钢筋的孔径选择相应配套规格的钻杆。

施工时保证垂直施加作用力。当在标定的孔位施工遇到原结构钢筋,经设计单位认可,可略微调整钻孔位置,避开钢筋。钻孔深度必须达到设计要求。若意外产生废孔,将孔内彻底清净之后,用胶粘剂填实封堵。

(2)清孔

对成孔后的孔洞应彻底清除孔内粉尘碎屑,避免粉尘碎屑对胶液产生隔离作用而影响结构胶粘结效果。

种植孔洞钻好后应先用吹风机吹孔;再用毛刷清除孔内粉尘,如此反复处理不应少于3次,直至无粉尘碎屑为止。必要时应用干净棉纱、毛刷蘸少量工业丙酮擦拭孔壁,以保证孔壁与胶粘剂有良好粘结效果。种植孔应完整,不得有裂缝和其他局部损伤。种植孔壁清理洁净后,若未立即注胶种植,应将孔洞进行成品保护,进行临时性严密封堵,避免灰尘和异物落入污染。

(3)钢筋种植

注胶作业可用结构胶灌注器或其他方法向孔内注胶。灌注方式应不妨碍孔中的空气排出。灌注量应按产品使用说明书确定,一般取注入孔内约2/3,并以植入钢筋后有少许胶液溢出孔口为度。注入植筋胶后,应立即插入裹满胶粘剂的钢筋,并按顺时针方向边转边插,强力向内推进,直到达到规定的深度。

从注入胶粘剂到植好钢筋所费的时间,应少于产品使用说明书规定的可操作时间。否则应拔掉钢筋,并立即清除失效的胶粘剂,重新按原工艺返工处理。

当胶粘剂充满孔洞后,把溢出的多余胶液清理干净。水平植筋应注意外口胶液流淌情况,应用垫片阻挡或予复补。所植入的钢筋必须校正方向,使植入的钢筋与孔壁之间的间隙均匀。

(4)养护

结构胶固化前,不得触动所植钢筋,保证其在常温固化周期内不遭到任何的扰动,也可以在施工现场周边设置标识、围栏等防护设施。只有在保证足够的固化时间后,才能开始准备下道工序施工。

5. 安全文明施工及成品保护

(1)植筋工程操作人员进行高空、电气作业及使用机械设备时,操作人员必须经过专业培训,持证上岗,懂得胶粘剂锚固件的操作工序。

(2)操作人员必须根据工作环境佩戴防护用品,如安全帽、安全带、绝缘手套、绝缘鞋、风镜、口罩等并集中精力操作。

(3)操作脚手架应牢固可靠,周围应有防护栏杆。

(4)电气设备及架设应符合安全用电规定,应有接零或接地触电保护装置,严禁零线与相线搞混,避免相线与结构钢筋连接造成触电事故。

(5)胶粘剂、工业丙酮等材料应妥善保管,并有防水、防火、防爆措施。容器清洗后将残余物倾倒至指定地点,集中处理。

(6)植筋钻孔作业时设专人以洒水、喷水方式抑制扬尘。

(7)植筋钻孔作业时控制噪声,避开敏感时间段,必要时采用松软材料如草帘被封闭作业空间。

(8)植筋操作环境应通风,有良好的照明条件。

(9)植筋作业注意成品保护,保证固化时间,在胶粘剂固化前不得扰动所植入的钢筋。经过养护胶粘剂固化,再经现场拉拔承载力检验合格之后方可加载,进行下一道工序。

二、材料进场检验及复试检验

1. 钢筋原材

同一批原材进场时,施工单位应会同监理人员对其品种、级别、型号、规格、包装、中文标志、产品合格证和出厂检验报告等进行检查。

同时应对以下重要性能和质量指标进行见证取样复检：(1)下屈服强度(MPa)；(2)抗拉强度(MPa)；(3)最大力总延伸率(%)；(4)强屈比；(5)超强屈比；(6)植筋用钢筋应平直、无损伤，表面不得有裂纹、油污和锈斑。

检查、检验和复验结果必须符合现行国家标准《混凝土结构加固设计规范》(GB 50367－2013)、《钢筋混凝土用钢 第2部分：热轧带肋钢筋》(GB 1499.2－2007)的规定及设计要求。

2. 结构胶粘剂原材

(1)植筋用胶粘剂进场时，应对其品种、型号、级别、包装和出厂日期等进行检查，同时应按《建筑结构加固工程施工质量验收规范》(GB 50550－2010)的要求，对其钢－钢拉伸抗剪强度、钢－混凝土正拉粘结强度、耐热老化性能等3项重要指标及不挥发物含量进行见证取样复验，质量检验结论符合《建筑结构加固工程施工质量验收规范》(GB 50550－2010)、《混凝土结构加固设计规范》(GB 50367－2013)"A、B级胶"的性能指标规定。

(2)胶粘剂进场应具有产品合格证、包装、标志、出厂检测报告和进场复试报告。严禁使用过期胶粘剂、无合格证书的胶粘剂及包装破损或无出厂包装的胶粘剂。

(3)植筋用胶粘剂的填料应在厂家制胶生产时添加，严禁在施工现场掺入。

三、植筋工程质量验收

1. 界面处理质量验收

植筋孔洞钻好后应先用毛刷清孔；再用洁净无油的压缩空气或手动吹气筒清除孔内粉尘，如此反复处理不应少于3次，直至无粉尘碎屑为止。必要时还应用干净棉纱、毛刷蘸少量工业丙酮擦净孔壁。

植筋孔壁的干燥程度应符合胶粘剂产品使用说明书的要求；植筋孔应完整，不得有裂缝和其他局部损伤；植入前再次复查钢筋锈蚀情况，若有新锈，应用砂纸擦拭处理。

植筋孔壁清理洁净后，若未立即注胶植筋，则应用干净的棉纱将孔洞严密封堵,避免灰尘和异物落入污染,保护待下次用。

2. 植筋施工质量验收

植筋的胶粘剂完全固化时,应抽样进行现场拉拔承载力检验。植筋承载力现场检验抽样规则:(1)对重要构件,应按其批量的1%且不少于5件进行随机抽样;(2)对一般构件和非结构构件,应按其批量的0.5%且不少于3件进行随机抽样;(3)胶粘剂锚固的植筋承载力现场抽样与检验应在胶粘剂达到其产品说明书所标示的固化时间当日进行,若因故推迟抽样与检验日期,需征得监理单位同意,并不得超过3天。

植筋承载力现场检验结果的评定:(1)若试样在持荷期间无滑移、基材混凝土无裂纹或其他局部损坏迹象出现,且施荷装置的荷载示值在2min内无下降或下降幅度不超过5%的检验荷载时,可评定为质量合格;(2)若一个检验批所抽取试样全部合格,则该批可评为合格批;(3)若一个检验批所抽取试样中仅有5%(不足1根时按1根计)不合格,允许另抽3根试样进行破坏性检验,若检验结果合格,该检验批仍可评为合格批;(4)若一个检验批所抽取试样中不止5%(不足1根时按1根计)不合格,应评定该批为不合格批,不再另做其他检验。

第八节 锚栓工程

一、施工方案

1. 锚栓技术适用范围及设计要求

本节锚栓工程适用于普通混凝土承重结构;不适用于轻质混凝土结构及严重风化的结构。混凝土结构采用锚栓技术时,其混凝土强度等级要求为:对重要构件不应低于C25级;对一般构件不应低于C20级。在抗震设防区的结构中,以及直接承受动力荷载的构件中,不得使用膨胀锚栓作为承重结构的连接件。当在抗震设防区承重结构中使用锚栓时,应采用后扩底锚栓或特殊倒锥形胶粘型锚栓,且仅允许用于设防烈度不高于8度并建于Ⅰ类、Ⅱ类场地的建筑物。用于抗震设防区承重结构或承受动力作用的锚栓,其性能应通过现行行业标准《混凝土用机械锚栓》(JG/T 160－2017)的低周反复荷载作用或疲劳荷载作用的检验。承重结构锚栓连接的设计计算,应采用开裂混凝土的假定,不得考虑非开裂混凝土对其承载力的提高作用。

锚栓定位架应事先在构件上固定。其标高应满足锚栓预埋的要求,并保持水平;同时施工测量人员应将各承台锚栓的定位控制线引测到锚栓定位架上,用测量仪器检查是否满足要求。

2. 锚栓工程的材料要求

当后锚固件为钢螺杆时,应采用全螺纹的螺杆,不得采用锚入部位无螺纹的螺杆。螺杆的钢材等级应为Q345级或Q235级;其质量应分别符合现行国家标准《低合金高强度结构钢》(GB/T 1591－2018)和《碳素结构钢》(GB/T 700－2006)的规定。

胶粘剂进场应具有产品合格证、包装、标志、出厂检测报告和进场复试报告。严禁使用过期胶粘剂、无合格证书的胶粘剂及包装破损或无出厂包装的胶粘剂,同时,应符合《建筑结构加固工程施工质量验收规范》(GB 50550－2010)的要求。

3. 锚栓工程施工作业条件

(1)脚手架与安全防护。锚栓工程作业面有门厅外檐、2F板底和梁底等部位,作业脚手架与安全防护由总包单位配合完成。

(2)临时电源。根据用电器具的动力电源功率,将临时电源引至作业现场。同时准备照明条件,满足暗处、夜间施工需要。

(3)基材温度。锚栓安装现场的气温不宜低于5℃,或执行胶粘剂产品使用说明书提供的要求。

(4)基材含水率。作业基材表面含水率应符合胶粘剂产品使用说明书的要求。

(5)严禁在雨雪天气进行露天作业。

4. 锚栓工程施工工艺流程

(1)锚栓工程施工工艺流程:空位放线→成孔→吹孔→清孔→锚栓种植→养护。

(2)孔位放线

操作人员必须全面了解锚栓工程钻孔直径、深度、位置等技术指标。原结构、构件清理、修整后,应按设计图纸放线确定锚栓位置。在现场由总包单位测量人员提供水平控制线、高程投制线,再行投放到锚栓定位处。

锚栓孔定位作业时可能会遇到原结构钢筋阻碍,若构件内部配有钢筋,还应探测其对钻孔有无影响。为控制锚栓定位准确可剔凿原结构混凝土保护层,出露原结构钢筋,从而确定锚栓孔位,以保证新结构成型质量。当有较大的孔位偏移时应报告设计单位确认。

(3)钻孔

锚栓的钻孔应采用相应产品使用说明书所规定的钻头及配套工具,并应按该说明书规定的钻孔要求操作。锚栓钻孔作业根据孔径、作业环境,选择适宜钻机,根据锚栓孔径选择相应配套规格的钻杆。一般来说,钻杆直径比钢筋直径大4mm~6mm,成孔直径符合设计要求。钻杆长度应能满足钻孔深度,一般比与锚栓相配套的胶管长度长10mm~15mm。

锚栓钻孔时首先接通电锤、冲击钻电源试运转,查看钻杆旋转方向是否正确。操作时保证垂直施加作用力。当在标定的孔位施工时遇到原结构钢筋,经设计单位认可,可略微调整钻孔位置,避开钢筋。钻孔深度必须达到设计要求。若意外产生废孔,将孔内彻底清净之后,用胶粘剂填实封堵。

(4)清孔(界面处理)

锚栓孔洞钻好后应先用毛刷清孔;再用洁净无油的压缩空气或手动吹气筒清除孔内粉尘,如此反复处理不应少于3次,直至无粉尘碎屑为止。必要时应用干净棉纱、毛刷蘸少量工业丙酮擦净孔壁,以保证孔壁与胶粘剂能有良好粘结效果。

锚栓孔壁的干燥程度应符合胶粘剂产品使用说明书的要求。必须满足混凝土构件的锚栓孔洞干燥程度,否则应用热风机对孔内鼓吹热风干燥处理,保证在粘结剂固化之前孔内干燥,以确保粘结剂固化效果。

锚栓孔应完整,不得有裂缝和其他局部损伤。锚栓孔壁清理洁净后,若未立即注胶植入锚栓,则应用干净的棉纱将孔洞严密封堵,避免灰尘和异物落入导致污染,保护孔洞待用。

(5)验孔

同一部位锚栓孔完成后,项目部质检员会同监理单位到现场查验,确认成孔孔位、孔径、孔深及界面处理符合规范中规定的合格质量的要求,办理隐蔽验收手续。

(6)化学锚栓的安装

在孔中装入锚固胶管,启动冲击钻或电锤等搅拌机具,带动锚栓逆时针旋转搅拌,在厂家规定的时间 10s ±2s 内将锚栓匀速推至孔底,并上下移动 5 次以上,再轻轻敲击振动锚栓,令胶液与锚栓进一步结合紧密。

自扩底型锚栓、模扩底锚栓的安装。对自扩底型锚栓使用专门安装工具并利用锚栓专制套筒上的切底钻头边旋转、边切底、边就位。同时通过目测位移的方式,判断安装是否到位。若已到位,其套筒顶端应低于混凝土表面或被固定物的距离为 1mm ~3mm;模扩底锚栓的安装应使用专门的模具式钻头切底,将锚栓套筒敲至柱锥体规定位置以实现正确就位。同时通过目测位移的方式,判断安装是否到位。若已到位,其套筒顶端至混凝土表面的距离为 1mm ~3mm。

(7)固化养护

化学锚栓作业要保证固化时间,其间应保证锚栓杆体不要移动或晃动,不得承载。当确认化学锚栓种植合格之后,卸下搅拌器具,在锚固胶固化之前做好成品保护。

二、材料进场检验及复试检验

1. 锚栓原材

建筑结构加固用锚栓应采用自扩底型锚栓或模扩底锚栓,且应按工程用量一次进场到位。进场时,应对其品种、型号、规格、中文标志和包装、出厂检验合格报告等进行检查,并应对锚栓钢材受拉性能指标见证抽样复验,其复验结果必须符合《混凝土结构加固设计规范》(GB 50367 -2013)的规定。对地震设防区,除应按前述规定进行检查和复验外,还应复查该批锚栓是否属“地震区适用”的锚栓。

复查应符合下列要求：国内产品应具有独立检验机构出具的符合行业标准《混凝土用机械锚栓》(JG/T 160－2017)所规定的专项试验验证合格证书。

检查数量：按同一规格包装箱数为一检验批，随机抽取3箱(不足3箱应全取)的锚栓经混合均匀后，从中见证抽取5%，且不少于5个进行复验；若复验结果仅有一个不合格，允许加倍取样复验；若仍有不合格，则该批产品应评为不合格产品。

检验方法：在确认锚栓产品包装及中文标志完整性的条件下，检查产品合格证、出厂检验报告和进场见证复验报告；对扩底刀具，还应检查锚栓产品真伪；对地震设防区，还应检查锚栓产品认证或验证证书。

2. 结构胶粘剂原材

锚栓技术用胶粘剂进场应具有产品合格证、包装、标志、出厂检测报告和进场复试报告。在胶粘剂进场时，应对其品种、型号、级别、包装和出厂日期等认真检查，同时应按《建筑结构加固工程施工质量验收规范》(GB 50550－2010)的要求，就锚栓－混凝土正拉粘结强度、耐热老化性能等重要指标及不挥发物含量进行见证取样复验，质量检验结论符合《建筑结构加固工程施工质量验收规范》(GB 50550－2010)、《混凝土结构加固设计规范》(GB 50367－2013)中有关“A级胶”性能指标的规定。

严禁使用过期的、无合格证书的、包装破损的、无出厂包装的胶粘剂。锚栓技术用胶粘剂的填料应在厂家制胶生产时添加，严禁在施工现场掺入。

根据胶粘剂产品的不同，一般胶粘剂运输和贮藏温度宜介于5°C～25℃，存放于干燥避光的环境中。胶粘剂最佳施工温度为15℃～25℃。根据施工温度的变化，通过试验可适当增减固化剂用量达到相应要求。

三、锚栓工程质量验收控制项目

1. 主控项目

锚栓的钻孔应采用相应产品使用说明书所规定的钻头及配套工具，并应按该说明书规定的钻孔要求操作。

基材表面及锚孔的清理应符合下列要求：混凝土基材表面应按规范要求进

行清理、修整；锚栓的锚孔应用压缩空气或手动气筒清除孔内粉屑；锚栓应无浮锈；锚板范围内的基材表面应光滑平整，无残留的粉尘、碎屑。

锚栓的安装作业应符合下列规定：自扩底型锚栓的安装，应使用专门安装工具并利用锚栓专制套筒上的切底钻头边旋转、边切底、边就位；同时通过目测位移的方式，判断安装是否到位；若已到位，其套筒顶端应低于混凝土表面的距离为1mm～3mm；对穿透式自扩底型锚栓，此距离系指套筒顶端应低于被固定物的距离。

模扩底锚栓的安装应使用专门的模具式钻头切底，将锚栓套筒敲至柱锥体规定位置以实现正确就位；同时通过目测位移的方式，判断安装是否到位；若已到位，其套筒顶端至混凝土表面的距离也应为1mm～3mm。

2. 一般项目

锚栓孔清孔后，若未立即安装锚栓，应暂时封闭其孔口，防止尘土、碎屑、油污和水分等落入孔内影响锚固质量。锚栓固定件的表面应光洁平整。

钻孔偏差应符合下列规定：垂直度偏差不应超过2%；孔深偏差仅允许存在正偏差，且不应大于5mm；用直角靠尺、探针、钢尺量测的位置偏差应符合施工图纸规定，若无规定，应按不超过5mm的要求执行。每一种孔径随机抽检5%，且不少于5个。

四、锚栓施工质量检查项目

1. 主控项目

锚栓安装、紧固或固化完毕后，应进行锚固承载力现场检验。其锚固质量必须符合关于锚固承载力现场检验与评定的规范规定。

2. 一般项目

锚栓应按设计或产品安装说明书的要求，检查其锚固深度、预紧力控制值及位置偏差等。

五、锚栓工程的安全文明作业

锚栓工程操作人员熟练了解锚栓与锚固胶性能，掌握相应的安装工艺。在进行高空、电气作业及使用机械设备时，操作人员必须经过专业培训，持证上岗。

操作人员必须根据工作环境佩戴安全防护用品，如安全帽、安全带、绝缘手套、绝缘鞋、风镜、口罩等并集中精力操作。操作平台应牢固可靠，周围应有防护栏杆。

电气设备及架设应符合安全用电规定，应有接零或接地触电保护装置，严禁零线与相线搞混，避免相线与结构钢筋连接造成触电事故。

应妥善保管胶粘剂、工业丙酮等材料，并有防水、防火、防爆措施。容器清洗后应将残余物倾倒到指定地点，集中处理。锚栓钻孔作业时设专人以洒水、喷水方式抑制扬尘。锚栓钻孔作业时应控制噪声，避开敏感时间段，必要时采用松软材料如草帘被封闭作业空间。锚栓作业环境应通风，有良好的照明条件。

第九节　灌浆工程

一、概述

灌浆工程是指用水泥基灌浆料加固承重结构混凝土构件和砌体构件，以达到使结构安全可靠的目的。

二、灌浆工程设计

1. 地脚螺栓锚固灌浆

(1)地脚螺栓锚固灌浆宜根据表 2－3－4 地脚螺栓锚固灌浆用水泥基灌浆材料的选择的规定来选择水泥基灌浆材料。

表 2－3－4　地脚螺栓锚固灌浆用水泥基灌浆材料的选择

螺栓表面与孔壁的净间距/mm	水泥基灌浆材料类别
15～50	Ⅱ类、Ⅲ类
50～100	Ⅲ类、Ⅳ类
>100	Ⅳ类

(2)螺栓锚固埋设深度应满足设计要求,埋设深度不宜小于螺栓直径的15倍。

(3)基础混凝土强度等级不宜低于C20。

2.二次灌浆

(1)二次灌浆除应满足设计强度要求外,还应根据灌浆层厚按表2-3-5的规定选择水泥基灌浆材料。

表2-3-5　二次灌浆用水泥基灌浆材料的选择

灌浆层厚度/mm	水泥基灌浆材料类别
5～30	Ⅰ类
20～100	Ⅱ类
80～200	Ⅲ类
>200	Ⅳ类

(2)采用压力法或高位漏斗法灌浆施工时,可放宽水泥基灌浆材料的类别选择。

(3)当灌浆层厚度大于150mm时,可平均分成2次进行灌浆。根据实际分层厚度按表2-3-5的规定选择合适的水泥基灌浆材料类别。

(4)第二次灌浆宜在第一次灌浆24h之后,灌浆前应对第一次灌浆层表面做凿毛处理。

3.混凝土结构改造加固

(1)混凝土柱采用增大截面加固法加固时,混凝土柱与模板的最小间距不应小于60mm,应采用第Ⅳ类水泥基灌浆材料。

(2)混凝土柱采用加钢板套加固方法加固时,原混凝土柱表面与外钢板套的最小间距为10mm～20mm时,宜采用第Ⅰ、Ⅱ类水泥基灌浆材料;最小间距不小于20mm时,宜采用第Ⅱ、Ⅲ类水泥基灌浆材料。

(3)混凝土柱采用干式外包加固方法进行加固,角钢与模板的最小间距不小于30mm、角钢与原混凝土柱的最小间距不小于20mm时,应采用第Ⅳ类水泥基灌浆材料。

(4)混凝土梁采用增大截面加固法进行加固,梁侧表面与模板之间的最小间距不小于60mm或梁的底面与模板之间的最小间距不小于80mm时，应采用第Ⅳ类水泥基灌浆材料。

（5）楼板采用叠合层法增加板厚加固方法进行加固，楼板上层加固增加的厚度不小于40mm或楼板下层加固增加的板厚不小于80mm时，应采用第Ⅳ类水泥基灌浆材料。

（6）对混凝土结构施工中出现的蜂窝、孔洞、柱子烂根的修补，灌浆层厚度不小于50mm时，应采用第Ⅳ类水泥基灌浆材料。

4. 后张预应力混凝土结构孔道灌浆

（1）后张预应力混凝土结构孔道灌浆应根据现行国家标准《混凝土结构设计标准》（GB/T 50010－2010）环境类别分类，按表2－3－6的规定选择水泥基灌浆材料。

表2－3－6　后张预应力混凝土结构孔道用水泥基灌浆材料的选择

环境类别	一、二	三	四
灌浆材料	可采用第Ⅰ类水泥基灌浆材料	宜采用第Ⅰ类水泥基灌浆材料	应采用第Ⅰ类水泥基灌浆材料

（2）水泥基灌浆材料性能要求：①氯离子含量不应超过水泥基灌浆材料总量的0.06%。②当有特殊性能要求时，还应符合相关标准或设计要求。

三、水泥基灌浆材料性能

1. 水泥基灌浆材料主要性能应符合表2－3－7的规定。

表2－3－7　水泥基灌浆材料主要性能

类别		Ⅰ类	Ⅱ类	Ⅲ类	Ⅳ类	
最大集料粒径/mm		≤4.75			>4.75且≤16	
流动值/mm	初值	≥380	≥340	≥290	≥270	≥650
	300min保留值	≥340	≥310	≥260	≥240	≥550
竖向膨胀率/%	3h	0.1～3.5				
	24h与3h的膨胀值之差	0.02～0.5				

续表

类别		Ⅰ类	Ⅱ类	Ⅲ类	Ⅳ类
抗压强度/MPa	1天	≥20.0			
	3天	≥40.0			
	28天	≥60.0			
对钢筋有无锈蚀作用		无			
泌水率		0			

注：(1)表中性能指标均应按产品要求的最大用水量检验。

(2)水泥基灌浆材料类别的选择执行相关规定。

(3)快凝快硬型水泥基灌浆材料的性能指标除30min流动度(或坍落度和坍落度扩展值)保留值、24h与3h的膨胀值之差及34h内抗压强度值由供需双方协商确定外,其他性能指标应符合本表的规定。

(4)当Ⅳ类水泥基灌浆材料用于混凝土结构改造和加固时,对其3h膨胀率指标不做要求。

(5)对用于冬期施工的水泥基灌浆材料的30min保留值和24h与3h的膨胀值之差不做要求。

2. 用于冬期施工的水泥基灌浆材料除应符合表2－3－7规定外,还应符合表2－3－8规定。

表2－3－8　冬期施工水泥基灌浆材料抗压强度比

规定温度/℃	抗压强度比/%		
	R－7	R－7＋28	R－7＋56
－5	≥20	≥80	≥90
－10	≥12		

注：(1)R－7表示负温度养护7天的时间抗压强度值与标准养护28天的试件抗压强度值的比值。

(2)R－7＋28、R－7＋56分别表示负温养护7天转标准养护28天和负温养护7天转标准养护56天的试件抗压强度值与标准养护28天的试件抗压强度值的比值。

(3)施工时最低温度可比规定温度低5℃。

3. 用于高温环境的水泥基灌浆材料性能除应符合表2－3－7规定外,还应符合表2－3－9规定。

表2－3－9　高温施工水泥基灌浆材料抗压强度比和热震性

使用环境温度/℃	抗压强度比/%	热震性/20次
200～500	≥100	(1)试块表面无脱落; (2)试件热震后的浸水端抗压强度与标准养护28天的抗压强度比(%)≥90

四、水泥基灌浆料灌浆工程施工工艺

1. 施工准备

(1)施工现场质量管理应有相应的施工技术标准、健全的质量管理体系、施工质量控制和质量检验制度。灌浆前应有施工组织设计或施工技术方案并经审查批准。

(2)施工前应准备搅拌机具、灌浆设备、模板及养护物品。

(3)模板支护除应符合国家标准《混凝土结构工程施工质量验收规范》(GB 50204－2015)中的有关规定外,还应符合以下规定:①二次灌浆时,模板与设备底座四周的水平距离宜控制在100mm左右;模板顶部标高不低于设备底座上表面50mm。②混凝土结构改造加固时,模板支护应留有足够的灌浆孔及排气孔,灌浆孔的孔径不小于50mm,间距不超过1000mm,灌浆孔与排气孔应高于孔洞最高点50mm。

2. 拌和

(1)水泥基灌浆材料拌和时,应按照产品要求的用水量加水。

(2)水泥基灌浆材料宜采用机械拌和。拌和时宜先加入2/3的水拌和3min,然后加入剩余水量拌和至均匀。若生产厂家对产品有具体拌和要求,应按其要求进行拌和。

(3)拌和地点宜靠近灌浆地点。

3. 地脚螺栓锚固灌浆

(1)锚固地脚螺栓施工工艺应符合相关的要求。

(2)地脚螺栓成孔时,螺栓孔的水平偏差不得大于5mm,垂直度偏差不得大于5°。螺栓孔壁应粗糙,应将孔内清理干净,不得有浮灰、油污等杂质,灌浆前用水浸泡8h～12h,清除孔内积水。当环境温度低于5℃时应采取措施预热,保持温度在10℃以上。

(3)灌浆前应清除地脚螺栓表面的油污和铁锈。

(4)将拌和好的水泥基灌浆材料灌入螺栓孔内时,可根据需要调整螺栓位置。灌浆过程中严禁振捣,可适当插捣,灌浆结束后不得再次调整螺栓。

(5)孔内灌浆层上表面宜低于基础混凝土表面50mm左右。

4. 二次灌浆

(1)二次灌浆应根据工程实际情况，选用合适的灌浆方法。

(2)灌浆前，应将与灌浆材料接触的设备底板和混凝土基础表面清理干净，不得有松动的碎石、浮浆、浮灰、油污、蜡质等。灌浆前24h，基础混凝土表面应充分湿润，灌浆前1h应清除积水。

(3)二次灌浆时，应从一侧进行灌浆，直到从另一侧溢出为止，不得从相对两侧同时进行灌浆。灌浆开始后，必须连续进行，并尽可能缩短灌浆时间。

(4)轨道基础或灌浆距离较长时，视实际工程情况可分段施工。

(5)在灌浆过程中严禁振捣，必要时可采用灌浆助推器沿浆体流动方向的底部推动灌浆材料，严禁从灌浆层的中、上部推动。

(6)设备基础灌浆完毕后，宜在灌浆后3h～6h沿底板边缘向外切45°斜角。

五、混凝土结构改造和加固灌浆

1. 水泥基灌浆材料接触的混凝土表面应充分凿毛。

2. 混凝土结构缺陷修补，应剔除酥松的混凝土并使其露出钢筋，将修补区域边缘切成垂直形状，深度不小于20mm。

3. 灌浆前应清除所有的碎石、粉尘或其他杂物，并润湿基层混凝土表面。

4. 将拌和均匀的灌浆材料灌入模板中并适当敲击模板。

5. 灌浆层厚度大于150mm时，应采取相关措施，防止产生温度裂缝。

六、后张预应力混凝土结构孔道灌浆

1. 后张预应力混凝土孔道灌浆方法应根据现行国家标准《混凝土结构设计标准》(GB/T 50010－2010)环境类别分类，符合表2－3－10的规定。

表2－3－10　灌浆工艺的选择

环境类别	一、二	三	四
灌浆材料	可采用压力法灌浆或真空压浆法灌浆	宜采用压力法灌浆或真空压浆法灌浆	应采用真空压浆法灌浆

2. 正式灌浆前宜选择有代表性的孔道进行灌浆试验。

3. 灌浆工艺应符合国家现行有关标准的要求;灌浆过程中,不得在水泥基灌浆材料中掺入其他外加剂、掺和料。

七、水泥基灌浆料灌浆工程质量标准及验收

(一)结构加固用水泥基灌浆料

1. 进场水泥基灌浆材料同时应提供产品合格证、使用说明书、出厂检验报告。其中,出厂检验报告内容应包括产品名称与型号、检验依据标准、生产日期、用水量、流动度(或坍落度和坍落扩展度)的初始值和30min保留值、竖向膨胀率,一天抗压强度,检验部门印章、检验人员签字(或代号)。必要时,生产厂家应就所提供的水泥基灌浆料在7天内补发3天强度值、32天内补发28天强度值。

2. 水泥基灌浆料质量标准

A. 主控项目

混凝土结构及砌体结构加固用的水泥基灌浆料进场时,应按《建筑结构加固工程施工质量验收规范》(GB 50550－2010)规定进行检查和复验。

(1)应检查灌浆料品种、型号、出厂日期、产品合格证及产品使用说明书的真实性。

(2)应按《建筑结构加固工程施工质量验收规范》(GB 50550－2010)规定的检验项目与合格指标,检查产品出厂检验报告,并见证取样复验其浆体流动度、抗压强度及其与混凝土正拉粘结强度等3个项目,若产品出厂报告中有漏检项目,也应在复验中予以补检。

(3)若怀疑产品包装中净重不足,尚应抽样复验。复验测定的净重不应少于产品合格证标示值的99%。其检查数量、检验方法符合《建筑结构加固工程施工质量验收规范》(GB 50550－2010)的要求。

B. 一般项目

配制灌浆料的用水,其水质应符合《建筑结构加固工程施工质量验收规范》(GB 50550－2010)的规定。

(二)界面处理

A. 主控项目

1. 原构件界面(粘合面)处理应符合下列规定。对混凝土构件应采用人工、砂轮机或高压水射流充分打毛。打毛深度应达骨料新面且应均匀、平整;在打毛时还应凿除原截面的棱角。对一般砌体构件仅需剔除勾缝砂浆、已风化的块材面层和抹灰层或其他装饰层。对外观质地光滑且强度等级高的砌体构件,除应进行上述处理外还应打毛块材表面;每块应至少打毛两处,且可打成点状或条状,其深度以3mm~4mm为度。

在完成打毛工序后,还应清除已松动的骨料、浮渣和粉尘,并用清洁的压力水冲洗干净。

2. 对打毛的混凝土或砌体构件,应按设计选用的结构界面胶(剂)及其工艺进行涂刷。对楼板加固,除涂刷结构界面胶(剂)外,还应种植剪切销钉。

B. 一般项目

结构界面胶(剂)的涂刷方法及质量要求,应符合产品使用说明书及施工图上注明的要求。

若涂刷时间距界面处理时间较长,尚应检查界面处理质量是否有变化。经复查确认合格后方可进入本工序。

(三)灌浆施工

1. 主控项目

(1)新增截面的受力钢筋、箍筋及其他连接件、锚固件、预埋件与原构件连接(焊接)和安装的质量应符合相应规范的要求。

(2)灌浆工程的模板、紧箍件(卡具)及支架的设计与安装,应遵守现行国家标准《混凝土结构工程施工质量验收规范》(GB 50204-2015)的规定。

(3)当采用在楼板的板面上凿孔对柱的增大截面部位进行灌浆时,应按一次性灌满的要求架设模板,并采取措施防止连接处漏浆。此时,柱高不宜大于3m,且不应大于4m。若将这种方法用于对梁的增大截面部位进行灌浆,则无须限制跨度,均可按一次性灌注完毕的要求架设模板。梁、柱的灌浆孔和排气孔应对称布置,且分别凿在梁的边侧和柱与板交界边缘上。凿孔的尺寸一般为60mm×120mm的矩形孔。

(4)新增灌浆料与细石混凝土的混合料,其强度等级必须符合设计要求,用于检查其强度的试块,应在监理工程师见证条件下按规范规定取样、制作、养护和检验。试块尺寸应为100mm×100mm×100mm的立方体,其检验结果应换算为边长为150mm的标准立方体抗压强度作为评定混合料强度等级的依据。换算系数应按《普通混凝土物理力学性能试验方法标准》(GB/T 50081－2019)的规定采用。

(5)灌浆工艺应符合国家现行有关标准和产品使用说明书的规定。灌浆料启封配成浆液后,应直接与细石混凝土拌和使用,不得在现场再掺入其他外加剂和掺和料。当将拌好的混合料灌入模板内时,允许用小工具轻轻敲击模板。

(6)日平均温度低于5℃时,应按冬期施工要求,采取有效措施确保灌浆工艺的安全可行。浆体拌和温度应控制在50℃～65℃;基材温度和浆料入模温度应符合产品使用说明书的要求,且不应低于10℃。

2.一般项目

混合料灌注完毕后,应及时喷洒养护剂或塑料薄膜,然后再加盖湿麻袋或湿草袋,保温保湿养护不得少于7天。

(1)养护期间日平均温度不应低于5℃;若低于5℃,应按冬期施工要求采取保暖升温措施;在任何情况下,均不得采用负温养护方法,以确保灌浆工程的养护质量。

(2)应在养护期间自始至终做好浆体的保湿工作。在冬期施工,还应做好浆体保温工作。保湿、保温工作的定期检查记录应留档备查。

八、水泥基灌浆料工程质量标准及验收

水泥基灌浆料工程质量验收标准除应符合设计要求及现行国家标准《混凝土结构工程施工质量验收规范》(GB 50204－2015)的有关规定外,还应符合以下规定:

1.水泥基灌浆料施工时,以每50t为1个留样编号,不足50t时按1个编

号计;

2. 标准养护条件下的抗压强度留样试块的测试数据作为验收数据,同条件养护试件的留置组数应根据实际需要确定;

3. 水泥基灌浆料工程验收程序和组织应符合现行国家标准《建筑工程施工质量验收统一标准》(GB 50300－2013)的有关规定。

(一)施工过程质量控制

1. 在结构加固工程中使用水泥基灌浆料时,应对施工图进行安全复查,其结构应符合下列规定:对增大截面进行加固,仅允许用于原构件为普通混凝土或砌体的工程,不得用于原构件为高强度混凝土的工程;对外加型钢(角钢)骨架的加固,仅允许用于干式外包钢工程,不得用于外粘型钢(角钢)工程。

2. 当用于普通混凝土或砌体的增大截面工程时,还应遵守下列规定:不得采用纯灌浆料,而应采用70%的灌浆料与30%的细石混凝土混合而成的浆料,且细石混凝土粗骨料的最大粒径不应大于12.5mm;混合料灌注的浆层厚度不应小于60mm,且不宜大于80mm,若有可靠的防裂措施,也不应大于100mm;采用混合料灌注的新增截面,其强度设计值应按细石混凝土强度等级采用,细石混凝土强度等级应比原构件混凝土提高一级,且不应低于C25级,也不应高于C50级,当构件新增截面尺寸较大时,宜改用普通混凝土或自密实混凝土;梁、柱的新增截面应分别采用三面围套和全围套的构造方式,不得采用仅在梁底或柱的相对两面加厚的做法,板的新增截面与旧混凝土之间应采取增强其粘结抗剪和抗拉能力的措施,且应设置防温度、收缩的构造钢筋。

3. 当用于干式外包钢工程时,不论采用何种品牌灌浆料,均仅作为充填角钢与原混凝土间的缝隙之用,不考虑其粘结能力。在任何情况下,均不得替代结构胶粘剂用于外粘型钢、角钢工程。

(二)界面处理

1. 原构件界面与新增界面粘合面的处理应按以下规定处理:对混凝土构件,应采用人工、砂轮机或高压水射流充分打毛,打毛深度应达骨料新面,且应均匀、平整,在打毛同时,还应凿除原截面的棱角;对一般砌体构件,仅需剔除勾缝砂浆、已风化的块材面层和抹灰层或其他装饰层;对外观质地光滑,且强度等级高的砌体构件,除应按上述要求处理外,还应打毛块材表面,每块应至少打毛两处,且可打成点状或条状,其深度以3mm~4mm为度,在完成打毛工序后,还应清除已松动的骨料、浮渣和粉尘,并用清洁的压力水冲洗干净。

2. 对打毛的混凝土或砌体构件,应按设计选用的结构界面胶及其工艺进行涂刷。对楼板加固,除应涂刷结构界面胶外,还应种植剪切销钉。

3. 结构界面胶的涂刷方法及质量要求,还符合产品使用说明及施工图说明的要求。若涂刷时间距界面处理的时间较长,还应检查界面处理质量是否有变化。

(三)灌浆工程

1. 新增截面的受力钢筋的牌号、规格、数量必须符合设计要求。纵向受力钢筋的锚固方式和锚固长度应符合设计要求。

2. 灌浆工程的模板、紧箍件及支架的设计与安装,应符合下列要求。一是当采用在模板对称位置上开灌浆孔和排气孔进行灌浆时,其孔径不宜小于100mm且不应小于50mm;间距不宜大于800mm。若模板上有设计预留的孔洞,则灌浆孔和排气孔应高于该孔洞最高点50mm左右。二是当采用在楼板的板面上凿孔对柱的增大截面部位进行灌浆时,应按一次性灌满的要求架设模板,并采用措施防止连接处漏浆。此时,柱高不宜大于3m,且不应大于4m。若将这种方法用于对梁的增大截面部位进行灌浆,则无须限制跨度,均可按一次性灌注完毕的要求架设模板。梁、柱的灌浆孔和排气孔应对称布置,且分别凿在梁的边侧和柱与板交界边缘上。凿孔的尺寸一般为60mm×120mm的矩形孔。

3. 新增灌浆料与细石混凝土的混合料,其强度等级必须符合设计要求,用于检查其强度的试块,应在监理工程师的见证下进行取样、制作、养护和检验,试块尺寸应为100mm×100mm×100mm的立方体,其检验结果应换算为边长为150mm的标准立方体抗压强度,作为评定混合料强度等级的依据。

4. 灌浆工艺应符合国家现行有关标准和产品使用说明书的规定。灌浆料启封配成浆液后,应直接与细石混凝土拌和使用,不得在现场再掺入其他外加剂或掺和料。当将拌好的混合料灌入模板内时,允许用小工具轻轻敲击模板。

5. 日平均温度低于5℃时,应按冬期施工要求,采取有效措施确保灌浆工艺的安全可行。浆体拌和温度应控制在50℃～65℃;基材温度和浆料入模温度应符合产品使用说明书的要求,且不应低于10℃。

6. 混合料灌注完毕后,应按施工技术方案及时采取有效的养护措施,并应符合下列规定:其一,养护期间日平均温度不应低于5℃;若低于5℃,应按冬期施工要求,采取保暖升温措施;在任何情况下均不得采用负温养护方法,以确保灌浆工程的养护质量。其二,灌注完毕应及时喷洒养护剂或塑料薄膜,然后再加盖湿麻袋或湿草袋,完成此道作业后,应按规范要求进行养护,且不得少于7天。其三,应在养护期间,自始至终做好浆体的保湿工作;冬期施工,还应做好浆体保温工作;保湿、保温工作的定期检查记录应留档备查。

第十节　地基基础加固工程

一、概述

既有建筑地基事故的发生大多是勘察、设计、施工或使用不当造成的。属于勘察方面的原因有:未经勘察或虽经勘察,但勘察不周,勘探点数量不够,因而未能发现局部软弱土层、特殊土、沟、塘、古河道、墓穴、岩溶、土洞等不良地质现象;土的取样、室内试验或原位测试操作失误,以致所提供的土的物理力学性指标或技术参数失实,进而造成对岩土工程的分析评价不当等。属于设计方面的原因有:未能根据上部结构类型、荷载大小及使用要求,结合地层结构和土质条件等,选用合理的地基类型和基础型式;对地基承载力值选用不当,未考虑地基变形和不均匀变形有可能对建筑物造成的危害和未采取相应的预防措施;设计前对地下水位的升降和地下水补给估计不正确;现场为新近堆筑的填土引起桩的负摩擦力或设计时忽视了大面积的地面荷载对邻近柱基的影响;对于特殊土,未能针对其工程特性采取相应的上部结构措施或地基处理措施等。属于施工方面的原因有:深基坑开挖引起邻近既有建筑地基变形或失稳;桩基施工的挤土效应或振动效应造成邻近既有建筑受影响；人工降低地下水位造成邻近既有建筑的沉降或不均匀沉降；地下工程施工对既有建筑造成的影响等。属于使用方面的原因有：上下水管道渗漏造成地基土受水浸泡而使既有建筑产生附加沉降或不均匀沉降等。

二、软土地基处理

软土主要指淤泥、淤泥质土、泥炭、泥炭质土等。淤泥是指在静水或缓慢的流水环境中沉积并经生物化学作用形成，其天然含水量大于液限，天然孔隙比大于或等于1.5的黏性土。天然孔隙比小于1.5但大于或等于1.0的土为淤泥质土。泥炭是指在潮湿和缺氧环境中由未充分分解的植物遗体堆积而形成的黏性土，其有机质含量大于60%，当有机质含量为30%～60%时为泥炭质土。

我国软土广泛分布于沿海地区和内陆江河湖泊的周围，在山间谷地、冲沟、河滩阶地和各种洼地里也有少量分布。

1.软土的工程特性

(1)天然含水量高、孔隙比大

淤泥及淤泥质土的天然含水量大于40%，最高可达90%，孔隙比可达2；泥炭及泥炭质土的含水量极高，最高可达2000%，孔隙比可达15。

(2)压缩性高

软土的压缩性很高，压缩系数a1－2一般在$0.5MPa^{-1}$～$2.0MPa^{-1}$，最大可达$4.5MPa^{-1}$。

(3)渗透性弱

软土的渗透系数很小，大部分软土地层中存在着片状夹砂层，所以竖直方向的渗透性相对水平方向较弱，其渗透系数一般为$10^{-6}cm/s$～$10^{-9}cm/s$。

(4)抗剪强度低

软土抗剪强度很低，在不排水条件下进行三轴快剪试验时，其内摩擦角接近于零，黏聚力值一般小于20kPa。

(5)触变性强

软土具有结构性，一旦结构受到扰动，其强度会显著降低，甚至呈流动状态,我国软土的灵敏度一般为 3 ~ 9。

(6)流变性强

软土具有较强的流变性,在剪应力作用下,土体产生缓慢的剪切变形,导致抗剪强度衰减,在固结变形完成后还可能继续产生可观的次固结变形现象。

2. 软土地基的变形特征

由于软土具有强度低、压缩性高、渗透性弱等特点,故建造在这种地基上的建筑,其变形特征是沉降大、不均匀沉降大、沉降速率大和沉降延续时间长。

(1)沉降大

由于软土地基的高压缩性,故在其上建造的建筑物的沉降量是较大的,据调查,软土地基上三层砌体承重结构房屋,其沉降量一般为 15cm ~ 20cm,四层至六层一般为 20cm ~ 60cm,个别的甚至超过 100cm;带有吊车的单层排架结构工业厂房,其沉降量为 20cm ~ 30cm,具有大面积地面荷载的工业厂房,其沉降量较大,甚至超过 50cm;料仓、油罐、储气柜、水池等大型构筑物,其沉降量一般大于 50cm,甚至超过 100cm。过大的沉降会影响构筑物的正常使用,会造成室内地面标高低于室外地面标高而使雨水倒灌、管道断裂、污水不易排出等。

(2)不均匀沉降大

软土地基上建筑物各部位荷载的差异或荷载虽相同但平面型式复杂也会引起较大的差异沉降或倾斜。即使上部结构荷载分布均匀,其差异沉降也有可能达到平均沉降的 50% 以上,过大的不均匀沉降是造成建筑物裂缝或损坏的根本原因,亦会造成工业厂房吊车卡轨和滑车丧失使用功能。

(3)沉降速率大

软土地基上建筑物的沉降速率是较大的。沉降速率是随着荷载的增加而逐步增大的,一般在加荷终止时为最大,并持续一段时间后,逐渐衰减,一般建筑物的沉降速率小于 1mm/d,但也有超过 2mm/d 的,个别大型构筑物甚至每天沉降数厘米。如果作用在地基上的荷载过大,则可能出现等速沉降的情况。长期的等速沉降就有导致地基稳定性丧失的危险。

(4)沉降延续时间长

由于软土的渗透性弱,在外荷载作用下,地基排水固结时间较长,一般建筑物要经过数年的沉降才能稳定。在深厚软土地基上建筑物沉降延续时间常超过10年。

3. 软土地基上既有建筑损坏原因及加固措施

(1)建筑体型复杂或荷载差异较大,引起不均匀沉降

建筑体型是指建筑物的平面形状和立面布置。建筑物由于使用上的要求,其平面形状往往呈现各种不同的图形,如“L”形、“工”字形、“T”形、“山”字形等,诸如这种平面形状较为复杂的建筑物,即使层数相同、上部结构荷载较为均匀,但在其纵横单元交接的部位,一般基础密集,地基中应力重叠。因此,该处地基应力较其他部位为大,沉降也就大于其他部位形成局部的沉降中心,致使建筑物发生过大的挠曲或倾斜,而导致裂缝的出现。同样由于使用上的要求,建筑物在进行立面布置时,有时是高低起伏、参差不齐的。对于各部位高度不相同的建筑物或各部位高度虽然相同,但荷载差别较大的建筑物,由于高度较大的部位(或荷载较大的部位)产生的沉降较其他部位为大,当这种不均匀沉降引起的附加应力过大时,就会引起上部结构的裂缝。

对这类损坏的既有建筑,可根据损坏程度和加固施工的可行性等,选用局部卸荷(如挖除室内厚填土,用架空预制板作地板,改用轻质墙体等)、增加上部结构或基础刚度、加深基础、锚杆静压桩、树根桩、注浆加固等地基处理措施。

(2)局部软弱土层或暗塘、暗沟等引起过大的差异沉降

建筑物范围内分布有局部软弱土层或暗塘、暗沟等是造成建筑物开裂损坏的重要原因,一般由于勘察工作的疏漏,在施工验槽时又未发现,就留下了隐患。由于暗塘、暗沟等一般是任意填筑形成,填筑材料的成分杂乱,有机物含量较大、土质松软、压缩性较高,因而在此部位的建筑物沉降相对其他部位较大,过大的差异沉降会造成建筑物的裂缝或损坏。对这类损坏的既有建筑一般可采用局部地基处理措施,即在软弱土层或暗塘、暗沟等部位采用锚杆静压桩、树根桩或旋喷桩等进行局部处理。

(3)基础承受荷载过大,或加荷速率过快,引起大量沉降或不均匀沉降

建筑物基础荷载过大会引起较大沉降,对于软土地基来说,当荷载超过地基的临塑荷载时,地基中开始出现塑性区,部分土体将从基底向外侧挤出,引起基础大量沉降和不均匀沉降,造成建筑物的开裂或损坏。有些活荷载较大的构筑物,如油罐、贮仓等,使用时若活荷载施加速度过快,也会引起大量沉降或倾

斜。对这类损坏的建筑物或构筑物,一般采用卸除部分荷载,加宽基础、加深基础或地基处理措施等。

(4)大面积地面荷载或大面积填土引起柱基、墙基不均匀沉降、地面大量凹陷或柱身、墙身断裂

有些工业建筑在建筑范围内往往具有大面积地面荷载或大面积填土,如冶金工厂的原料或成品堆场、炼钢或轧钢车间,化工厂的原料车间,水泥厂的联合贮库,机械制造厂铸工车间的露天栈桥以及粮、盐、糖仓库等建筑物内长期堆放原料、成品及各种货物,形成地面堆载,由于这种堆载数量大、范围广且很不均匀,常引起建筑物损坏而影响生产,如地面荷载造成柱基不均匀沉降而使桥式吊车产生滑车和卡轨现象,露天车间因柱基内倾,桥式吊车轨距缩小,常发生卡轨现象;带有屋盖的厂房或仓库,当柱基或墙基内倾后,屋盖的顶撑作用会引起柱身或墙身挠曲,在柱身或墙身内侧常产生水平裂缝;仓库建筑常发生地面大量凹陷问题进而造成地坪开裂,使货物受潮或锈蚀,地下管道断裂等。对这类损坏的建筑物,可采取锚杆静压桩、树根桩或地基处理措施等进行补救。

(5)地质条件复杂或荷载分布不均,引起建筑物倾斜

由于软土地基压缩性较高,因此建筑物范围内地基不均匀,如地层倾斜,土层厚薄不均,土性差别较大,存在古河道、塘、沟等局部软弱土层,以及上部结构荷载分布不均、重心偏移等因素,这些均可能因不均匀沉降而引起建筑物过大倾斜。

三、湿陷性黄土地基

湿陷性黄土是指在土自重压力或土自重压力和附加压力作用下,受水浸湿后结构迅速破坏而发生显著附加下沉的黄土。

我国湿陷性黄土广泛分布在甘肃、陕西、山西、宁夏、青海、河南、河北、山东、内蒙古、辽宁、新疆等地。

1. 湿陷性黄土的工程特性

湿陷性黄土的主要特性是湿陷性,当这种黄土在未受水浸湿时,强度较高,压缩性较小,一旦受水浸湿,土的结构迅速破坏,并产生显著的附加下沉,其强

度也随着迅速降低，引起建筑物的不均匀沉降而开裂损坏。

对于在湿陷性黄土地基上损坏的既有建筑，在选择地基基础加固措施前，应对其湿陷性进行评价。

2. 湿陷性黄土地基的变形特征

(1) 湿陷变形量大

湿陷变形与压缩变形不同，对于大多数湿陷性黄土地基，施工期间就能完成大部分压缩变形，竣工后 3 ~ 6 个月即可基本趋于稳定，总变形量一般不超过 5cm ~ 10cm，但湿陷变形量较大，常超过压缩变形几倍甚至十几倍。

(2) 湿陷变形发展快、速率高

湿陷变形较压缩变形发展快、速率高，浸水 1h ~ 3h，即能产生显著变形，每小时变形量可达 1cm ~ 3cm，1 ~ 2 天内就可能产生 20cm ~ 30cm 湿陷变形量。

(3) 湿陷变形发生在局部

湿陷变形主要是由湿陷性黄土受水浸湿而产生的，因此湿陷变形只出现在受水浸湿的部位，就建筑物来说，往往呈现局部损坏。

(4) 湿陷变形发生时间无规律

压缩变形一般发生在加荷过程及加荷结束后一定时间内，而湿陷变形发生的时间就无规律可循，完全取决于受水浸湿的时间，有的建筑物在施工期间即产生湿陷变形，有的则在正常使用几年甚至几十年后才出现湿陷变形。

综上所述，湿陷性黄土地基的湿陷变形具有变形量大、发展快、速率高、发生在局部等特点，往往会造成建筑物局部过大的不均匀沉降而开裂损坏。

3. 湿陷性黄土地基上既有建筑损坏的加固措施

(1) 湿陷性黄土地基发生湿陷事故，一般是地面积水下渗，给排水、采暖管道或工业设备漏水，造成生产或生活用水下渗以及地下水位上升而引起的。所以当湿陷事故发生后首先应进行以下工作：尽快切断浸水水源以防事故进一步发展；对事故情况进行调查，查清事故发生的原因，以便区别对待；对建筑物进行沉降观测，观察湿陷变形情况及发展趋势；对地基土湿陷性进行评价，查清事故发生后地基土的湿陷类型、湿陷等级、自重湿陷系数和承载力等；对事故发展情况进行分析，判断湿陷变形情况已趋向稳定还是仍在继续发展；对建筑物损坏情况进行调查和分析，判断其损坏程度，为制定事故补救措施提供依据。

(2)制定湿陷性黄土地基上既有建筑损坏的加固措施。对非自重湿陷性黄土场地，当湿陷性土层不厚、湿陷变形已趋稳定或估计再次浸水产生的湿陷量不大时，可选用上部结构加固措施；当湿陷性土层较厚、湿陷变形较大或估计再次浸水产生的湿陷量较大时，可选用石灰桩、灰土挤密桩、坑式静压桩、锚杆静压桩、树根桩、硅化法或碱液法等进行加固，加固深度宜达到基础压缩层下限。对自重湿陷性黄土场地，可选用灰土井、坑式静压桩、锚杆静压桩、树根桩或灌注桩进行加固等，加固深度宜穿透全部湿陷性土层。

四、人工填土地基

人工填土是指由于人类活动而堆填的土。根据其组成和成因，可分为素填土、杂填土和冲填土。

素填土是由碎石土、砂土、粉土、黏性土等组成的填土，一般不含杂物或杂物很少。素填土分布很广，在山区或丘陵地带的工矿区常因场地平整而在填方区出现一定厚度的素填土，在城市低洼地进行建筑施工时，也常形成素填土。

杂填土是由建筑垃圾、工业废料、生活垃圾等杂物组成的填土。杂填土分布较广，在城市和工矿区经常能遇到。

冲填土是由水力冲填泥沙形成的填土。冲填土分布在沿海和沿江地区，在长江、上海黄浦江和广州珠江两岸以及天津沿海等地均有分布。

1. 人工填土地基的工程特性和变形特征

(1)不均匀性

人工填土由于其组成成分复杂，回填方法的随意性，其厚度差别又较大，人工填土一般并不均匀，其中尤以杂填土因组成物质复杂，不均匀性最为严重。

(2)湿陷性

人工填土由于天然结构被破坏，土质疏松、孔隙率较高，特别是气候较干燥和地下水位较低的地区，土在搬运和回填过程中因蒸发量大，土中含水量大为降低，在自重作用下得不到压实，一旦浸水，即具有强湿陷性，这在厚度较大的含黏性土的素填土中尤为突出。

(3)抗剪强度低、压缩性高

人工填土由于土质疏松,密度差、抗剪强度小、承载力低,其压缩性与相同干密度的天然土相比要高得多,尤其是随着土中含水量的增加,压缩性会急剧增大。这在含黏性土的素填土中更为明显。冲填土由于含水量高,透水性差,常呈软塑和流塑状态,承载力很低,压缩性很高。

(4)自重压密性

人工填土属于欠压密土,在自重和雨水下渗的长期作用下有自行压密的特点,但自重压密所需时间常与其颗粒组成和物质成分有关,颗粒越细,自重压密所需时间越长。一般需几年至十几年。

综上所述,由于人工填土具有不均匀性、湿陷性、强度低、压缩性高和自身压密性等特点,建造在这类地基上的既有建筑常因过大的不均匀沉降而开裂损坏。

人工填土地基的变形特征与湿陷性黄土地基和软土地基的变形特征相似。

2. 人工填土地基上既有建筑损坏的加固措施

(1)对于素填土地基浸水引起过大的不均匀沉降而造成建筑物损坏的,可选用锚杆静压桩、树根桩、坑式静压桩、石灰桩或注浆加固等加固措施。加固深度应穿透素填土层。

(2)对于杂填土地基上损坏的建筑,可根据损坏程度选用加强上部结构和基础刚度、锚杆静压桩、树根桩、旋喷桩、石灰桩或注浆加固等加固措施。

五、膨胀土地基

膨胀土是指土中黏粒成分主要由亲水性矿物组成,同时具有显著的吸水膨胀和失水收缩两种变形特性的黏性土。

我国膨胀土主要分布在广西、云南、四川、湖北、河南、陕西、河北、安徽、贵州、山东、广东和江苏等地,此外,吉林、黑龙江、新疆、江西、海南、北京和内蒙古等地也有少量分布。

1. 膨胀土的工程特性

膨胀土一般压缩性低、强度高,容易被误认为是良好的地基土;但膨胀土吸水膨胀和失水收缩的变形特性是可逆的，随着季节气候变化，反复地吸水失水会使地基产生反复的升降变形，从而导致建筑物开裂损坏。如果对膨胀土的特性缺乏了解，或在设计和施工中没有采取必要的措施，就会给建筑物造成危害。对于已经损坏的既有建筑，拟采取地基基础加固措施前，应再次确认地基土是否属膨胀土，并对其进行场地与地基的评价。

2. 膨胀土地基的变形特征

膨胀土地基的胀缩变形特征可分为上升型变形、上升下降波动型和下降型变形三种。

(1) 上升型变形

上升型变形的特点是建筑物建成后，连续多年一直持续上升。这种情况多出现在气候干燥，土的天然含水量偏低的地区。

(2) 上升下降波动型

这种类型的特点是变形随季节性降雨、干旱、霜冻等因素而呈现周期性变化趋势。这种情况多出现在气候湿润、土的天然含水量较高的地区。我国膨胀土多位于亚干旱区和亚湿润区及地形平坦地带，所以这类变形是很普遍的。

(3) 下降型变形

下降型变形特点是指变形变化趋势总的来说是下沉的，下沉速率虽然有时平缓，甚至回升，但此后又是大量下沉。这种情况多出现在土的天然含水量较高或临近边坡的建筑，以及地下有热源的建筑。

3. 膨胀土地基建筑物变形破坏特征

(1) 由于膨胀土地基的反复不均匀胀缩变形，建筑物也就相应地作升降运动，导致墙体出现裂缝。外纵墙裂缝多出现在门窗洞口上下部位，以斜裂缝为主，也有出现“X”形裂缝，有时外侧地基收缩较大，导致条形基础下沉转动，造成窗台下出现纵向水平裂缝；山墙裂缝较为普遍，多呈倒“八”字形裂缝，有时也形成竖向裂缝；内横墙多呈倒“八”字形裂缝或斜裂缝；内纵墙一般开裂较轻。

(2) 地坪开裂较为普遍，尤其是比较空旷的建筑物及内廊或外廊式房屋，地坪常出现纵向长裂缝。

(3) 建于坡地上的建筑物，由于坡地临空面大进而失水条件好，除了有竖向变形外，有时还会有水平位移，因此，坡地上的建筑物较平坦且场地损坏严重又普遍。

(4)在地质条件大致相同的条件下,建筑物开裂破坏一般以低层砖混结构最为严重,多层较轻,这是因为建筑物的变形随荷重的增加而减小,随基础埋深的增加而减小。

(5)膨胀土地基上的建筑物,一般在建成3~5年才出现裂缝,也有十几年后才开裂的。这是因为地基土含水量的变化是受场地的地形地貌、工程地质和水文地质条件、气候以及人为活动等诸因素综合影响的结果,变化过程较为缓慢。

4. 膨胀土地基上既有建筑损坏的加固措施

对于建造在膨胀土地基上出现损坏的建筑,应根据建筑物损坏程度和膨胀土地基的胀缩等级,选用下列加固措施:

(1)对建筑物损坏轻微,且胀缩等级为Ⅰ级的膨胀土地基,可采用设置宽散水及在周围种植草皮等措施。

(2)对建筑物损坏程度中等,且胀缩等级为Ⅰ、Ⅱ级的膨胀土地基,可采用加强结构刚度和设置宽散水等措施。

(3)对建筑物损坏程度较严重,或胀缩等级为Ⅲ级的膨胀土地基,可采用锚杆静压桩、树根桩、坑式静压桩或加深基础等方法。桩端或基底应埋置在非膨胀土层中或伸入大气影响深度以下的土层中。

(4)对建造在坡地上的损坏建筑,除可选用相应的地基或基础加固方法外,还应在坡地周围采取保湿措施,防止多向失水造成的危害。

六、土岩组合地基

土岩组合地基是指在建筑地基(或被沉降缝分隔区段的建筑地基)的主要受力层范围内,遇到下卧基岩表面坡度较大的地基、石芽密布并有出露的地基或大块孤石或个别石芽出露的地基。

土岩组合地基是山区地基中最为常见的地基类型。

1. 土岩组合地基的工程特性和变形特征

土岩组合地基的主要工程特性是不均匀性。由于在压缩层范围内常分布有不同类型的土层和起伏变化较大的基岩,故地基的压缩性差异比较大,容易产生过大的差异沉降而促使建筑物开裂损坏。

(1)下卧基岩表面坡度较大的地基

这类地基上建筑物产生不均匀沉降的大小,除了上部结构的诸因素外,主要还取决于岩层表面的坡度及其风化程度、上覆土层的力学性质及其厚度。建筑物裂缝多数出现在基岩埋藏较浅的部位。当下卧基岩单向倾斜时,建筑物易出现倾斜现象。

(2)石芽密布并有出露的地基

这类地基是岩溶现象的反映,其主要特点是基岩表面凹凸不平,其间充填黏性土。一般情况下充填在石芽间的土大多为坚硬或可塑黏性土,承载力较高,压缩性较低,当荷载较小时其变形量是很小的。石芽间的土层处于有侧限受力状态,其变形量小于同类土在一般情况下的变形量。如果石芽间土层很软,土的变形过大,仍会使建筑物产生裂缝。

(3)大块孤石或个别石芽出露的地基

在山区冲积型或坡积型土层中,常夹有大块孤石。此外,在岩溶发育地区也常遇有个别石芽出露的地基,这类地基的变形条件对建筑物最为不利,当基础建在大块孤石或石芽上时,因两侧土层产生压缩变形,而使孤石或石芽突出,建筑物开裂。

2. 土岩组合地基上既有建筑损坏的加固措施

对于建造在土岩组合地基上损坏的建筑,可根据损坏原因分别选用下列加固措施:(1)土岩交界部位出现过大的差异沉降,进而造成建筑物损坏的,可根据损坏程度采用局部加深基础、锚杆静压桩、树根桩、坑式静压桩或旋喷桩加固等措施;(2)局部软弱地基引起差异沉降过大,进而造成建筑物损坏的,可根据损坏程度,采用局部加深基础或桩基加固等措施;(3)基底下局部基岩出露或存在大块孤石,进而造成建筑物损坏的,可将局部基岩或孤石凿去,铺设褥垫层,或采用在土层部位加深基础或桩基加固等措施。

❖ 第四章　加固案例

一、某工程混凝土强度不足案例及分析

1. 工程概况

某住宅楼主体结构为剪力墙结构，地下2层，地上25层，建筑面积约1.2万m^2，约建于2018年。混凝土强度设计等级为：基础C30，负2层~5层剪力墙C35，6层~25层剪力墙C30，负2层梁、板C35，负1层~25层梁、板C30。主体结构施工至23层时，业主方发现个别楼层的混凝土强度明显偏低。

2. 检测结果

特委托第三方检测机构对已完工楼层的施工质量进行检测，经现场检测，该房屋20层部分剪力墙、现浇板构件的现龄期混凝土强度推定值小于18MPa，混凝土强度不满足设计及规范要求，需尽快进行处理。

3. 加固方案

(1)处理范围(见图2-4-1、图2-4-2)

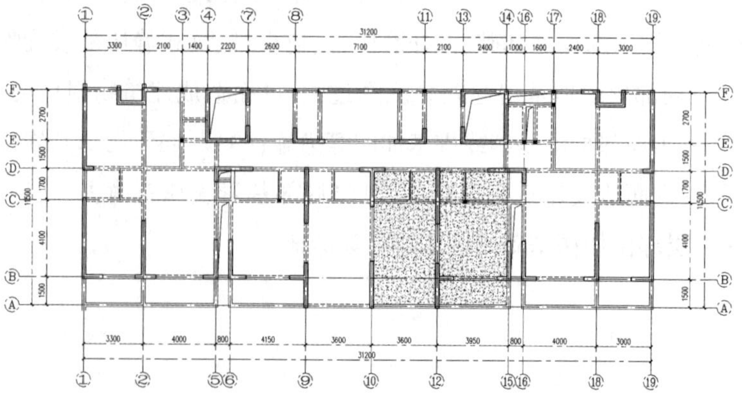

图2-4-1　58.100m标高现浇板置换布置

注：▨区域现浇板混凝土全部置换。

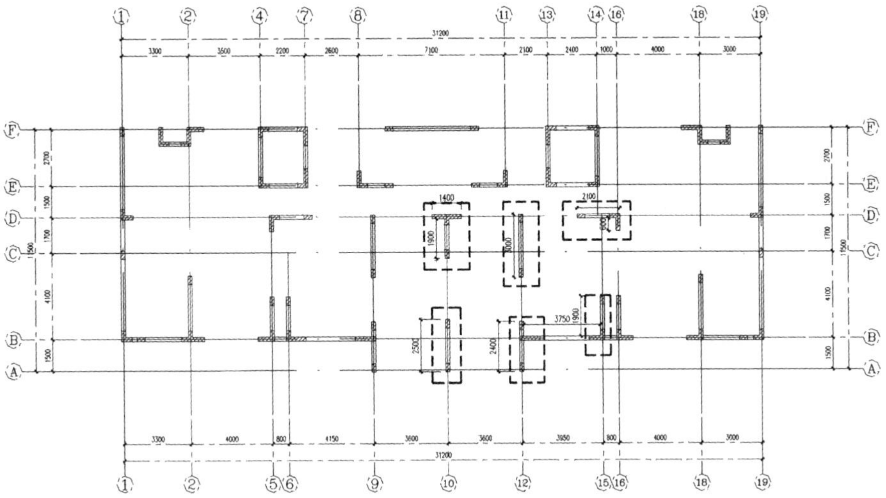

图 2－4－2　55.200～58.100m 标高剪力墙置换布置

注：虚线框内剪力墙采用全部置换混凝土的方法处理。

（2）加固方法

①剪力墙、现浇板混凝土置换方法：采用分段分区间置换的施工方法。剪力墙分段剔除置换，先凿除一段，每段长度不大于1000mm，先施工被凿除的部分，待新浇筑混凝土强度达到设计强度后才能对下一段进行凿除并浇筑混凝土。

②剔凿完成后，浇筑新混凝土前，在新旧混凝土交接处浇水湿润并刷两道素水泥浆后，浇筑 C40 高强无收缩粗骨料型灌浆料。

③对于全高置换的构件，凿除高度应至楼面接合处，并做好界面处理。

④混凝土剔凿后，如钢筋有锈蚀情况，浇筑灌浆料前，应先对锈蚀钢筋做除锈处理。施工中如发现存在需要替换的钢筋，应采用原设计型号钢筋进行替换。

⑤剔凿原墙体之前，应对原结构的洞口连梁进行有效卸荷处理；对剪力墙进行加固施工前，一定要对被加固剪力墙采取合理有效的支撑和卸载，编制合理可行的施工方案和支撑拆除方案，在施工过程中应及时对原有建筑结构进行不间断监测，观测被剔凿墙体的水平线与相邻墙体水平点变化情况，监测结构的变形和倾斜情况，做好安全防范措施。

（3）加固材料

①剪力墙、现浇板混凝土置换采用高强无收缩粗骨料型灌浆料，强度等级不低于 C40；

②钢筋等级及规格同原设计。

4. 加固费用

由于本项目加固施工前需搭设卸荷支撑架，对支撑架应根据上部结构的荷载进行计算分析，确定经济、有效且可行的支撑方式。单纯施工造价根据需要置换的混凝土量进行计算，造价约 1.2 万/m^3，施工总造价约 30 万元。

二、某工程楼板损伤破坏案例及分析

1. 工程概况

某工程主体结构类型为框架剪力墙结构，基础形式为桩筏基础，地上 26 层，地下 2 层，建筑面积约 86,327.18m^2，工程主体结构约建于 2007 年，目前正在使用，现浇板混凝土强度设计等级均为 C30。

该工程一层装修过程中使用大型工程机械对原地面地砖进行拆除，由于振动过大损坏地下室一层顶板，部分板底混凝土脱落，钢筋外露。

2. 检测结果

经现场调查，该工程一层装修过程中损坏地下室一层顶板，部分板底混凝土脱落，钢筋外露，现场对楼板损伤状态进行检测，检测结果见表 2－4－1。

楼板破损区域位置示意图如下（见图 2－4－3）。

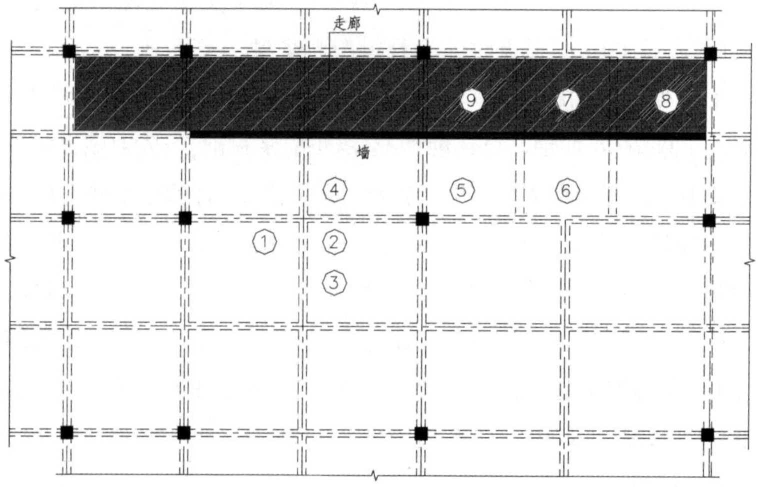

图 2－4－3　楼板破损区域位置示意

表 2－4－1 楼板损伤状态检测结果

位置	构件类型	破损情况
①	板	板底局部可见钢筋保护层脱落，局部混凝土掉落、疏松，破损最深处约130mm，板底局部钢筋外露。破损区域长约1200mm，宽约1000mm
②	板	板底局部可见钢筋保护层脱落，局部混凝土掉落、疏松，破损最深处约140mm，板底局部钢筋外露。破损区域长约1300mm，宽约700mm
③	板	板底局部可见抹面脱落，破损区域长约600mm，宽约400mm
④	板	板底局部可见钢筋保护层脱落，局部混凝土掉落、疏松，破损最深处约80mm，板底局部钢筋外露。破损区域长约1200mm，宽约750mm
⑤	板	板底局部可见钢筋保护层脱落，破损最深处约30mm，板底局部钢筋外露。破损区域长约1000mm，宽约100mm
⑥	板	板底可见混凝土疏松脱落，破损最深处约30mm。破损区域长约500mm，宽约500mm
⑦	板	板底局部可见混凝土疏松脱落，破损最深处约30mm，板底局部钢筋外露。破损区域最长约1000mm，宽约600mm
⑧	板	板底局部可见混凝土疏松脱落，破损区域最长约600mm，宽约400mm
⑨	板	板底局部可见混凝土疏松脱落，破损最深处约40mm，板底局部钢筋外露。破损区域最长约1900mm，宽约1200mm

3. 加固方案

（1）楼板破损修复

加固范围：有损伤的所有楼板。

对保护层或抹灰有小面积掉落的破损楼板应采用加固型高强聚合物砂浆进行修复处理。对保护层或抹灰有小面积掉落的破损楼板应先剔凿构件表面松动的混凝土及其他不牢附着物至露出坚硬部分，然后清除钢筋锈蚀并在钢筋表面涂抹阻锈剂，采用聚合物砂浆将其表面修补平整。

底部受力钢筋外露或楼板损伤深度大于4cm的所有破损楼板采用高强无收缩粗骨料灌浆料对疏松脱落区域混凝土进行置换处理。对于现浇板板底混凝土脱落、漏筋等情况，应将受损区域混凝土全部剔除，然后清除钢筋锈蚀并在钢筋表面涂抹阻锈剂，采用高强无收缩粗骨料灌浆料进行置换处理。

（2）楼板加固补强

楼板破损修复完成后，应按照以下不同情况对现浇板进行加固处理。

对现浇板底抹灰或保护层小面积掉落的损伤楼板，采用加固型聚合物砂浆修复完成之后粘贴碳纤维布,碳纤维布为单层双向 1T－200@400,压条为 1Y－100。

碳纤维布加固现浇板示意图见图 2－4－4。

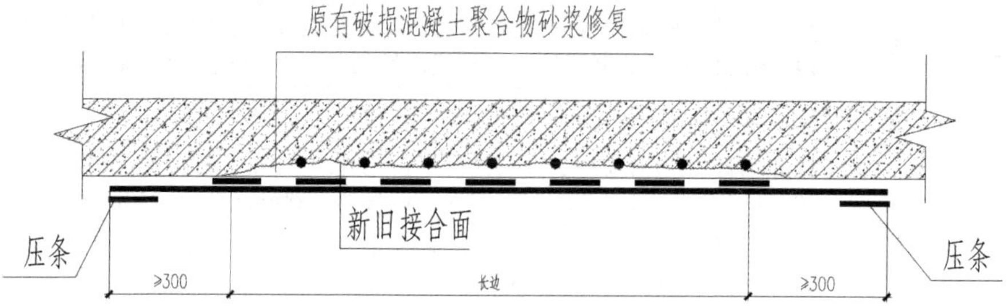

图 2－4－4　聚合物砂浆修复楼板

注:1. 适用于板底保护层或抹灰小面积脱落的破损楼板。

2. 新旧接合面应充分凿毛。

对于底部受力钢筋外露或楼板损伤深度大于 4cm 的所有破损楼板,对其采用高强无收缩粗骨料灌浆料对疏松脱落区域混凝土进行置换处理后,粘贴碳纤维布,碳纤维布为单层双向 1T－200@400,压条为 1Y－100。加固现浇板示意图见图 2－4－5。

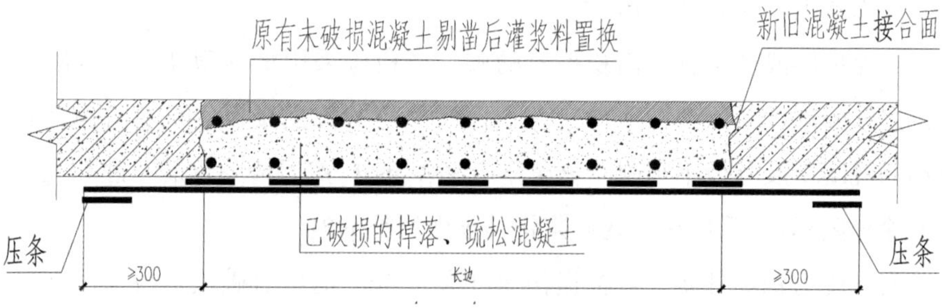

图 2－4－5　灌浆料置换楼板

注:1. 适用于底部钢筋外露或楼板损伤深度大于 4cm 的破损楼板。

2. 需将破损区域混凝土全部剔除,接合面充分凿毛,用高强无收缩粗骨料灌浆料进行置换。

(3)加固材料

①聚合物砂浆采用Ⅰ级聚合物砂浆。②灌浆料采用高强无收缩粗骨料灌浆料。③碳纤维布采用高强度Ⅰ级碳纤维布 300g/m^2,抗拉强度≥3400MPa,碳

纤维布粘贴采用性能匹配的专用胶。

4. 加固费用

项目本身需根据体量大小、现场条件、层高以及成品保护等方面来确定最终加固费用,如单纯考虑施工,聚合物砂浆修复造价约 300 元/m^2,局部置换混凝土造价约 4500 元/m^3,碳纤维布加固造价约 550 元/m^2,施工总造价约 8 万元。

三、某工程楼板裂缝案例及分析

1. 工程概况

某工程 B 区位于郑州市且为框架剪力墙结构,开工时间为 2016 年,由 B1、B2、B3、B4 等四栋高层及其裙房组成,其中 B2、B3 为研发办公楼,地下两层,地上 15 层,突出屋面机房 2 层,群楼 3 层,总建筑面积约 176,865.00m^2。混凝土强度设计等级:地下车库负 2 层~负 1 层柱、梁、板均为 C35;主楼负 2 层~4 层剪力墙、柱为 C60,5 层~8 层剪力墙、柱为 C50,9 层~12 层剪力墙、柱为 C35,13 层~16 层剪力墙、柱为 C30;负 2 层~12 层梁、板均为 C35,13 层~15 层梁、板均为 C30;裙楼负 2 层~3 层梁、柱、板均为 C35。

2019 年由于更换施工单位,新的施工单位进场后发现原有结构施工质量存在一定缺陷,需对原有结构的施工缺陷进行处理。

2. 检测结果

(1)混凝土强度等级

所抽检的该工程混凝土构件的现龄期混凝土强度等级均满足设计要求。

(2)保护层厚度、钢筋间距受力钢筋根数

所抽检的该工程梁构件钢筋保护层点数为 1946 个,合格 1859 个,合格率为 95.5%,满足相关规范要求;板构件钢筋保护层点数为 2382 个,合格 2275 个,合格率为 95.5%,满足相关规范要求。所抽检的该工程剪力墙竖向钢筋间距及板底受力钢筋间距均满足设计图纸及国家相关规范要求。所抽检的该工程梁底最下排钢筋数量及柱纵向受力钢筋数量满足设计图纸要求。

(3)截面尺寸

所抽检的该工程剪力墙竖向钢筋间距及板底受力钢筋间距均满足设计图纸及国家相关规范要求。

所抽检的该工程部分现浇板板厚不满足要求,根据荷载试验检测结构显示现浇板厚度为99mm时,在检验荷载5kN/m^2的作用下,试验现浇板板底实测挠度变形值及裂缝最大宽度均未超过《混凝土结构设计规范》(GB 50010－2010)(2015年版)规定的限值要求,安全性满足规范要求,建议对厚度小于100mm的现浇板采取相应处理措施。

(4)结构损伤

该工程现浇板存在不同程度的裂缝,裂缝最大宽度0.8mm,裂缝总长约6000m。

3.加固方案

根据工程现状,对B2楼、B3楼部分现浇板采用现浇叠合层的方法进行处理:板底部粘贴碳纤维布,上部新增混凝土叠合层。对于B1、B2、B3、B4楼及其裙房需要处理的裂缝,采用注射法以一定压力注射低黏度、高强度的裂缝修补胶进行处理,以达到恢复结构整体性、耐久性及防水性的目的。

(1)现浇板叠合层处理方案

对B2楼12层轴17－18－D－1/D现浇板,B3楼7层轴32－1/32－D－1/D、1/32－34－D－1/D、34－36－D－1/D现浇板,9层轴34－1/34－D－1/D现浇板做叠合层进行处理,在现浇板底部粘贴碳纤维布,上部新增混凝土叠合层。

(2)板顶处理方案

板顶采用新增混凝土叠合层的方法进行处理。板底裂缝采用跨缝粘贴碳纤维布的方法进行处理;裂缝处理完成后,采用粘贴碳纤维布的方法进行处理。

新增楼板叠合层厚度为40mm,新增叠合层混凝土采用C40微膨胀无收缩灌浆料,钢筋网片采用单层双向布置,规格和间距为6mm@200mm。主要施工工序为新旧混凝土界面凿毛处理、钢筋绑扎、化学植筋、灌浆料浇筑。板底如有裂缝则应先对裂缝进行表面封堵,然后再沿缝、跨缝粘贴碳纤维布,最后板底单层双向粘贴200mm@400mm碳纤维布。

(3)板底处理方案

板底裂缝采用跨缝粘贴碳纤维布的方法进行处理;裂缝处理完成后,采用粘贴碳纤维布的方法进行处理。

板底碳纤维布采用高强度Ⅰ级碳纤维布、单位质量300g/m^2、抗拉强度≥3400MPa,粘布胶采用性能匹配的专用胶。

处理顺序为:先处理板底,后处理板顶。

板底碳纤维布宽度和间距:200mm@400mm,端部采用1Y－100mm压条进行处理。

处理完成后,对板底碳纤维布进行水泥砂浆防护。

(4)裂缝修复方案

根据工程现状,需对B1、B2、B3、B4楼部分裂缝进行处理,现浇板微裂缝长度约6000m。

处理方案:对于需要处理的微裂缝,采用注射法以一定压力注射低黏度、高强度的裂缝修补胶进行处理,以达到恢复结构整体性、耐久性及防水性的目的。

4.加固费用

板顶叠合层加固施工费用约600元/m^2,粘贴碳纤维布加固施工费用约550元/m^2,裂缝修补费用约150元/m,施工总造价约260万元。

四、某工程地下室筏板上浮案例及分析

1.工程概况

某工程主体结构类型为框架－剪力墙结构,基础采用高强管桩基础,地下3层,地上部分为5层裙楼及4栋高层塔楼,A栋办公楼地上24层,B栋办公楼地上26层,C栋公寓地上18层,D栋公寓地上29层,裙楼与塔楼之间及塔楼相互之间通过变形缝分开。主要用途及功能:裙楼为商场,塔楼为4栋高层办公/公寓;地下室为商业、车库及设备用房。地下2层、3层局部为核六级人防地下室。负3层面积约为19,505.84m^2。该工程于2014年6月10日开工,目前主体已完工。

该工程地下室底板出现渗水和严重的冒水现象,地基基础长期处于水浸泡状态,存在严重安全隐患。

2. 检测结果

所抽检的该工程混凝土隔水板构件的现龄期混凝土强度推定值均满足设计及相关规范要求。

所抽检的该工程隔水板构件的上部钢筋间距，均满足图纸设计及相关规范要求；所抽检该工程隔水板构件的上部钢筋直径均满足图纸设计及相关规范要求。

所抽检的该工程（1－25）－C柱、（1－25）－B柱、（1－26）－B柱、（1－26）－C柱及（1－27）－C柱整体垂直度不满足相关规范要求；所抽检的该工程负3层地下室部分混凝土构件浇筑不密实，部分钢筋外露、钢筋锈蚀，地下室外墙表面普遍存在裂缝、渗水现象，柱基与隔水板交界处及隔水板表面普遍存在裂缝、渗水、涌水现象。

该工程实测地下水位高程为61.9023m～62.9383m。

经验算，该工程整体抗浮稳定性及局部抗浮稳定性满足要求，负3层地下室隔水板抗浮稳定性不满足要求，隔水板变形和裂缝已超出相关规范限值要求。

根据以上检测结果，建议尽快对该工程采取相应的加固处理措施，以保证安全使用；该工程在使用过程中，应定期进行检查与维护，发现问题及时处理。

3. 加固方案

根据现场检测结果可知，该项目出现问题的主要原因是地下室负3层防水板抗浮稳定性不满足要求，导致隔水板出现裂缝及变形，部分柱整体垂直度不满足要求。此问题的产生原因是该项目在2010年建造期间制作的岩土工程勘察报告以及2014年设计单位出的施工图中均表示工程不存在地下水对基础的浮托作用，也不存在地下水潜水渗流对基坑开挖稳定性的影响。

原设计时考虑的水位高程为54.79m～55.16m，但随着近年来工程所在地地下水水位的总体上升，现场实测水位高程为61.9023m～62.9383m，已高出约7m，导致该工程地下室负3层隔水板在水的浮力作用下发生变形及裂缝，故需对地下室采用抗浮锚杆进行加固，对负3层地下室底板采用新增叠合层进行加固，考虑地下水位在持续上升，抗浮加固设计水位高程应按照68.5m来考虑。

混凝土叠合层加固厚度为250mm，混凝土强度等级为C35，抗渗等级P6，钢筋配置：22@100双向布置，拉结筋采用8@400×400梅花形布置（见图2－4－6、图2－4－7）。

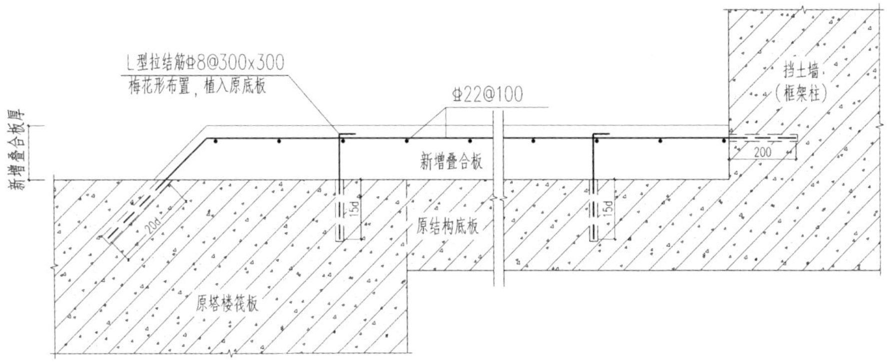

图 2－4－6　新增叠合层与原结构锚固(节点做法 1)

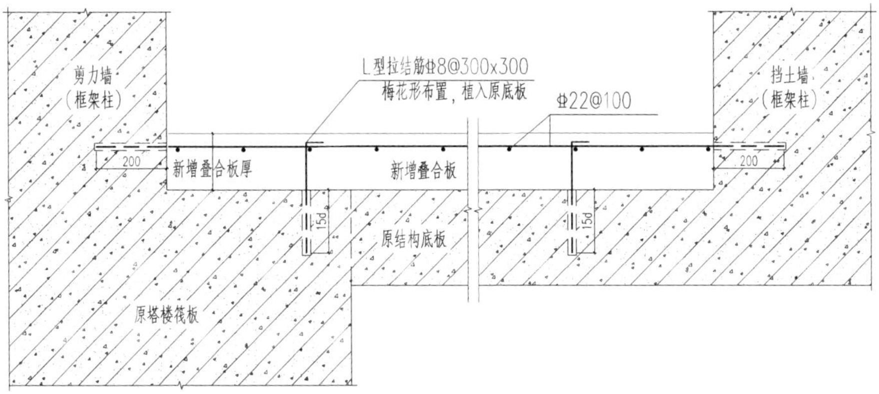

图 2－4－7　新增叠合层与原结构锚固(节点做法 2)

该工程地下负 3 层面积为 19505.81m^2，共布置 4760 根抗浮锚杆，具体信息见表 2－4－2。

表 2－4－2　抗浮锚杆相关数据

锚杆编号	锚杆长度 L	锚杆钢筋	锚杆孔径 D	锚杆顶标高	根数/根	抗拔力特征值 Rt
MG1	15m	3 Φ 22	250	相应处结构底板底标高	4760	180kN

4. 加固费用

该项目施工抗浮锚杆施工约 71,400m，新增叠合层约 16,250m^2，抗水板防水及堵漏 16,250m^2，施工总造价约 2700 万元。

五、某砖混结构地基不均匀沉降

1. 工程概况

某工程主体结构类型为砖混结构，建筑面积为3724.39m²，1、2单元地上5层，3、4单元地上6层。墙体采用烧结页岩多孔砖砌筑，强度等级为MU10；砂浆采用混合砂浆，1层~3层砂浆强度等级为M10，4层、5层砂浆强度等级为M7.5，6层砂浆强度等级为M5.0；楼板为预制板；基础混凝土设计强度等级为C25，圈梁、构造柱、楼梯、梁、板构件混凝土设计强度等级为C20。

该房屋约于2012年建成，在使用过程中陆续发现墙体出现裂缝，2021年当地雨季，经历了几次暴雨之后裂缝发展较快，且楼内住有大量群众，存在较大安全隐患。

2. 检测结果

(1)根据检测结果可知该房屋基础现龄期混凝土强度、混凝土柱、梁混凝土构件的推定值均满足设计及相关规范要求；砖墙和砂浆强度等级均满足设计及相关规范要求。

(2)根据检测结果可知所抽检的该工程板构件钢筋保护层以及整体垂直度满足规范要求。

(3)根据检测结果可知该房屋上部结构多处墙体存在裂缝，在2、3单元尤为明显，在房屋南面2、3单元伸缩缝两侧呈现明显的八字裂缝。

3. 加固方案

根据现场检测结果，结合原始文物钻探以及后期地质补勘资料可知，出现裂缝的7号楼下部存在1个墓穴(长20.0m、宽4.5m，深度约9.6m)及3个土坑(深度5.2m~5.3m)挖掘过程中开挖了矩形墓道，施工过程中采用墙下条形基础，三七灰土换填地基。综合分析该工程墙体出现裂缝主要是地基不均匀沉降导致，地基不均匀沉降的原因与原有的墓穴及土坑的素填土未压实及浸水有关，且该房屋1、2单元为5层，3、4单元为6层，上部荷载不均，导致在2、3单元之间裂缝明显(见图2-4-8)。

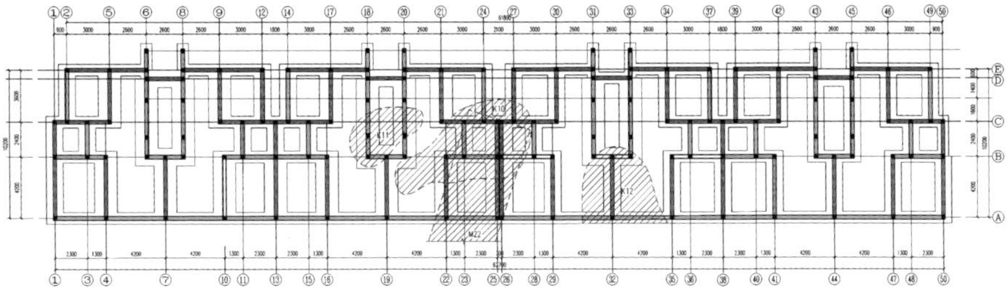

图2-4-8 原活土坑、墓葬土洞平面布置示意

根据《既有建筑地基基础加固技术规范》(JGJ 123-2012)第10.2.3条第1款规定,对于素填土地基,由于浸水引起过大的不均匀沉降而造成建筑物损坏时,可选用锚杆静压桩、树根桩、坑式静压桩、石灰桩或注浆加固等处理方案,加固深度应穿透素填土及湿软土层。本工程地基采用注浆加固方案,对于地上结构出现的裂缝采用钢筋网片水泥砂浆面层加固法进行加固。

4. 加固费用

该项目共布置垂直注浆孔221个,孔深11m,斜向注浆孔14个,孔深12m,共2489m,综合单价400元/m。墙体裂缝处理面积300m^2,施工综合单价300元/m^2,该项目施工总造价约120万元。

六、某框剪结构地基不均匀沉降

1. 工程概况

某项目主体结构类型为剪力墙结构,基础为筏板基础,地下1层,地上11层,总高度约37.5m,建筑面积约6328.88m^2。地下1层设计使用功能为车库,1层以上设计使用功能为住宅。混凝土设计强度等级:梁、板、楼梯、柱、剪力墙(含连梁)均为C30。

该房屋建成于2018年,在使用过程中发现主楼地下室及地上墙体出现裂缝,存在一定的安全隐患。

2. 检测结果

(1)根据检测结果可知该房屋所检现龄期混凝土墙、梁、板构件的强度推定值均满足设计及相关规范要求。

(2)所抽检的该房屋混凝土梁构件主筋配置数量满足设计图纸要求,所抽检的房屋混凝土梁构件截面尺寸满足设计图纸要求,所抽检的该房屋混凝土墙竖向钢筋间距、现浇板板底受力钢筋间距均满足设计图纸要求。

(3)该房屋部分墙体存在裂缝,裂缝主要位于剪力墙、填充墙、门窗洞口处。大部分裂缝为斜向裂缝,且横墙裂缝主要由东向西斜向下发展,纵墙裂缝主要由北向南斜向下发展,斜向裂缝分布形态、方向基本一致。

根据该房屋的现场检测结果、沉降观测数据以及地质勘察报告,该房屋位于斜坡场地上,在上部结构中发现地基基础不均匀沉降所引起的变形,建筑物上部结构的沉降裂缝表征明显,现浇结构个别部分也已开始出现沉降裂缝。

(4)根据现场检查、检测结果及安全性鉴定结果,依据《既有建筑鉴定与加固通用规范》(GB 55021 - 2021)、《民用建筑可靠性鉴定标准》(GB 50292 - 2015)的相关规定,该房屋鉴定系统层次的安全性鉴定等级评定为 Csu 级。依据《既有建筑鉴定与加固通用规范》(GB 55021 - 2021)、《建筑抗震设计标准》(GB/T 50011 - 2010)、《建筑抗震鉴定标准》(GB 50023 - 2009)的相关规定,该房屋综合抗震能力不满足抗震鉴定要求。

3. 加固方案

该房屋产生裂缝是因为地基不均匀沉降,地基不均匀沉降的原因是建筑物筏板以下存在厚度不均匀且深厚的填土,回填不密实,在施工完成后产生固结沉降,填土越厚,固结沉降越大。北侧填土厚度在 8. 2m ~ 10. 5m,南侧填土厚度在 0 ~ 6. 5m 见图 2 - 4 - 9,两侧填土厚度差别较大,导致建筑物不均匀沉降,进而拉裂上部结构。

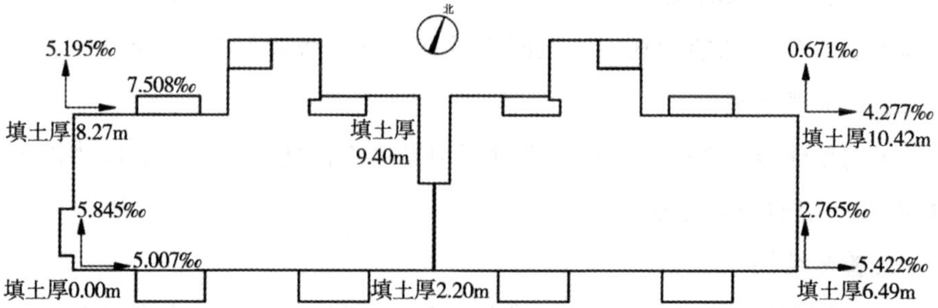

图 2 - 4 - 9　回填土厚度分部及倾斜示意

该房屋目前的问题是需要对地基进行加固，确保不再发生不均匀沉降问题，待地基基础加固工作完成后再对地上主体结构产生的裂缝进行加固修复，地基加固采用锚杆静压钢管桩托换原 CFG 桩复合地基，新增静压桩承担总荷载的 50%，出于安全考虑，乘以 1.3 倍安全系数。地上部分加固需根据裂缝类型针对性地采取注浆、粘贴碳纤维布和钢板等加固方法。

4. 加固费用

该项目锚杆静压桩施工前需对刚性地坪进行破除，并且需要对刚性地坪以下和筏板以上约 1.8m 的回填土进行开挖，待静压桩完成后再进行回填及地坪恢复，施工总造价约 600 万元。

七、火灾后房屋加固案例及分析

1. 工程概况

本工程主体结构形式为地下 1 层、地上 2 层的框架结构，建筑高度 13m。建筑面积约为 $2800m^2$。根据本工程相关设计资料，其于 2007 年左右建成并投入使用，使用功能为营业及办公，混凝土强度设计等级为 C35。

火灾于中午 12:35 发生，14:20 左右明火扑灭，持续时间为 1 小时 45 分钟，过火面积约 $1300m^2$，起火原因为：东南侧楼梯间下办公室取暖设施引燃可燃物蔓延成灾。

2. 检测结果

柱检测结果：1 层东南侧混凝土楼梯存在钢筋保护层脱落、钢筋外露现象，东南侧 8 根柱表面变色、龟裂，个别混凝土保护层脱落、钢筋外露。2 层东南侧 10 根柱表面变色、龟裂，个别混凝土保护层脱落、钢筋外露，混凝土强度检测结果在 21.7MPa ~ 37.2MPa。

梁检测结果：1 层 25 根梁存在混凝土表面酥松，个别梁存在保护层脱落现象，2 层 37 根梁存在混凝土表面酥松，个别梁存在保护层脱落现象，混凝土强度检测结果在 20.5MPa ~ 38.7MPa。

板检测结果：由于 1 层、2 层均存在吊顶，楼梯周边楼板存在变色、龟裂现象，其他区域楼板大多被黑色烟尘覆盖。

柱、梁、板变形检测：现场使用水准仪采用倒尺法对火灾影响区域的梁、板变形及挠度进行检测，结果均为显著变形。

鉴定结果：根据火灾后构件评级结果可知，过火影响区域的安全性不满足标准要求，火灾对整体承载能力和使用功能有一定的影响，需要采取加固措施以提高该建筑的承载能力和增强其使用功能。

构件的火灾评级结果见表2－4－3。

表2－4－3　构件火灾评级结果

楼层	构件类型	a级	b级	c级	d级	构件总数
1	柱		3	3	2	8
1	梁			13	12	25
1	板			6	7	7
2	柱		4	4	2	10
2	梁			12	25	37
2	板			12	8	8

3. 加固方案

对于存在混凝土保护层脱落、表面酥松的被评为d级的混凝土柱采用局部置换法进行加固，对于强度满足要求、仅表面出现龟裂的评级为c的混凝土柱采用粘贴碳纤维布加固法进行加固。

对于存在混凝土保护层脱落，表面酥松的被评为d级的混凝土梁采用局部置换法进行加固，对于强度满足要求仅表面出现龟裂的评级为c的混凝土梁采用粘贴碳纤维布加固法进行加固。

对于强度较低且出现裂缝的评级为d楼板采用局部剔凿置换加叠合层法进行加固，对于强度满足要求但出现裂缝的评级为c的楼板采用粘贴碳纤维布法进行加固受损伤楼梯混凝土及在钢筋全体拆除后新做钢筋混凝土楼梯。

4. 加固费用

该项目局部置换混凝土施工综合单价约4500元/m^3，碳纤维布加固施工综合单价约550元/m^2，施工总造价约100万元。

第三编　相关司法政策及规范

❖ 一、最高人民法院《关于审理建设工程施工合同纠纷案件适用法律问题的解释(一)》(节选)

法释〔2020〕25号

(2020年12月29日公布)

第六条 建设工程施工合同无效,一方当事人请求对方赔偿损失的,应当就对方过错、损失大小、过错与损失之间的因果关系承担举证责任。

损失大小无法确定,一方当事人请求参照合同约定的质量标准、建设工期、工程价款支付时间等内容确定损失大小的,人民法院可以结合双方过错程度、过错与损失之间的因果关系等因素作出裁判。

第七条 缺乏资质的单位或者个人借用有资质的建筑施工企业名义签订建设工程施工合同,发包人请求出借方与借用方对建设工程质量不合格等因出借资质造成的损失承担连带赔偿责任的,人民法院应予支持。

第十一条 建设工程竣工前,当事人对工程质量发生争议,工程质量经鉴定合格的,鉴定期间为顺延工期期间。

第十二条 因承包人的原因造成建设工程质量不符合约定,承包人拒绝修理、返工或者改建,发包人请求减少支付工程价款的,人民法院应予支持。

第十三条 发包人具有下列情形之一,造成建设工程质量缺陷,应当承担过错责任:

(一)提供的设计有缺陷;

(二)提供或者指定购买的建筑材料、建筑构配件、设备不符合强制性标准;

(三)直接指定分包人分包专业工程。

承包人有过错的,也应当承担相应的过错责任。

第十四条 建设工程未经竣工验收,发包人擅自使用后,又以使用部分质量不符合约定为由主张权利的,人民法院不予支持;但是承包人应当在建设工程的合理使用寿命内对地基基础工程和主体结构质量承担民事责任。

第十五条 因建设工程质量发生争议的,发包人可以以总承包人、分包人和实际施工人为共同被告提起诉讼。

第十六条 发包人在承包人提起的建设工程施工合同纠纷案件中，以建设工程质量不符合合同约定或者法律规定为由，就承包人支付违约金或者赔偿修理、返工、改建的合理费用等损失提出反诉的，人民法院可以合并审理。

第十七条 有下列情形之一，承包人请求发包人返还工程质量保证金的，人民法院应予支持：

（一）当事人约定的工程质量保证金返还期限届满；

（二）当事人未约定工程质量保证金返还期限的，自建设工程通过竣工验收之日起满二年；

（三）因发包人原因建设工程未按约定期限进行竣工验收的，自承包人提交工程竣工验收报告九十日后当事人约定的工程质量保证金返还期限届满；当事人未约定工程质量保证金返还期限的，自承包人提交工程竣工验收报告九十日后起满二年。

发包人返还工程质量保证金后，不影响承包人根据合同约定或者法律规定履行工程保修义务。

第十九条 当事人对建设工程的计价标准或者计价方法有约定的，按照约定结算工程价款。

因设计变更导致建设工程的工程量或者质量标准发生变化，当事人对该部分工程价款不能协商一致的，可以参照签订建设工程施工合同时当地建设行政主管部门发布的计价方法或者计价标准结算工程价款。

建设工程施工合同有效，但建设工程经竣工验收不合格的，依照民法典第五百七十七条规定处理。

第二十二条 当事人签订的建设工程施工合同与招标文件、投标文件、中标通知书载明的工程范围、建设工期、工程质量、工程价款不一致，一方当事人请求将招标文件、投标文件、中标通知书作为结算工程价款的依据的，人民法院应予支持。

第三十二条 当事人对工程造价、质量、修复费用等专门性问题有争议，人民法院认为需要鉴定的，应当向负有举证责任的当事人释明。当事人经释明未申请鉴定，虽申请鉴定但未支付鉴定费用或者拒不提供相关材料的，应当承担举证不能的法律后果。

一审诉讼中负有举证责任的当事人未申请鉴定，虽申请鉴定但未支付鉴定费用或者拒不提供相关材料，二审诉讼中申请鉴定，人民法院认为确有必要的，应当依照民事诉讼法第一百七十条第一款第三项的规定处理。

第三十八条 建设工程质量合格，承包人请求其承建工程的价款就工程折价或者拍卖的价款优先受偿的，人民法院应予支持。

第三十九条 未竣工的建设工程质量合格，承包人请求其承建工程的价款就其承建工程部分折价或者拍卖的价款优先受偿的，人民法院应予支持。

二、最高人民法院民一庭《民事审判实务问答》[①]（节选）

15. 问：建设工程施工合同纠纷案件中，在需要通过鉴定确定工程造价的情形下，若一方提出了具体的工程造价数额，另一方对此数额不予认可但又不申请鉴定的，人民法院应该如何认定工程造价？

答：《民事诉讼法》第六十四条第一款[②]规定，“当事人对自己提出的主张，有责任提供证据”。建设工程施工合同纠纷案件中，如果合同对于工程价款约定了固定价格，则按照合同约定确定工程价款即可。这体现为最高人民法院《关于审理建设工程施工合同纠纷案件适用法律问题的解释（一）》第二十九条的规定：“当事人在诉讼前已经对建设工程价款结算达成协议，诉讼中一方当事人申请对工程造价进行鉴定的，人民法院不予准许。”如果合同约定的不是固定价格，则可能需要通过鉴定确定工程造价。实践中会出现的情形：一方提出了具体的工程造价数额，另一方对此数额不予认可但又不申请鉴定，此种情形下，如何确定工程价款？我们认为，如果是承包人提出了具体的工程造价数额，发包人不予认可但又不申请鉴定的，可按照承包人提出的数额确定工程造价；如果是发包人提出了具体的工程造价数额，承包人不予认可但又不申请鉴定的，可按照发包人认可的金额确定工程造价，要避免出现简单驳回承包人全部诉讼

① 参见最高人民法院民事审判第一庭编：《民事审判实务问答》，法律出版社2021年版，第72页。
② 现为《民事诉讼法》第67条第1款。

请求的情形。依据最高人民法院《关于审理建设工程施工合同纠纷案件适用法律问题的解释(一)》第三十二条第一款的规定:“当事人对工程造价、质量、修复费用等专门性问题有争议,人民法院认为需要鉴定的,应当向负有举证责任的当事人释明。当事人经释明未申请鉴定,虽申请鉴定但未支付鉴定费用或者拒不提供相关材料的,应当承担举证不能的法律后果。”换言之,如果双方都提出了不同的具体工程造价数额又都不申请鉴定的,则要根据“谁主张,谁举证”的原则,根据各自的诉讼地位、诉讼请求等因素确定由哪一方承担举证不力的后果。

19. 问:建设工程施工过程中,发包人进行了工程的重大变更,导致工程量发生了重大变化,当事人对该部分工程款结算达不成一致的,是否应当参照签订原合同时建设行政主管部门发布的工程定额标准或工程量清单计价方法结算工程款?

答:实践中,因设计变更、进度计划变更、施工条件变更或者发包方提出“新增工程”等工程变更导致建设工程的工程量或者质量标准发生变化的情况非常普遍。此时,如果发包人和承包人就如何结算工程价款达不成一致,根据最高人民法院《关于审理建设工程施工合同纠纷案件适用法律问题的解释(一)》(以下简称《解释(一)》)第十九条第二款的规定,“因设计变更导致建设工程的工程量或者质量标准发生变化,当事人对该部分工程价款不能协商一致的,可以参照签订建设工程施工合同时当地建设行政主管部门发布的计价方法或者计价标准结算工程价款”。注意此处的用词是“可以”而非“应当”。依据《解释(一)》第十九条第一款的规定,“当事人对建设工程的计价标准或者计价方法有约定的,按照约定结算工程价款”。由此可知,建设工程结算工程款的基本原则是尊重当事人之间的约定,只要合同对工程增加如何结算的约定是明确的、具体的,根据增减工程的性质、标准可以适用原合同约定的计价方法和计价标准结算工程款,并不会导致当事人之间利益的显失公平,那么,原则上仍应参照合同约定结算工程价款。而在因增减工程的性质、标准不宜适用原合同约定的计价方法和计价标准结算工程款,或者原合同约定不明无法适用的情况下,则可根据《解释(一)》第十九条第二款的规定,参照签订建设工程施工合同时当地建设行政主管部门发布的计价方法或者计价标准结算工程价款。

23. 问：当事人另行签订的建设工程施工合同补充合同中关于纠纷解决方式的变更约定是否有效？

答：实务中，当事人通过补充合同以变更建设工程施工合同中纠纷解决方式的现象较为常见。我们认为，通过补充合同变更主合同的纠纷解决方式的约定是有效的。

在建设工程领域，当事人往往就同一建设工程项目签订"黑白合同"以达到逃避各级建设主管部门监管、不缴或者少缴税款、在建设工程招标投标中取得竞争优势等不正当目的。《招标投标法》第四十五条第二款规定："中标通知书对招标人和中标人具有法律效力。中标通知书发出后，招标人改变中标结果的，或者中标人放弃中标项目的，应当依法承担法律责任。"因此，中标合同不应再进行实质性内容的变更。而何为"实质性变更"？最高人民法院《关于审理建设工程施工合同纠纷案件适用法律问题的解释（一）》第二条第一款规定："招标人和中标人另行签订的建设工程施工合同约定的工程范围、建设工期、工程质量、工程价款等实质性内容，与中标合同不一致，一方当事人请求按照中标合同确定权利义务的，人民法院应予支持。"由此可知，建设工程的工程范围、建设工期、工程质量和工程价款等内容属于建设工程合同的实质性内容，而纠纷解决方式的变更并非内容的实质性变更。此外，《民法典》第五百四十三条规定："当事人协商一致，可以变更合同。"因此可知，当事人另行签订补充合同以变更纠纷解决方式属于当事人意思自治的范畴，该变更约定有效。

24. 问：发包方与承包方在招标文件中约定的工程质量标准为合格，工程中标后发包方又同中标人另行约定，如工程未拿到"鲁班奖"，将不予退还履约保证金，该约定是否有效？

答：该约定已经构成了对中标合同实质性内容的变更，应属无效。

依据《民法典》第七百八十八条第一款的规定："建设工程合同是承包人进行工程建设，发包人支付价款的合同。"承包人负有按期保质完成施工任务之义务，享有按合同约定受领工程价款之权利；发包人享有按合同约定接收符合约定质量标准的建设工程产品之权利，负有按合同约定支付工程价款之义务。由此可见，于建设工程合同而言，其合同实质性内容一般包括工程价款、工程质量、工程期限等。“鲁班奖”是全国范围内的建筑行业最高质量奖，从法律性质上讲，这种奖励所依附的标准并不属于国家强制性标准，而是行业领域所鼓励的标准。在招标投标合同已经约定为工程合格标准的情况下，发包方与承包方又另行约定必须拿到“鲁班奖”，否则就扣除履约保证金，此种承诺所赋予承包方的义务已经高于招标投标合同约定的义务，实际上已经改变了招标投标文件所约定的工程质量标准。根据《招标投标法》第四十六条第一款“招标人和中标人应当自中标通知书发出之日起三十日内，按照招标文件和中标人的投标文件订立书面合同。招标人和中标人不得再行订立背离合同实质性内容的其他协议”的规定，上述约定应认定无效。

26. 问：工程结算后，发包人欠付承包人工程款，承发包双方就如何偿还工程欠款签订《还款协议书》。施工主合同约定的仲裁条款是否适用于因履行《还款协议书》发生的纠纷案件？

答：《民法典》第五百零七条规定：“合同不生效、无效、被撤销或者终止的，不影响合同中有关解决争议方法的条款的效力。”《仲裁法》第十九条第一款规定：“仲裁协议独立存在，合同的变更、解除、终止或者无效，不影响仲裁协议的效力。”上述法律规定均充分表明，仲裁条款在民事合同中具有独立性。工程结算后，施工合同双方对发包人欠付承包人的工程价款数额达成一致，即工程欠款数额已成为一个定数。《民法典》第五百一十条规定：“合同生效后，当事人就质量、价款或者报酬、履行地点等内容没有约定或者约定不明确的，可以协议补充；不能达成补充协议的，按照合同相关条款或者交易习惯确定。”《还款协议书》是为履行施工主合同签订的，体现了工程结算的结果，其性质为补充协议，是对施工主合同的补充、细化。同时，《还款协议书》是为从签约到结算的前期履约行为作一了断，对后期确认欠款数额、还款时间、还款方式等内容作出约定，《还款协议书》为主合同的补充协议，是整个合同不可分割的一部分，与主合同具有同等效力。既然因主合同发生纠纷适用约定的仲裁条款，施工主合同约定的仲裁条款也应适用于因履行《还款补充协议》发生的纠纷案件。

三、最高人民法院第六巡回法庭裁判规则(节选)[①]

1. 最高人民法院《关于审理建设工程施工合同纠纷案件适用法律问题的解释(一)》第1条规定,承包人因未取得资质、超越资质、借用资质或者转包、违法分包等与他人签订的建设工程施工合同无效。司法实践中,承包人转包、违法分包一般包括哪些情形,有关工程价款、工程质量纠纷该如何处理?

答: 以转包或者违法分包方式签订的建设工程施工合同无效。关于转包违法分包的认定,可以参照住房和城乡建设部印发的《建筑工程施工发包与承包违法行为认定查处管理办法》(建市规〔2019〕1号)第7条、第8条、第11条、第12条规定的具体情形进行认定。承包人从发包人处取得建设工程后再与他人签订的转包合同、违法分包合同无效,但不影响发包人与承包人之间签订的建设工程施工合同的效力。司法实践中,要注意区分合同性质,并对合同效力作出相应的认定。

工程转包、违法分包情形下,转承包人、违法分承包人如果与发包人形成了事实上的施工合同关系,且建设工程质量合格的,转承包人、违法分承包人可以直接依据《建工司法解释(一)》第24条的规定,请求折价补偿。判断是否形成了前述事实上的施工合同关系,重点是看发包人是否认可实际施工人的地位,具体可以考量发包人是否直接支付工程进度款、是否在工程施工过程中进行联系或检查、是否直接进行工程价款结算、是否指定转(分)承包人等因素。转承包人、违法分承包人就其具体施工范围内的工程价款与发包人结算以后,转包人、违法分包人不能再就转承包人、违法分承包人具体施工范围内的工程价款向发包人主张权利。存在转包、违法分包情形,发生工程质量争议的,发包人可以依据《建工司法解释(一)》第15条主张权利。

如果无法认定实际施工人与发包人建立了事实上的施工合同关系,应当依据各方当事人各自的合同关系确定发包人欠付转包人、违法分包人的工程款数

---

① 参见杨临萍主编,最高人民法院第六巡回法庭编:《最高人民法院第六巡回法庭裁判规则》,人民法院出版社2022年版。

额,以及转包人、违法分包人欠付转承包人、违法分承包人的工程款数额。发包人与转包人、违法分包人之间的结算协议,转包人、违法分包人与转承包人、违法分承包人之间的结算协议均只对协议当事人发生效力,不能对抗协议之外的第三人。如果相关付款义务主体能够举证证明已经按照结算协议支付了相应工程款,则在已付工程款范围内免除付款责任。

7. 如何理解和把握《建工司法解释(一)》第22条"当事人签订的建设工程施工合同与招标文件、投标文件、中标通知书载明的工程范围、建设工期、工程质量、工程价款不一致,一方当事人请求将招标文件、投标文件、中标通知书作为结算工程价款的依据的,人民法院应予支持"的规定?

答:工程项目招标的重要文件包括招标文件、投标文件、中标通知书等,通过招标程序发包的工程项目应当依据上述文件的主要内容签订工程施工合同。实践中,当事人之间签订并实际履行的工程施工合同与上述招投标文件、中标文件在工程范围、建设工期、工程质量、工程价款等方面并不一致,有的施工合同还进行了备案,就出现所谓的"黑白合同""阴阳合同"现象。无论当事人之间签订并履行的工程施工合同是否经过备案,如果与前述招投标文件、中标文件关于工程范围、建设工期、工程质量、工程价款等方面内容不一致,当事人之间就工程价款的结算产生争议,人民法院都应当以招标文件、投标文件、中标通知书作为结算工程价款的依据。

但是,不能认为违背了招投标文件、中标文件签订的工程施工合同就当然无效,只有就有关工程范围、建设工期、工程质量、工程价款等实质性内容约定不一致的,才可能导致工程施工合同无效。其他有关违约责任、争议解决条款等即使不一致的,也不必然导致工程施工合同无效。工程施工合同关于工程范围、建设工期、工程质量、工程价款等方面对招投标文件、中标文件内容进行了非实质性变更的,也不必然导致工程施工合同无效。对于非实质性变更的把握,应当考虑具体变更的内容、外部客观情况、当事人的主观意思等综合因素。另外,工程中标后,如果建设工程合同的基础条件发生了招投标活动中无法预见的、不属于商业风险的重大变化,继续按照中标通知书签订并履行合同对于当事人一方明显不公平的,受不利影响的当事人依据《民法典》第533条的规定，与对方重新协商达成的建设工程合同，一般应认定为有效。

8. 关于工程价款的结算，仅完成部分工程量能否依据建设工程合同约定的计价标准或计价方法结算工程款？

答：建设工程合同约定了工程价款的计价方法或者计价标准，但承包人仅完成部分工程量且已完成部分的工程质量合格，除非当事人明确约定该计价方法或标准只适用于全部工程完工的情形，承包人主张依据合同约定的计价方法或者标准计取已完工程的工程价款或者相关费用的，人民法院应当予以支持。如果当事人之间在仅完成部分工程量的情况下，无法就已完成部分工程价款的计价标准或计价方法达成一致，诉讼中可由主张权利一方通过申请委托鉴定的方式予以解决。

❖ 四、北京市高级人民法院《关于审理建设工程施工合同纠纷案件若干疑难问题的解答》（节选）

（2012年8月6日　京高法发〔2012〕245号）

三、建设工程工期和质量责任的认定

24. 当事人就工程款结算达成一致后又主张索赔的，如何处理？

结算协议生效后，承包人依据协议要求支付工程款，发包人以因承包人原因导致工程存在质量问题或逾期竣工为由，要求拒付、减付工程款或赔偿损失的，不予支持，但结算协议另有约定的除外。当事人签订结算协议不影响承包人依据约定或法律、行政法规规定承担质量保修责任。

结算协议生效后，承包人以因发包人原因导致工程延期为由，要求赔偿停工、窝工等损失的，不予支持，但结算协议另有约定的除外。

27. 施工合同约定的工程质量标准与国家强制性标准不一致的是否有效？

建设工程施工合同中约定的建设工程质量标准低于国家规定的工程质量

强制性安全标准的，该约定无效；合同约定的质量标准高于国家规定的强制性标准的，应当认定该约定有效。

28. 发包人主张工程质量不符合合同约定的，应按反诉还是抗辩处理？

承包人要求支付工程款，发包人主张工程质量不符合合同约定给其造成损害的，应按以下情形分别处理：

（1）建设工程已经竣工验收合格，或虽未经竣工验收，但发包人已实际使用，工程存在的质量问题一般应属于工程质量保修的范围，发包人以此为由要求拒付或减付工程款的，对其质量抗辩不予支持，但确因承包人原因导致工程的地基基础工程或主体结构质量不合格的除外；发包人反诉或另行起诉要求承包人承担保修责任或者赔偿修复费用等实际损失的，按建设工程保修的相关规定处理。

（2）工程尚未进行竣工验收且未交付使用，发包人以工程质量不符合合同约定为由要求拒付或减付工程款的，可以按抗辩处理；发包人要求承包人支付违约金或者赔偿修理、返工或改建的合理费用等损失的，应告知其提起反诉或另行起诉。

（3）发包人要求承包人赔偿因工程质量不符合合同约定而造成的其他财产或者人身损害的，应告知其提起反诉或另行起诉。

29. 如何认定承包人对建设工程质量缺陷存在过错？

承包人具有下列情形之一的，应当认定其对建设工程质量缺陷存在过错：

（1）承包人明知发包人提供的设计图纸、指令存在问题或者在施工过程中发现问题，而没有及时提出意见和建议并继续施工的；

（2）承包人对发包人提供或指定购买的建筑材料、建筑构配件、设备等没有进行必要的检验或经检验不合格仍然使用的；

（3）对发包人提出的违反法律法规和建筑工程质量、安全标准，降低工程质量的要求，承包人不予拒绝而进行施工的。

前述情形下，因工程质量存在缺陷造成第三人损失的，由发包人与承包人承担连带责任。

30. 发包人以工程质量不符合合同约定为由,要求承包人承担修复费用的,如何处理?

因承包人原因致使工程质量不符合合同约定,承包人拒绝修复、在合理期限内不能修复或者发包人有正当理由拒绝承包人修复,发包人另行委托他人修复后要求承包人承担合理修复费用的,应予支持。

发包人未通知承包人或无正当理由拒绝由承包人修复,并另行委托他人修复的,承包人承担的修复费用以由其自行修复所需的合理费用为限。

31. 施工合同约定工程保修期限低于法定最低期限的条款是否有效?承包人要求返还质量保修金的,如何处理?

建设工程施工合同中约定正常使用条件下工程的保修期限低于法律、行政法规规定的最低期限的,该约定无效。

当事人就工程质量保修金返还期限有约定的,依照其约定,但不影响承包人在保修期限内承担质量保修责任;没有约定或约定不明的,工程质量保修金返还期限为工程竣工验收合格之日起二十四个月。

建设工程施工合同无效,但工程经竣工验收合格并交付发包人使用的,承包人应依据法律、行政法规的规定承担质量保修责任。发包人要求参照合同约定扣留一定比例的工程款作为工程质量保修金的,应予支持。

❖ 五、天津仲裁委员会《建设工程施工合同纠纷案件仲裁指引》(节选)

(2015 年 6 月 4 日)

本指引是由天津仲裁委员会起草,非强制性或规范性规定,其目的是为向仲裁员在仲裁建设工程施工合同纠纷案件提供借鉴,仅供仲裁员在仲裁工作中参考。

八、质量纠纷

(一)承包人的质量责任

1、不按照施工图纸和施工技术规范施工造成的工程质量问题。

2、未按照工程设计施工要求、施工技术规范和合同约定对建筑材料、构配件和设备进行检验，使用了不合格的产品造成的质量问题。

3、在法定或约定的保修期内，承包人应当保修的工程发生的一般质量问题。

(二)发包人的质量责任

1、发包人提供的设计有缺陷；

2、发包人指定提供的材料、构配件、设备不符合国家强制标准；

3、发包人指定的分包人造成的施工工程不符合质量要求；

4、未经验收发包人提前使用的部分工程质量问题，推定由发包人承担。

九、工程司法鉴定

双方对工程质量发生争议或造价约定不明确的，可以申请鉴定。当事人约定按照固定价结算工程价款，一方当事人请求对建设工程造价进行鉴定的，不予支持。当事人对部分案件事实有争议的，仅对有争议的事实进行鉴定，但争议事实范围不能确定，或者双方当事人请求对全部事实鉴定的除外。当事人对鉴定结论有异议提出重新鉴定应符合下列条件：

1、鉴定机构或鉴定人员不具备相关的鉴定资格的；

2、鉴定程序严重违法的；

3、鉴定结论明显依据不足的；

4、经过质证不能作为证据使用的其他情形；

5、一方当事人自行委托有关部门作出的鉴定结论，另一方当事人有证据足以反驳、推翻的。

但对有缺陷的鉴定结论，可以通过补充鉴定、重新质证或者补充质证等方法解决的，不予重新鉴定。

十、合同的解除

(一)发包人的解除权

1、承包人明确表示或者以行为表明不履行合同主要义务的。

2、承包人在合同约定的期限内没有完工，且在发包人催告的合理期限内仍未完工的。

3、承包人已经完成的建设工程质量不合格，并拒绝修复的。

4、工程主体结构验收或者工程竣工验收不合格，且承包人拒绝修复或者无法修复的。

5、承包人将承包的工程非法转包、违法分包的。

(1)承包方将其全部工程转给他人承包的;

(2)承包方将其承包的全部工程肢解后以分包名义转给他人承包的;

(3)承包方将主体工程转给他人承包的;

(4)承包方将工程分包给不具备相应资质条件的单位的;

(5)分包单位将其承包的工程再行分包的;

(6)合同中未约定,又未经建设单位认可,承包人将部分专业工程分包给他人的。

……

六、河北省高级人民法院《建设工程施工合同案件审理指南》(节选)

(2018年6月13日　冀高法〔2018〕44号)

七、工程质量、质保金返还及保修责任

38. 承包人提起的建设工程施工合同纠纷中,发包人以工程质量不符合合同约定或规定、工期延误等为由,要求承包人支付违约金或者赔偿修理、返工或者改建的合理费用等损失的,告知发包人应提起反诉,与本诉一并审理。

承包人提起建设工程施工合同纠纷后,发包人在其他法院另行起诉承包人主张上述权利的,人民法院应告知发包人在前诉中提起反诉。发包人坚持立案的,后立案的法院应主动将案件移送到先立案的法院合并审理。

39. 因承包人的过错造成建设工程质量不符合约定,发包人能够证明已经履行了通知义务,承包人拒绝修理、返工或者改建,发包人请求减付工程价款的,可以将发包人因修理、返工或重建而支付的费用在工程款中予以扣减。

40. 建设工程经过竣工验收合格后,承包人主张工程款的发包人又以工程质量不合格主张付款条件不成就或者拒付工程款的,人民法院不予支持。

41. 建设工程未经竣工验收或未经验收合格,发包人擅自使用后,承包人主张工程款的，发包人又以使用部分质量不合格主张付款条件不成就或者拒付工程款的，人民法院不予支持。但确因承包人原因导致建设工程的地基基础工程和主体结构存在质量问题的除外。

42. 未完工程中，承包人主张其已完成部分的工程款的，后续工程已经由第三方施工完毕，并竣工验收合格的，发包人又以承包人施工部分的工程质量不合格主张付款条件不成就或者拒付工程款的，人民法院不予支持。后续工程已经由第三方施工完毕但未进行竣工验收，或者未由第三方继续施工，但分部分项验收合格的，发包人以承包人施工部分的工程质量不合格主张付款条件不成就或者拒付工程款的，人民法院不予支持。人民法院可在承包人已完工程价款中按合同约定比例暂扣质保金，暂扣质保金的时间最长不超过两年。但确因承包人原因导致建设工程的地基基础工程和主体结构存在质量问题的除外。

43. 当事人对质量保证金返还期限有约定的，承包人请求按照约定返还工程质量保证金的，人民法院应予支持。没有约定或约定不明的，适用《建设工程质量保证金管理办法》(建质〔2016〕295 号)①第二条规定，缺陷责任期最长为 2 年。发包人应在最长缺陷责任期(2 年)期满后将质量保证金返还承包人。

质量保证金的期限自工程竣工验收合格之日起算；工程因发包人原因未能竣工验收的，自承包人提交工程竣工验收报告 90 天后起算。

发包人返还质量保证金后，不影响承包人依照合同约定或法律规定履行工程保修义务。

44. 发包人擅自使用未经验收或验收不合格工程，视为该工程已经竣工验收，但不能排除工程保修期内承包人的保修责任。

45. 建设工程施工合同中约定发包人可因工期、工程质量转包或违法分包等情形对承包人处以“罚款”的，该约定应视为双方对违约责任的约定，罚款具有违约金的性质。经承包人确认的罚款数额，发包人主张从工程款中扣减的，人民法院应予支持。当事人要求对罚款的数额进行调整的，人民法院可按照《合同法》第一百一十四条②的规定予以处理。

① 现为建质〔2017〕138 号。
② 现为《民法典》第 585 条。

七、江苏省高级人民法院《建设工程施工合同纠纷案件委托鉴定工作指南》(节选)

(2019 年 12 月 27 日)

为进一步规范建设工程施工合同纠纷案件审理工作,提高司法鉴定效率和鉴定意见质量,根据《中华人民共和国民事诉讼法》及其司法解释、《最高人民法院关于审理建设工程施工合同纠纷案件适用法律问题的解释》、《最高人民法院关于民事诉讼证据的若干规定》等法律、司法解释的规定,结合全省审判实践,制定本指南。

1.【当事人鉴定申请的提出】当事人就建设工程造价、建设工程工期及停窝工损失、建设工程质量等事实的专门性问题发生争议的,可以向人民法院申请鉴定。

当事人申请鉴定,应当在人民法院指定的期限内以书面方式提出,并预交鉴定费用。申请书中应当载明需要鉴定的事项及需要通过鉴定意见证明的事实。当事人逾期提出鉴定申请,申请鉴定的事项对案件基本事实的认定有重大影响的,可予准许,但应当依法予以训诫、罚款。

经人民法院释明,对需要鉴定的事项负有举证责任的当事人,在人民法院指定的期限内明确表示放弃鉴定申请后又提出鉴定申请的,或者当事人在再审申请审查期间提出鉴定申请的,不予准许。

2.【鉴定申请审查判断规则】申请鉴定的事项,与争议事实没有关联,或者不涉及案件基本事实的认定,或者对诉争事项的裁量没有意义,缺乏鉴定必要性的,鉴定申请不予准许。

3.【鉴定申请不予准许情形】当事人申请鉴定存在下列情形之一,且没有相反证据予以反驳或者推翻的,不予准许:

(一)当事人对申请鉴定的争议事项已自行达成协议的;

(二)当事人对申请鉴定的争议事项共同委托有关机构、人员出具咨询意见且双方明确表示受该咨询意见约束的;

（三）当事人约定工程价款的结算以第三方结论如行政审计、财政评审等作为依据的；

（四）当事人约定按照固定价（包括固定总价与固定单价）结算工程价款，未超出承包人约定承担的风险范围应当适用固定价的；

（五）当事人约定发包人无正当理由未在约定期限内对竣工结算文件作出答复视为认可竣工结算文件的；

（六）建设工程经竣工验收合格发包人提出质量异议，或者建设工程未经竣工验收合格发包人擅自使用后提出质量异议的；

（七）当事人没有证据或者理由足以反驳另一方当事人就专门性问题自行委托有关机构或者人员出具的意见的；

（八）其他足以认定鉴定申请所涉争议事项的情形。

4.【申请准许与事项确定程序规则】鉴定申请的准许、鉴定事项的确定，应当经合议庭讨论决定。合议庭不能形成一致意见的，应当提交专业法官会议讨论。

委托鉴定的事项，应当根据当事人诉辩意见及诉讼争议待证事实的举证质证情况，在委托鉴定之前予以确定。

5.【委托鉴定预备事项】准许鉴定申请的，应当指定当事人提交或者补充提交鉴定材料的期限，并组织当事人对鉴定材料进行质证。未经质证的材料，不得作为鉴定的根据。

向司法鉴定部门移送鉴定、依法选定鉴定机构时，主审法官应当以书面形式明确委托书需列明的以下事项：

（一）委托鉴定的具体事项；

（二）建设工程造价、建设工程工期或停窝工损失、建设工程质量等鉴定的具体范围；

（三）通过鉴定解决的争议和争议要点；

（四）鉴定期限的具体要求；

（五）其他根据案件情况需明确的事项。

6.【委托鉴定一般要求】人民法院委托鉴定，应当依法出具委托书，并在鉴定开始前要求鉴定机构签署承诺书。

鉴定机构接受委托后，应当在委托法院确定的鉴定期限内完成鉴定，并提交鉴定报告。鉴定机构无正当理由未按期完成鉴定的，委托法院可以解除委托，责令退还鉴定费用，并视情节取消鉴定机构参与司法鉴定遴选的资格。

7.【鉴定材料补充期限】鉴定机构认为鉴定材料不全需要委托法院补充的，应当在接受委托之日起 10 日内向委托法院一次性提交补充所需材料的书面清单。

委托法院应当在收到材料补充清单之日起 20 日内，对照清单要求，组织当事人举证质证，并将经质证的相关材料移送鉴定机构。证据材料较多且当事人争议较大的，经分管庭长同意可以延长 10 日。

8.【鉴定依据补充确定】鉴定过程中，鉴定机构认为应当由人民法院确定的事项而要求委托法院确定的，应当及时以书面形式征询委托法院的意见，委托法院应当及时作出书面答复。

委托法院认为鉴定机构要求确定的事项，不属于必须由人民法院确定且宜由鉴定机构进行专业鉴别的，可以要求鉴定机构分析鉴别。必要时，委托法院、鉴定机构可以协同建设工程案件咨询专家或者行业管理部门研讨确定。

9.【人民法院确定事项】下列事项，鉴定机构可以要求委托法院予以明确：

（一）可以作为鉴定依据的合同、签证、函件、联系单等书证的真实性及其证据效力；

（二）合同没有约定、约定不明，或者约定之间存在矛盾，需要进行合同解释明确鉴定依据的；

（三）无效合同中可以参照作为结算依据的条款；

（四）确定质量标准的依据；

（五）约定工期与实际工期认定的依据；

（六）当事人在鉴定过程补充证据材料或者对证据材料有实质性异议需要重新质证认证的；

（七）鉴定所需材料缺失，需要明确举证不能责任承担的；

（八）对未全部完工工程等需先确定鉴定方法的；

（九）其他需要由人民法院予以明确、作出决定的事项。

10.【鉴定意见确定性要求】鉴定机构接受鉴定委托，应当出具肯定或否定的确定性鉴定意见，原则上不得出具选择性鉴定意见。

鉴定机构认为只能出具选择性鉴定意见的，应及时以书面方式与委托法院进行沟通。委托法院同意出具选择性鉴定意见的，鉴定机构方可出具选择性鉴定意见。

11.【鉴定报告规范性要求】对鉴定机构出具的鉴定报告，委托法院应当对照《最高人民法院关于民事诉讼证据的若干规定》第三十六条的规定，审查鉴定报告的内容构成和形式要件是否符合要求。符合的应当及时将副本送交当事人，并指定当事人提出异议的期限；不符合的应当径行退回鉴定机构重新出具。

对鉴定事项的鉴定意见，鉴定机构应当在鉴定报告中分类、逐项说明，明确所依据的具体证据、法律、法规和规范性文件名称以及发布机关、文号、具体条款等内容；援引有关原理、方法作出判断的，应当注明出处。

12.【鉴定报告完整性要求】鉴定机构与委托法院的往来函件应当作为鉴定报告的附件。经委托法院准许或者按委托法院要求，鉴定机构进行现场勘验制作的勘验笔录，应当作为鉴定报告的附件。

勘验笔录，应当详细记录勘验的时间、地点、勘验人、在场人及勘验的经过、结果，并由勘验人、在场人签名或者盖章。

鉴定意见最终出具前征求当事人意见，当事人提出异议的，鉴定机构应当在鉴定报告中作出解释、说明。

13.【当事人异议规范要求】当事人对鉴定报告的内容有异议的，应当在人民法院指定期限内以书面方式明确说明异议的具体内容及其依据，并提交或者列举相关证据，对计算方法有异议，应当说明采用不同计算方法的理由及依据。

对当事人的异议，鉴定机构应当以书面形式作出解释、说明或者补充。

14.【鉴定未完成认定与处理】委托法院认为鉴定机构未完成鉴定，或者鉴定报告遗留过多不确定项，鉴定机构无正当理由拒绝继续完成或补充鉴定的，委托法院经向三名建设工程案件咨询专家咨询，认为鉴定机构可以作出鉴定意见的，鉴定机构应当退还收取的鉴定费用。

鉴定机构不能完成鉴定的，经合议庭讨论决定，可以委托备选鉴定机构或者重新选定鉴定机构进行鉴定。备选鉴定机构存在法定回避等不适宜担任鉴定人的情形的，应当依照程序重新选定鉴定机构。

15.【鉴定事项辅助确定机制】具备下列情形之一，经双方当事人和选定鉴定机构同意，委托法院可以通知鉴定机构派员作为专家辅助人参与证据交换，辅助确定鉴定事项：

（一）当事人在诉辩初期即申请司法鉴定的；

（二）证据材料较多且当事人争议较大的；

（三）证据材料涉及较强专业性问题判断的。

鉴定机构应当按委托法院要求派员从建设工程专业角度指导当事人举证、质证，并对应当委托鉴定的事项提出意见和建议。

16.【鉴定终止辅助费用负担】鉴定机构派员参与辅助确定鉴定事项，在鉴定开始之前，当事人自行和解、达成调解，或者发现鉴定没有必要进行的，鉴定机构退还预收的鉴定费用，委托法院应当根据纠纷解决情况和鉴定机构参与程度，决定当事人应当向鉴定机构支付的合理费用。

❖ 八、浙江省高级人民法院民事审判第一庭《关于审理建设工程施工合同纠纷案件若干疑难问题的解答》（节选）

（2012 年 4 月 5 日　浙法民一〔2012〕3 号）

七、发包人已经签字确认验收合格，能否再以质量问题提出抗辩，主张延期或不予支付工程价款？

发包人已组织验收并在相关文件上签字确认验收合格，后又以工程质量存在瑕疵为由，拒绝支付或要求延期支付工程价款的，该主张不能成立。但确因承包人施工导致地基基础工程、工程主体结构质量不合格的，发包人仍可以拒绝支付或要求延期支付工程价款。

八、如何把握工程质量鉴定程序的启动？

要严格把握工程质量鉴定程序的启动。建设工程未经竣工验收，发包人亦未擅自提前使用，发包人对工程质量提出异议并提供了初步证据的，可以启动鉴定程序。

九、发包人以工程质量为由提出的对抗性主张，究竟是抗辩还是反诉？

承包人诉请给付工程价款，发包人以工程质量不符合合同约定或国家强制性的质量规范标准为由，要求减少工程价款的，按抗辩处理；发包人请求承包人赔偿损失的，按反诉处理。

十七、启动工程量和工程价款鉴定程序，应该注意哪些问题？

当事人对工程价款存在争议，不能协议一致，也无法采取其他方式确定的，可以根据当事人的申请，对工程造价进行鉴定；双方当事人均不申请鉴定的，应向负有举证责任的当事人一方进行释明，其仍不申请鉴定的，由其承担举证不能的法律后果。

诉讼前已经由当事人共同选定具有相应资质的鉴定机构对工程价款进行了鉴定，诉讼中一方当事人要求重新鉴定的，不予准许，但确有证据证明鉴定结论具有最高人民法院《关于民事诉讼证据的若干规定》（已修改）第二十七条第一款①规定的情形除外。

一审诉讼期间对工程价款进行了鉴定，当事人在二审诉讼期间申请重新鉴定或补充鉴定的，不予准许，但确有证据证明鉴定结论具有最高人民法院《关于民事诉讼证据的若干规定》第二十七条第一款规定情形的除外。

二审诉讼期间，双方当事人均同意鉴定的，可予准许，但可能损害社会公共利益或第三人利益的除外。

人民法院应避免随意、盲目委托鉴定和不必要的多次、重复鉴定。根据双方当事人的合同约定或者现有证据，足以认定工程量和工程价款的，不应再就工程价款委托鉴定。

十九、如何认定建设工程施工合同关于工期和质量等奖惩办法约定的性质？

建设工程施工合同关于工期和质量等奖惩办法的约定，应当视为违约金条款。当事人请求按照《中华人民共和国合同法》（已失效）第一百一十四条第二款②，以及最高人民法院《关于适用〈中华人民共和国合同法〉若干问题的解释

① 最高人民法院《关于民事诉讼证据的若干规定》（2019 年）第 40 条第 1 款。

② 现为《民法典》第 585 条第 2 款。

(二)》(已失效)第二十七条、第二十八条、第二十九条[①]的规定调整的,可予支持。

二十、合同无效是否影响关于工程质量的约定、承诺的效力?

建设工程施工合同无效,不影响发包人按合同约定、承包人出具的质量保修书或法律法规的规定,请求承包人承担工程质量责任。

❖ 九、福建省高级人民法院《关于审理建设工程施工合同纠纷案件疑难问题的解答》(节选)

(2007年11月22日)

5. 问:建设工程施工合同无效,但建设工程质量合格,发包人请求按照合同约定计算工程造价,而承包人请求按照工程定额标准计算工程造价的,如何处理?

答:建设工程施工合同无效,但建设工程质量合格的,发包人或者承包人任何一方请求参照合同约定支付工程价款的,均应予以支持。

10. 问:因承包人的过错造成建设工程质量不符合约定,承包人拒绝修理、返工或者改建,发包人以工程质量不符合约定为由请求减少支付工程价款的,是否必须反诉?工程未经竣工验收交付使用的,发包人以工程质量不符合约定为由请求减少支付工程款,应否支持?

答:发包人可以以此抗辩,请求在工程价款中扣减修理、返工或者改建的合理费用;也可以提起反诉,请求承包人支付修理、返工或者改建的合理费用。但发包人要求承包人赔偿因工程质量不符合约定而造成的其他财产或者人身损害的,应当提起反诉。

工程未经竣工验收,发包人擅自使用后,又以质量不符合约定为由请求减少支付工程价款的,不予支持。

---

① 现为《民法典》第585条第2款。

11. 问:建设工程质量不合格,发包人拒绝由承包人修复而另行委托他人修复的,承包人应否承担修复费用?

答:因承包人的原因造成建设工程质量不合格的,承包人应当承担合理的修复费用。发包人无正当理由拒绝由承包人修复而另请他人修复的,因另请他人而增加的费用不应由承包人承担。

12. 问:最高人民法院《关于审理建设工程施工合同纠纷案件适用法律问题的解释》(已失效)第十二条第二款规定,造成建设工程质量缺陷,"承包人有过错的,也应当承担相应的过错责任",应如何理解?

答:承包人具有下列情形的,应当认定其有过错:(1)承包人明知发包人提供的工程设计有问题或者在施工中发现设计文件和图纸有差错,而没有及时提出意见和建议,并继续进行施工的;(2)对发包人提供的建筑材料、建筑构配件、设备等未按规定进行检验或者检验不合格仍予以使用的;(3)对发包人提出的违反法律、行政法规和建筑工程质量、安全标准,降低工程质量要求,未拒绝而进行施工的。

13. 问:承包人已经提交竣工验收报告,发包人拖延验收,而验收后工程质量不合格需要返工的,能否以承包人提交验收报告之日为竣工日期?

答:最高人民法院《关于审理建设工程施工合同纠纷案件适用法律问题的解释》(已失效)第十四条第(二)项规定的"承包人已经提交竣工验收报告,发包人拖延验收的,以承包人提交验收报告之日为竣工日期"是指工程经竣工验收合格的情形。发包人拖延验收,而验收的工程质量不合格,经修改后才通过竣工验收,当事人对建设工程实际竣工日期有争议的,以承包人修改后提请发包人验收之日作为竣工日期。但在计算承包人的实际施工工期时,应当扣除发包人拖延验收的期间。

❖ 十、江西省高级人民法院二〇〇四年全省法院民事审判工作座谈会纪要(节选)

(2004年12月16日　赣高法〔2005〕52号)

五、关于建设工程合同纠纷案件审理

6. 无效合同的处理原则

(1)工程质量合格,合同约定了结算价格的,参照合同的约定结算工程款。承包方要求对工程款进行鉴定的,人民法院不予准许。

(2)工程质量合格,合同未约定结算价格,应根据承包方已完成的工程量、实际资质,参照合同签订时当地建设行政主管部门发布的计价方法或者计价标准结算工程价款,对超越资质承揽工程的,对因其超越资质而取得的非法所得予以收缴。承包方不具有法定资质的,对间接费和其他直接费予以收缴。转包、违法分包合同当事人之间存在收取管理费的,对该收取的管理费部分予以收缴。

(3)合同未约定结算价格,是指合同约定工程、增加工程、变更设计的工程部分未约定结算价格。

(4)工程竣工验收不合格,承包人以地基基础工程和主体结构合格为由起诉主张工程款的,如发包人表示不需要承包人承担除合格的地基基础和主体结构以外工程的修复义务,只需承担修复费用的,双方对此达成一致意见的,可以结算工程款。如果发包人提出要求承包人承担修复义务的,承包人在未履行修复义务前起诉主张工程款的,以驳回起诉处理。

(5)工程质量综合验收不合格,承包人起诉要求支付工程款的,驳回诉讼请求。

(6)工程未经验收,承包人起诉要求支付工程款的,驳回起诉。承包人有证据证明非可归于承包人的原因所致的,人民法院应当向发包人释明,双方共同配合进行工程验收,发包方不予配合,根据承包方提供的证据进行了决算工程款。

十一、山东省高级人民法院《关于审理建设工程施工合同纠纷案件若干问题的解答》(节选)

(2020年11月4日)

为正确审理建设工程施工合同纠纷案件,规范自由裁量权的行使,现就有关问题解答如下:

5.当事人申请对工程造价、工期及停窝工损失、建设工程质量等进行鉴定的,如何审查?

当事人就建设工程造价、工期及停窝工损失、建设工程质量等事实发生争议,申请鉴定的,应当审查申请鉴定的事项与争议事实的关联性,判断鉴定的必要性。具有下列情形之一,且没有相反证据予以反驳或者推翻的,不予准许:

(1)当事人对申请鉴定的争议事项已达成协议的;

(2)当事人对申请鉴定的争议事项已共同委托有关机构、人员出具咨询意见且双方明示接受该咨询意见的;

(3)当事人约定工程价款的结算以行政审计、财政评审等第三方结论作为依据的(但发包人故意迟延提交审计或妨碍审计条件成就,以及第三方明确表示无法进行审计或者无正当理由超出合同约定的审计期限三个月仍未作出审计结论、评审意见等的除外);

(4)当事人约定按照固定总价结算工程价款,未超出约定施工范围的;

(5)其他足以认定鉴定申请所涉争议事项的情形。

6.如何组织对建设工程鉴定意见进行质证和审查?

鉴定意见应当经当事人质证才能作为认定事实的依据,可由当事人对鉴定机构或鉴定人的资质、鉴定范围是否准确、鉴定程序是否合法、鉴定材料是否可靠、鉴定方法是否科学、鉴定意见是否存在错漏等发表质证意见。具有下列情形之一的,鉴定意见不能作为认定事实的依据:

(1)鉴定人员与一方当事人存在利害关系,影响鉴定的公正性的;

（2）鉴定人员未实际参与鉴定，仅在鉴定报告上署名的；

（3）经人民法院通知，鉴定人拒不出庭作证的；

（4）其他不应采信的情形。

7. 当事人对工程量、已付工程款、工程质量等有争议的，一般应当审查哪些证据？

当事人对工程量有争议的，应当根据招投标文件、合同等施工前约定，由承包人对工程量清单、签证、图纸、会议纪要、往来函件、交付验收记录等施工过程中产生的文件以及施工后形成的结算报告等进行举证；发包人有异议或主张存在甩项、减项、工程未完工等情形的，应提供相应签证、会议记录、交接记录等进行证明。

当事人对已付工程款及其他应扣款项有争议的，应当根据收付款凭证、领款单、取款记录、领款人授权文件等证据，结合合同约定，收款人是否是合同相对人、是否具有表见代理情形，以及当事人之间的付款习惯等进行审查，确定款项是否为已付款。

当事人对工程质量有争议的，应结合图纸和说明、图纸会审和设计交底相关材料、承包人提供的工程材料、工程质量检验文件、交工验收报告、现场勘察记录、工程移交记录、发包人拟使用涉案工程的通知、发包人实际使用工程的照片、视频等证据审查。

8. 承包人起诉主张工程款，发包人以工程质量不合格为由提出抗辩的，如何处理？

发包人就工程质量不符合合同约定或者法律规定的进行抗辩的，应当区别情况处理。建设工程经竣工验收合格后，承包人主张工程款，发包人以工程质量不合格主张付款条件不成就或者拒付工程款的，不予支持。建设工程未经竣工验收，发包人擅自使用的，发包人以工程质量不合格主张付款条件不成就或者拒付工程款的，不予支持，确因承包人原因导致工程的地基基础、主体结构质量不合格的除外。上述情形不能免除承包人在工程保修期内的保修责任和合理使用期内的损害赔偿责任。

9. 建设工程施工合同纠纷案件中,发包人以工程质量不符合合同约定或者法律规定为由,要求承包人承担责任的,如何处理?

承包人提起的建设工程施工合同纠纷,发包人以工程质量不符合合同约定或者法律规定为由,要求承包人支付违约金或者赔偿修理、返工或改建的合理费用损失的,应当向发包人释明,发包人提起反诉的,与本诉一并审理。

13. 建设工程施工合同约定对承包人的违约行为罚款的,如何处理?

建设工程施工合同约定对承包人的违约行为罚款的,应按照具体约定内容,对罚款的性质作出区分:

(1)建设工程施工合同约定承包人存在工期迟延、工程质量缺陷或未达到合同约定的工程质量标准、转包或违法分包等违约行为,发包人可对承包人罚款的,该约定可以视为当事人在合同中约定的违约金条款。

(2)建设工程施工合同约定对承包人实施除履行合同义务之外的行为进行罚款的,不予支持。

❖ 十二、山东省高级人民法院《关于印发全省民事审判工作会议纪要的通知》(节选)

(鲁高法〔2011〕297 号)

三、关于建设工程施工合同纠纷案件

(七)关于质量保修金返还时间的确定问题

建设工程质量保修金是发包人与承包人在建设工程施工合同中约定,从应付的工程款中预留,用以保证承包人在保修期内对建设工程出现的质量缺陷进行维修的资金。其主要功能在于担保建设工程竣工验收并交付使用后在保修期限内出现的质量缺陷问题。与质量保修金相联系的是质量保证金。依据建设部《建设工程质量保证金管理暂行办法》的规定,建设工程质量保证金(保修金)是发包人与承包人在建设工程承包合同中约定,从应付的工程款中预留,用以保证承包人在缺陷责任期内对建设工程出现的缺陷进行维修的资金。从上述规定来看,建设工程质量保修金和保证金属于相同性质的费用,功能也是相同的。由于质量保修金对应的是质量保修期,而质量保证金对应的是缺陷责任期,导致司法实务中对于保修金或者保证金的返还时间发生争议。会议认为,质量保修期与缺陷责任期是两个不同的概念,质量保修期是指建设工程在正常使用条件下的法定最低保修期限,在此期限内承包人对建设工程出现的质量问题负有保修义务。而缺陷责任期是指质量保证金的预留期限,最长为2年,缺陷责任期满,发包人应当将保证金返还给承包人。因二者期限不同,质量保修期长于缺陷责任期。因此,当事人对质量保修金返还期限有约定的,从其约定;没有约定或约定不明的,缺陷责任期满后,发包人应当将质量保修金返还给承包人,即发包人应当自接受建设工程之日起2年内将质量保修金返还给承包人。

(八)关于建设工程施工合同约定的工程质量标准与国家强制性标准不一致的处理问题

建设工程质量关系到人民群众生命财产安全,关系到国家利益和社会公共安全。因此,国家对建设工程质量要求十分严格,建筑法、合同法在立法上均对建设工程质量作出明确规定,并确定了建设工程质量的强制性国家标准。但建设工程质量作为建设工程施工合同的核心内容,是建设工程施工合同履行过程中纠纷频发、争议激烈的问题。因此,对于建设工程质量争议,必须坚持质量第一的审判原则,依法通过司法手段确保建设工程质量符合国家规定的强制性安全标准。当事人在建设工程施工合同中约定的建设工程质量标准低于国家颁布的建设工程质量强制性标准的,该约定无效,建设工程发生质量缺陷的,承包人应当按照国家强制性标准承担修理或者返工、改建等责任;对于当事人约定的建设工程质量标准高于国家规定的强制性安全标准的,如约定获得“鲁班奖”等,应当认定该约定有效,承包人的工程质量不符合合同约定质量标准的,应当按照合同约定承担违约责任,但合同另有约定的除外。

(九)质量保修期间质量缺陷的责任承担问题

建设工程在保修范围和保修期限内发生质量缺陷的,施工单位应当履行保修义务,否则应承担相应的法律责任。但施工单位承担保修责任与建设工程质量缺陷责任不是同一概念,施工单位负有保修责任并不意味着承担建设工程的质量缺陷责任。对于在建设工程保修期间出现的质量问题,虽由施工单位负责保修,但保修所发生的费用应当由造成质量缺陷的责任方负担。实务中,对于保修期间的质量责任划分和损失承担原则根据以下情形确定:(1)施工单位未按国家有关工程建设规范、标准和设计要求施工,造成质量缺陷的,应当履行保修义务,并对造成的损失承担赔偿责任。(2)属于勘察、设计方面的原因造成的质量缺陷,由施工单位负责返修,费用由建设单位支付,建设单位可向勘察、设计单位追偿。(3)因建筑材料、建筑构配件和设备质量不合格引起的质量缺陷,属于施工单位负责采购的,由施工单位承担民事责任;属于建设单位负责采购的,但施工单位提出异议而建设单位坚持使用的,由建设单位承担民事责任,如果施工单位没有验收或者验收不合格仍然使用的,由建设单位与施工单位共同承担责任。(4)因建设单位或者建筑物所有人使用不当造成的质量缺陷,由建设单位或者建筑物所有人自行负责。(5)因自然事故、社会事件等不可抗力造成的质量事故,由建筑物的所有人或者使用人承担责任。(6)对发包人提出的违反法律法规和建筑工程质量、安全标准,降低工程质量的要求,承包人不予拒绝而进行施工的,由建设单位与施工单位共同承担责任。

❖ 十三、河南省高级人民法院《审监庭建设工程施工合同纠纷事实查明的思路与方法(二)》(节选)①

三、工程质量

工程质量问题是审理建设工程施工合同应予查明的重要事实,以承包人起诉请求发包人支付尚欠工程款为例,发包人一般将工程质量不合格作为拒付、扣减工程款的抗辩事由或提起反诉,此时应将发包人提出的质量问题一并审理。工程质量问题应从以下方面审查。

(一)审查工程是否存在质量问题

1.工程竣工验收合格的,一般被认定为施工质量合格。对于发包人提出的

① 《公民与法·审判版》2023 年第 12 期。

质量问题，应由发包人承担举证责任，法官根据举证情况作出初步判断。同时对于发包人主张的质量问题，法官应区分是否在质保期内，以及是否属于地基基础、主体结构的质量问题。若审查后初步判断可能存在质量问题，且在质保期内，或属于地基基础、主体结构的质量问题，可征求双方意见是否申请工程质量鉴定，双方均不申请鉴定的，应当分配举证责任，并向负有举证责任的一方释明不申请鉴定的法律后果。

2. 未经工程竣工验收合格的，若工程已交付使用，发包人再提出质量问题的，适用工程竣工验收合格的处理原则，工程未经竣工验收却已实际交付使用，视为发包人认可质量合格，质量风险在其接收工程后转由发包人负担；若工程未交付使用，承包人可通过举证分部分项工程验收表、检验批验收表、混凝土强度检测报告等证据，以证明其已完工工程质量合格。

（二）审查工程质量的修复问题

承包人造成的工程质量问题，应由承包人承担修复责任。若工程质量虽未达到合同约定标准或国家标准，但经过修复后可以达到上述标准，发包人抗辩扣除修复价款或另诉要求承包人对质量问题修复或承担修复费用的，应予支持；若工程不能修复但不影响建设工程的结构安全性、功能适用性，发包人可要求减少相应工程价款；若工程存在严重的危及结构安全的质量问题，修复后仍不合格或者修复不经济的，发包人可拒付工程款。

（三）审查质保金应否返还

质保金的返还期限有以下两种情况：(1)合同对质保金返还期限有约定的，一般应按合同约定的期限返还质保金。合同约定的质保金预留比例可以高于《建设工程质量保证金管理办法》规定的质保金预留比例，返还期限亦可以长于该办法规定的最长质保金返还期限。如合同约定质保金比例超过工程结算价款3%或返还期限超过最长两年法定缺陷责任期，仍对双方具有约束力。(2)若工程未完工或合同约定质保金返还条件已不能适用，如合同约定从竣工验收之日起一定期限后返还质保金，但因工程尚未完工，何时能够竣工验收依赖于第三人的履行情况，甚至工程可能已烂尾，则合同约定的质保金返还的起算点无法适用，在此情况下，质保金一般应以工程脱离施工人占有管理之日起，并参照合同约定期限返还；合同未约定质保金返还期限的，质保金一般自工程脱离施工人占有管理之日起满两年法定缺陷责任期后返还。

五、司法鉴定

工程造价、工程质量、停工损失是建设工程施工合同纠纷案件中的主要争议事项，往往涉及专门性、技术性问题，需要通过委托司法鉴定辅助认定。鉴定中应注意以下方面。

（一）审查鉴定的必要性和可行性

如当事人申请鉴定的事项明显不成立或无须鉴定的，鉴定申请不予准许。如确有鉴定的必要，需判断是否具备鉴定条件。

（二）举证责任的分配和释明

合议庭认为争议事项需要进行鉴定，经询问，当事人对申请鉴定责任由谁承担存在争议的，已完工程价款申请鉴定的责任一般分配给施工人，工程质量申请鉴定的责任一般分配给发包人。在分配举证责任后，负有举证责任的当事人仍不申请鉴定的，合议庭应向其释明逾期不申请的法律后果。

（三）审查鉴定机构的资质

合议庭需对鉴定机构或鉴定人的资质进行审查，其中对鉴定机构资质的审查应依据其资质证书，而非营业执照。目前司法鉴定要求鉴定机构和鉴定人均需具备相应的资质，实践中虽对鉴定机构资质有放宽趋势，但至少鉴定人需有相应的职业资格证书。以工程造价鉴定为例，注册造价工程师分为四个专业，土木工程、安装工程、交通运输工程、水利工程，但实践中经常出现两名鉴定人中的一人或两人的专业与鉴定资质要求不符的情形。例如，进行土建、安装鉴定，但鉴定机构是资产评估公司且人员仅有物价评估资质。又如，进行路桥工程造价鉴定，鉴定人本应为交通运输工程专业，但鉴定人却是土建、安装专业，造成鉴定意见无法作为定案依据。

（四）需由法院先行确定或决定的事项

存在以下情形时，当事人可建议鉴定机构提请法院先行确定或决定以下事项，鉴定机构不提请法院确定或决定的，当事人必要时可自行向法院提请确定或决定以下事项，或建议法院要求鉴定机构就争议问题出具相应鉴定意见供法院参考：(1)涉及合同效力认定的；(2)存在多个合同需确定以哪份合同作为结算依据的；(3)当事人之间对计价依据、计价方法约定不明或对计价依据、计价方法等约定存在争议，需选择适用的；(4)涉及事实无法查明或证据缺失时的责任分配的；(5)相关鉴定事项的确定、计算有赖于合同约定，但合同中约定不明或未约定的；(6)鉴定事项有赖于非委托范围内的其他事项先形成鉴定结论或需第三方专业机构进行现场勘验的。

(五)鉴定事项的审查与引导

鉴定时不能简单以当事人申请内容确定鉴定事项和范围，应结合争议事实确定鉴定事项和范围。例如，在承包人依约完成全部施工内容的情形下，合同约定按照平方米单价结算，则仅应对变更部分工程造价进行鉴定，若当事人申请按定额对全部工程进行鉴定，不应准许。又如，工程未完工且合同无效，承包人主张对预期利益进行鉴定，不应准许。再如，不属于地基基础、主体结构的质量问题，且已超过保修期，发包人申请质量鉴定，不应准许。

(六)鉴定材料的提供

工程造价鉴定中，按鉴定材料的性质、名称和内容，包括但不限于以下常见材料，当事人可根据个案鉴定中所需证明的目的、对象的不同，选择其中一项或多项进行举证：(1)项目前期立项、核准、备案、土地使用权取得文件等；(2)资质、规划等各类行政许可文件；(3)招标文件及招标澄清内容；(4)发包人要求文件；(5)标底或预算书；(6)地质勘察报告；(7)投标函及附录、商务标、技术标、承包人建议书；(8)中标通知书；(9)工程量清单或价格清单；(10)各类合同、补充协议，有关合同结算金额或履行金额的依据；(11)施工组织设计和施工进度计划；(12)各类图纸及图纸会审纪要；(13)签证单、联系单、设计变更(更改)通知单、技术确认单、设备或材料认价文件、洽商函；(14)各类会议纪要及会议记录；(15)施工日志、监理日记及其他记录类文件；(16)计价规范(定额)文件、信息价文件及相关勘误书、表；(17)与鉴定事项相关的其他政策文件、标准或规范；(18)各方指令及确认文件；(19)工程量月报表、进度款支付证书、进度款审批表；(20)甲供(乙供)材料、设备清单及依据；(21)落实安全文明施工措施、临时设施投入等事实依据；(22)隐蔽工程、分部分项验收材料；(23)开工报告或开工令，停工报告或停工令；(24)竣工报告、预验收会议纪要或证明、竣工验收意见表、竣工验收备案表；(25)管理人员备案表、管理人员及施工人员考勤表(考勤记录)；(26)工资发放记录，分行业分岗位工资标准依据文件；(27)施工机械设备的进退场审批单；(28)相关气象资料或不可抗力事件证明；(29)各类往来函件、意向书或报告文件及签收记录；(30)相关统计部门发布的统计年鉴或数据。

(七)工程质量鉴定事项的确定

工程质量鉴定包括质量是否符合合同标准或国家标准、修复方案、修复费用的鉴定，三者之间是递进关系，部分质量问题还需进行原因力鉴定。要根据案件情况确定质量鉴定事项，发包人为证明工程质量不符合约定而反诉主张修复费用或抗辩减少工程价款的，一般应对工程质量、修复方案、修复费用一并进行鉴定。

十四、河南省高级人民法院民四庭《建设工程纠纷案件中鉴定的启动与审查要点》(节选)①

一、应当鉴定和无须鉴定的情形

对当事人有争议的工程造价、工程质量、损失数额、工期、修复费用等专门性问题，不通过鉴定无法查明且属于本案基本事实的，应当进行鉴定。但以下情形无须进行鉴定：

1. 当事人已对工程价款进行了结算，结算报告已经当事人签字认可，或当事人对工程价款、欠款数额已达成一致协议；

2. 当事人在专用条款中明确约定，发包人收到竣工结算文件后在约定期限内不予答复视为认可竣工结算文件，且承包人已经按照约定提交了竣工结算文件而发包人未依约答复的；

3. 当事人对争议事项已经共同委托有关机构、人员出具咨询意见且明确表示受该咨询意见约束；

4. 当事人明确约定按照固定总价或单价结算工程款，而承包范围未发生变化或未超出约定风险范围，且不存在约定调整工程价款情形的；

① 参见《公民与法·审判版》2023年第9期。

5. 建设工程经竣工验收合格后，发包人又以施工工程质量不符合约定为由提出质量异议的，或者建设工程未经竣工验收，发包人擅自使用后又以使用部分质量不符合约定为由提出质量异议的，但有证据证明在建设工程的合理使用寿命内的地基基础工程和主体结构出现质量问题的除外；

6. 当事人约定工程价款的结算以第三方结论（如财政评审、工程审计结论等）为依据，相关财政评审、工程审计结论已出具的，但有证据证明财政评审、工程审计结论违反法律规定或合同约定的除外；

7. 根据现有证据和法律规定，足以认定争议事项的其他情形。

七、具体情形下的鉴定意见审查

工程质量鉴定中有关事项的审查和确定。发包人主张工程质量不合格或不符合合同约定而申请工程质量鉴定的，应当要求发包人明确其鉴定目的，说明是为证明工程质量不合格而抗辩不支付工程价款，还是为证明工程质量不符合约定而反诉主张修复费用或抗辩减少工程价款，并根据情况确定鉴定事项。

如果发包人主张为证明工程质量不合格而抗辩不支付工程价款，应当要求鉴定机构对建设工程的地基基础、主体结构是否符合国家强制性质量标准以及整体安全性进行鉴定，并作出工程质量是否合格的明确意见。

如果发包人为证明工程质量不符合约定而反诉主张修复费用或抗辩减少工程价款的，应当对工程质量、修复方案、修复费用一并进行鉴定。

❖ 十五、河南省高级人民法院建设工程案件审判工作座谈会综述（节选）

（2022 年 9 月 14 日公布）

议题一：有关建设工程施工合同效力及合同条款适用的相关问题

关于无效施工合同中的质量标准、付款时间、逾期付款违约金以及质量保证金返还期限等约定如何适用问题。与会人员认为，施工合同无效，合同中约定的质量标准、付款时间、逾期付款违约金或者逾期付款利息以及质量保证金返还期限等内容亦应无效。但根据《中华人民共和国民法典》第七百九十三条第一款“建设工程施工合同无效,但是建设工程经验收合格的,可以参照合同关于工程价款的约定折价补偿承包人”和《最高人民法院关于审理建设工程施工合同纠纷案件适用法律问题的解释(一)》第六条“建设工程施工合同无效,一方当事人请求对方赔偿损失的,应当就对方过错、损失大小、过错与损失之间的因果关系承担举证责任。损失大小无法确定,一方当事人请求参照合同约定的质量标准、建设工期、工程价款支付时间等内容确定损失大小的,人民法院可以结合双方过错程度、过错与损失之间的因果关系等因素作出裁判”的规定,在施工合同无效的情况下,合同中关于工程价款、付款时间、质量标准、建设工期等内容仍可以参照适用。如果当事人主张按照合同约定支付逾期付款违约金或者逾期付款利息的,应向其释明主张合同无效后的逾期付款损失赔偿,并可以参照合同中约定的逾期付款违约金或者逾期付款利息等内容,结合双方过错程度确定逾期付款损失的大小。

建设工程质量保证金具有担保性质,建设工程施工合同无效后并不免除承包人的工程质量缺陷责任,故施工合同中约定的质量保证金返还期限可以参照适用。

议题四:有关工程质量责任和保修责任承担的问题

关于工程质量维修费用的处理问题。与会人员认为,发包人承认拖欠承包人工程价款,但以建设工程存在质量问题产生维修费用为由扣除相关维修费用,实质上是主张减少支付工程价款,并未超过承包人的诉讼请求范围,属于同一法律关系,不应要求发包人就此问题提出反诉。发包人在工程保修期内已通知承包人维修而承包人拒绝修复的,发包人可以依据支出维修费用的有效证据主张减少支付工程价款,在承包人主张工程价款的案件中一并处理。

关于发包人擅自使用建设工程的相关问题。与会人员认为,首先,未经竣工验收或验收不合格的建设工程,不得交付使用。该规定属于《民法典》《建筑法》的强制性规定,与人民群众生命、财产安全息息相关。即使存在相关部门要求发包人使用、开业经营需要使用等情形,未经竣工验收即使用建设工程,均属于擅自使用,工程质量责任风险随之转移给发包人。其次,发包人仅对其擅自使用部分的建设工程,不能再以工程质量不符合约定为由主张权利,而对于发包人未使用部分的建设工程，仍可以主张相应权利。再次，如果存在质量问题的是地基基础工程和主体结构工程，承包人应当在建设工程的合理使用寿命内承担民事责任，不受工程是否竣工验收及发包人是否擅自使用的影响。最后，发包人擅自使用后在保修期内产生的质量问题，承包人仍应承担保修义务。

关于工程质量保证金的返回期限问题。与会人员认为，建设工程质量缺陷责任期与保修期，是两个有关联但并不相同的概念。缺陷责任期，是指承包人按照合同约定承担工程质量缺陷修复义务、发包人保留工程质量保证金的期限。在责任期结束后，承包人可依法依约请求退还质量保证金。缺陷责任期的时间一般不超过 2 年。而保修期是指承包人对自己所完成工程的保修期限，超过保修期，承包人无义务实施保修。《建设工程质量管理条例》规定，基础设施工程、房屋建筑的地基基础工程和主体结构工程，为设计文件规定的该工程的合理使用年限；屋面防水工程、有防水要求的卫生间、房间和外墙面的防渗漏，为 5 年；供热与供冷系统，为 2 个采暖期、供冷期；电气管线、给排水管道、设备安装和装修工程，为 2 年。

《最高人民法院关于审理建设工程施工合同纠纷案件适用法律问题的解释（一）》第十七条规定，“有下列情形之一，承包人请求发包人返还工程质量保证金的，人民法院应予支持：（一）当事人约定的工程质量保证金返还期限届满；（二）当事人未约定工程质量保证金返还期限的，自建设工程通过竣工验收之日起满二年；（三）因发包人原因建设工程未按约定期限进行竣工验收的，自承包人提交工程竣工验收报告九十日后当事人约定的工程质量保证金返还期限届满；当事人未约定工程质量保证金返还期限的，自承包人提交工程竣工验收报告九十日后起满二年。发包人返还工程质量保证金后，不影响承包人根据合同约定或者法律规定履行工程保修义务。”因此，工程质量保证金的返还是以工程缺陷责任期届满为支付条件，并不以工程保修期限届满为支付条件。当事人对工程质量保证金返还期限没有约定或约定不明的，可按照该条规定第一款第二、三项处理，无须考虑工程保修期限。当然，如果当事人约定质保期满退还质量保证金的，应当按照约定时间返还。

❖ 十六、河南省高级人民法院民四庭《关于建设工程合同纠纷案件疑难问题的解答》(节选)①

1. 在施工合同无效的情况下,合同中约定的质量标准、付款时间等条款如何适用?

答:《中华人民共和国民法典》第七百九十三条第一款规定:"建设工程施工合同无效,但是建设工程经验收合格的,可以参照合同关于工程价款的约定折价补偿承包人。"《最高人民法院关于审理建设工程施工合同纠纷案件适用法律问题的解释(一)》第六条规定:"建设工程施工合同无效,一方当事人请求对方赔偿损失的,应当就对方过错、损失大小、过错与损失之间的因果关系承担举证责任。损失大小无法确定,一方当事人请求参照合同约定的质量标准、建设工期、工程价款支付时间等内容确定损失大小的,人民法院可以结合双方过错程度、过错与损失之间的因果关系等因素作出裁判。"因此,在建设工程施工合同无效的情况下,施工合同中关于工程款、付款时间、质量标准、建设工期等内容可以参照适用。

2. 在施工合同无效的情况下,合同中约定的逾期付款违约金或者逾期付款利息如何适用?

答:在施工合同无效的情况下,如果当事人主张按照合同约定支付逾期付款违约金或者逾期付款利息的,应向其释明主张合同无效后的逾期付款损失赔偿,并可以参照合同中约定的逾期付款违约金或者逾期付款利息等内容,结合双方过错程度确定逾期付款损失的大小。

3. 在施工合同无效的情况下,合同中约定的质量保证金返还期限能否参照适用?

答:建设工程质量保证金具有担保性质,根据建设工程质量保证金管理制度规定,建设工程施工合同无效后并不免除承包人的工程质量缺陷责任,故施

---

① 参见《公民与法·审判版》2022 年第 11 期。

工合同中约定的质量保证金返还期限可以参照适用。

21. 施工合同约定的工程质保金预留比例高于《建设工程质量保证金管理办法》规定的质保金预留比例,是否有效?

答:《建设工程质量保证金管理办法》属于部门规章,该办法中关于质保金预留比例的规定属于管理性规定,不影响当事人在施工合同中约定质保金预留比例内容的效力。故当事人在施工合同中约定的质保金预留比例高于《建设工程质量保证金管理办法》规定的质保金预留比例的情形,属于当事人意思自治范围,对双方当事人具有拘束力。

22. 施工合同中对工程质量保证金返还期限约定不明,承包人起诉主张支付工程款时工程竣工已超过 2 年不满 5 年,工程质量保证金如何处理?

答:建设工程质量缺陷责任期与保修期,是两个有关联但并不相同的概念。缺陷责任期,是指承包人按照合同约定承担工程质量缺陷修复义务、发包人保留工程质量保证金的期限。在责任期结束后,承包人可依法依约收回质量保证金。缺陷责任期的时间一般不超过 2 年。而保修期是指承包人对自己所完成工程的保修期限,超过保修期,承包人无义务实施保修。《建设工程质量管理条例》规定,基础设施工程、房屋建筑的地基基础工程和主体结构工程,为设计文件规定的该工程的合理使用年限;屋面防水工程、有防水要求的卫生间、房间和外墙面的防渗漏,为 5 年;供热与供冷系统,为 2 个采暖期、供冷期;电气管线、给排水管道、设备安装和装修工程,为 2 年。

《最高人民法院关于审理建设工程施工合同纠纷案件适用法律问题的解释(一)》第十七条规定:“有下列情形之一,承包人请求发包人返还工程质量保证金的,人民法院应予支持:(一)当事人约定的工程质量保证金返还期限届满;(二)当事人未约定工程质量保证金返还期限的,自建设工程通过竣工验收之日起满二年;(三)因发包人原因建设工程未按约定期限进行竣工验收的,自承包人提交工程竣工验收报告九十日后当事人约定的工程质量保证金返还期限届满;当事人未约定工程质量保证金返还期限的,自承包人提交工程竣工验收报告九十日后起满二年。发包人返还工程质量保证金后,不影响承包人根据合同约定或者法律规定履行工程保修义务。”因此,工程质量保证金的返还是以工程缺陷责任期届满为支付条件,并不以工程保修期限届满为支付条件。在当事人对工程质量保证金返还期限没有约定或约定不明的,可按照该条规定第一款第二、三项处理,无须考虑工程保修期限。当然,如果当事人约定质保期满退还质保金的,应当按照约定时间返还。

23. 建设工程未经竣工验收,发包人以经营需要为由使用是否属于擅自使用?部分使用建设工程能否认定为擅自使用?其他未使用部分的质量问题,发包人能否主张权利?

答:首先,未经竣工验收合格的建设工程不得交付使用。发包人以经营需要为由使用建设工程的情况属于擅自使用。其次,发包人仅对其擅自使用部分的建设工程,不能再以工程质量不符合约定为由主张权利,而对于未使用部分的建设工程,发包人仍可以主张权利。再次,发包人擅自使用行为仅产生推定工程质量合格的法律效果。如果在发包人擅自使用前就发现工程存在质量问题,也已要求承包人修理,但承包人拒绝修理的,发包人使用后仍可向承包人主张权利。最后,如果建设工程的地基基础工程和主体结构工程存在质量问题,承包人应当在建设工程的合理使用年限内承担民事责任,不受建设工程是否竣工验收及发包人是否擅自使用的影响。

24. 承包人主张工程款时建设工程尚未超过保修期,发包人主张将在工程保修期内自行维修或委托第三方维修支出的维修费用从工程款中扣除的,是在工程款中予以扣除,还是告知双方待保修期届满后另行按工程质量保修处理?

答:发包人承认拖欠承包人工程款,但以建设工程存在质量问题产生维修费用为由扣除相关维修费用,实质上是主张减少支付工程款,并未超过承包人的诉讼请求范围,属于同一法律关系,应当认定为抗辩。发包人在工程保修期内已通知承包人维修而承包人拒绝修复的,发包人可以依据支出维修费用的有效证据主张减少支付工程款,并在承包人主张工程款的案件中一并处理。

十七、湖北省高级人民法院民事审判工作座谈会会议纪要(节选)

(2013年9月1日)

四、关于建设工程施工合同纠纷案件

32.建设工程合同中当事人约定按包干价结算,承包人按照合同约定范围完工后,应当严格按照合同约定结算工程款。

因设计变更导致工程量变化或质量标准变化,当事人要求对工程量增加或减少部分据实结算的,应予支持。

如果工程未完工,承包人请求结算工程款的,区分情况处理:

(1)已完工程质量不合格的,由承包人进行修复,修复后质量合格的,可以请求支付工程款,修复后质量仍不合格的,承包人请求支付工程款的,不予支持;

(2)已完工程质量合格的,合同约定以单价包干方式计价的,按照包干单价和已完工程量计算工程款;合同约定以总价包干方式计价的,若工程未完工系承包人原因导致,按合同约定的取费标准鉴定未完工部分,以总包干价减未完工部分造价计算工程款;若工程未完工系发包人原因导致,按照建设行政主管部门颁发的定额及取费标准据实结算。

36.建设工程施工合同无效,且工程未经竣工验收,施工人主张支付工程款的,若涉案工程已被发包人使用或发包人同意支付工程款,可以参照双方签订的建设工程施工合同计算工程价款,但工程质量不合格的除外。

37.实际施工人为无资质个人,工程经竣工验收合格的,可参照合同约定计算工程价款。若无合同约定,可通过鉴定确定工程价款,对于直接费和实际发生的间接费按最低标准计算。工程经竣工验收不合格的,待实际施工人对工程修复合格后方可主张工程价款。

❖ 十八、重庆市高级人民法院、四川省高级人民法院《关于审理建设工程施工合同纠纷案件若干问题的解答》(节选)

(2022年12月28日)

为统一裁判尺度,指导川渝地区正确审理建设工程施工合同纠纷案件,根据《中华人民共和国民法典》《最高人民法院关于审理建设工程施工合同纠纷案件适用法律问题的解释(一)》等法律、行政法规及司法解释规定,结合川渝两地审判实践,制定本解答。

四、承包人请求发包人支付工程价款,发包人主张建设工程质量不符合合同约定或者法律规定的,如何处理?

答:承包人请求发包人支付工程价款,发包人以建设工程质量不符合合同约定或者法律规定为由主张权利的,应当区分情形分别予以处理:

建设工程竣工验收后,发包人以建设工程质量不符合合同约定或者法律规定为由主张权利的,人民法院应当告知其按照建设工程有关质量缺陷责任、保修责任的规定进行处理。

建设工程虽未竣工验收但发包人擅自使用后,发包人以建设工程质量不符合合同约定或者法律规定为由拒付工程价款或主张质量缺陷责任的,人民法院不予支持,但发包人有证据证明地基基础工程和主体结构工程存在重大质量问题的除外。

建设工程完工后尚未进行竣工验收且发包人未擅自使用的,承包人请求发包人支付工程价款,应当根据发包人抗辩的具体内容分别作出处理:

(一)以建设工程质量不符合合同约定或者法律规定为由拒绝支付工程款,发包人举证证明因承包人原因导致工程尚未进行竣工验收或申请司法鉴定确认建设工程质量不合格的,人民法院予以支持;

(二)发包人根据《最高人民法院关于审理建设工程施工合同纠纷案件适用法律问题的解释(一)》第十二条之规定主张减少支付工程价款的,发包人能够举证证明应当减少的工程价款数额或者合理修复费用的,人民法院可以从工程价款中予以扣除；

（三）发包人根据《最高人民法院关于审理建设工程施工合同纠纷案件适用法律问题的解释（一）》第十六条之规定主张承包人承担违约金或者赔偿修理、返工、改建的合理费用等损失的，人民法院可告知发包人提起反诉。

十三、建设工程施工合同约定工程价款实行固定价结算，因设计变更导致工程量或者质量标准发生变化，当事人请求对工程价款进行调整如何处理？

答：当事人约定按照固定价结算工程价款，在合同约定的风险范围和风险费用内，按照合同约定执行，一方当事人请求对工程造价进行鉴定并依据鉴定结论结算的，人民法院不予支持。

因设计变更导致建设工程的工程量或者质量标准发生变化，当事人请求对工程价款予以调整的，如果合同对工程价款调整的计算方法有约定的，依照其约定；没有约定或者约定不明的，由当事人协商解决，不能协商一致的，可以参照合同约定标准对变更部分予以结算，无法参照合同约定结算可以参照工程所在地建设行政主管部门发布的计价方法或者计价标准结算；涉及新材料、新工艺等在建设行政主管部门发布的计价方法或者计价标准中没有规定的项目，可根据市场行情据实结算。

❖ 十九、重庆市高级人民法院民一庭《关于建设工程施工合同纠纷案件若干问题的解答》（节选）

（2019 年 10 月 1 日）

为统一裁判尺度，指导全市法院正确审理建设工程施工合同纠纷案件，根据《中华人民共和国民法总则》、《中华人民共和国合同法》、《最高人民法院关于审理建设工程施工合同纠纷案件适用法律问题的解释》、《最高人民法院关于审理建设工程施工合同纠纷案件适用法律问题的解释（二）》等法律、行政法规及司法解释规定，结合我市审判实践，制定本解答意见。

8. 建设工程施工合同无效，且建设工程尚未进行竣工验收的，承包人能否请求参照合同约定支付工程价款？

答：建设工程施工合同无效，且建设工程尚未进行竣工验收，承包人请求参照合同约定支付工程价款的，人民法院应当根据导致建设工程未能进行竣工验收的原因以及建设工程是否交付使用等不同情形分别作出处理：

（1）因承包人原因导致建设工程尚未进行竣工验收的，如承包人未按约定报送竣工验收资料等，应认定工程价款支付条件不成就，承包人请求参照合同约定支付工程价款的，人民法院不予支持；

（2）因发包人原因导致建设工程尚未进行竣工验收的，如发包人收到承包人报送的竣工验收资料后怠于组织竣工验收等，应认定发包人不正当地阻止工程价款支付条件成就，承包人请求参照合同约定支付工程价款的，人民法院应予支持；

（3）建设工程尚未进行竣工验收，但已经交付使用或者发包人擅自使用的，应当认定工程价款支付条件成就，承包人请求参照合同约定支付工程价款的，人民法院应予支持。

建设工程施工合同无效，且建设工程尚未进行竣工验收，但发包人有证据证明建设工程存在可能导致建设工程竣工验收不合格的重大质量问题的，人民法院对承包人要求参照合同约定支付工程价款的请求不予支持。

17. 承包人请求发包人支付工程价款，发包人主张建设工程质量不符合合同约定或者法律规定的，如何处理？

答：承包人请求发包人支付工程价款，发包人以建设工程质量不符合合同约定或者法律规定为由主张权利的，如果建设工程已经竣工验收，人民法院应当告知其按照建设工程有关缺陷责任期、保修的规定进行处理。

建设工程虽未经竣工验收但发包人擅自使用或承包人将建设工程交给发包人而发包人未提出异议的，发包人又以建设工程质量不符合合同约定或者法律规定为由主张权利的，人民法院不予支持，但发包人有证据证明地基基础工程和主体结构工程存在重大质量问题的除外。

承包人请求发包人支付工程价款，建设工程尚未竣工验收且亦未交付使用，发包人以建设工程质量不符合合同约定或者法律规定为由主张权利的，应当根据发包人提出主张的具体内容分别作出处理：

（1）发包人以建设工程质量不符合合同约定或者法律规定为由主张不应支付工程款的，应当参照《最高人民法院关于审理建设工程施工合同纠纷案件适用法律问题的解释》第三条第一款第（二）项之规定举证证明建设工程因存在质量问题而导致竣工验收不合格，否则对发包人的抗辩理由不予支持；

（2）发包人根据《最高人民法院关于审理建设工程施工合同纠纷案件适用法律问题的解释》第十一条之规定主张减少支付工程价款的，发包人的主张为抗辩事由，发包人能够举证证明应当减少的工程价款数额或者质量瑕疵修复费用的，人民法院可以直接从工程价款中予以扣除；

（3）发包人根据《最高人民法院关于审理建设工程施工合同纠纷案件适用法律问题的解释（二）》第七条之规定主张承包人承担违约责任或者赔偿修理、返工、改建的合理费用等损失的，人民法院应当告知发包人提起反诉。

18. 质量缺陷期内，发包人自行委托他人对工程质量缺陷进行修复，并要求承包人承担修复费用或者要求在质量保证金中扣除修复费用的，如何处理？

答：质量缺陷期内，发包人发现建设工程存在质量缺陷的，应当告知承包人履行质量缺陷修复义务。承包人拒绝修复的，发包人可以委托他人对工程质量缺陷进行修复，并从质量保证金中扣除修复费用。修复费用超出质量保证金金额的，发包人可以向承包人追偿。

发包人在未告知承包人履行质量缺陷修复义务的情况下，自行委托他人对质量缺陷进行修复，并要求承包人承担修复费用或者要求在质量保证金中扣除修复费用的，人民法院不予支持，但合同另有约定的除外。

❖ 二十、《建筑工程施工质量验收统一标准》(GB 50300－2013)

1 总　　则

1.0.1　为了加强建筑工程质量管理,统一建筑工程施工质量的验收,保证工程质量,制定本标准。

1.0.2　本标准适用于建筑工程施工质量的验收,并作为建筑工程各专业验收规范编制的统一准则。

1.0.3　建筑工程施工质量验收,除应符合本标准外,尚应符合国家现行有关标准的规定。

2 术　　语

2.0.1　建筑工程　building engineering

通过对各类房屋建筑及其附属设施的建造和与其配套线路、管道、设备等的安装所形成的:工程实体。

2.0.2　检验　inspection

对被检验项目的特征、性能进行量测、检查、试验等,并将结果与标准规定的要求进行比较,以确定项目每项性能是否合格的活动。

2.0.3　进场检验　site inspection

对进入施工现场的建筑材料、构配件、设备及器具等,按相关标准的要求进行检验,并对其质量、规格及型号等是否符合要求作出确认的活动。

2.0.4　见证检验　evidential testing

施工单位在工程监理单位或建设单位的见证下,按照有关规定从施工现场随机抽取试样,送至具备相应资质的检测机构进行检验的活动。

2.0.5　复验　repeat test

建筑材料、设备等进入施工现场后,在外观质量检查和质量证明文件核查符合要求的基础上,按照有关规定从施工现场抽取试样送至试验室进行检验的活动。

2.0.6　检验批　inspection lot

按相同的生产条件或按规定的方式汇总起来供抽样检验用的,由一定数量样本组成的检验体。

2.0.7　验收　acceptance

建筑工程质量在施工单位自行检查合格的基础上，由工程质量验收责任方组织，工程建设相关单位参加，对检验批、分项、分部、单位工程及其隐蔽工程的质量进行抽样检验，对技术文件进行审核，并根据设计文件和相关标准以书面形式对工程质量是否达到合格作出确认。

2.0.8　主控项目　dominant item

建筑工程中对安全、节能、环境保护和主要使用功能起决定性作用的检验项目。

2.0.9　一般项目　general item

除主控项目以外的检验项目。

2.0.10　抽样方案　sampling scheme

根据检验项目的特性所确定的抽样数量和方法。

2.0.11　计数检验　inspection by attributes

通过确定抽样样本中不合格的个体数量，对样本总体质量做出判定的检验方法。

2.0.12　计量检验　inspection by variables

以抽样样本的检测数据计算总体均值、特征值或推定值，并以此判断或评估总体质量的检验方法。

2.0.13　错判概率　probability of commission

合格批被判为不合格批的概率，即合格批被拒收的概率，用 α 表示。

2.0.14　漏判概率　probability of omission

不合格批被判为合格批的概率，即不合格批被误收的概率，用 β 表示。

2.0.15　观感质量　quality of appearance

通过观察和必要的测试所反映的工程外在质量和功能状态。

2.0.16　返修　repair

对施工质量不符合标准规定的部位采取的整修等措施。

2.0.17　返工　rework

对施工质量不符合标准规定的部位采取的更换、重新制作、重新施工等措施。

3　基本规定

3.0.1　施工现场应具有健全的质量管理体系、相应的施工技术标准、施工质量检验制度和综合施工质量水平评定考核制度。施工现场质量管理可按本标准附录A的要求进行检查记录。

3.0.2 未实行监理的建筑工程，建设单位相关人员应履行本标准涉及的监理职责。

3.0.3 建筑工程的施工质量控制应符合下列规定：

1 建筑工程采用的主要材料、半成品、成品、建筑构配件、器具和设备应进行进场检验。凡涉及安全、节能、环境保护和主要使用功能的重要材料、产品，应按各专业工程施工规范、验收规范和设计文件等规定进行复验，并应经监理工程师检查认可；

2 各施工工序应按施工技术标准进行质量控制，每道施工工序完成后，经施工单位自检符合规定后，才能进行下道工序施工。各专业工种之间的相关工序应进行交接检验，并应记录；

3 对于监理单位提出检查要求的重要工序，应经监理工程师检查认可，才能进行下道工序施工。

3.0.4 符合下列条件之一时，可按相关专业验收规范的规定适当调整抽样复验、试验数量，调整后的抽样复验、试验方案应由施工单位编制，并报监理单位审核确认。

1 同一项目中由相同施工单位施工的多个单位工程，使用同一生产厂家的同品种、同规格、同批次的材料、构配件、设备；

2 同一施工单位在现场加工的成品、半成品、构配件用于同一项目中的多个单位工程；

3 在同一项目中，针对同一抽样对象已有检验成果可以重复利用。

3.0.5 当专业验收规范对工程中的验收项目未作出相应规定时，应由建设单位组织监理、设计、施工等相关单位制定专项验收要求。涉及安全、节能、环境保护等项目的专项验收要求应由建设单位组织专家论证。

3.0.6 建筑工程施工质量应按下列要求进行验收：

1 工程质量验收均应在施工单位自检合格的基础上进行；

2 参加工程施工质量验收的各方人员应具备相应的资格；

3 检验批的质量应按主控项目和一般项目验收；

4　对涉及结构安全、节能、环境保护和主要使用功能的试块、试件及材料，应在进场时或施工中按规定进行见证检验；

5　隐蔽工程在隐蔽前应由施工单位通知监理单位进行验收，并应形成验收文件，验收合格后方可继续施工；

6　对涉及结构安全、节能、环境保护和使用功能的重要分部工程，应在验收前按规定进行抽样检验；

7　工程的观感质量应由验收人员现场检查，并应共同确认。

3.0.7　建筑工程施工质量验收合格应符合下列规定：

1　符合工程勘察、设计文件的要求；

2　符合本标准和相关专业验收规范的规定。

3.0.8　检验批的质量检验，可根据检验项目的特点在下列抽样方案中选取：

1　计量、计数或计量－计数的抽样方案；

2　一次、二次或多次抽样方案；

3　对重要的检验项目，当有简易快速的检验方法时，选用全数检验方案；

4　根据生产连续性和生产控制稳定性情况，采用调整型抽样方案；

5　经实践证明有效的抽样方案。

3.0.9　检验批抽样样本应随机抽取，满足分布均匀、具有代表性的要求，抽样数量应符合有关专业验收规范的规定。当采用计数抽样时，最小抽样数量应符合表3.0.9的要求。

明显不合格的个体可不纳入检验批，但应进行处理，使其满足有关专业验收规范的规定，对处理的情况应予以记录并重新验收。

表3.0.9　检验批最小抽样数量

检验批的容量	最小抽样数量	检验批的容量	最小抽样数量
2～15	2	151～280	13
16～25	3	281～500	20
26～90	5	501～1200	32
91～150	8	1201～3200	50

3.0.10　计量抽样的错判概率 α 和漏判概率 β 可按下列规定采取：

1　主控项目：对应于合格质量水平的 α 和 β 均不宜超过 5%；

2　一般项目：对应于合格质量水平的 α 不宜超过 5%，β 不宜超过 10%。

4　建筑工程质量验收的划分

4.0.1　建筑工程施工质量验收应划分为单位工程、分部工程、分项工程和检验批。

4.0.2　单位工程应按下列原则划分：

1　具备独立施工条件并能形成独立使用功能的建筑物或构筑物为一个单位工程；

2　对于规模较大的单位工程，可将其能形成独立使用功能的部分划分为一个子单位工程。

4.0.3　分部工程应按下列原则划分：

1　可按专业性质、工程部位确定；

2　当分部工程较大或较复杂时，可按材料种类、施工特点、施工程序、专业系统及类别将分部工程划分为若干子分部工程。

4.0.4　分项工程可按主要工种、材料、施工工艺、设备类别进行划分。

4.0.5　检验批可根据施工、质量控制和专业验收的需要，按工程量、楼层、施工段、变形缝进行划分。

4.0.6　建筑工程的分部工程、分项工程划分宜按本标准附录 B 采用。

4.0.7　施工前，应由施工单位制定分项工程和检验批的划分方案，并由监理单位审核。对于附录 B 及相关专业验收规范未涵盖的分项工程和检验批，可由建设单位组织监理、施工等单位协商确定。

4.0.8　室外工程可根据专业类别和工程规模按本标准附录 C 的规定划分子单位工程、分部工程和分项工程。

5　建筑工程质量验收

5.0.1　检验批质量验收合格应符合下列规定：

1　主控项目的质量经抽样检验均应合格；

2　一般项目的质量经抽样检验合格。当采用计数抽样时，合格点率应符合有关专业验收规范的规定，且不得存在严重缺陷。对于计数抽样的一般项目，正常检验一次、二次抽样可按本标准附录 D 判定；

3　具有完整的施工操作依据、质量验收记录。

5.0.2　分项工程质量验收合格应符合下列规定：

1　所含检验批的质量均应验收合格；

2　所含检验批的质量验收记录应完整。

5.0.3　分部工程质量验收合格应符合下列规定：

1　所含分项工程的质量均应验收合格；

2　质量控制资料应完整；

3　有关安全、节能、环境保护和主要使用功能的抽样检验结果应符合相应规定；

4　观感质量应符合要求。

5.0.4　单位工程质量验收合格应符合下列规定：

1　所含分部工程的质量均应验收合格；

2　质量控制资料应完整；

3　所含分部工程中有关安全、节能、环境保护和主要使用功能的检验资料应完整；

4　主要使用功能的抽查结果应符合相关专业验收规范的规定；

5　观感质量应符合要求。

5.0.5　建筑工程施工质量验收记录可按下列规定填写：

1　检验批质量验收记录可按本标准附录E填写，填写时应具有现场验收检查原始记录；

2　分项工程质量验收记录可按本标准附录F填写；

3　分部工程质量验收记录可按本标准附录G填写；

4　单位工程质量竣工验收记录、质量控制资料核查记录、安全和功能检验资料核查及主要功能抽查记录、观感质量检查记录应按本标准附录H填写。

5.0.6　当建筑工程施工质量不符合要求时，应按下列规定进行处理：

1　经返工或返修的检验批，应重新进行验收；

2　经有资质的检测机构检测鉴定能够达到设计要求的检验批，应予以验收；

3　经有资质的检测机构检测鉴定达不到设计要求、但经原设计单位核算

认可能够满足安全和使用功能的检验批,可予以验收;

4 经返修或加固处理的分项、分部工程,满足安全及使用功能要求时,可按技术处理方案和协商文件的要求予以验收。

5.0.7 工程质量控制资料应齐全完整。当部分资料缺失时,应委托有资质的检测机构按有关标准进行相应的实体检验或抽样试验。

5.0.8 经返修或加固处理仍不能满足安全或重要使用要求的分部工程及单位工程,严禁验收。(已废止)

6 建筑工程质量验收的程序和组织

6.0.1 检验批应由专业监理工程师组织施工单位项目专业质量检查员、专业工长等进行验收。

6.0.2 分项工程应由专业监理工程师组织施工单位项目专业技术负责人等进行验收。

6.0.3 分部工程应由总监理工程师组织施工单位项目负责人和项目技术负责人等进行验收。

勘察、设计单位项目负责人和施工单位技术、质量部门负责人应参加地基与基础分部工程的验收。

设计单位项目负责人和施工单位技术、质量部门负责人应参加主体结构、节能分部工程的验收。

6.0.4 单位工程中的分包工程完工后,分包单位应对所承包的工程项目进行自检,并应按本标准规定的程序进行验收。验收时,总包单位应派人参加。分包单位应将所分包工程的质量控制资料整理完整,并移交给总包单位。

6.0.5 单位工程完工后,施工单位应组织有关人员进行自检。总监理工程师应组织各专业监理工程师对工程质量进行竣工预验收。存在施工质量问题时,应由施工单位整改。整改完毕后,由施工单位向建设单位提交工程竣工报告,申请工程竣工验收。

6.0.6 建设单位收到工程竣工报告后,应由建设单位项目负责人组织监理、施工、设计、勘察等单位项目负责人进行单位工程验收。(已废止)

附录 A　施工现场质量管理检查记录

表 A　施工现场质量管理检查记录

开工日期：

<table>
<tr><td colspan="2">工程名称</td><td colspan="2"></td><td>施工许可证号</td><td colspan="2"></td></tr>
<tr><td colspan="2">建设单位</td><td colspan="2"></td><td>项目负责人</td><td colspan="2"></td></tr>
<tr><td colspan="2">设计单位</td><td colspan="2"></td><td>项目负责人</td><td colspan="2"></td></tr>
<tr><td colspan="2">监理单位</td><td colspan="2"></td><td>总监理工程师</td><td colspan="2"></td></tr>
<tr><td colspan="2">施工单位</td><td></td><td>项目负责人</td><td></td><td>项目技术负责人</td><td></td></tr>
<tr><td>序号</td><td colspan="3">项　　目</td><td colspan="3">主要内容</td></tr>
<tr><td>1</td><td colspan="3">项目部质量管理体系</td><td colspan="3"></td></tr>
<tr><td>2</td><td colspan="3">现场质量责任制</td><td colspan="3"></td></tr>
<tr><td>3</td><td colspan="3">主要专业工种操作岗位证书</td><td colspan="3"></td></tr>
<tr><td>4</td><td colspan="3">分包单位管理制度</td><td colspan="3"></td></tr>
<tr><td>5</td><td colspan="3">图纸会审记录</td><td colspan="3"></td></tr>
<tr><td>6</td><td colspan="3">地质勘察资料</td><td colspan="3"></td></tr>
<tr><td>7</td><td colspan="3">施工技术标准</td><td colspan="3"></td></tr>
<tr><td>8</td><td colspan="3">施工组织设计、施工方案编制及审批</td><td colspan="3"></td></tr>
<tr><td>9</td><td colspan="3">物资采购管理制度</td><td colspan="3"></td></tr>
<tr><td>10</td><td colspan="3">施工设施和机械设备管理制度</td><td colspan="3"></td></tr>
<tr><td>11</td><td colspan="3">计量设备配备</td><td colspan="3"></td></tr>
<tr><td>12</td><td colspan="3">检测试验管理制度</td><td colspan="3"></td></tr>
<tr><td>13</td><td colspan="3">工程质量检查验收制度</td><td colspan="3"></td></tr>
<tr><td>14</td><td colspan="3"></td><td colspan="3"></td></tr>
<tr><td colspan="4">自检结果：

施工单位项目负责人：　年　月　日</td><td colspan="3">检查结论：

总监理工程师：　年　月　日</td></tr>
</table>

附录B　建筑工程的分部工程、分项工程划分

表B　建筑工程的分部工程、分项工程划分

序号	分部工程	子分部工程	分项工程
1	地基与基础	地基	素土、灰土地基，砂和砂石地基，土工合成材料地基，粉煤灰地基，强夯地基，注浆地基，预压地基，砂石桩复合地基，高压旋喷注浆地基，水泥土搅拌桩地基，土和灰土挤密桩复合地基，水泥粉煤灰碎石桩复合地基，夯实水泥土桩复合地基
		基础	无筋扩展基础，钢筋混凝土扩展基础，筏形与箱形基础，钢结构基础，钢管混凝土结构基础，型钢混凝土结构基础，钢筋混凝土预制桩基础，泥浆护壁成孔灌注桩基础，干作业成孔桩基础，长螺旋钻孔压灌桩基础，沉管灌注桩基础，钢桩基础，锚杆静压桩基础，岩石锚杆基础，沉井与沉箱基础
		基坑支护	灌注桩排桩围护墙，板桩围护墙，咬合桩围护墙，型钢水泥土搅拌墙，土钉墙，地下连续墙，水泥土重力式挡墙，内支撑，锚杆，与主体结构相结合的基坑支护
		地下水控制	降水与排水，回灌
		土方	土方开挖，土方回填，场地平整
		边坡	喷锚支护，挡土墙，边坡开挖
		地下防水	主体结构防水，细部构造防水，特殊施工法结构防水，排水，注浆
2	主体结构	混凝土结构	模板，钢筋，混凝土，预应力，现浇结构，装配式结构
		砌体结构	砖砌体，混凝土小型空心砌块砌体，石砌体，配筋砌体，填充墙砌体
		钢结构	钢结构焊接，紧固件连接，钢零部件加工，钢构件组装及预拼装，单层钢结构安装，多层及高层钢结构安装，钢管结构安装，预应力钢索和膜结构，压型金属板，防腐涂料涂装，防火涂料涂装
		钢管混凝土结构	构件现场拼装，构件安装，钢管焊接，构件连接，钢管内钢筋骨架，混凝土
		型钢混凝土结构	型钢焊接，紧固件连接，型钢与钢筋连接，型钢构件组装及预拼装，型钢安装，模板，混凝土
		铝合金结构	铝合金焊接，紧固件连接，铝合金零部件加工，铝合金构件组装，铝合金构件预拼装，铝合金框架结构安装，铝合金空间网格结构安装，铝合金面板，铝合金幕墙结构安装，防腐处理
		木结构	方木与原木结构，胶合木结构，轻型木结构，木结构的防护

续表

序号	分部工程	子分部工程	分项工程
3	建筑装饰装修	建筑地面	基层铺设,整体面层铺设,板块面层铺设,木、竹面层铺设
		抹灰	一般抹灰,保温层薄抹灰,装饰抹灰,清水砌体勾缝
		外墙防水	外墙砂浆防水,涂膜防水,透气膜防水
		门窗	木门窗安装,金属门窗安装,塑料门窗安装,特种门安装,门窗玻璃安装
		吊顶	整体面层吊顶,板块面层吊顶,格栅吊顶
		轻质隔墙	板材隔墙,骨架隔墙,活动隔墙,玻璃隔墙
		饰面板	石板安装,陶瓷板安装,木板安装,金属板安装,塑料板安装
		饰面砖	外墙饰面砖粘贴,内墙饰面砖粘贴
		幕墙	玻璃幕墙安装,金属幕墙安装,石材幕墙安装,陶板幕墙安装
		涂饰	水性涂料涂饰,溶剂型涂料涂饰,美术涂饰
		裱糊与软包	裱糊,软包
		细部	橱柜制作与安装,窗帘盒和窗台板制作与安装,门窗套制作与安装,护栏和扶手制作与安装,花饰制作与安装
4	屋面	基层与保护	找坡层和找平层,隔汽层,隔离层,保护层
		保温与隔热	板状材料保温层,纤维材料保温层,喷涂硬泡聚氨酯保温层,现浇泡沫混凝土保温层,种植隔热层,架空隔热层,蓄水隔热层
		防水与密封	卷材防水层,涂膜防水层,复合防水层,接缝密封防水
		瓦面与板面	烧结瓦和混凝土瓦铺装,沥青瓦铺装,金属板铺装,玻璃采光顶铺装
		细部构造	檐口,檐沟和天沟,女儿墙和山墙,水落口,变形缝,伸出屋面管道,屋面出入口,反梁过水孔,设施基座,屋脊,屋顶窗
5	建筑给水排水及供暖	室内给水系统	给水管道及配件安装,给水设备安装,室内消火栓系统安装,消防喷淋系统安装,防腐,绝热,管道冲洗、消毒,试验与调试
		室内排水系统	排水管道及配件安装,雨水管道及配件安装,防腐,试验与调试
		室内热水系统	管道及配件安装,辅助设备安装,防腐,绝热,试验与调试
		卫生器具	卫生器具安装,卫生器具给水配件安装,卫生器具排水管道安装,试验与调试

续表

序号	分部工程	子分部工程	分项工程
5	建筑给水排水及供暖	室内供暖系统	管道及配件安装，辅助设备安装，散热器安装，低温热水地板辐射供暖系统安装，电加热供暖系统安装，燃气红外辐射供暖系统安装，热风供暖系统安装，热计量及调控装置安装，试验与调试，防腐，绝热
		室外给水管网	给水管道安装，室外消火栓系统安装，试验与调试
		室外排水管网	排水管道安装，排水管沟与井池，试验与调试
		室外供热管网	管道及配件安装，系统水压试验，土建结构防腐，绝热，试验与调试
		建筑饮用水供应系统	管道及配件安装，水处理设备及控制设施安装，防腐，绝热，试验与调试
		建筑中水系统及雨水利用系统	建筑中水系统、雨水利用系统管道及配件安装，水处理设备及控制设施安装，防腐，绝热，试验与调试
		游泳池及公共浴池水系统	管道及配件系统安装，水处理设备及控制设施安装，防腐，绝热，试验与调试
		水景喷泉系统	管道系统及配件安装，防腐，绝热，试验与调试
		热源及辅助设备	锅炉安装，辅助设备及管道安装，安全附件安装，换热站安装，防腐，绝热，试验与调试
		监测与控制仪表	检测仪器及仪表安装，试验与调试
6	通风与空调	送风系统	风管与配件制作，部件制作，风管系统安装，风机与空气处理设备安装，风管与设备防腐，旋流风口、岗位送风口、织物（布）风管安装，系统调试
		排风系统	风管与配件制作，部件制作，风管系统安装，风机与空气处理设备安装，风管与设备防腐，吸风罩及其他空气处理设备安装，厨房、卫生间排风系统安装，系统调试
		防排烟系统	风管与配件制作，部件制作，风管系统安装，风机与空气处理设备安装，风管与设备防腐，排烟风阀（口）、常闭正压风口、防火风管安装，系统调试
		除尘系统	风管与配件制作，部件制作，风管系统安装，风机与空气处理设备安装，风管与设备防腐，除尘器与排污设备安装，吸尘罩安装，高温风管绝热，系统调试

续表

序号	分部工程	子分部工程	分项工程
6	通风与空调	舒适性空调系统	风管与配件制作,部件制作,风管系统安装,风机与空气处理设备安装,风管与设备防腐,组合式空调机组安装,消声器、静电除尘器、换热器、紫外线灭菌器等设备安装,风机盘管、变风量与定风量送风装置、射流喷口等末端设备安装,风管与设备绝热,系统调试
		恒温恒湿空调系统	风管与配件制作,部件制作,风管系统安装,风机与空气处理设备安装,风管与设备防腐,组合式空调机组安装,电加热器、加湿器等设备安装,精密空调机组安装,风管与设备绝热,系统调试
		净化空调系统	风管与配件制作,部件制作,风管系统安装,风机与空气处理设备安装,风管与设备防腐,净化空调机组安装,消声器、静电除尘器、换热器、紫外线灭菌器等设备安装,中、高效过滤器及风机过滤器单元等末端设备清洗与安装,洁净度测试,风管与设备绝热,系统调试
		地下人防通风系统	风管与配件制作,部件制作,风管系统安装,风机与空气处理设备安装,风管与设备防腐,过滤吸收器、防爆波活门、防爆超压排气活门等专用设备安装,系统调试
		真空吸尘系统	风管与配件制作,部件制作,风管系统安装,风机与空气处理设备安装,风管与设备防腐,管道安装,快速接口安装,风机与滤尘设备安装,系统压力试验及调试
		冷凝水系统	管道系统及部件安装,水泵及附属设备安装,管道冲洗,管道、设备防腐,板式热交换器,辐射板及辐射供热、供冷地埋管,热泵机组设备安装,管道、设备绝热,系统压力试验及调试
		空调(冷、热)水系统	管道系统及部件安装,水泵及附属设备安装,管道冲洗,管道、设备防腐,冷却塔与水处理设备安装,防冻伴热设备安装,管道、设备绝热,系统压力试验及调试
		冷却水系统	管道系统及部件安装,水泵及附属设备安装,管道冲洗,管道、设备防腐,系统灌水渗漏及排放试验,管道、设备绝热
		土壤源热泵换热系统	管道系统及部件安装,水泵及附属设备安装,管道冲洗,管道、设备防腐,埋地换热系统与管网安装,管道、设备绝热,系统压力试验及调试
		水源热泵换热系统	管道系统及部件安装,水泵及附属设备安装,管道冲洗,管道、设备防腐,地表水源换热管及管网安装,除垢设备安装,管道、设备绝热,系统压力试验及调试
		蓄能系统	管道系统及部件安装,水泵及附属设备安装,管道冲洗,管道、设备防腐,蓄水罐与蓄冰槽、罐安装,管道、设备绝热,系统压力试验及调试

续表

序号	分部工程	子分部工程	分项工程
6	通风与空调	压缩式制冷（热）设备系统	制冷机组及附属设备安装，管道、设备防腐，制冷剂管道及部件安装，制冷剂灌注，管道、设备绝热，系统压力试验及调试
		吸收式制冷设备系统	制冷机组及附属设备安装，管道、设备防腐，系统真空试验，溴化锂溶液加灌，蒸汽管道系统安装，燃气或燃油设备安装，管道、设备绝热，试验及调试
		多联机（热泵）空调系统	室外机组安装，室内机组安装，制冷剂管路连接及控制开关安装，风管安装，冷凝水管道安装，制冷剂灌注，系统压力试验及调试
		太阳能供暖空调系统	太阳能集热器安装，其他辅助能源、换热设备安装，蓄能水箱、管道及配件安装，防腐，绝热，低温热水地板辐射采暖系统安装，系统压力试验及调试
		设备自控系统	温度、压力与流量传感器安装，执行机构安装调试，防排烟系统功能测试，自动控制及系统智能控制软件调试
7	建筑电气	室外电气	变压器、箱式变电所安装，成套配电柜、控制柜（屏、台）和动力、照明配电箱（盘）及控制柜安装，梯架、支架、托盘和槽盒安装，导管敷设，电缆敷设，管内穿线和槽盒内敷线，电缆头制作、导线连接和线路绝缘测试，普通灯具安装，专用灯具安装，建筑照明通电试运行，接地装置安装
		变配电室	变压器、箱式变电所安装，成套配电柜、控制柜（屏、台）和动力、照明配电箱（盘）安装，母线槽安装，梯架、支架、托盘和槽盒安装，电缆敷设，电缆头制作、导线连接和线路绝缘测试，接地装置安装，接地干线敷设
		供电干线	电气设备试验和试运行，母线槽安装，梯架、支架、托盘和槽盒安装，导管敷设，电缆敷设，管内穿线和槽盒内敷线，电缆头制作、导线连接和线路绝缘测试，接地干线敷设
		电气动力	成套配电柜、控制柜（屏、台）和动力配电箱（盘）安装，电动机、电加热器及电动执行机构检查接线，电气设备试验和试运行，梯架、支架、托盘和槽盒安装，导管敷设，电缆敷设，管内穿线和槽盒内敷线，电缆头制作、导线连接和线路绝缘测试
		电气照明	成套配电柜、控制柜（屏、台）和照明配电箱（盘）安装，梯架、支架、托盘和槽盒安装，导管敷设，管内穿线和槽盒内敷线，塑料护套线直敷布线，钢索配线，电缆头制作、导线连接和线路绝缘测试，普通灯具安装，专用灯具安装，开关、插座、风扇安装，建筑照明通电试运行

续表

序号	分部工程	子分部工程	分项工程
7	建筑电气	备用和不间断电源	成套配电柜、控制柜(屏、台)和动力、照明配电箱(盘)安装,柴油发电机组安装,不间断电源装置及应急电源装置安装,母线槽安装,导管敷设,电缆敷设,管内穿线和槽盒内敷线,电缆头制作、导线连接和线路绝缘测试,接地装置安装
		防雷及接地	接地装置安装,防雷引下线及接闪器安装,建筑物等电位连接,浪涌保护器安装
8	智能建筑	智能化集成系统	设备安装,软件安装,接口及系统调试,试运行
		信息接入系统	安装场地检查
		用户电话交换系统	线缆敷设,设备安装,软件安装,接口及系统调试,试运行
		信息网络系统	计算机网络设备安装,计算机网络软件安装,网络安全设备安装,网络安全软件安装,系统调试,试运行
		综合布线系统	梯架、托盘、槽盒和导管安装,线缆敷设,机柜、机架、配线架安装,信息插座安装,链路或信道测试,软件安装,系统调试,试运行
		移动通信室内信号覆盖系统	安装场地检查
		卫星通信系统	安装场地检查
		有线电视及卫星电视接收系统	梯架、托盘、槽盒和导管安装,线缆敷设,设备安装,软件安装,系统调试,试运行
		公共广播系统	梯架、托盘、槽盒和导管安装,线缆敷设,设备安装,软件安装,系统调试,试运行
		会议系统	梯架、托盘、槽盒和导管安装,线缆敷设,设备安装,软件安装,系统调试,试运行
		信息导引及发布系统	梯架、托盘、槽盒和导管安装,线缆敷设,显示设备安装,机房设备安装,软件安装,系统调试,试运行
		时钟系统	梯架、托盘、槽盒和导管安装,线缆敷设,设备安装,软件安装,系统调试,试运行
		信息化应用系统	梯架、托盘、槽盒和导管安装,线缆敷设,设备安装,软件安装,系统调试,试运行

续表

序号	分部工程	子分部工程	分项工程
8	智能建筑	建筑设备监控系统	梯架、托盘、槽盒和导管安装,线缆敷设,传感器安装,执行器安装,控制器、箱安装,中央管理工作站和操作分站设备安装,软件安装,系统调试,试运行
		火灾自动报警系统	梯架、托盘、槽盒和导管安装,线缆敷设,探测器类设备安装,控制器类设备安装,其他设备安装,软件安装,系统调试,试运行
		安全技术防范系统	梯架、托盘、槽盒和导管安装,线缆敷设,设备安装,软件安装,系统调试,试运行
		应急响应系统	设备安装,软件安装,系统调试,试运行
		机房	供配电系统,防雷与接地系统,空气调节系统,给水排水系统,综合布线系统,监控与安全防范系统,消防系统,室内装饰装修,电磁屏蔽,系统调试,试运行
		防雷与接地	接地装置,接地线,等电位联接,屏蔽设施,电涌保护器,线缆敷设,系统调试,试运行
9	建筑节能	围护系统节能	墙体节能,幕墙节能,门窗节能,屋面节能,地面节能
		供暖空调设备及管网节能	供暖节能,通风与空调设备节能,空调与供暖系统冷热源节能,空调与供暖系统管网节能
		电气动力节能	配电节能,照明节能
		监控系统节能	监测系统节能,控制系统节能
		可再生能源	地源热泵系统节能,太阳能光热系统节能,太阳能光伏节能
10	电梯	电力驱动的曳引式或强制式电梯	设备进场验收,土建交接检验,驱动主机,导轨,门系统,轿厢,对重,安全部件,悬挂装置,随行电缆,补偿装置,电气装置,整机安装验收
		液压电梯	设备进场验收,土建交接检验,液压系统,导轨,门系统,轿厢,对重,安全部件,悬挂装置,随行电缆,电气装置,整机安装验收
		自动扶梯、自动人行道	设备进场验收,土建交接检验,整机安装验收

附录 C　室外工程的划分

表 C　室外工程的划分

单位工程	子单位工程	分部工程
室外设施	道路	路基、基层、面层、广场与停车场、人行道、人行地道、挡土墙、附属构筑物
	边坡	土石方、挡土墙、支护
附属建筑及室外环境	附属建筑	车棚，围墙，大门，挡土墙
	室外环境	建筑小品，亭台，水景，连廊，花坛，场坪绿化，景观桥

附录 D　一般项目正常检验一次、二次抽样判定

D. 0. 1　对于计数抽样的一般项目，正常检验一次抽样可按表 D. 0. 1 –1 判定，正常检验二次抽样可按表 D. 0. 1 –2 判定。抽样方案应在抽样前确定。

D. 0. 2　样本容量在表 D. 0. 1 –1 或表 D. 0. 1 –2 给出的数值之间时，合格判定数可通过插值并四舍五入取整确定。

表 D. 0. 1 –1　一般项目正常检验一次抽样判定

样本容量	合格判定数	不合格判定数	样本容量	合格判定数	不合格判定数
5	1	2	32	7	8
8	2	3	50	10	11
13	3	4	80	14	15
20	5	6	125	21	22

表 D. 0. 1 –2　一般项目正常检验二次抽样判定

抽样次数	样本容量	合格判定数	不合格判定数	抽样次数	样本容量	合格判定数	不合格判定数
(1)	3	0	2	(1)	20	3	6
(2)	6	1	2	(2)	40	9	10

续表

抽样次数	样本容量	合格判定数	不合格判定数	抽样次数	样本容量	合格判定数	不合格判定数
(1) (2)	5 10	0 3	3 4	(1) (2)	32 64	5 12	9 13
(1) (2)	8 16	1 4	3 5	(1) (2)	50 100	7 18	11 19
(1) (2)	13 26	2 6	5 7	(1) (2)	80 160	11 26	16 27

注:(1)和(2)表示抽样次数,(2)对应的样本容量为两次抽样的累计数量。

附录 E　检验批质量验收记录

表 E　____检验批质量验收记录

编号:____

单位(子单位)工程名称			分部(子分部)工程名称		分项工程名称	
施工单位			项目负责人		检验批容量	
分包单位			分包单位项目负责人		检验批部位	
施工依据				验收依据		
主控项目	验收项目		设计要求及规范规定	最小/实际抽样数量	检查记录	检查结果
	1					
	2					
	3					
	4					
	5					
	6					
	7					
	8					
	9					
	10					

续表

一般项目	1					
	2					
	3					
	4					
	5					
施工单位 检查结果		专业工长： 项目专业质量检查员： 年　月　日				
监理单位 验收结论		专业监理工程师： 年　月　日				

附录 F　分项工程质量验收记录

表 F　________分项工程质量验收记录

编号：____

单位(子单位) 工程名称		分部(子分部) 工程名称			
分项工程数量		检验批数量			
施工单位		项目负责人		项目技术 负责人	
分包单位		分包单位 项目负责人		分包内容	

续表

序号	检验批名称	检验批容量	部位/区段	施工单位检查结果	监理单位验收结论
1					
2					
3					
4					
5					
6					
7					
8					
9					
10					
11					
12					
13					
14					
15					
说明：					
施工单位检查结果	项目专业技术负责人： 年　月　日				
监理单位验收结论	专业监理工程师： 年　月　日				

附录G　分部工程质量验收记录

表G ________分部工程质量验收记录

编号：____

单位（子单位）工程名称		子分部工程数量		分项工程数量	
施工单位		项目负责人		技术（质量）负责人	
分包单位		分包单位负责人		分包内容	
序号	子分部工程名称	分项工程名称	检验批数量	施工单位检查结果	监理单位验收结论
1					
2					
3					
4					
5					
6					
7					
8					
质量控制资料					
安全和功能检验结果					
观感质量检验结果					
综合验收结论					

施工单位 项目负责人： 年　月　日	勘察单位 项目负责人： 年　月　日	设计单位 项目负责人： 年　月　日	监理单位 总监理工程师： 年　月　日

注：1. 地基与基础分部工程的验收应由施工、勘察、设计单位项目负责人和总监理工程师参加并签字；

2. 主体结构、节能分部工程的验收应由施工、设计单位项目负责人和总监理工程师参加并签字。

附录 H　单位工程质量竣工验收记录

H. 0. 1　单位工程质量竣工验收应按表 H. 0. 1 –1 记录，单位工程质量控制资料及主要功能抽查核查应按表 H. 0. 1 –2 记录，单位工程安全和功能检验资料核查应按表 H. 0. 1 –3 记录，单位工程观感质量检查应按表 H. 0. 1 –4 记录。

H. 0. 2　表 H. 0. 1 –1 中的验收记录由施工单位填写，验收结论由监理单位填写。综合验收结论经参加验收各方共同商定，由建设单位填写，应对工程质量是否符合设计文件和相关标准的规定及总体质量水平作出评价。

表 H. 0. 1 –1　单位工程质量竣工验收记录

<table>
<tr><td colspan="2">工程名称</td><td></td><td>结构类型</td><td></td><td>层数/
建筑面积</td><td colspan="2"></td></tr>
<tr><td colspan="2">施工单位</td><td></td><td>技术负责人</td><td></td><td>开工日期</td><td colspan="2"></td></tr>
<tr><td colspan="2">项目负责人</td><td></td><td>项目技术
负责人</td><td></td><td>完工日期</td><td colspan="2"></td></tr>
<tr><td>序号</td><td colspan="2">项目</td><td colspan="2">验收记录</td><td colspan="3">验收结论</td></tr>
<tr><td>1</td><td colspan="2">分部工程验收</td><td colspan="2">共　分部，经查符合设计及标准规定　分部</td><td colspan="3"></td></tr>
<tr><td>2</td><td colspan="2">质量控制资料核查</td><td colspan="2">共　项，经核查符合规定　项</td><td colspan="3"></td></tr>
<tr><td>3</td><td colspan="2">安全和使用功能
核查及抽查结果</td><td colspan="2">共核查　项，符合规定　项，共抽查　项，符合规定　项，经返工处理符合规定　项</td><td colspan="3"></td></tr>
<tr><td>4</td><td colspan="2">观感质量验收</td><td colspan="2">共抽查　项，达到“好”和“一般”的　项，经返修处理符合要求的　项</td><td colspan="3"></td></tr>
<tr><td colspan="3">综合验收结论</td><td colspan="5"></td></tr>
<tr><td rowspan="2">参加验收单位</td><td colspan="2">建设单位</td><td>监理单位</td><td>施工单位</td><td colspan="2">设计单位</td><td>勘察单位</td></tr>
<tr><td colspan="2">（公章）
项目负责人：
年　月　日</td><td>（公章）
总监理工程师：
年　月　日</td><td>（公章）
项目负责人：
年　月　日</td><td colspan="2">（公章）
项目负责人：
年　月　日</td><td>（公章）
项目负责人：
年　月　日</td></tr>
</table>

注：单位工程验收时，验收签字人员应由相应单位的法人代表书面授权。

表 H.0.1－2　单位工程质量控制资料核查记录

工程名称				施工单位			
序号	项目	资料名称	份数	施工单位		监理单位	
				核查意见	核查人	核查意见	核查人
1	建筑与结构	图纸会审记录、设计变更通知单、工程洽商记录					
2		工程定位测量、放线记录					
3		原材料出厂合格证书及进场检验、试验报告					
4		施工试验报告及见证检测报告					
5		隐蔽工程验收记录					
6		施工记录					
7		地基、基础、主体结构检验及抽样检测资料					
8		分项、分部工程质量验收记录					
9		工程质量事故调查处理资料					
10		新技术论证、备案及施工记录					
1	给水排水与供暖	图纸会审记录、设计变更通知单、工程洽商记录					
2		原材料出厂合格证书及进场检验、试验报告					
3		管道、设备强度试验、严密性试验记录					
4		隐蔽工程验收记录					
5		系统清洗、灌水、通水、通球试验记录					
6		施工记录					
7		分项、分部工程质量验收记录					
8		新技术论证、备案及施工记录					

续表

工程名称			施工单位				
序号	项目	资料名称	份数	施工单位		监理单位	
				核查意见	核查人	核查意见	核查人
1	通风与空调	图纸会审记录、设计变更通知单、工程洽商记录					
2		原材料出厂合格证书及进场检验、试验报告					
3		制冷、空调、水管道强度试验、严密性试验记录					
4		隐蔽工程验收记录					
5		制冷设备运行调试记录					
6		通风、空调系统调试记录					
7		施工记录					
8		分项、分部工程质量验收记录					
9		新技术论证、备案及施工记录					
1	建筑电气	图纸会审记录、设计变更通知单、工程洽商记录					
2		原材料出厂合格证书及进场检验、试验报告					
3		设备调试记录					
4		接地、绝缘电阻测试记录					
5		隐蔽工程验收记录					
6		施工记录					
7		分项、分部工程质量验收记录					
8		新技术论证、备案及施工记录					

续表

工程名称				施工单位			
序号	项目	资料名称	份数	施工单位		监理单位	
				核查意见	核查人	核查意见	核查人
1	智能建筑	图纸会审记录、设计变更通知单、工程洽商记录					
2		原材料出厂合格证书及进场检验、试验报告					
3		隐蔽工程验收记录					
4		施工记录					
5		系统功能测定及设备调试记录					
6		系统技术、操作和维护手册					
7		系统管理、操作人员培训记录					
8		系统检测报告					
9		分项、分部工程质量验收记录					
10		新技术论证、备案及施工记录					
1	建筑节能	图纸会审记录、设计变更通知单、工程洽商记录					
2		原材料出厂合格证书及进场检验、试验报告					
3		隐蔽工程验收记录					
4		施工记录					
5		外墙、外窗节能检验报告					
6		设备系统节能检测报告					
7		分项、分部工程质量验收记录					
8		新技术论证、备案及施工记录					

续表

工程名称			施工单位				
序号	项目	资料名称	份数	施工单位		监理单位	
				核查意见	核查人	核查意见	核查人
1	电梯	图纸会审记录、设计变更通知单、工程洽商记录					
2		设备出厂合格证书及开箱检验记录					
3		隐蔽工程验收记录					
4		施工记录					
5		接地、绝缘电阻试验记录					
6		负荷试验、安全装置检查记录					
7		分项、分部工程质量验收记录					
8		新技术论证、备案及施工记录					

结论：

施工单位项目负责人：

年　月　日

总监理工程师：

年　月　日

表 H.0.1-3　单位工程安全和功能检验资料核查及主要功能抽查记录

工程名称			施工单位				
序号	项目	安全和功能检查项目		份数	核查意见	抽查结果	核查(抽查)人
1	建筑与结构	地基承载力检验报告					
2		桩基承载力检验报告					
3		混凝土强度试验报告					
4		砂浆强度试验报告					
5		主体结构尺寸、位置抽查记录					
6		建筑物垂直度、标高、全高测量记录					
7		屋面淋水或蓄水试验记录					
8		地下室渗漏水检测记录					
9		有防水要求的地面蓄水试验记录					
10		抽气(风)道检查记录					
11		外窗气密性、水密性、耐风压检测报告					
12		幕墙气密性、水密性、耐风压检测报告					
13		建筑物沉降观测测量记录					
14		节能、保温测试记录					
15		室内环境检测报告					
16		土壤氡气浓度检测报告					
1	给水排水与供暖	给水管道通水试验记录					
2		暖气管道、散热器压力试验记录					
3		卫生器具满水试验记录					
4		消防管道、燃气管道压力试验记录					
5		排水干管通球试验记录					
6		锅炉试运行、安全阀及报警联动测试记录					
1	通风与空调	通风、空调系统试运行记录					
2		风量、温度测试记录					
3		空气能量回收装置测试记录					
4		洁净室洁净度测试记录					
5		制冷机组试运行调试记录					

续表

工程名称			施工单位			
序号	项目	安全和功能检查项目	份数	核查意见	抽查结果	核查(抽查)人
1	建筑电气	建筑照明通电试运行记录				
2		灯具固定装置及悬吊装置的载荷强度试验记录				
3		绝缘电阻测试记录				
4		剩余电流动作保护器测试记录				
5		应急电源装置应急持续供电记录				
6		接地电阻测试记录				
7		接地故障回路阻抗测试记录				
1	智能建筑	系统试运行记录				
2		系统电源及接地检测报告				
3		系统接地检测报告				
1	建筑节能	外墙节能构造检查记录或热工性能检验报告				
2		设备系统节能性能检查记录				
1	电梯	运行记录				
2		安全装置检测报告				

结论：

施工单位项目负责人： 总监理工程师：

年 月 日 年 月 日

注：抽查项目由验收组协商确定。

表 H.0.1-4　单位工程观感质量检查记录

工程名称			施工单位	
序号	项目		抽查质量状况	质量评价
1	建筑与结构	主体结构外观	共检查　点,好　点,一般　点,差　点	
2		室外墙面	共检查　点,好　点,一般　点,差　点	
3		变形缝、雨水管	共检查　点,好　点,一般　点,差　点	
4		屋面	共检查　点,好　点,一般　点,差　点	
5		室内墙面	共检查　点,好　点,一般　点,差　点	
6		室内顶棚	共检查　点,好　点,一般　点,差　点	
7		室内地面	共检查　点,好　点,一般　点,差　点	
8		楼梯、踏步、护栏	共检查　点,好　点,一般　点,差　点	
9		门窗	共检查　点,好　点,一般　点,差　点	
10		雨罩、台阶、坡道、散水	共检查　点,好　点,一般　点,差　点	
1	给水排水与供暖	管道接口、坡度、支架	共检查　点,好　点,一般　点,差　点	
2		卫生器具、支架、阀门	共检查　点,好　点,一般　点,差　点	
3		检查口、扫除口、地漏	共检查　点,好　点,一般　点,差　点	
4		散热器、支架	共检查　点,好　点,一般　点,差　点	
1	通风与空调	风管、支架	共检查　点,好　点,一般　点,差　点	
2		风口、风阀	共检查　点,好　点,一般　点,差　点	
3		风机、空调设备	共检查　点,好　点,一般　点,差　点	
4		管道、阀门、支架	共检查　点,好　点,一般　点,差　点	
5		水泵、冷却塔	共检查　点,好　点,一般　点,差　点	
6		绝热	共检查　点,好　点,一般　点,差　点	
1	建筑电气	配电箱、盘、板、接线盒	共检查　点,好　点,一般　点,差　点	
2		设备器具、开关、插座	共检查　点,好　点,一般　点,差　点	
3		防雷、接地、防火	共检查　点,好　点,一般　点,差　点	

续表

工程名称			施工单位	
序号	项目		抽查质量状况	质量评价
1	智能建筑	机房设备安装及布局	共检查　点,好　点,一般　点,差　点	
2		现场设备安装	共检查　点,好　点,一般　点,差　点	
1	电梯	运行、平层、开关门	共检查　点,好　点,一般　点,差　点	
2		层门、信号系统	共检查　点,好　点,一般　点,差　点	
3		机房	共检查　点,好　点,一般　点,差　点	
观感质量综合评价				
结论： 施工单位项目负责人： 年　月　日			总监理工程师： 年　月　日	

注：1. 对质量评价为差的项目应进行返修；

2. 观感质量现场检查原始记录应作为本表附件。

本标准用词说明

1　为了便于在执行本标准条文时区别对待，对要求严格程度不同的用词说明如下：

1）表示很严格，非这样做不可的用词：

正面词采用“必须”，反面词采用“严禁”；

2）表示严格，在正常情况下均应这样做的用词：

正面词采用“应”，反面词采用“不应”或“不得”；

3）表示允许稍有选择，在条件许可时首先应这样做的用词：

正面词采用“宜”，反面词采用“不宜”；

4）表示有选择，在一定条件下可以这样做的用词，采用“可”。

2　条文中指明应按其他有关标准、规范执行的写法为：“应符合……规定”或“应按……执行”。

二十一、《建设工程监理规范》(GB/T 50319－2013)(节选)

5　工程质量、造价、进度控制及安全生产管理的监理工作

5.1　一般规定

5.1.1　项目监理机构应根据建设工程监理合同约定,遵循动态控制原理,坚持预防为主的原则,制定和实施相应的监理措施,采用旁站、巡视和平行检验等方式对建设工程实施监理。

5.1.2　监理人员应熟悉工程设计文件,并应参加建设单位主持的图纸会审和设计交底会议,会议纪要应由总监理工程师签认。

5.1.3　工程开工前,监理人员应参加由建设单位主持召开的第一次工地会议,会议纪要应由项目监理机构负责整理,与会各方代表应会签。

5.1.4　项目监理机构应定期召开监理例会,并组织有关单位研究解决与监理相关的问题。项目监理机构可根据工程需要,主持或参加专题会议,解决监理工作范围内工程专项问题。

监理例会以及由项目监理机构主持召开的专题会议的会议纪要,应由项目监理机构负责整理,与会各方代表应会签。

5.1.5　项目监理机构应协调工程建设相关方的关系。项目监理机构与工程建设相关方之间的工作联系,除另有规定外宜采用工作联系单形式进行。

工作联系单应按本规范表 C.0.1 的要求填写。

5.1.6　项目监理机构应审查施工单位报审的施工组织设计,符合要求时,应由总监理工程师签认后报建设单位。项目监理机构应要求施工单位按已批准的施工组织设计组织施工。施工组织设计需要调整时,项目监理机构应按程序重新审查。

施工组织设计审查应包括下列基本内容:

1　编审程序应符合相关规定。

2　施工进度、施工方案及工程质量保证措施应符合施工合同要求。

3　资金、劳动力、材料、设备等资源供应计划应满足工程施工需要。

4　安全技术措施应符合工程建设强制性标准。

5　施工总平面布置应科学合理。

5.1.7　施工组织设计或(专项)施工方案报审表,应按本规范表B.0.1的要求填写。

5.1.8　总监理工程师应组织专业监理工程师审查施工单位报送的工程开工报审表及相关资料;同时具备下列条件时,应由总监理工程师签署审核意见,并应报建设单位批准后,总监理工程师签发工程开工令:

1　设计交底和图纸会审已完成。

2　施工组织设计已由总监理工程师签认。

3　施工单位现场质量、安全生产管理体系已建立,管理及施工人员已到位,施工机械具备使用条件,主要工程材料已落实。

4　进场道路及水、电、通信等已满足开工要求。

5.1.9　工程开工报审表应按本规范表B.0.2的要求填写。工程开工令应按本规范表A.0.2的要求填写。

5.1.10　分包工程开工前,项目监理机构应审核施工单位报送的分包单位资格报审表,专业监理工程师提出审查意见后,应由总监理工程师审核签认。

分包单位资格审核应包括下列基本内容:

1　营业执照、企业资质等级证书。

2　安全生产许可文件。

3　类似工程业绩。

4　专职管理人员和特种作业人员的资格。

5.1.11　分包单位资格报审表应按本规范表B.0.4的要求填写。

5.1.12　项目监理机构宜根据工程特点、施工合同、工程设计文件及经过批准的施工组织设计对工程风险进行分析,并宜提出工程质量、造价、进度目标控制及安全生产管理的防范性对策。

5.2　工程质量控制

5.2.1　工程开工前,项目监理机构应审查施工单位现场的质量管理组织机构、管理制度及专职管理人员和特种作业人员的资格。

5.2.2　总监理工程师应组织专业监理工程师审查施工单位报审的施工方案,符合要求后应予以签认。

施工方案审查应包括下列基本内容：

1　编审程序应符合相关规定。

2　工程质量保证措施应符合有关标准。

5.2.3　施工方案报审表应按本规范表B.0.1的要求填写。

5.2.4　专业监理工程师应审查施工单位报送的新材料、新工艺、新技术、新设备的质量认证材料和相关验收标准的适用性，必要时，应要求施工单位组织专题论证，审查合格后报总监理工程师签认。

5.2.5　专业监理工程师应检查、复核施工单位报送的施工控制测量成果及保护措施，签署意见。专业监理工程师应对施工单位在施工过程中报送的施工测量放线成果进行查验。

施工控制测量成果及保护措施的检查、复核，应包括下列内容：

1　施工单位测量人员的资格证书及测量设备检定证书。

2　施工平面控制网、高程控制网和临时水准点的测量成果及控制桩的保护措施。

5.2.6　施工控制测量成果报验表应按本规范表B.0.5的要求填写。

5.2.7　专业监理工程师应检查施工单位为工程提供服务的试验室。

试验室的检查应包括下列内容：

1　试验室的资质等级及试验范围。

2　法定计量部门对试验设备出具的计量检定证明。

3　试验室管理制度。

4　试验人员资格证书。

5.2.8　施工单位的试验室报审表应按本规范表B.0.7的要求填写。

5.2.9　项目监理机构应审查施工单位报送的用于工程的材料、构配件、设备的质量证明文件，并应按有关规定、建设工程监理合同约定，对用于工程的材料进行见证取样、平行检验。

项目监理机构对已进场经检验不合格的工程材料、构配件、设备，应要求施工单位限期将其撤出施工现场。

工程材料、构配件、设备报审表应按本规范表B.0.6的要求填写。

5.2.10　专业监理工程师应审查施工单位定期提交影响工程质量的计量

设备的检查和检定报告。

5.2.11　项目监理机构应根据工程特点和施工单位报送的施工组织设计，确定旁站的关键部位、关键工序，安排监理人员进行旁站，并应及时记录旁站情况。

旁站记录应按本规范表 A.0.6 的要求填写。

5.2.12　项目监理机构应安排监理人员对工程施工质量进行巡视。巡视应包括下列主要内容：

1　施工单位是否按工程设计文件、工程建设标准和批准的施工组织设计、(专项)施工方案施工。

2　使用的工程材料、构配件和设备是否合格。

3　施工现场管理人员，特别是施工质量管理人员是否到位。

4　特种作业人员是否持证上岗。

5.2.13　项目监理机构应根据工程特点、专业要求，以及建设工程监理合同约定，对施工质量进行平行检验。

5.2.14　项目监理机构应对施工单位报验的隐蔽工程、检验批、分项工程和分部工程进行验收，对验收合格的应给予签认；对验收不合格的应拒绝签认，同时应要求施工单位在指定的时间内整改并重新报验。

对已同意覆盖的工程隐蔽部位质量有疑问的，或发现施工单位私自覆盖工程隐蔽部位的，项目监理机构应要求施工单位对该隐蔽部位进行钻孔探测、剥离或其他方法进行重新检验。

隐蔽工程、检验批、分项工程报验表应按本规范表 B.0.7 的要求填写。分部工程报验表应按本规范表 B.0.8 的要求填写。

5.2.15　项目监理机构发现施工存在质量问题的，或施工单位采用不适当的施工工艺，或施工不当，造成工程质量不合格的，应及时签发监理通知单，要求施工单位整改。整改完毕后，项目监理机构应根据施工单位报送的监理通知回复单对整改情况进行复查，提出复查意见。

监理通知单应按本规范表 A.0.3 的要求填写，监理通知回复单应按本规范表 B.0.9 的要求填写。

5.2.16　对需要返工处理或加固补强的质量缺陷，项目监理机构应要求施工单位报送经设计等相关单位认可的处理方案,并应对质量缺陷的处理过程进行跟踪检查,同时应对处理结果进行验收。

5.2.17 对需要返工处理或加固补强的质量事故,项目监理机构应要求施工单位报送质量事故调查报告和经设计等相关单位认可的处理方案,并应对质量事故的处理过程进行跟踪检查,同时应对处理结果进行验收。

项目监理机构应及时向建设单位提交质量事故书面报告,并应将完整的质量事故处理记录整理归档。

5.2.18 项目监理机构应审查施工单位提交的单位工程竣工验收报审表及竣工资料,组织工程竣工预验收。存在问题的,应要求施工单位及时整改;合格的,总监理工程师应签认单位工程竣工验收报审表。

单位工程竣工验收报审表应按本规范表B.0.10的要求填写。

5.2.19 工程竣工预验收合格后,项目监理机构应编写工程质量评估报告,并应经总监理工程师和工程监理单位技术负责人审核签字后报建设单位。

5.2.20 项目监理机构应参加由建设单位组织的竣工验收,对验收中提出的整改问题,应督促施工单位及时整改。工程质量符合要求的,总监理工程师应在工程竣工验收报告中签署意见。

❖ 二十二、《钢结构工程施工质量验收标准》(GB 50205－2020)(节选)

6 紧固件连接工程

6.1 一般规定

6.1.1 本章可用于钢结构制作和安装中的普通螺栓、扭剪型高强度螺栓、高强度大六角头螺栓、钢网架螺栓球节点用高强度螺栓及射钉、自攻钉、拉铆钉等连接工程的质量验收。

6.1.2 紧固件连接工程可按相应的钢结构制作或安装工程检验批的划分原则划分为一个或若干个检验批。

6.2　普通紧固件连接

Ⅰ　主控项目

6.2.1　普通螺栓作为永久性连接螺栓时，当设计有要求或对其质量有疑义时，应进行螺栓实物最小拉力载荷复验，试验方法可按本标准附录 B 执行，其结果应符合现行国家标准《紧固件机械性能螺栓、螺钉和螺柱》GB/T 3098.1 的规定。

检查数量：每一规格螺栓应抽查 8 个。

检验方法：检查螺栓实物复验报告。

6.2.2　连接薄钢板采用的自攻钉、拉铆钉、射钉等规格尺寸应与被连接钢板相匹配，并满足设计要求，其间距、边距等应满足设计要求。

检查数量：应按连接节点数抽查 1%，且不应少于 3 个。

检验方法：观察和尺量检查。

Ⅱ　一般项目

6.2.3　永久性普通螺栓紧固应牢固、可靠，外露丝扣不应少于 2 扣。

检查数量：应按连接节点数抽查 10%，且不应少于 3 个。

检验方法：观察和用小锤敲击检查。

6.2.4　自攻螺钉、拉铆钉、射钉等与连接钢板应紧固密贴，外观排列整齐。

检查数量：按连接节点数抽查 10%，且不应少于 3 个。

检验方法：观察或用小锤敲击检查。

6.3　高强度螺栓连接

Ⅰ　主控项目

6.3.1　钢结构制作和安装单位应分别进行高强度螺栓连接摩擦面（含涂层摩擦面）的抗滑移系数试验和复验，现场处理的构件摩擦面应单独进行摩擦面抗滑移系数试验，其结果应满足设计要求。

检查数量：按本标准附录 B 执行。

检验方法：检查摩擦面抗滑移系数试验报告及复验报告。

6.3.2　涂层摩擦面钢材表面处理应达到 Sa2½，涂层最小厚度应满足设计要求。

检查数量：按本标准附录 B 执行。

检验方法:检查除锈记录和抗滑移系数试验报告。

6.3.3　高强度螺栓连接副应在终拧完成1h后、48h内进行终拧质量检查,检查结果应符合本标准附录B的规定。

检查数量:按节点数抽查10%,且不少于10个,每个被抽查到的节点,按螺栓数抽查10%,且不少于2个。

检验方法:按本标准附录B执行。

6.3.4　对于扭剪型高强度螺栓连接副,除因构造原因无法使用专用扳手拧掉梅花头者外,螺栓尾部梅花头拧断为终拧结束。未在终拧中拧掉梅花头的螺栓数不应大于该节点螺栓数的5%,对所有梅花头未拧掉的扭剪型高强度螺栓连接副应采用扭矩法或转角法进行终拧并做标记,且按本标准第6.3.3条的规定进行终拧质量检查。

检查数量:按节点数抽查10%,且不应小于10个节点,被抽查节点中梅花头未拧掉的扭剪型高强度螺栓连接副全数进行终拧扭矩检查。

检验方法;观察检查及按本标准附录B执行。

Ⅱ　一般项目

6.3.5　高强度螺栓连接副的施拧顺序和初拧、终拧扭矩应满足设计要求并符合现行行业标准《钢结构高强度螺栓连接技术规程》JGJ 82的规定。

检查数量:全数检查。

检验方法:检查扭矩扳手标定记录和螺栓施工记录。

6.3.6　高强度螺栓连接副终拧后,螺栓丝扣外露应为2扣~3扣,其中允许有10%的螺栓丝扣外露1扣或4扣。

检查数量:按节点数抽查5%,且不应小于10个。

检验方法:观察检查。

6.3.7　高强度螺栓连接摩擦面应保持干燥、整洁,不应有飞边、毛刺、焊接飞溅物、焊疤、氧化铁皮、污垢等,除设计要求外摩擦面不应涂漆。

检查数量:全数检查。

检验方法:观察检查。

6.3.8　高强度螺栓应能自由穿入螺栓孔,当不能自由穿入时,应用铰刀修正。修孔数量不应超过该节点螺栓数量的25%,扩孔后的孔径不应超过1.2d （d 为螺栓直径）。

检查数量：被扩螺栓孔全数检查。

检验方法：观察检查及用卡尺检查。

13　涂装工程

13.1　一般规定

13.1.1　本章可用于钢结构的油漆类防腐、金属热喷涂防腐、热浸镀锌防腐和防火涂料涂装等工程的施工质量验收。

13.1.2　钢结构涂装工程可按钢结构制作或钢结构安装分项工程检验批的划分原则划分成一个或若干个检验批。

13.1.3　钢结构普通防腐涂料涂装工程应在钢结构构件组装、预拼装或钢结构安装工程检验批的施工质量验收合格后进行。钢结构防火涂料涂装工程应在钢结构安装分项工程检验批和钢结构防腐涂装检验批的施工质量验收合格后进行。

13.1.4　采用涂料防腐时，表面除锈处理后宜在 4h 内进行涂装，采用金属热喷涂防腐时，钢结构表面处理与热喷涂施工的间隔时间，晴天或湿度不大的气候条件下不应超过 12h，雨天、潮湿、有盐雾的气候条件下不应超过 2h。

13.1.5　采用防火防腐一体化体系（含防火防腐双功能涂料）时，防腐涂装和防火涂装可以合并验收。

13.2　防腐涂料涂装

Ⅰ　主控项目

13.2.1　涂装前钢材表面除锈等级应满足设计要求并符合国家现行标准的规定。处理后的钢材表面不应有焊渣、焊疤、灰尘、油污、水和毛刺等。当设计无要求时，钢材表面除锈等级应符合表 13.2.1 的规定。

检查数量：按构件数抽查 10%，且同类构件不应少于 3 件。

检验方法：用铲刀检查和用现行国家标准《涂覆涂料前钢材表面处理　表面清洁度的目视评定　第 1 部分：未涂覆过的钢材表面和全面清除原有涂层后的钢材表面的锈蚀等级和处理等级》GB/T 8923.1 规定的图片对照观察检查。

表 13.2.1　各种底漆或防锈漆要求最低的除锈等级

涂料品种	除锈等级
油性酚醛、醇酸等底漆或防锈漆	St3
高氯化聚乙烯、氯化橡胶、氯磺化聚乙烯、环氧树脂聚氨酯等底漆或防锈漆	Sa2½
无机富锌、有机硅、过氯乙烯等底漆	Sa2½

13.2.2　当设计要求或施工单位首次采用某涂料和涂装工艺时，应按本标准附录 D 的规定进行涂装工艺评定，评定结果应满足设计要求并符合国家现行标准的要求。

检查数量：全数检查。

检验方法：检查涂装工艺评定报告。

13.2.3　防腐涂料、涂装遍数、涂装间隔、涂层厚度均应满足设计文件、涂料产品标准的要求。当设计对涂层厚度无要求时，涂层干漆膜总厚度：室外不应小于 150μm，室内不应小于 125μm。

检查数量：按照构件数抽查 10%，且同类构件不应少于 3 件。

检验方法：用干漆膜测厚仪检查。每个构件检测 5 处，每处的数值为 3 个相距 50mm 测点涂层干漆膜厚度的平均值。漆膜厚度的允许偏差应为 -25μm。

13.2.4　金属热喷涂涂层厚度应满足设计要求。

检查数量：平整的表面每 $10m^3$ 表面上的测量基准面数量不得少于 3 个，不规则的表面可适当增加基准面数量。

检验方法：按现行国家标准《热喷涂涂层厚度的无损测量方法》GB/T 11374 的有关规定执行。

13.2.5　金属热喷涂涂层结合强度应符合现行国家标准《热喷涂　金属和其他无机覆盖层　锌、铝及其合金》GB/T 9793 的有关规定。

检查数量：每 $500m^3$ 检测数量不得少于 1 次，且总检测数量不得少于 3 次。

检查方法：按现行国家标准《热喷涂　金属和其他无机覆盖层　锌、铝及其合金》GB/T 9793 的有关规定执行。

13.2.6　当钢结构处于有腐蚀介质环境、外露或设计有要求时，应进行涂层附着力测试。在检测范围内，当涂层完整程度达到 70% 以上时，涂层附着力可认定为质量合格。

检查数量:按构件数抽查 1%,且不应少于 3 件,每件测 3 处。

检验方法:按现行国家标准《漆膜附着力测定法(GB 1720 - 1999)》或《色漆和清漆　漆膜的划格试验》GB/T 9286 - 2021 执行。

Ⅱ　一般项目

13.2.7　涂层应均匀,无明显皱皮、流坠、针眼和气泡等。

检查数量:全数检查。

检验方法:观察检查。

13.2.8　金属热喷涂涂层的外观应均匀一致,涂层不得有气孔、裸露母材的斑点、附着不牢的金属熔融颗粒、裂纹或影响使用寿命的其他缺陷。

检查数量:全数检查。

检验方法:观察检查。

13.2.9　涂装完成后,构件的标志、标记和编号应清晰完整。

检查数量:全数检查。

检验方法:观察检查。

13.3　连接部位涂装及涂层缺陷修补

Ⅰ　主控项目

13.3.1　在施工过程中,钢结构连接焊缝、紧固件及其连接节点的构件涂层被损伤的部位,应编制专项涂装修补工艺方案,且应满足设计和涂装工艺评定的要求。

检查数量:全数检查。

检验方法:检查专项涂装修补工艺方案、涂装工艺评定和施工记录。

13.3.2　钢结构工程连接焊缝或临时焊缝、补焊部位,涂装前应清理焊渣、焊疤等污垢,钢材表面处理应满足设计要求。当设计无要求时,宜采用人工打磨处理,除锈等级不低于 St3。

检查数量:全数检查。

检验方法:用现行国家标准《涂覆涂料前钢材表面处理　表面清洁度的目视评定　第 1 部分:未涂覆过的钢材表面和全面清除原有涂层后的钢材表面的锈蚀等级和处理等级》GB/T 8923.1 规定的图片对照观察检查。

13.3.3　高强度螺栓连接部位，涂装前应按设计要求除锈、清理，当设计无要求时，宜采用人工除锈、清理，除锈等级不低于 St3。

检查数量：全数检查。

检验方法：用现行国家标准《涂覆涂料前钢材表面处理　表面清洁度的目视评定第 1 部分：未涂覆过的钢材表面和全面清除原有涂层后的钢材表面的锈蚀等级和处理等级》GB/T 8923.1 规定的图片对照观察检查。

13.3.4　构件涂层受损伤部位，修补前应清除已失效和损伤的涂层材料，根据损伤程度按照专项修补工艺进行涂层缺陷修补，修补后涂层质量应满足设计要求并符合本标准的规定。

检查数量：全数检查。

检验方法：漆膜测厚仪和观察检查。

Ⅱ　一般项目

13.3.5　钢结构工程连接焊缝、紧固件及其连接节点，以及施工过程中构件涂层被损伤的部位，涂装或修补后的涂层外观质量应满足设计要求并符合本标准的规定。

检查数量：全数检查。

检验方法：观察检查。

13.4　防火涂料涂装

Ⅰ　主控项目

13.4.1　防火涂料涂装前，钢材表面防腐涂装质量应满足设计要求并符合本标准的规定。

检查数量：全数检查。

检验方法：检查防腐涂装验收记录。

13.4.2　防火涂料粘结强度、抗压强度应符合现行国家标准《钢结构防火涂料》GB 14907 的规定。

检查数量：每使用 100t 或不足 100t 薄涂型防火涂料应抽检一次粘结强度；每使用 500t 或不足 500t 厚涂型防火涂料应抽检一次粘结强度和抗压强度。

检验方法：检查复检报告。

13.4.3　膨胀型(超薄型、薄涂型)防火涂料、厚涂型防火涂料的涂层厚度及隔热性能应满足国家现行标准有关耐火极限的要求，且不应小于 -200μm。当采用厚涂型防火涂料涂装时，80%及以上涂层面积应满足国家现行标准有关耐火极限的要求，且最薄处厚度不应低于设计要求的85%。

检查数量：按照构件数抽查10%，且同类构件不应少于3件。

检验方法：膨胀型（超薄型、薄涂型）防火涂料采用涂层厚度测量仪，涂层厚度允许偏差应为 -5%。厚涂型防火涂料的涂层厚度采用本标准附录E的方法检测。

13.4.4 超薄型防火涂料涂层表面不应出现裂纹；薄涂型防火涂料涂层表面裂纹宽度不应大于0.5mm；厚涂型防火涂料涂层表面裂纹宽度不应大于1.0mm。

检查数量：按同类构件数抽查10%，且均不应少于3件。

检验方法：观察和用尺量检查。

Ⅱ 一般项目

13.4.5 防火涂料涂装基层不应有油污、灰尘和泥砂等污垢。

检查数量：全数检查。

检验方法：观察检查。

13.4.6 防火涂料不应有误涂、漏涂，涂层应闭合，无脱层、空鼓、明显凹陷、粉化松散和浮浆、乳突等缺陷。

检查数量：全数检查。

检验方法：观察检查。